KB269664

책꽂이 속에
숨어 있는

논술

우리 시대의 명저를 37가지의 주제로 읽는다

책꽂이 속에 숨어 있는 논술

김보일 · 구번일 지음

살림

많이 읽은 사람이 좋은 글을 쓴다

한 권의 일기처럼 책은 삶에 대한 성찰의 기록이다. 우리는 그 성찰의 기록을 통해 세상과 타인의 삶을 들여다본다. 책은 마음의 양식이라던가. 독서가 타인의 삶을 내 안으로 끌어들여 내 인식의 폭과 깊이를 넓히는 일이라면 책을 읽는 것은 한 끼의 식사를 해결하는 것처럼 일상적인 것이어야 한다. 그러나 책읽기가 여분의 시간을 때우는 소일거리로 전락한 것이 오늘의 독서현실이다.

고등학교에 다닐 때였던가. 책읽기를 취미라고 하는 것은 부끄러운 일이라고 말씀하시던 선생님이 계셨다. 나의 취미는 독서라고 생각하면서 은밀한 자부심을 느끼던 내게, 그 선생님의 말씀은 작은 충격이었다. 그 선생님께서는 책을 읽는 것은 생활이어야 하지 취미가 되어서는 안 된다고 덧붙이셨다. 독서는 생활이라는 선생님의 말씀은 남들보다 책을 한두 권 더 찾아 읽었다고 해서 자칫 빠지기 쉬운 지적 허영 대신 겸손을 가르쳐 주신 셈이다. 그리고 책을 읽는 행위

자체에서 기쁨을 느낄 수 있어야 한다는 것도 깨닫게 해주셨다.

　하지만 요즘 사람들은 책을 읽고 싶어도 읽을 시간이 없다고들 한다. 학생들은 입시를 위해 모든 생활을 집중하고 있기 때문에 책을 읽을 시간이 없다고 하고, 졸업을 하고 직업을 갖게 되면 일을 하기 위해 또다시 책을 읽을 시간이 없다고도 한다. 사람들이 그렇게 말할 때마다 고등학교 때의 선생님 말씀이 새록새록 떠오른다. 책읽기를 따로 시간을 내어서 해야 하는 또 다른 일이라고 생각하기 때문에 사람들은 책을 읽는 걸 부담스럽게 느낄 수밖에 없다. 즉 책읽기가 한 끼의 식사를 해결하는 것처럼 자연스럽게 생활의 일부가 되지 않았다는 얘기다.

　대학입시에서 논술의 비중이 점점 커지는 것은 억지로라도 책읽기를 생활로 만들어보려는 교육정책이라고 할 수 있다. 물론 책읽기가 생활의 일부가 된다는 것은 말처럼 간단한 일은 아니다. 좋았던 일도 시험과 연관이 되고 나면 왠지 싫어지는 것이 사실이니, 이래저래 책읽기가 부담스럽게 여겨질 법도 하다. 게다가 당장 '논술'이라는 글을 써내야하는 학생들에게는 책부터 읽으라는 것이 너무 더디 돌아가는 길처럼 느껴질 것이다.

　논술을 써보라고 하면 대다수의 학생들은 '뭐라고 써야할지 모르겠다'는 막막함을 호소한다. 글을 읽는 능력과 쓰는 능력은 별개가 아니다. 구양수도 글을 잘 쓰는 조건으로 다독(多讀)을 첫 번째로 꼽지 않았던가. 잘 읽은 사람, 많이 읽은 사람이 잘 쓰게 마련이다. 부지런히 읽은 사람만이 좋은 글을 쓸 수 있다는 것은 정한 이치다. 논술의 경우라면 더더욱 그렇다. 논술은 제시문을 읽고 이해해야 쓸 수 있는 것이고, 그에 대한 자기 견해를 쓰려면 기본적인 사고훈련이 뒷받침되어야 하는 것이며, 사고훈련이란 책읽기를 통해서 자연스럽게 그리고 가장 빠르게 터득될 수 있는 것이기 때문이다.

이 책은 이미 출제된 논술 문제들을 바탕으로 구성되었다. 이미 출제되었던 문제들이 요구하는 논점이 무엇이며, 그 논점에 사유의 깊이와 넓이를 더할 수 있는 책이 무엇인가에 대한 의문이 이 책의 시작이요, 끝이라고 해도 과언이 아니다.

'책으로 가는 길'은 왜 이런 주제가 새삼스럽게 논의되어야 하는지, 주제가 제기된 사회문화적 배경을 살펴보는 부분이다. '책으로 푸는 논술'에서는 그 주제와 관련된 대학의 기출문제들의 제시문의 내용을 분석하고, 문제가 요구하는 논점을 분명하게 파악해보는 부분이다. 쉽게 말해서 논술 문제가 무엇을 요구하는지를 세세하게 다져 보는 부분이다. '책 속으로'는 '책으로 가는 길'과 '책으로 푸는 논술'의 내용에 대한 길잡이 역할을 해주는 책을 자세하게 뜯어보는 부분이다. 어떻게 이 책이 논술이 요구하는 논점에 부합하는 내용을 담고 있는지를 탐색해보는 부분이다. 그러나 이 책이 기출 문제에 대한 답을 정확하게 짚어주는 책이라고 오해해서는 안 된다. '책 속으로'에 나오는 책 소개는 기출문제나 그와 관련된 주제에 대한 단 하나의 결론을 가르쳐주지 않는다. 단지 논제에 대해 생각해 볼 수 있는 여러 가능성을 열어주고, 미처 보지 못하고 지나치는 관점을 소개해주면서 자신의 입장을 정리할 수 있는 기회를 만들어 줄 뿐이다. 그러므로 하나의 문제나 주제에 대한 결론은 각 장의 마지막에 있는 '이 글의 논제'를 통해 정리할 수 있을 것이다. 또한 '읽은 사람은 다 안다'는 기출

문제와 관련되어 소개된 책의 주요 내용이 무엇이었는지 한 번 더 확인하고 넘어갈 수 있는 간략한 문제들로 꾸며졌다.

　논술에 도움이 되는 책의 내용을 단순히 요약해주자는 것이 이 책의 집필 의도는 아니다. 여기에 소개된 여러 책들의 주장을 그대로 받아들이라고 말하는 것도 아니다. 다만, 이 책을 통해서 논술이라는 것이 얼마나 책읽기와 밀접한 관련이 있는지를 깨달았으면 한다. 또한 어떻게 글쓰기의 사유를 전개할 것이며, 어떻게 논점에 풍부한 사유를 덧입힐 수 있는 글쓰기를 해야 할지 막연함으로부터 벗어나는 데 이 글이 조그마한 도움이 되기를 바랄 뿐이다. 조금 더 욕심을 부리자면, 그렇게 시작된 책읽기가 스스로 책을 찾아서 읽을 수 있는 생활로 이어지기를, 그래서 새로운 세상으로 나를 이끌어줄 흥미진진한 책들이 나를 기다리고 있다는 사실에 기뻐할 수 있다면 필자들로서는 최상의 보람이 될 것이다.

2006. 11

김보일 · 구번일

Contents

4부 문학·예술·학문

1부
삶·실존

성장을 지향하는 삶만이 행복한 삶인가?

–성장을 멈춰라

이반 일리히 지음, 이한 옮김, 『성장을 멈춰라』, 미토, 2004.

이반 일리히 지음, 박홍규 옮김, 『행복은 자전거를 타고 온다』, 미토, 2004.

책
으
로
가
는
길

물은 우리 몸에 없어서는 안 될 필수의 요소다. 물을 마시고 싶다는 우리의 목마름은 물에 대한 몸의 절실한 필요를 말해준다. 그러나 우리의 목마름이 반드시 물만을 요구하는 것은 아니다. 목마름은 때로는 이온음료를 요구하기도 하고 콜라나 인삼즙을 요구하기도 한다. 이때 물을 마시고 싶은 우리 몸의 요구를 필요(needs)라고 하고, 이온음료나 콜라나 인삼즙에 대한 요구를 욕망(desire)이라 한다. 필요는 1차적이고 본능적인데 반해 욕망은 2차적이고 문화적이다. 가령 채소를 먹고 싶다는 몸의 요구는 모든 문화권에 속하는 사람들에게 일반적으로 나타나는 현상이다. 그러나 어떤 문화권이냐에 따라서 김치를 먹고 싶다, 샐러드를 먹고 싶다 등 그 필요를 채우는 방식은 천차만별이다.

"이 세상은 우리들의 필요를 위해서는 풍요롭지만 탐욕을 위해서는 궁핍한 곳이다.”라고 말한 이는 다름 아닌 마하트마 간디였다. 이 세상은 물을 마시는 사람들의 필요를 충족시켜주기에는 부족함이 없지만 그 이상의 것을 마시고 싶은 사람들을 위해서는 불충분하다는 것이다. 위에 언급한 간디의 발언은 환경 문제의 핵심을 간명하게 짚어내고 있다. 깊은 지혜가 담긴 명언이 아닐 수 없다.

오늘날의 소비 행태를 생각해 보라. 멀리 갈 것도 없이 내 주위를 살펴보자. 얼마 전에 구입한 MP3 플레이어는 벌써 낡았다는 생각이 든다. 하루가 다르게 기기가 업그레이드되기 때문이다. 지금 쓰는 기기의 기능조차 제대로 익히지 못한 상태에서 새로운 기기를 꿈꾸는 이 어리석음. 그러나 어디 MP3 플레이어 뿐이겠는가.

새 모델의 차가 출시되면 사람들은 지금 타고 있는 차가 왠지 낡았다는 느낌이 든다. 하나 둘 주위 사람들이 차를 바꿔 가면 왠지 나만 시대와 유행에 뒤떨어졌다는 느낌이 든다. 세상은 하루가 다르게 변해가고 사람들은 시대의 조류를 열심히 좇아가는데 왠지 나만 뒤쳐졌다는 느낌, 그 느낌으로부터 벗어나기 위해서는 무리를 하더라도 구매할 수밖에 없다. 바로 이것이 과소비의 심리적 구조다.

과소비를 끊임없이 부추기는 것은 광고다. 이것을 마셔라, 이것을 입어라, 이것을 들어라……. 광고는 끊임없이 인간의 욕망을 자극한다. 컴퓨터 그래픽의 지원을 받은 현란한 광고의 이미지들은 우리들의 욕망을 쉴새없이 자극한다. 이 이미지들의 유혹은 강렬하다. 이 유혹 앞에서 클릭을 할까 말까, 이것을 과연 살까 말까, 망설이기 십상이다. 그러나 결국 클릭을 하고마는 우리의 욕망. 이 욕망의 절제 없이는 전 지구적으로 확산되는 환경 문제를 저지할 수 없다는 인식이 확산되고 있다. 필요와 욕망을 구분하고 욕망에 적절한 통제를 가하는 지혜가 필요한 때다.

2003학년도 경희대 인문계열 논술문제는 현대문명이 당면하고 있는 주요 문제와 그 해결 방안을 모색하고 있는 세 개의 지문들을 주고, 그 지문에 제시된 글들을 바탕으로 현대문명이 당면한 문제에 관한 자신의 견해를 논술하라는 것이었다.(* 지문 (가)에는 산업 문명의 근대 패러다임을 버리고 새로운 환경 패러다임으로 전환해야 한다는 급진 환경주의자들의 주장이 소개되어 있었고, 지문 (나)에는 자연 자원을 이용하기는 하되 인간의 생명 유지 욕구를 충족시키는 것에 한정되어야 하고, 그 이상의 것은 통제되어 한다는 근본 생태주의자들의 주장이 제시되어 있다.)

그 세 번째 지문 중의 한 구절을 보자.

주류 경제학에서는 인간의 욕망은 가치중립적이라고 가정하고, 소비를 통해서 이 욕망을 충족시켜 줌으로써 인간의 행복이 달성된다고 본다. 그런데 불교에서는 인간의 욕망을 두 가지로 나누어서 생각한다. 하나는 인간이 생존을 유지하는 데 반드시 필요한 욕망으로 chanda라고 불리는데, 이는 가치중립적인 또는 좋은 의미의 욕망이다. 이를 '선욕(善欲)'이라고 한다. 다른 하나의 욕망은 흔히 '갈애(渴愛)'라고 번역이 되는 tanha이다. 갈애는 인간의 생존을 위해서 또는 생활을 위해서 반드시 필요한 것이 아니라 그 이상의 지나친 욕망을 말한다. 갈애는 순간적으로는 인간에게 육체적 또는 정신적 만족을 줄 수 있을지 모르나 궁극적으로는 우리의 정신과 육체를 해치는 결과를 가져오는 욕망이다.

인간의 욕망을 이렇게 선욕과 갈애로 구분하여 인식하게 되면 경제학에서처럼 반드시 소비를 통해서 욕망을 충족시키고 이 욕망 충족을 통해서 행복이 얻어진다고 보기가 어렵게 된다. 오히려 소비의 증대가 아니라 적절한 소비를 통해서 또는 갈애를 줄이거나 아예 소멸시킴으로써 진정한 행복(幸福, well-being)을 얻을 수가 있다고 보아야 할 것이다. 다시 말해서 소비자의 효용체계나 가치체계를 단순히 물질적 소비에만 주로 의존하는 전통적인 경제학에서의 모형보다는 훨씬 더 발전되고 현실에 가까운 이론의 전개를 기대해 볼 수 있을 것이다.

정기문의 「불교의 욕망관과 경제문제의 인식」이라는 글의 일부이다. 이 글에서 필자는 소비의 증대가 아니라 적절한 소비를 통해서 또는 갈애(충족이 반드시 필요하지 않은 불요불급의 욕망)를 줄이거나 아예 소멸시킴으로써 진정한 행복(幸福, well-being)을 얻을 수가 있다는 견해를 피력하고 있다. 오늘날의 환경·경제 문제도 인간의 과도한 욕망의 산물임을 감안할 때, 필자가 말하고 있는 '갈애' 의 측면에서 문제에 대한 접근을 시도해볼 수 있다.

책 속으로

누구도 성장을 의심하지 않는 시대에 단연코 '성장' 을 멈춰야 한다고 하는 사람이 있다. 2002년 타계한 독일의 지성 이반 일리히가 바로 그이다. 성장에 대한 그의 반대론이 집약된 저서가 바로 『성장을 멈춰라』이다. 이 책은 1973년에 출간됐고, 한국에는 1979년에 『공생의 사회』라는 제목으로 나왔다. 책의 제목에 등장하는 어휘 '공생' 은 저자가 성장의 반의어로서 제시하는 개념이다.

공생은 '함께 삶', 즉 어울려 조화 있게 사는 삶을 의미한다. 일리히가 말하는 공생은 단지 인간과 인간의 조화로운 어울림만을 의미하지 않는다. 인간과 인간의 어울림을 넘어 인간과 자연의 어울림이라는 생태학적 의미까지도 포괄하는 넓은 의미의 공생이 이 책이 말하는 공생의 개념이다.

도구, 즉 기술의 급속한 발전이 공생을 해친다고 일리히는 주장한다. 손에서 호미로, 호미에서 기계로, 기술의 발전은 곧 도구 발전의 역사다. 일리히는 도구의 발전 역사는 크게 두 가지 분수령을 거친다고 말한다. 1913년경이 그 첫 번째다. 이때는 간단한 도구가 인류의 복지에 널리 기여하는 시대로 진입한 때로 도구를 사용하면서도 인간의 자율능력이 극도에 달했던 시점이다.

문제는 두 번째 분수령. 도구가 과잉으로 발전되고 급기야 도구가 인간을 지배하고 삶의 목표를 설정하는 시대가 바로 이때다. 영화 「모던 타임즈」에서 거대한 기계 속으로 빨려들어가는 찰리 채플린의 모습을 상기해 보라. 그리고 그 영화에서 단순 반복 작업의 후유증으로 일과가 끝난 후에도 나사를 돌리는 찰리 채플린의 모습을 떠올려 보라.

일리히는 『행복은 자전거를 타고 온다』라는 책을 통해 기계가 어떻게 인간의 삶에 지배력을 행사하고 공생의 삶을 해치는지에 대해서 언급한다. 『행복은 자전거를 타고 온다』의 원래 제목은 『Energy and Equity』이다. 직역하면 '에너지와 공정성' 이다. 에너지 과소비로 요약되는 고도 산업 기술화가 자연파괴를 가속화했을 뿐 아니라, 인간의 자유와 자율적 능력을 빼앗고 사회적 불공정을 확대했다는 것이 이 책의 핵심 주장이다. 책을 자세히 들여다보자.

걷거나 자전거를 타는 사람들은 약간의 차이가 있으나 기본적으로 평등하고 자유롭다. 어떤 방향이나 장소로도 당장 시속 3~4마일의 속도로 나아갈 수 있다. 그러나 자동차로 넘어 오면서 인간 사이의 불평등을 낳았고, 인간의 이동성을 산업적으로 규정된 도로망에 얽어맸다.

전형적인 미국의 남성이 자신의 차를 위해 소비하는 시간은 연간 1,600시간. 여기에 포함되는 시간은 자동차의 주행과 관련해 직접 소비하는 시간뿐 아니라, 자동차 값과 기름값, 보험료와 세금, 교통 위반 시의 벌금 등을 내기 위해 필요한 재원을 모으는 시간까지 포함한 것이다. 이렇게 1,600시간을 투자해 전형적인 미국인이 달리는 거리는 연간 평균 약 7,500마일. 이를 시속으로 환산하면 시속 5마일 정도이니, 인간의 걷는 속도보다 월등한 수준은 아니다. 여기에 사고로 병원이나 경찰, 검찰에서 보내는 시간이나 자동차 수리 공장에서 보내는 시간, 자동차를 사기 위해 광고를 보는 시간 등을 고려해서 계산하면 자동차의 속도는 더욱 느려진다.

미국에서는 총에너지 사용량의 45%를 수송수단이 소비한다고 한다. 2억 9천만 미국인을 수송하기 위한 한 가지 목적에 사용하는 연료가 13억 중국인과 10억 인도인이 모든 용도로 사용하는 연료보다 압도적으로 많은 양이다. 그리고 이 연료의 거의 대부분은 가속을 촉진하는 데 사용한다.

속도를 높이기 위한 에너지의 사용이 지구자원 고갈, 환경공해, 자연파괴 등으로 이어진다는 것은 새삼 설명을 요구하지 않는다. 뿐만 아니라 에너지의 과소비는 인간의 자유와 자율적 능력을 빼앗고 사회적 불공정마저 초래한다는 것이 일리히의 주장이다.

밀란 쿤데라는 소설 『느림』에서 "망각은 속도에 비례한다."고 했다. 빠르게 달리기 위해서는 속도 하나만을 생각해야지 다른 것을 생각하면 위험하다. 운전 중에 속도가 높아질수록 사람들의 머릿속은 비워져 간다. 잡생각은 사고를 불러올 위험이 있기 때문이다. 그러나 천천히 걷는 자는 무언가를 생각할 여유를 갖는다. 정극인의 「상춘곡(賞春曲)」이란 작품에는 "미음완보(微吟緩步)하여 시냇가에 혼자 앉아"라는 구절이 나온다. '미음완보'란 시 구절을 읊조리며 천천히 걸음을 의미한다. 천천히 걸을 때만이 우리는 무언가를 깊이 있게 음미할 수 있다. 맑은 공기를 가슴 깊숙이 들이키며 봄이 되어 나날이 새로워지는 풍경들을 바라보며 삶의 환희를 만끽하는 「상춘곡」 속의 선비, 정극인을 떠올려 보라. 그는 자유를 호흡하고 있는 자유인이다. 그는 어느 것에도 묶여 있지 않다. 이런 문학작품을 염두에 둔다면 과속, 즉 에너지의 과다한 사용이 인간의 자유와 자율적 능력을 빼앗는다는 일리히의 주장은 결코 낯선 것이 아니다.

자동차는 서민들에게는 상대적 박탈감—경제의 성장과정에서 저소득층의 소득은 적게 상승하거나 정체해 있는 반면에 고소득층의 소득은 치솟아서 실제로 내가 잃은 것은 없지만 다른 사람들만큼 살 수 없음을 보고 느끼는 공평한 사회적 분배가 이루어지지 않음으로 해서 발생하는 감정을—줄 수도 있다.

에너지 과잉으로 움직이는 자동차에 대한 대안으로 일리히는 자전거를 제시한다. 자전거를 탄 사람은 보행자보다 3~4배 더 빨리 이동할 수 있으나, 그럴 경우에 소비하는 에너지는 보행자의 5분의 1로 줄어든다.

자전거는 인간의 신진대사 에너지를 이동력의 한도에 정확하게 맞춘 이상적인 변환기이다. 이 도구를 사용하면 인간은 모든 기계의 효율만이 아니라 다른 모든 동물의 능력을 능가할 수 있다.

자전거는 열역학적으로 효율이 높을 뿐만 아니라 가격 또한 저렴하다. 자전거 운행에 따르는 공공설비 비용과 고속도로에 맞춰 설계된 제반 시설의 건설비용을 비교해 본다면 자전거가 훨씬 경제적이다.

이 밖에도 자전거의 이점은 많다. 자동차 한 대를 주차하는 장소에 자전거는 열여덟 대를 세울 수 있으며, 사만 명의 사람을 한 시간 이내에 다리를 건너게 하기 위해서, 전차를 사용하면 일정 폭의 노선이 두 개 필요하고 버스를 사용하면 네 개, 승용차라면 열두 개가 필요하지만 자전거는 단 하나로 끝난다는 것이 일리히가 열거하는 자전거의 장점이다.

일리히는 생산과 소비 과정에 사용되는 도구가 인간을 지배하고, 수단으로 만들어버리기 때문에 인간성의 회복을 위해서는 그 도구의 성장에 한계를 부여해야 한다고 주장한다. 그에 부합하는 방안이 '균형'이다. 생태균형, 근본적 독점을 깨는 균형, 배움의 균형, 권력의 균형, 목적의 균형만이 성장으로 고통 받고 있는 인간과 생태계를 구할 수 있다고 그는 『성장을 멈춰라』에서 단언한다.

도구의 성장에 한계를 부여하라는 말은 결국 도구가 거대하게 성장하는 것을 막으라는 충고다. 물론 기술의 거대화나 대량화는 일단은 경제성을 향상해주는 것으로 받아들여질 수 있다. 동력의 생산에 있어서는 물레방아보다 수력발전소가 그 효율성과 경제성이 월등함을 부인할 수는 없다. 그러나 거대화는 여러 가지 점에서 문제점을 야기한다.

19세기 말까지는 기업체와 과학기술 개발은 상관이 없었다. 그러나 20세기 초를 거치면서 화학공업과 전기공업을 중심으로 과학기술 연구개발이 시작되었고, 급기야 전체 산업 분야로 확산되었다. 20세기 후반에 와서는 기업과 한 국가의 사활이 연구개발에 달렸다는 말이 나올 정도로 산업체 연구개발이 중요하게 되었고, 대학, 산업체, 연구소 등이 한 지역에서 결합되는 거대한 과학기술 단지가 등장하게 되었다.

20세기에는 원자탄 개발 계획, 허블 우주망원경 계획, 인간 게놈 계획, 입자가속기 건설 계획 등 거대 규모의 과학이 등장하였다. 즉, 혼자 연구하는 과학에서 수백 명이 팀을 구성하여 연구하는 과학으로 바뀌었다. 또한 아폴로 우주 개발 계획, 컬럼비아 우주 왕복선 계획, 원자력 발전 계획 등의 거대 기술 체계가 나타났다.

기술체계가 커짐에 따라, 챌린저호 폭발 사고, 체르노빌 원자력 발전소 사고 등 시스템이 잘 돌아가지 않아 발생하는 사고의 규모도 커졌다. 이와 같은 일련의 사고들은 거대 복합기술체계의 운영과정에서 불확실한 판단이 내려질 수 있음을 보여주고 있다. 과학자들은 꼼꼼하고 치밀하게 기술의 운용과정을 계산한다고 하지만 기술의 운용과정에 개입할 수 있는 모든 요인들을 빠짐없이 점검하기는 사실상 어렵기 때문이다.

우주왕복선과 같은 거대 기술체계가 일정 기간 동안 큰 사고 없이 운행되었다고 해서 그것이 일상적이고 안전한 기술이 되었다고 간주해서는 안 된다. 우주왕복선과 같은 거대 기술체계는 기술적 · 조직적 복잡성과 그 속에 내재한 불확실성의 요소 때문에 본질적으로 고위험 기술일 수밖에 없다.

거대한 기술체계는 자본주의의 확대재생산과 같이 사실상 거의 무한정한 자기 확대화를 추구하고 있다. 거대 기술체계가 자원의 무절제한 낭비에 가장 앞장섰다는 것, 그리고 이런 거대한 기술체계가 군산학복합체—군부와 대규모 방위산업체들의 상호의존체제를 군산복합체라 하는데 여기에 대학이나 연구센터와 같은 '학문' 까지 개입한 거대한 상호의존체계를 말한다—라는 형태로 강한 결속을 유지하면서 국가발전이라는 대의명분을 내세워 환경파괴를 주도했다는 것은 20세기를 통해 볼 때 부인할 수 없는 사실이다.

1960년대에 와서 미국에서는 민권운동의 신장과 베트남전쟁에 대한 비판여론이 비등하면서 거대체계와 거대규모의 과학기술에 대한 반발이 거세지기 시작하였으며, 이에 따라 거대규모의 과학기술체계를 거부하고 소위 적정기술을 추구하는 새로운 움직임이 나타났다. 이와 함께 여러 거대 기술체계의 안정성 문제도 심각하게 거론되었다.

자전거를 새로운 문명의 대안으로 내놓은 일리히의 주장은 '적정기술' 이라는 관점에서 재해석 해볼 수도 있다. 적정기술은 그러면 어떤 의미를 지니는가? 거대 규모의 핵발전소 건설과 중앙집중식의 전력공급체계가 문제점이 있다면 이를 지양하고, 환경에 부담을 적게 주는 체계로 소규모의 분산적인 태양에너지에 의한 전력 공급체계를 생각해볼 수 있다. 핵발전소와 같은 거대한 전력공급시스템에서 소규모의 분산적인 태양에너지에 의한 전력공급시스템에로의 전환이 곧 거대 기술에서 적정기술로의 전환이다. 오늘날의 자동차 산업도 복잡한 생산조직과 판매 시스템과 연료공급 시스템 등을 요구하는 거대한 규모의 체계이다. '자동차에서 자전거로' 라는 일리히의 주장은 바로 비인간적인 '거대기술' 에서 인간 규모인 '적정기술' 로의 전환을 의미한다.

➜ 이 글의 논제 --

성장을 지향하는 삶만이 행복한 삶인가?

➜ 읽은 사람은 다 안다 --

1. 인간의 탐욕과 관련하여 마하트마 간디가 한 말은?
2. 일리히는 고도산업기술화를 어떻게 생각하고 있는가?
3. 거대기술의 문제점은 무엇인가?

어떤 삶이 가치 있는 삶인가?

-기술 지식과 삶의 지혜

헬렌 니어링 · 스코트 니어링 지음, 윤구병 외 옮김, 『조화로운 삶』, 보리, 2004.

책으로 가는 길

과거 권위주의 시대와는 달리 오늘날 정부기관의 사이트에서는 국민들의 알 권리 신장의 차원에서 과거에는 국민들이 접근할 수 없었던 정보까지 인터넷으로 공개하고 있는 실정이다. 인터넷은 정보의 바다다. 어떤 기종의 MP3 플레이어를 살까 고민이라면 검색사이트에 가서 질문을 던져 보라. 어떤 기종이 성능이 좋은지, 어떤 기종이 디자인 면에서 탁월한지, 또 어떤 기종이 건전지의 수명이 오래 가는지, 한나절도 지나지 않아 서너 개씩의 답글이 올라온다. 강력한 검색엔진의 도움을 받으면 궁금증은 한층 쉽게 해소된다.

정보화 사회는 지식과잉의 사회다. 첨단 정보화 기기의 발전으로 지식은 넘쳐난다. 심지어는 어떻게 폭탄을 만들 수 있는가, 어떻게 10억대의 부자가 될 수 있는가를 가르쳐 주는 사이트들마저 생겨났다. 그러나 주식투자는 어떻게 해야

하는가, 어떤 부동산에 투자해야 자산 가치를 늘릴 수 있는가를 말해주는 사이트는 많지만, 어떻게 돈을 써야 행복할 수 있는가, 돈은 과연 행복의 질을 얼마만큼 높여줄 수 있는가를 말해주는 사이트들은 많지 않다. 첨단 정보화 기기의 발전으로 지식의 양은 기하급수적으로 늘고 있지만 지혜의 양은 상대적으로 줄어들고 있다는 말이다.

지식과 지혜는 차원이 다르다. 기업 경영이 지식만으로 가능하다면 최고 경영자로서는 경영학 박사가 가장 적임자이겠지만 사실은 구멍가게의 경영에도 지혜가 필요하다. 지식은 배워서 머리에 기억하거나 컴퓨터에라도 입력해 놓고 언제든지 꺼내 쓸 수 있지만, 지혜는 누가 가르쳐 준다고 해서 금방 생길 수 있는 것이 아니다. 지혜는 끊임없는 자기 성찰을 통해서 획득되는 것이다. 지혜는 단순히 암기하는 것이 아니라 항상 본질이 무엇인지를 탐구하는 성찰의 과정에서만 얻어지는 것이다. 어떤 삶이 가치 있는 삶이요, 어떤 삶이 조화로운 삶인가를 말하는 지혜의 책이 있다. 바로 헬렌 니어링과 스코트 니어링 부부가 지은 『조화로운 삶』이 그것이다.

책
으로
푸는
논술

2002학년도 전남대 인문계열 논술고사 문제는 "다음 글에 공통적으로 나타나 있는 주제를 밝히고 그에 관해 자신의 견해를 논술하시오."라는 논제를 주면서 제시문으로 헬렌 니어링과 스코트 니어링 부부가 지은 『조화로운 삶』의 일부와 17세기 중반부터 18세기 초반까지 활동했던 문필가 남구만의 수필 일부를 제시하고 있다.

제시문 (가)의 일부는 이렇다.

돈으로 물건을 살 줄 알고, 돈이 힘의 원천이라고 생각하는 사람보다는 도구와 기술을 자기고 필요한 것들을 스스로 만드는 사람에게 정신이 크게 자란다고 스코트 니어링 부부는 말하고 있다. 머리로 아는 것보다는 몸으로 아는 것이 중요하다는 지적이다.

제시문 (나)에서 고기 잡는 법을 가르쳐 달라는 남구만의 질문에 한 사내가 이렇게 대답한다.

이 문제는 주어진 두 글을 읽고, 그 글들에서 공통적으로 드러나는 주제를 밝히고, 그에 대한 학생들의 견해를 논술하라고 요구했다. 두 글은 평면적인 지식의 양보다는 삶의 실천을 통한 체득의 '지혜'가 중요함을 강조하고 있다. 단순히 머리로 아는 지식이 아니라 삶을 통한 실천적 지혜가 오늘날 우리의 삶에서 갖는 의미를 적절히 부각시킴으로써 문제를 해결할 수 있을 것이다.

책 속으로

대공황이 최악으로 치닫던 1932년, 헬렌 니어링과 스코트 니어링 부부는 미국 버몬트의 작은 시골로 들어갔다. 이들은 그곳에서 조화로운 삶을 살기 위한 몇 가지 목표를 정한다. 도시를 버리며 이들이 원한 것은 단순함과 평온함, 건강, 평화 같은 것들이었다. 그것을 얻기 위해 그들은 삶의 목표를 정했다. 그 목표의 첫 번째는 독립된 경제를 꾸리는 것이요, 두 번째는 삶의 토대를 지킬 수 있는 건강 지키기요, 사회를 생각하며 바르게 사는 것이 그 세 번째 목표였다. 그들은 채식주의를 지키고, 노동은 하루에 반나절만 하고 나머지 시간은 온전히 자기 자신을 위해 쓰며, 한 해의 양식이 마련되면 더 이상 일하지 않는다는 원칙을 세우기도 하였다.

헬렌 니어링은 1904년 미국 뉴욕의 예술을 사랑하는 집안에서 태어나 바이올린을 공부했으며, 남편 스코트 니어링은 펜실베이니아대학에서 교수로 재직하며 왕성한 저술과 강연활동을 하다가 아동노동 착취에 반대하는 운동을 전개하고 제국주의 전쟁을 비난하다가 여러 번 해직되었다. 이들 두 사람이 자본주의 경제로부터 독립하여 자연 속에서 자기를 잃지 않고 진정 조화로운 삶을 살고

자 버몬트 숲 속으로 들어가 살았던 20년 동안의 기록이 바로 『조화로운 삶』이다. 책이 전하는 바에 따르면 버몬트 숲으로 들어가기로 작정한 니어링 부부는 자급자족을 하고 이윤 추구의 경제에서 벗어나기 위한 십 년 계획을 세우게 된다. 그들은 손수 주변의 돌을 활용해 주변 환경과 하나가 되는 집을 지었다. 또 두 사람은 유기농법으로 곡식과 채소와 과일과 꽃을 손수 가꾸었다. 냉장고 대신 채소 저장고를 꾸며 겨울에도 싱싱한 채소를 먹었다.

도시에서의 경쟁적이고 분주한 삶을 생각해 볼 때, 니어링 부부가 버몬트 숲에서 누렸을 자립적인 삶을 도시에서 꿈꾸는 것은 사실상 불가능해 보인다. 도시에서의 삶은 많은 부분 기술에 종속되어 있기 때문이다. 도시에서는 정전만 되어도 꼼짝을 할 수가 없다. 그것도 겨울이라면 도시에서의 정전은 대혼란을 야기할 수도 있다. 수도관의 파이프는 얼어 터지게 되고 난방기기는 꺼지고 도시는 암흑 속에서 혼란의 아수라장이 된다. 기술에 의존하면 삶의 편리성은 증대되지만 그 기술에 이상이 생기게 될 경우 그만큼 사회의 위험도 증가하기 마련이다.

그러나 기술에 덜 의존적인 농촌이나 산골에서는 비록 삶의 편리성은 떨어질지 몰라도 삶의 자립도는 높아진다. 혼자의 힘으로 부채를 만드는 어린아이를 생각해 보라. 비록 부채를 만드는 비용이 3천 원이 들어간다고 해도 그 아이에게 있어서 스스로 만든 부채는 더없이 소중하게 느껴질 것이다. 비록 그 아이가 만든 부채보다 훨씬 잘 만든 부채를 2천 원에 살 수 있다 할지라도 아이는 자신이 만든 못난 부채를 소중하게 생각할 것이 틀림이 없다. 그 부채는 땀의 결실이기 때문이다. 농촌이나 산골에서는 스스로 땀을 흘려 필요한 물건으로 만들기 때문에 삶의 자립도는 훨씬 높아진다. 그뿐만 아니라 단순히 화폐를 통해 필요한 물건을 구입하는 경우보다 일에 대한 성취감 또한 높아질 것이다.

니어링 부부는 삶이 틀에 갇히고 강제되는 것 대신 삶이 존중되는 모습을 추구하고 싶어 했다. 잉여가 생겨 착취하는 일 없이, 필요한 만큼만 이루어지는 경제를 원했고 다양함과 복잡함, 혼란을 벗어나 단순함을 추구했다. 미친 듯이 서두르고 속도를 내는 사회에서 벗어나 평온한 속도를 원했고, 자신을 깊이 있게 성찰할 수 있는 여유 있고 자립적인 삶을 원했다.

이 책에서의 그들의 삶은 현재 도시 속에서 바쁘게 살아가는 사람들에게 강렬한 충격을 준다. 무엇보다도 성공과 출세를 위한 도시의 삶을 버리고, 자신들의 삶에 대해 끊임없이 되돌아보고, 희망을 품고 그 희망을 위해 자신들에게 온전히 시간을 부여했다는 점들이 시선을 끈다.

니어링 부부는 도시의 사람들은 문명이 주는 흥분, 분주함, 매혹, 편의 시설, 마취제 없이는 살 수 없다고 꼬집는다. 아닌 게 아니라 도시의 삶은 매혹적이다. 광화문 네거리에 나가면 네온의 휘황찬란한 불빛이 마음을 설레게도 한다. 대형 마트나 지하의 쇼핑몰에서는 한겨울의 추위를 잊은 채 쇼핑을 할 수가 있고, 각종 편의 시설은 삶의 불편을 덜어준다. 버튼만 누르면 더운물이 쏟아지고 스위치만 올리면 어둠을 물리칠 수가 있다. 그러나 흥청거리는 도심의 유흥 공간에는 성찰의 공간이 부족해 보인다. 사찰이나 수도원에서처럼 성찰은 침묵의 공간을 요구하기 때문이다.

성찰의 시간, 침묵의 시간, 고독의 시간은 자기 자신과의 대면의 시간이다. 자신과의 대면이란 자신을 객관화시키는 성찰의 시간이다. 내가 선택한 삶은 정당한가. 만약 내가 선택한 삶이 정당한 것이 아니라면 나는 또 어떤 삶을 선택해야 마땅한가. 끊임없이 자신의 삶과 인생을 생각하는 시간이 바로 성찰의 시간이다. 그 성찰의 시간이 요구하는 것이 침묵이요, 고독이다. 침묵이나 고독과 마주한다는 것은 결국 나 자신과 마주하는 일이다. 인터넷과 MP3 플레이어와 휴대전화라는 문명의 이기(利器)는 침묵의 시간, 나 자신과 마주하는 고독의 시간을 앗아간다. 스코트 니어링이 버몬트 숲에서 대면한 시간이 바로 성찰의 시간이요, 침묵의 시간이요, 고독의 시간이었다.

"학이불사즉망 사이불학즉태(學而不思則罔 思而不學則殆)"라는 구절이 『논어』의 「위정편」에 나온다. 직역을 하면 "배우기만 하고 생각하지 않으면 어둡고, 생각하고 배우지 아니하면 위태롭다."라는 뜻이다. 배웠으면 마음에 넣어두고 생각을 해야 배운 것이 자기 것이 되고, 자기 것이 된 후에라야 그것이 진정한 자양분이 되어 온 몸으로 퍼짐으로써 자신의 몸과 마음을 윤택하게 한다는 뜻이다.

『감옥으로부터의 사색』의 저자인 신영복 교수는 이 구절을 두고 이런 해석을 내린 바 있다.

일반적으로 학(學)은 배움(learning)이나 이론적 탐구라는 의미로 통용됩니다. 그런데 사(思)를 생각(thought) 또는 사색(思索)으로 읽을 경우 학(學)과 사(思)가 대를 이루지 못합니다. 다 같이 정신 영역에 관한 것을 의미하기 때문이지요. 사(思)는 생각이나 사색의 의미가 아니라 실천의 의미로 읽어야 합니다. 그것이 무리라고 한다면 경험적 사고로 읽어야 한다고 생각합니다.

단순한 앎을 넘어서 성찰과 침묵과 고독의 시간을 통과해서 실천에까지 이르는 앎, 내 몸과 하나가 되는 앎이야말로 진정한 앎이라는 의미다.

이 책의 끝 부분에서 니어링 부부는 말한다.

삶을 넉넉하게 만드는 것은 소유와 축적이 아니라 희망과 노력이다. 우리는 이렇게 생각하기 때문에 성공할 가능성이 없을 지라도, 버몬트 공동체를 일으켜 세우는 일을 다시 한번 실천할 생각이 있다. 그때는 단순히 우리 두 사람이 먹고사는 일뿐 아니라 사회가 두루 함께 잘 사는 길을 찾으려고 애써 보리라.

➡ **이 글의 논제** --

지식과 지혜는 어떻게 다르며 지혜의 앎은 어떻게 가능한가?

➡ **읽은 사람은 다 안다** --

1. 니어링 부부가 말하는 조화로운 삶이란 어떤 삶을 말하는가?
2. 니어링 부부가 채식을 하게 된 이유는 무엇인가?

경제성장과 적절한 분배 어느 것이 더 우선인가?
―성장과 분배의 논리

더글러스 러미스 지음, 김종철 · 이반 옮김, 『경제성장이 안되면 우리는 풍요롭지 못할 것인가』,

녹색평론사, 2003.

책
으로 가는 길

　　자본주의적 일상이란 성장을 추구하는 삶, 그 자체다. 가장(家長)은 조금 더 큰집으로 늘려가기 위해 피곤한 노동을 감수하고, 기업의 경영인들은 회사의 매출규모를 늘리기 위해 동분서주하고, 한 건의 영업실적이라도 더 늘리기 위해 세일즈맨들은 고객관리에 분주하다.

　　농부라고 해서 예외는 아니다. 한 해의 소출이 더 는다면 유전자 조작된 벼라고 해도 농부들은 마다하지 않는다. 예전에 심었던 벼의 줄기 하나에 이삭이 100개가 달렸는데, 품종이 개량된 벼의 줄기에 달리는 이삭의 숫자는 그 두 배 이상이 된다면 이를 마다할 농부가 어디 있겠는가. 젖소 한 마리에서 나오는 우유의 양을 세 배로 늘릴 수 있는 새로운 품종의 젖소가 개발되었다고 하면 여기에 관심을 갖지 않는 낙농업자는 드물 것이다.

　　이렇듯 우리 사회는 모든 부문에서 외형적 삶의 크기를 늘리는 데에 골몰하고 있다. "왜?"라고 묻는 사람은 많지 않다. 어떻게 하면 경쟁의 대열에서 뒤쳐지지 않을 수 있는가, 어떻게 하면 보다 많은 고객을 확보할 수 있는가, 어떻게 하면 매출규모를 늘리고, 어떻게 하면 회사를 빠른 시일 내에 성장시킬 수 있는가 하는 문제들이 사업가의 관심영역이다. 그들은 성장(成長)의 미덕을 믿어 의심치 않는다.

그러나 대체 성장은 어떤 의미를 지니는가, 무엇을 위한 성장이며 누구를 위한 성장인가, 성장보다 더 중요한 가치는 없는가를 묻는 사람이 있다. 더글러스 러미스, 『경제성장이 안되면 우리는 풍요롭지 못할 것인가』의 저자다.

경제성장이 우선인가, 적절한 분배가 더 우선인가를 묻는 문제는 논술의 전형적인 유형이다. 2004학년도 동국대 논술문제의 경우, "대동(大同)사회의 이상을 근거로 하여, 경제성장의 궁극적인 목적은 무엇인지 밝히고, 이를 실현하기 위해 정부는 어떤 역할을 해야 하는지 논술하시오."라는 문제가 출제되었다. 성장만이 능사(能事)라는 성장지상주의(成長至上主義)태도에 반성적 질문을 요구하는 문제라고 할 수 있다.

2000학년도 한양대 논술문제의 경우, "환경문제는 새 천년에 인류가 해결해야 할 중요한 과제 중의 하나다. 글 (가)와 (나)를 관련지어 환경문제가 대두된 원인을 분석하고, 글 (다)에서 시사점을 찾아 환경 문제 해결을 위한 방안을 논술하시오."라는 문제의 경우, 주어진 지문 (가)가 프리드리히 슈마허의 『작은 것이 아름답다』 중의 한 구절이었다. 그 지문의 한 구절을 인용하면 다음과 같다.

경제학적 관점에서 볼 때, 비경제적이라는 말은 돈의 형태로 충분한 이익을 올리지 못한다는 의미이다. 한 사회 또는 그 속의 개인이나 집단은 '비경제적인 동기', 예를 들면 사회적·예술적·도덕적·정치적 동기에 의해서도 활동을 한다. 그러나 경제학은 그것을 실행하는 사람에게 이익이 있을 것이냐는 측면만 문제 삼기 때문에 사회 속의 어느 집단의 행동이 사회 전체에 이익을 가져오느냐의 여부에는 그다지 관심을 갖지 않는다. 국영 기업조차도 사회 전체를 생각하는 입장에서 운영되고 있지 않다. 국영 기업은 재무(財務) 목표를 의무적으로 부여받는데, 이 목표를 달성하기 위한 자신들의 경제 행위가 다른 경제 부문에 어떤 타격을 줄 것인가 하는 점에 대해서는 도외시하는 것이 보통이다.

위의 구절 중에서 '경제적 동기' 란 '더 많은 재화를 벌어들이기 위한 동기' 를 의미한다. '경제적 동기' 는 우리 사회를 움직이는 힘이다. 어떤 사업이 가치가 있다고 해도 그것이 돈벌이가 되지 않는다면 그 사업을 접고 마는 것이 냉혹한 자본주의의 현실이다. 아무리 시나리오가 예술성과 작품성이 뛰어나더라도 그 시나리오가 관객을 끌 상업적 가능성이 적다면, 그 시나리오를 영화화하겠다고 나서는 제작자는 흔하지 않다. 돈이 되는 영화, 흥행이 되는 영화를 해보겠다는 것이 제작자들의 욕심이다. 바로 이러한 제작자들의 모습이 다름 아닌 우리사회 구성원들의 대부분의 삶의 태도다. 성장만을 능사로 아는 성장지상주의적 태도를 반성하는 것은 나의 삶을 반성하는 문제일뿐더러 우리 사회 전체의 삶의 방식의 정당성을 따져 묻는 문제이기도 하다.

『어플루엔자』라는 책은 미국의 과소비의 심각성을 충격적으로 보여준다. '어플루엔자(affluenza)'는 풍요를 뜻하는 어플루언스(affluence)와 유행성 독감을 지칭하는 인플루엔자(influenza)가 합성된 일종의 신조어로 이는 비정상적인 소비태도를 일컫는 말이다. 『어플루엔자』라는 책이 고발하는 미국인들의 소비 행태는 가히 상상을 초월한다. 세계 인구의 5%인 미국은 세계 자원의 25%를 소비하고 지구온난화의 주범인 온실가스를 25%나 배출한다고 한다. 더구나 미국인들이 쓰레기봉투 구입에 쓰는 돈이 세계 90개국의 쓰레기봉투 구입의 지출총액보다 많을 정도라고 한다. 이 책은 만약 세계인들이 미국인들처럼 소비한다면 지구가 5개가 필요할 만큼 어플루엔자의 파괴력은 대단하다고 전한다. 이 책의 경고는 낯선 것이 아니다. 이미 많은 사람들이 현재의 생산방식이 초래하는 위험성을 경고한 바 있다.

『경제성장이 안되면 우리는 풍요롭지 못할 것인가』의 저자, 더글러스 러미스는 장래의 위험성에도 아랑곳없이 성장의 가치를 절대시하는 태도를 '타이타닉 현실주의'라 이름 붙인다. 지금의 생산방식과 소비방식을 고수한다면 언젠가 지구는 타이타닉처럼 침몰할 것이라는 사실을 많은 사람들에게 경고한다. 비유하건대는 타이타닉호의 선내 방송으로는 "빙산에 부딪힙니다."라는 방송이 나오고 있는 것이다. 그러나 모두가 귀에 못이 박힐 정도로 듣고 있는 터라, 선내의 승객들은 그 말이 더 듣고 싶지 않을 정도다. 전진한다는 것, 성장한다는 것만이 타이타닉호의 본질인 이상, 타이타닉은 빙산에 충돌할 것이라는 예언에도 아랑곳없이 전진하고 있다. 누군가가 나서서 엔진을 멈추어야 한다고 말하면 모두가 놀라서 어찌할 바를 모른다. 현실주의 경제학자는 타이타닉호에 "전속력으로"라는 명령을 한다. "속력을 떨어뜨려선 안 된다."라는 것, 바로 그것이 '타이타닉 현실주의' 라는 것이 러미스의 말이다.

타이타닉은, 스스로의 성취감에 취한 현대 문명에 대한 적절한 비유가 아닐 수 없다. 과학과 기술이면 무엇이든 달성할 수 있다는 인간의 자만심을 싣고 신대륙을 향해 떠났던 타이타닉호는 결국 거대한 빙산에 부딪혀 좌초하지 않았던가. 지구의 운명 또한 그러리라는 것이 환경주의자들의 경고다. 환경주의자들은 선진공업국들이 자원 소비를 90% 감소시키지 않으려면 지구 같은 행성이 5개는 필요하다며 성장지상주의적 태도에 제동을 건다. 그러나 이런 경고에 진지하게 귀 기울이는 사람들이 많지 않은 것이 우리의 현실이다.

이 책에 의하면 '발전' 이라는 말은 미국 트루먼 전 대통령이 1949년 취임연설문에서 타동사로 사용하기 전까지는 자동사였다는 것을 밝혀준다. 미국이 세계에서 상대적으로 가난한 나라들을 '발전시키겠다' 고 선언한 이래, 발전은 지구상의 대부분의 나라에서 당연한 국가목표로 설정되었다는 것이다. 그러나 이 '발전' 이란 개념도 따지고 보면 미국이 유포한 이데올로기라는 것이 러미스의 설명이다. 즉 제2차 세계대전이 끝나고 마땅히 투자할 장소가 없었던 미국에게 소위 '제3세계국가' 들은 투자대상으로 적격이었고, 미국은 이 투자대상 국가를 '미개발(undevelopment)' 이라는 이름으로 명명했다는 것이다. 다시 말하면 '미개발' 이란 서양의 발전시스템을 채택하지 않은 국가들을 서양의 발전시스템으로 전환시키기 위한 미국의 전략적 개념이었다는 것이다.

이렇게 하여 비서구권이 '미개발국가' 의 분류에 들게 됨으로써 제3세계국가들이 가지고 있는 문화적 다양성과 풍부함은 관심 밖으로 밀려났다는 것이다. 소위 우리들이 말하는 경제발전이라는 것은 지구 위의 모든 인간과 자연을 산업경제 시스템 속으로 집어넣는 것에 불과하다는 것이 러미스의 진단이다. 경제발전이라는 패러다임 속에서 자연이나 인간의 삶은 계량적으로만 파악될 뿐, 그 풍부함과 다양함은 관심 밖으로 밀려난다.

러미스는 볼프강 작스의 『탈개발의 시대』를 인용하면서 이렇게 말한다.

현재 세계에는 5,100개쯤의 언어가 있다고 합니다. 흥미로운 것은 그 가운데 유럽언어는 불과 1%이고, 나머지 99%는 아시아, 아프리카, 태평양과 미대륙에 있습니다. 아메리카 대륙의 언어 가운데는 유럽에서 가져온 것은 네 개뿐이고, 나머지는 원주민의 언어입니다. 나이지리아에는 400개 정도, 인도에는 182개의 언어가 있습니다. 인구가 그다지 많지 않은 중미에는 260개. 그런데, 두 세대 뒤까지 살아남을 수 있는 것은 그 중 아마도 100개 정도가 아니겠냐고 그 지리학자(볼프강 작스)는 예측하고 있습니다.

한 부족의 언어에는 그 부족의 경험과 사유의 방식이 들어 있다. 감각의 창고, 기억의 창고, 의미의 창고인 언어를 잃는다는 것은 이만저만한 문화적 재난이 아닐 수 없다. 그러나 성장의 관점에서는 이러한 재난이 발전으로 둔갑한다. 지구상의 생물이 그 다양성을 상실해가도 오직 성장이라는 관점의 자연파괴는 얼마든지 옹호되는 것과 같은 논리다.

기술이나 경제의 발전은 오히려 빈곤을 창출한다는 것이 러미스의 견해다. "무엇인가 새로운 기술이 생기면 처음에는 부자만이 삽니다. 그것이 차츰 있으면 좋다가 아니라 없으면 곤란한 것이 되어 갑니다. 살 수 없는 사람들은 그것을 살 돈이 없기 때문에 가난한 사람이 됩니다. 이 빈곤의 특징은 경제발전이나 기술발전에 따라 해소되는 것이 아니라 오히려 경제나 기술의 발전에 따라 재생산된다는 점에 있습니다."

러미스는 그 예로 자동차를 든다. 자동차는 '있으면 좋은 것'에서 '없으면 곤란한 것'으로 변해가며, 그것을 구입할 수 없는 사람들을 비참하게 만들고 가난하게 만든다는 것이다. "100년 전에는 사치품이었던 것이 오늘날에는 필수품이 되었다."는 간디의 말이 연상되는 대목이다.

러미스는 또 하나의 재미있는 예를 들고 있다. 그에 의하면 1920년대까지 로스엔젤레스는 세계에서도 유수한 통근전차가 있는 도시였다. 그 통근전차를 자동차 회사가 사들였다. 그들은 차츰 전차를 줄여가며 사람들을 불편하게 만들다가 마침내 적자라면서 전차운행을 모두 중지했다. 자동차 산업은 미국 안의 철도나 노면전차 회사를 매수하여 자동차 문화를 만들었다는 것이다. 결국 사치품이었던 자동차가 필수품이 되고, 그것을 구입할 수 없는 사람들은 비참의 멍에를 쓸 수밖에 없었다는 사실이다. 이런 점으로 볼 때 가난은 자동차 산업의 이데올로기가 의도적으로 조장했다고 보아야 옳다.

러미스는 풍요의 질을 바꾸고 경쟁사회를 지양하자고 주장한다. "경쟁사회를 지탱하고 있는 기본적인 감정은 두려움이다. 열심히 일하지 않으면 가난뱅이가 될지도 모른다는 두려움, 집 없이 떠도는 신세가 될지도 모른다는 두려움, 병에 걸리면 병원비도 지불할 수 없을지 모른다는 두려움, 그러한 두려움이 결국 성장의 이데올로기를 수용하게 하는 소시민적 취약함으로 이어진다."라고 러미스는 말한다. 즐겁기 때문에 어떤 일을 하기보다는 목이 잘릴까봐 두려워서 일을 하고, 직장에서 잘리면 내 아이와 아내는 어찌 될까하는 두려움이 결국 사회를 움직인다는 것이다. 상부상조하는 공생사회, 그 어떤 이도 빠짐없이 서로 뒤를 돌보아 주는 사회라면 이런 두려움이 크게 줄어들 것이며, 그런 두려움이 줄어든다면 건전한 제로성장의 사회는 가능하지 않겠느냐고 러미스는 진단한다.

러미스는 그런 사회를 추구하는 과정을 잠정적으로 '대항발전(counter-development)'이라고 부르고 있다. 대항발전의 첫째 목표는 '줄이는 것'이다.

소비를 줄이고, 경제활동에 쓰고 있는 시간을 줄이고, 가격이 붙은 것을 줄이자는 것이다. 둘째, 경제 이외의 것을 발전시키자는 것이다. 경제 이외의 가치, 경제활동 이외의 인간 활동, 시장 이외의 모든 즐거움, 행동, 문화, 그런 것들을 발전시키자는 것이다. 러미스는 말한다.

자본주의와 경제발전 이데올로기 속에는 경제성장이야말로 진보라는 생각이 뿌리를 내리고 있습니다. 그러므로 만약 이것을 대항발전의 과정으로 전환하면, 진보하는 대상이 바뀝니다. 진보에 따라 바뀌는 것은 물질이 아니라 인간입니다. 인간이나 사회나 문화가 바뀌는 것을 진보라고 보는 것입니다.

이 책은 '전쟁과 평화', '국가의 권리와 국가폭력의 속성' 그리고 '일본의 교전권' 등을 담고 있다. 그리고 '경제성장과 풍요로운 삶에 대한 질문', '군대 없는 민주주의는 불가능할까' 라는 의문도 담고 있다. 내용은 평이하고 논조는 분명하다. 이 책은 연구자나 학자들이 보는 딱딱한 이론서가 아니라서 읽어내기가 그다지 어렵지 않다. 이 책의 머리말에서 저자는 이 책의 제목을 『21세기의 커먼센스(상식)을 위해서』라고 붙이려고 했다는 말을 하고 있다.

➡ 이 글의 논제 --

성장보다 더 중요한 가치는 없는가?

➡ 읽은 사람은 다 안다 --

1. 더글러스 러미스가 말하는 '타이타닉 현실주의' 는 무엇을 의미하는가?

2. 미국이 '제3세계국가' 들을 '미개발(undevelopment)' 이라는 이름으로 명명한 전략적 의도는 무엇인가?

3. 더글러스 러미스가 말하는 '대항발전(counter-development)' 이란 어떤 개념인가?

기술발전이 인간을 행복하게 했는가?

−경제발전과 환경문제

E. F. 슈마허 지음, 이상호 옮김, 『작은 것이 아름답다』, 문예출판사, 2002.

책으로 가는 길

돈을 벌어 지하 셋방을 탈피하고 싶은 욕망은 비난받을 일이 아니다. 셋방에 살던 사람은 내 집 마련을 꿈꾸고, 17평 아파트에 사는 사람은 32평짜리 아파트를 꿈꾸는 것은 인지상정(人之常情)이다. 회사를 운영하는 사람도 마찬가지다. 어떻게 하면 지금보다 공장의 규모를 키울 수 있을까, 어떻게 하면 회사의 매출을 늘릴 수 있을까, 어떻게 해야 지출을 최소화하면서 이익을 최대화할 수 있을까 하는 문제가 회사 경영의 핵심이라 해도 과언이 아니다.

그러나 성장이 목적이라고 해서 무조건 성장만을 좇을 수는 없다. 키를 늘리는 데에는 뼈를 늘리는 수술도 있지만 그런 수술에는 부작용이 따를 수도 있고, 설령 그런 수술을 받는다 해도 그에 따르는 고통의 크기가 만만치가 않다. 오직 키를 늘리겠다는 목표만을 생각한다면 그까짓 고통쯤이야 참을 수 있다고 하겠지만, '삶의 질'을 생각한다면 부작용을 걱정할 수밖에 없다.

경제성장도 마찬가지다. 회사의 성장을 위해서는 기술 개발, 생산성 향상, 기업의 체질 개선을 위해 힘써야 하겠지만 일단 회사의 규모를 늘리고 보자는 생각에서라면 노동자들에게 지금보다 더한 노동 강도를 요구할 것이고, 가급적이면 노조를 약화시키고, 이익의 대부분을 분배를 위해서보다는 새로운 공장을 짓는다거나 하는 설비투자에 힘을 쓸 것이 분명하다. 이런 사업자들은 단위시간당 생산량을 조금이라도 더 늘릴 수 있는 기계가 있다면 이에 대한 도입을 주저하지 않을 것이다.

효율성, 생산성, 경제성은 자본가들에게 있어서는 부인할 수 없는 미덕이다. 경영의 핵심은 바로 그 세 덕목을 유지하고 강화하는 데 있다고 해도 과언이 아니다. 경영자들이 새로운 기술에 관심을 갖는 것도 신기술이 바로 그 세 가지 덕목을 강화시켜줄 수 있으리라는 기대 때문이다. 그러나 기술이 인간을 양적으로는 풍부하게 해줄 수 있지만 인간의 질적인 삶마저 보장해준다고는 할 수 없다. 더구나 원자력 발전소와 같은 거대한 기술은 인간과 환경 모두에 위협적일 수도 있다.

우리는 기술이 가져다주는 편리함을 거부할 수만도 없다. 그렇다고 우리의 삶을 송두리째 기술에 맡길 수도 없다. 과연 인간의 삶의 질과 생태계의 건강에 위협적이지 않으면서 인간의 편리를 증가시켜주는 적정규모의 기술은 없는 것일까. 바로 그러한 질문에 누구보다도 많은 고민을 한 학자가 있다. 『작은 것이 아름답다』의 저자 E. F. 슈마허가 바로 그이다.

　　2001학년도 전남대 논술문제의 경우, "세 글에 나타난 삶의 태도를 밝히고, 그것이 현대사회에서 갖는 의의에 관해 자신의 견해를, 사례를 들어 논술하시오."라는 자료 제시형 문제가 출제되었다. (가)의 자료는 『장자(莊子)』 외편인 「천지(天地)」편의 한 구절이었고, 자료 (나)는 19세기 미국의 뛰어난 저술가인 헨리 소로우(Henry D. Thoreau)의 『월든 Walden』의 일부였으며, 자료 (다)는 미국의 저명한 시인이며 문필가인 동시에 생태 운동의 이론가이며 실천가인 웬델 배리(Wendell Berry)의 『인간의 목적 What Are People For』에 실린 「나는 왜 컴퓨터를 안 살 것인가」의 일부였다. (가)는 기술이 인간의 삶에 어떤 의미를 갖는지를 성찰하고 있는 내용을 담고 있는 지문이었다. (나) 또한 문명과 기술로부터 자유로운 인간의 삶을 말하고 있는 지문이었다. (다) 역시 "나는 컴퓨터가 내가 중요하게 생각하는 것들, 즉 평화, 경제적 정의, 생태계의 건강, 정치적 정직성, 가족과 사회의 안정, 그리고 그 밖의 훌륭한 일들에 우리를 한 걸음도 더 가까이 다가가게 하지 않았다는 것을 안다."라는 구절로 볼 때, 기술이 인간적 삶에 가지는 의미를 성찰하고 있는 내용이라고 할 수 있다.

　　(가)의 지문을 자세히 보자.

“기계 따위를 갖게 되면 그 기계로 말미암아 일이 반드시 생겨나고, 그런 일
이 생기면 기계에 얽매이는 마음이 생겨나는 법”이라는 노인의 대답은 분명 기
술을 거부하는 태도이다. 과학기술이 한 나라의 경쟁력을 좌우하는 시대에 기
술을 거부하는 반문명적 삶의 태도를 권장할 수는 없다. 그러나 기술에 종속되
는 삶에도 문제는 있다. 과연 우리는 기술에 대해 어떤 태도를 가져야 하는가.
E. F. 슈마허의 『작은 것이 아름답다』를 통해 생각해보자.

책
속으로

『작은 것이 아름답다』의 저자 슈마허는 1961년 네루의 초청을 받아
인도의 농촌개발을 위한 자문으로 인도를 방문하게 된다. 슈마허는 당
시 거의 원시상태에 가까운 인도의 농촌현실을 둘러보고 제3세계의 자주적 경

제발전을 이끌어 내기 위한 기술로서 '중간기술'이라는 새로운 개념을 창안해 낸다.

제2차 세계대전 이후 대량 생산에 의한 대량 소비가 진행되면서, 대량 생산 체제를 유지하기 위한 자원 투하량의 증가, 생산성 향상을 위한 투자의 대규모화와 거대 조직화로 여러 가지 문제점이 나타난다. 소득과 자원에 있어서 부국과 빈국의 갈등, 특정집단의 기술 독점으로 인한 불평등, 자원의 고갈과 생태계의 파괴 등의 문제점을 극복하고자 하는 데서 슈마허가 창안한 개념이 이른바 '중간기술'이다.

기술은 특정집단의 이익만을 증가시키지 않고 모든 사람에게 골고루 그 혜택을 돌려줄 수 있어야 하며, 기술은 자원을 남용하지 않으면서 생태계를 건강하게 할 수 있어야 한다는 문제의식의 소산이 중간기술이다.

인간의 노동력을 최대로 활용하여 작은 규모로 이루어지는 중간기술이야말로 개발도상국이 선택할 수 있는 최선의 개발 전략이라는 것이 그의 주장이다. 호미로 농사를 짓고 있는 제3세계의 농촌을 개발하기 위해서 트랙터와 콤바인을 들여오게 되면, 농촌인구 과잉에 일자리 부족으로 시달리고 있는 대다수의 제3세계에 더 많은 실업과 혼란을 야기하여 상황을 더욱 악화시킬 뿐 아니라 복잡한 기계에 무지한 농민들은 기계와 그 기계를 다룰 수 있는 사람에게 얽매이게 된다. 그래서 슈마허 박사는 호미와 트랙터의 중간에 해당하는 그 지역의 상황에 적합한 기술이 있을 것이라 생각하여 그것을 중간기술이라 이름붙이고, 그러한 기술을 연구, 개발하기 위하여 '중간기술 개발 그룹'이라는 국제적인 단체를 조직하게 된다.

중간기술의 개념은 순전히 슈마허 박사의 창안은 아니다. 슈마허 스스로가 인정하듯 그것은 본래 간디의 아이디어였다. 영국의 지배하에 들면서부터 영국의 섬유 공업이 인도 가내공업을 파괴하고 그로 인한 많은 이윤을 영국으로 가져가고 있을 때, 간디는 서양의 거대한 생산체계가 제3세계의 민중을 소외시키고 자연을 약탈한다고 생각했다. 영국의 지배하에서 벗어나는 길은 비천한 사람들에 대한 차별을 없애고 그리고 인도의 지방 산업을 다시 활성화해야 한다고 생각했다. 인도의 섬유시장을 점령하고 있는 영국의 섬유공업을 약화시키기 위해서는 인도인들 스스로가 물레를 돌려 옷을 만들어야 한다고 생각했다. 물레 역시 인간의 편리를 증진시키는 기술이다. 그러나 그것은 영국의 대규모 섬유공업처럼 인도인들을 소외시키지 않으며 인간성과 환경을 파괴하지 않는다는 것이 간디의 생각이었다. 슈마허의 '중간기술'은 바로 이런 간디의 생각을 구체화한 것이라고 볼 수 있다.

대규모 기계화와 화학비료 및 농약의 대량 사용이 빚어낸 농업의 사회구조는 인간이 살아 있는 자연과 진정으로 접촉하는 것을 불가능하게 만든다. 게다가 이 구조는 사실상 폭력, 소외, 환경 파괴와 같은 근대의 가장 위험한 경향을 지지한다. 여기서는 건강, 아름다움, 영속성이 거의 진지하게 논의되는 일조차 없는데, 이것은 인간적인 가치가 무시되는 또 다른 사례로서, 경제주의라는 우상숭배의 필연적인 산물이다.

위의 내용을 좀 더 쉬운 예를 통해서 이해해보자.

가령 닭을 사육하는 거대한 현대식 닭 공장을 살펴보자. 날개조차 퍼덕일 수 없는 비좁은 닭장 안의 닭들에겐 엄청난 양의 성장호르몬제가 투여된다. 인간으로 치자면 갓 태어난 아이를 18주 만에 650kg의 거구로 만들 수 있는 양의 호르몬이 닭들에게 투여된다. 어두워지면 닭들은 잠이 들고 잠이 들면 모이를 먹지 않기 때문에 양계장에는 종일토록 조명이 꺼지지 않는다. 물론 조명이 꺼지는 시간이 있지만 이는 잠시일 뿐이다. 닭들은 엄청난 스트레스를 견뎌내야 한다. 스트레스를 견디다 못해 어떤 닭들은 주위의 닭들을 공격하기도 한다. 가끔 상대방을 죽이는 닭들도 있기 때문에 이를 방지하기 위해서 닭들의 부리는 모두 잘린다. 닭들은 심신이 온전할 리가 없다. 그러나 양계장의 닭들에겐 병들 권리조차 없다. 엄청난 양의 항생제가 투여되기 때문이다.

양계장의 성장만을 생각한다면 이러한 거대 시스템을 마다할 리가 없다. 그러나 누가 봐도 이러한 상황은 비인간적이다. 닭들에게 필요한 성장호르몬과 항생제를 만드는 것은 물론 과학기술이다. 같은 양의 모이를 먹더라도 더 빨리 크는 닭들을 개발하는 것도 과학기술이다. 이렇게 과학기술은 닭들을 성장시키는 데에 있어서는 엄청난 효율성을 보장해준다. 그러나 규모의 거대성을 지향하는 과학기술의 효율성도 과학지식을 독점하는 집단에게는 이익일지 몰라도 전통적 방식으로 소규모로 닭을 기르는 양계업자에게까지 이익을 준다고는 할 수 없다.

또 하나의 예를 생각해보자. 한 유전자 조작회사에서 고추가 많이 열리는 고추 종자를 개발했다고 하자. 이 씨앗을 높은 가격에 사간 농부들은 한 번 사는 것으로 끝이다. 고추에서 씨앗을 얻어 다시 파종을 하면 되기 때문이다. 이렇게 해서는 많은 연구비를 통해 얻은 종자를 통해 큰 이익을 남길 수 없다. 그래서 미국의 종자회사 몬산토사(社)에서 개발한 것이 '터미네이터'라는 유전자다. 만약 새로 개발한 고추 종자에 '터미네이터 유전자'를 주입하면 농부들이 이듬해 밭에 뿌릴 고추의 씨를 다시 얻을 수 없다. 파종 때만 되면 높은 가격을 주고 종자를 구입할 수밖에 없다. 결국 이 기술은 그것을 개발한 회사에만 막대한 이익을 보장할 뿐이다. 바로 개발에 막대한 자금과 인력이 동원되는 유전공학과 같은 거대기술의 문제점이다.

제레미 리프킨은 그의 저서 『바이오테크 시대』에서 유전자 조작 기술은 그 혜택을 만인에게 골고루 가져다주지 않는다고 단언한다. 더구나 그런 기술에 관심이 있는 자들은 생태계의 건강에는 관심이 없다. 가령 세계 제초제 시장의 점유율을 높이기 위하여, 화학 회사들은 자기들이 판매하는 제초제에 대한 내성이 강한 유전자 이식 농산물을 개발하여 그 종자에 대한 특허를 취득한 후 그 종자를 농민에게 팔면, 종자 시장과 제초제 시장에서 모두 시장 점유율을 높일 수 있으니 일거양득인 셈이다. 제초제를 뿌리는 과정에서 농작물에 해를 끼칠 염려가 적어지면 잡초를 제거하기 위해 농부들은 마음 놓고 제초제를 뿌릴 수 있기 때문에 땅은 그만큼 죽어갈 수밖에 없다. 또한 제초제 사용량이 증가하게 되면 제초제에 대한 잡초의 저항력이 더 커져 어지간한 제초제에도 끄덕 않는 슈퍼잡초가 생길 수도 있다. 문제는 기업가들이 사태를 멀리 내다보지 않는다는 점이다. 농작물의 최종 소비자들의 건강과 생태계의 건강에는 관심이 없다는 사실이다.

결국 거대기술에 의존하는 몬산토사의 연구행위는 미국의 이익을 강화시키는 데에는 커다란 힘이 되어줄 수 있을지는 몰라도 제3세계의 이익을 강화시켜 줄 수는 없다. 오히려 국가와 계층 간의 불이익을 심화시키고 환경을 해칠 뿐이라는 것이 간디와 슈마허의 생각이라고 할 수 있다.

"자연세계의 모든 것에는 규모, 속도, 힘의 측면에서 한계가 있다. 그 결과 인간을 포함하는 자연체계는 자기균형 능력을 보이면서 스스로를 조절하고 정화하는 움직임을 보여준다. 그러나 기술은 그렇지 않다. 아니 기술과 전문화에 의해 지배당하는 인간은 그렇지 않다고 말해야 하는 것인지도 모른다. 기술은 규모, 속도, 힘의 측면에서 스스로를 제한하는 원리를 인정하지 않는다. 그래서 그것은 자기균형, 자기조절, 자기정화의 미덕을 갖고 있지 않다." 라는 슈마허의 발언은 기술 자체에는 브레이크가 없다는 것으로 이해할 수도 있다. 기술의 규모를 제한하고, 기술의 속도를 제한하고, 기술의 힘을 제약하는 책임이 인간에게 있음을 슈마허는 강조하고 있는 셈이다.

일찍이 장자는 이상국가의 조건으로서 소국과민(小國寡民)을 말한 바 있다. 이상적인 국가는 그 규모가 작아야 하고 백성의 수도 적어야 한다는 것이었다. 슈마허가 장자가 말하는 '소국과민'의 개념을 알고 있었는지는 모르지만 다음과 같은 발언은 현대문명에 던지는 의미심장한 발언이라고 하지 않을 수 없다.

> 모든 조직은 질서의 정연함과 창조적 자유의 무질서를 동시에 추구해야 한다. 그런데 대규모 조직은 본래적으로 창조적인 자유를 희생하면서까지 질서를 선호하려는 편견과 경향을 갖는 바, 이것이 바로 이 조직에 내재하는 독특한 위험 요인이다. 우리는 이렇게 질서와 자유라는 기본적인 대립쌍에 몇 가지 다른 대립쌍을 연결시킬 수 있다. 집중화는 주로 질서에 대응되며, 분산화는 자유에 대응된다. 경리담당자는 전형적으로 질서에 대응되는 인간이며, 대체로 관리자도 그러하다. 이와 달리 기업가는 창조적인 자유에 대응되는 인간이다.
> (중략) 조직이 커질수록 질서가 점점 필요해진다. 하지만 이 필요성이 너무도 효과적으로, 그리고 완벽하게 충족되어 인간이 창조적인 직관을 발휘할 수 있는 가능성, 즉 기업가의 무질서가 조금도 남아있지 않다면, 그 조직은 시체나 다름없게 된다.

감시기술과 같은 중앙집권적 테크놀로지로 모든 것을 완벽하게 통제할 때 인간의 창의성은 고갈된다는 것이다. 이런 위험을 방지하기 위해서는 가급적 기술을 분산시키고 그 규모를 적정한 수준으로 유지해야 한다는 것이 슈마허의 충고다.

생명체 세계를 착취의 공간으로만 바라보고, 생산량의 규모만을 크게 하는 데만 급급하여 생태계의 건강에는 아랑곳이 없는 이른바 '성장주의자' 들에게 슈마허는 말한다. "토지는 값을 매길 수 없을 정도로 귀중한 자산이며, 그것을 경작하고 지키는 것이 인간의 임무이자 행복이기도 하다. 우리는 인간의 토지 관리가 무엇보다 건강, 아름다움, 영속성이란 세 가지 목표를 지향해야 한다고 말할 수 있다." 깊이 음미하지 않을 수 없는 대목이다.

➜ 이 글의 논제 --

기술에 대해 인간은 어떤 태도를 취해야 하는가?

➜ 읽은 사람은 다 안다 --

1. 슈마허가 '중간기술' 을 제창한 이유는?
2. 슈마허는 인간의 토지 관리가 어떤 목표를 지향해야 한다고 말했는가?

인간은 끊임없이 소비하는가?
–자본주의 사회와 인간의 욕망

토머스 하인 지음, 김종식 옮김, 『쇼핑의 유혹』, 세종서적, 2003.

책으로 가는 길

'쇼핑' 하면 우리는 과소비나 쇼핑중독이라는 말을 함께 떠올린다. 쇼핑이라는 말 자체는 '물건 사기' 혹은 '물건을 사러 돌아다니다' 라는 뜻으로 어떤 가치판단이 내포되어 있지 않다. 그렇지만 우리는 소비보다는 절제나 검소를 미덕으로 삼는 문화 속에서 교육을 받아왔다. 그 때문에 쇼핑이라는 말 자체에, 게다가 쇼핑이라는 행위에까지도 약간은 부정적인 의미를 부여하거나 심지어 일말의 죄책감을 느끼기도 한다.

그러나 이제는 안 쓰고 안 입고 안 먹는 식의, 금욕에 가까운 절제만을 미덕으로 내세울 수 없는 사회가 되었다. 소비하지 않는다는 것은 경제적으로 위축되어 있는 상황을 반영한다. 따라서 적절하게 소비하는 생활은 경제활동의 기본이며, 사람들이 소비를 많이 한다는 것은 그만큼 경제적인 호황을 누리고 있다는 뜻도 된다. 우리나라가 IMF 사태를 맞았을 때, 그리고 미국에서 9 · 11 이후에, 경제를 살리기 위해서는 적절한 소비가 필요하다는 주장이 나왔다는 것을 생각해보면 쉽게 이해할 수 있을 것이다.

쇼핑이라는 말이 가지고 있는 부정적인 뉘앙스에도 불구하고 대체로 많은 사람들이 무언가를 '산다'는 행위 자체를 좋아한다. 매점에서 빵을 하나 사든 문구점에서 펜을 하나 사든 그 행위 속에는 빵이나 펜 이상의 의미가 포함되어 있다. 그래서 우리는 책을 사거나 옷을 사러갈 때 친구들끼리 모여서 왁자하게 쇼핑하는 것을 좋아하지 않는가. 내가 꼭 무얼 사지 않아도 그런 쇼핑에 동참하게 되는 것 자체가 친구들과 함께 즐기는 놀이로 인식되고 있는 셈이다.

『쇼핑의 유혹』의 저자 토마스 하인은 말한다. 오리가 태어나자마자 헤엄을 칠 줄 알게 되듯이 아이들은 쇼핑을 배우게 된다고. 어린 아이들이 물건을 사려면 돈이 필요하다는 사실을 알게 되고, 직접 돈으로 물건을 사게 되는 행위는 경제 생활의 첫걸음이고, 우리의 문화 속으로 진입하기 시작했다는 뜻이 된다. 이렇게 현재의 우리는 쇼핑과는 무관하게 살 수 없게 되었다. 이제 중요한 것은 쇼핑이 옳으냐, 그르냐가 아니라 어떻게 현명하게 쇼핑할 것인가의 문제이다.

소비사회에서 인간의 욕망이라는 문제는 논술에서 다양한 형태로 자주 등장한다. 인간이 가진 물질적인 욕망, 소유를 어떻게 볼 것인지, 그로 인한 문제는 무엇이고 어떻게 해결해야 하는지를 묻는 논술이 대부분이다. 대표적으로 2004학년도 이화여대 논술문제는 소비사회와 물질적 욕망 사이의 갈등을 어떻게 해소할 수 있는지를 묻는 것이었다.

소비의 시대인 오늘날에는 상품의 논리가 일반화되어 노동과정이나 물질적 생산품뿐만 아니라 문화, 섹슈얼리티, 인간관계, 심지어 환상과 개인적 욕망까지도 지배하고 있다. 모든 것이 이 논리에 종속되어 있는데, 그것은 단순히 모든 기능과 욕구가 이윤에 의해 대상화되고 조작된다고 하는 의미에서뿐만 아니라 모든 것이 진열되어 구경거리가 된다는, 즉 이미지, 기호, 소비 가능한 모델로 환기되고 유발되고 편성된다는 보다 깊은 의미에서이다.

(중략) 초월성도 궁극성도 목적성도 더 이상 존재하지 않게 된 이 사회의 특징은 '반성'의 부재, 자신에 대한 시각의 부재이다. 현대의 질서에서는 인간이 자신의 모습과 마주하는 장소였던 거울은 사라지고, 대신 쇼윈도만이 존재한다. 거기에서 개인은 자신을 비춰보는 것이 아니라 대량의 기호화된 사물을 응시할 따름이며, 사회적 지위 등을 의미하는 기호의 질서 속으로 흡수되어 버린다. 소비의 주체는 기호의 질서이다.

위의 제시문은 소비물자와 상품으로 둘러싸인 현대 사회에서 인간과 사물, 인간과 자연 혹은 세계, 자신과 자신의 관계조차도 변화되고 있는 현실에 대해 묘사하고 있다. 이는 장 보드리야르의 『소비의 사회』의 일부로서, 상품의 무한한 생산과 풍족한 물질이 인간의 삶을 풍요롭게 할 수도 있지만, 인간을 관념적인 허구의 세계로 몰고 가 자신의 육체에서조차 소외될 수 있음을 설명하고 있다.

이와는 대조적인 내용의 제시문을 두 가지 더 들고 있는데 하나는 헤르만 헷세의 『싯다르타, 한 인도의 시』의 일부이고 하나는 정약용의 『목민심서』의 일부이다. 이 두 지문은 자연과의 만남을 소중히 여기고 그를 통해 자연의 질서를 인간이 깨달아야 하며 물질적 탐욕 자체를 멀리하라는 내용이다.

얻기를 탐내는 자는 만족함이 없으니, 모두가 사치를 좋아하는 일념 때문이다. 만약 마음이 담담하여 만족할 줄 알면 세상 재물을 구해서 어디에 쓰겠는가. 청풍명월(淸風明月)은 돈으로 사는 것이 아니요, 대 울타리 띠집에도 돈 쓸 일이 없고, 책을 읽고 도 이렇게 대조적인 지문들을 통해서 우리가 살고 있는 사회를 반성해보고, 인간 삶에서 소중한 가치로 여겨야 할 것이 무엇인지, 자신이 소중하다고 여기는 가치들을 물질적인 욕망으로 가득한 소비 사회에서 어떻게 조화시킬 수 있을 것인지 등에 대해 논술할 수 있어야 한다.

이와 관련해서 2001학년도 고려대 논술문제에서는 소유에 대한 인식의 차이에 따라 나타날 수 있는 사회적인 현상의 예를 들고 문제 해결을 위한 자신의 견해를 밝히라는 문제가 나왔다. 고려대 문제에서는 이곡의 「차마설(借馬說)」이나 피에르 쌍소의 『느리게 산다는 것의 의미』라는 글을 통해 절제라는 측면과 관련하여 소비사회와 물질적 욕망의 관계를 풀어나가도록 유도하고 있다. 아래는 피에르 쌍소의 『느리게 산다는 것의 의미』 일부이다.

이곡의 「차마설」이나 쌍소의 『느리게 산다는 것의 의미』도 결국은 소유에 대한 긍정을 전제로 하고 있다. 모든 물질적인 것에 대해서 '내 것'이 아니라 잠시 '빌려온 것'이라는 태도를 가져야 한다는 것은 소유하지 말라는 것이라기보다는 소유할 때의 적절한 마음가짐을 표현하는 것이라고 볼 수 있다. 쌍소의 글 역시 소유 자체에 대한 부정이 아니라 절제된 소유의 미덕을 강조하고 있다. 종교적인 무소유를 내세우는 것이 아니라 소비사회에서 필요한 만큼의 소비를 하되 도를 넘지 않도록 해야 한다는 점에서 소유의 인식에 대해 좀 더 현실적인 이야기를 하고 있다고 할 수 있다.

같은 2001학년도에 중앙대에서도 유사한 문제가 출제되었다. 욕망의 억제와 욕망의 추구를 정당한 태도라고 주장하는 대조적인 두 제시문을 준 다음, 인간 욕망의 절제라는 결론을 이끌어내도록 하려는 문제였다. 논제에서, 현재의 사회적 추세에서 볼 때 양극단의 두 가지 태도 중 한쪽을 견지하는 것보다 적절한 조화를 찾아야 삶의 행복을 추구할 수 있다고 말하면서 어느 한쪽으로 치우쳤을 때의 문제점을 지적하라고 요구한다. 아래는 소비사회에서 행복해지기 위해서는 개인의 물질적 욕망이 채워져야 한다고 주장하는 제시문의 일부이다.

그런데 우리는, 행복해지기 위해 필요한 모든 상품을 생산하고, 경제 행위의 주체에 상품(물건과 서비스의 형태로)을 제공하는 것을 임무로 삼는 선진화된 산업 사회에 살고 있다. 진정한 문제는 이러한 물질을 획득하는 방법에 있다. 이 정도 삶의 상태나 수준도 커다란 행운이라고 말할 수 있다. 오늘날 우리가 살고 있는 자유주의 사회는 전반적인 부의 증식을 목적으로 삼고 그 반대급부로 개인적 생활수준의 향상을 도모한다. (중략) 소비사회는 물질적 안락을 가져다준다는 구실 아래 끊임없이 새로운 상품과 새로운 욕망을 창출하고, 새로운 욕망을 유발하기 위해 광고라는 특별한 테크닉을 구사하고 있다. 그런데 인간이 많은 욕망을 추구하는 것(그만큼 많이 향유할 수 있기 때문에)을 좋다고 생각하지 않는다면, 자꾸 새로운 욕망의 대상을 만들어 낸다는 것은 어리석은 짓이다. 왜냐하면 인간이 새로운 욕망의 대상에 다다를 수 없다면, 그것은 또 다른 좌절감을 낳게 할 것이기 때문이다.

위의 제시문은 필립 반 덴 보슈의 『행복에 관한 10가지 철학적 명상』의 일부이다. 위의 제시문은 인간의 행복은 욕망 충족에 있다는 소비사회의 이데올로기를 보여주고 있다. 중앙대학교 논술문제는 소비사회의 이상이라는 차원에서 욕망을 긍정하고, 종교적인 이상으로서의 욕망의 부정을 대조시키면서 조화로운 삶의 태도를 찾아내도록 하려는 것이다. 종교적인 측면에서 인간의 욕망 부정은 문명의 발달과 상품 시장의 향유에 대해 지나치게 소극적인 태도를 만들어낼 수 있고, 욕망의 긍정은 경제 발전과 개인적인 삶의 풍요를 가져올 수는 있지만 지나칠 경우 향락과 퇴폐, 경제적 파탄에까지 이를 수 있는 위험이 있다.

이처럼, 소비사회와 물질적 욕망에 대한 논술문제들은 현명한 소비, 적절한 욕망 추구라는 전제를 공통으로 가지고 있는 셈이다. 현대 사회에서 물질적인 욕망을 외면한다는 것은 불가능한 일이고, 거기에 전적으로 매달린다는 것 또한 병리적인 문제를 야기한다. 따라서 이제는 어떤 식의 소비가 적절한 것인지, 소비나 소유에 대한 가치관을 스스로 정립하고 있는 것이 중요해진다.

책 속으로

"나는 생각한다, 고로 존재한다."라는 데카르트의 명제는 사유와 존재가 일치하는 근대적인 주체철학을 단적으로 드러내는 표현이었다. 그러나 오늘날 이 표현은 "나는 쇼핑한다, 고로 존재한다."라고 바뀌어서 쇼핑

중독에 걸린 사람들을 비하하는 것으로 패러디된다. 그러나 『쇼핑의 유혹』의 저자 토머스 하인에게 이 명제는 소비사회를 사는 현대인들의 정체성을 가장 잘 드러내주는 표현이 된다.

저자는 쇼핑에서 나타나는 남녀 간의 성 차이 때문에 역사적으로 쇼핑의 가치와 중요성이 과소평가되었다고 말한다. 여성은 쇼핑할 때 자신이 뭔가 이루고 있다는 성취감을 느끼는 반면, 남성은 쇼핑에서 그런 느낌을 얻지 못한다는 것이다. 이는 남성이 쇼핑을 하나의 성취라고 생각하기는커녕 유익한 활동이 되지 못한다고 배우면서 성장하기 때문이라고 지적한다. 즉 토마스 하인은 전근대를 살았던 사람들이 사회에 적응하기 위해서 배워야하는 기술들이 따로 있었던 것처럼 현대를 사는 사람들은 쇼핑 방법을 익혀야 한다고 주장한다.

쇼핑이 여성의 전유물처럼 여겨지고 쇼핑에 몰두하는 것이 남자답지 못한 것으로 생각하는 것은, 아마도 가정 안에서의 성 역할 구분 때문일 것이다. 남편은 밖에서 돈을 벌어오고 그 돈을 관리하고 살림을 하는 것은 아내의 몫으로 구분 지어 놓은 초기 자본주의 가족 구도에서 쇼핑은 여성의 영역일 수밖에 없었다. 그러나 우리 사회가 여성의 영역으로 치부하고 하찮게 여기는 쇼핑이 얼마나 진지하고 복잡한 측면을 내포하고 있는 사회적 활동인지 토마스 하인은 이렇게 설명한다.

여성구매자는 쇼핑카트를 밀고 매장을 둘러보며 쇼핑하는 동안 마음속으로 이것 저것 곰곰이 따져본다. 제한된 예산을 갖고 어떻게 해야 가족의 필요와 욕구에 균형을 맞출 수 있을까? 어떤 식품으로 사랑하는 자녀의 건강 식단을 챙길 수 있을까? 뚱뚱한 남편의 비만도 그냥 넘길 수 없다. 한편 아이들이 또래친구가 갖고 있는 제품을 사달라고 졸라대는 것을 어떻게 처리해야 할까? 더구나 그녀는 가족의 요구를 들어주어야 할지 망설이는 가운데 길지 않은 시간 안에 온갖 경제적,

윤리적 결정을 내려야 한다.

그녀에게 쇼핑행위는 자신의 기호와 목표를 분명하게 드러내주는 중요한 경험이다. 그녀는 쇼핑을 통해 가족의 식단, 실내 장식과 집안 분위기 등 넓은 의미에서의 패션을 결정하게 되고, 또 자녀들이 먹고 만지고 보는 일상의 틀을 규정한다. 그녀가 구입한 제품들은 현실성, 도덕성, 가족의 개성을 총체적으로 표현한다. 사정이 이러하기 때문에 구매자가 선택한다는 것은 곧 막중한 책임이다.

토머스 하인은 우리가 쇼핑에 대해서 가지고 있는 일반적인 개념, 부정적 가치가 부여된 의미 등을 모두 수정할 것을 요구한다. 쇼핑을 과소비나 쇼핑 중독과 연결시키는 일이 잘못된 것임을 지적하고, 할 일 없는 여자들이 시간을 허비하는 것이라고 폄하되는 '눈요기 쇼핑'을, 합리적인 소비를 위한 사전조사라고 설명한다. 소비 혹은 쇼핑이라고 할 때는 허례허식을 일삼는 과시적인 소비뿐 아니라 실속 절약형의 알뜰 쇼핑까지 다양한 형태가 있다. 그러나 저자가 말하는 쇼핑은 현대 소비사회에서 현명하게 살아남기 위한 기술이며, 자기표현이고, 타인들과의 적당한 연대를 통해 소속감을 느끼게 해줄 수 있는 것을 의미한다. 한마디로 저자에게 쇼핑이란 스스로를 책임지는 행위이다.

내가 이 장에서 내내 강조하고 있는 이야기, 다시 말해 쇼핑에는 막중한 책임이 뒤따른다는 것은 쇼핑에 대한 일반적인 고정관념과는 상당히 거리가 멀다. 대중문화 종사자들은 쇼핑을 탐닉의 축제, 즉 쇼핑이란 낭비벽이 심한 주부들이 매장을 여기저기 휘저어 다니며 수중에 없는 돈을 마구 쓰는 행위라고 주장한다. 그들은 또한 쇼핑의 본질이 무절제한 이기적인 소비라고 선전한다. 이런 의미에서 쇼핑에 가장 걸맞은 말은 '흥청망청 쓴다'이다.

사람들은 쇼핑에 대해 여러 가지 불만을 늘어놓지만 아무 생각 없이 쇼핑을 하는 것은 아니다. 쇼핑은 책임지고 파워를 표현하는 행위이다. 사람들이 먹는 음식,

입는 옷, 가정에서 쓰는 물건들은 삶의 근본을 형성한다. 이런 물건에 대해 내리는 결정은 우리의 정체성을 확립하는 과정에서 매우 큰 역할을 담당한다. 사람들은 이런 파워를 컴퓨터 프로그램에 양보하거나 게임으로 바꾸고 싶어 하지 않는다. 쇼핑은 진지한 문제이기 때문이다.

저자는 『쇼핑의 유혹』의 곳곳에서 '바이오스피어(buyosphere)' 라는 표현을 사용하는데, 이는 지구를 뜻하는 'biosphere' 를 패러디한 말로, 현대 사회는 쇼핑의 세계, 쇼핑을 해야만 살 수 있는 세계라는 의미이다. 저자는 이 책에서 파워, 책임, 발견, 자기표현, 심리적 불안, 관심, 소속감, 축하, 편의 등 아홉 가지 인간의 근본적인 욕구를 통해 쇼핑의 사회사를 보여준다. 이런 욕구가 현대의 쇼핑몰, 웹사이트, 부티크, 초대형 할인매장 등에서 어떻게 중요한 요인으로 작용하는지 설명하고, 더 나아가 예전 사람들이 가치를 알아보고 욕구가 생겨 물건을 획득하는 역사적 과정을 살펴보기 위해, 저 멀리 선사시대의 상인들이 금, 호박, 흑요석을 거래했던 장면으로 독자들을 인도한다.

아테네의 아고라에서 교활한 상인들이 무게를 더 나가게 하기 위해 모직을 물에 불리던 모습, 그리고 모든 사람들이 아고라에 모여들어 물건을 사고 얘기를 나누고 외식하고 이발하던 얘기도 다룬다. 한편 중세시대의 단조롭고도 힘든 생활에서 잠시나마 화려한 순간인 대축제의 이모저모를 살피고, 르네상스시대의 유럽도시들도 방문한다. 또 기성복이라는 단순한 아이디어가 어떻게 백화점의 폭발적 성장을 가져오고 도시를 대규모 상가로 바꾸었는지 그 과정들을 생생히 보여준다. 마침내 오늘날 인터넷시대에 이르러 정치 지도자들이 쇼핑을 가리켜 희생이 아니라 애국적 행위라고 찬양하며 쇼핑을 강력히 권유하던 9 · 11 사태까지 다룬다.

저자의 말처럼 바이오스피어는 우리가 삶에서 부대끼고 억압되었던 모든 스트레스에 대해 보상받을 수 있는 곳의 역할을 하기도 한다. 그곳은 공장의 조립 라인이나 회계 부서 못지않게 경제에서 중요한 부분을 담당한다. 누군가 소비하지 않는다면 아무도 소득을 얻지 못할 것이기 때문이다. 또한 바이오스피어에서 물건을 산다는 것은 자기 정체성을 표현하는 일과도 직결된다. 옛날에 족장이나 왕이 그랬던 것처럼 바이오스피어에 사는 우리들은 입고 있는 옷, 소유하는 물건 등으로 자신의 위치를 밝힌다. 특히 또래의 친구집단에 속하기 원할 때 우리는 그 집단의 문화를 받아들이려 하고 소위 그 집단이 만들어내는 유행에 따르고 싶어 한다. 토마스 하인은 '유행' 마저도 우리가 문화에 참여하는 한 방식이라고 말한다.

물론, 오늘날 현대인들의 풍요롭고 낭비적인 생활양식을 비판하는 이들은 소비자들이 마케팅과 광고 선전에 넘어가 과잉 구매하다가는 언젠가 망할 것이라는 주장을 펼친다. 예전보다 더 많은 상업적 광고가 모든 미디어를 동원하여 소비자를 유혹하고 있는 것은 사실이다. 하지만 저자는 이런 식의 주장에 동의하지 않는다. 사리분별이 있는 대다수의 사람들은 그런 광고를 무조건적으로 받아들이지 않기 때문에 막상 효과를 보는 광고는 얼마 되지 않는다는 것이다. 구매자는 결코 멍청이가 아니며, 그들은 자신의 행동에 대해 심사숙고하면서 전략을 짜고 물건을 비교해가며 쇼핑한다고 주장하면서 현대 사회의 소비자들의 주체적인 측면을 강조한다. 저자의 말처럼 우리들은 사고 싶은 물건이 생겼다고 해서, 그리고 그 물건을 살 만한 능력이 있다고 해서 무턱대고 돈을 지불하지는 않는다. 인터넷 쇼핑몰의 가격비교 사이트를 돌아다녀보고, 직접 발품을 팔아가며 시장을 돌아다니고, 인터넷 쇼핑몰의 사용 후기를 참조하면서 자신이 할 수 있는 범위 내에서 가장 합리적인 소비를 하려고 노력하지 않는가.

저자는 쇼핑을 통해서, 자신이 구매한 물건을 통해서 스스로를 표현하려 하고 자신의 사회적 힘을 과시하려는 것이 비단 현대 소비사회에서 나타나는 병리적인 현상이 아니라는 점을 강조한다. 사람들은 선사시대부터 역사시대에 이르기까지 자신의 파워를 내세우고 인간관계를 확인하고 자아를 확장하기 위해 물질적 상품을 사용해왔다는 것이다. 족장이나 왕들이 다른 사람들이 가지지 못한 물건을 소유하고 다른 사람들이 입지 못하는 옷을 입음으로써 자신의 지위를 특권화 시키려 했던 일은 이미 오래전부터 있어온 사실이라는 점을 들어 쇼핑을 통한 자기표현이나 욕구 충족 자체를 현대인들의 질병쯤으로 폄하시키려는 데에 반대한다. 다만 상품이 더욱 풍족해진 현대에 이르면서 상품을 통해 자아를 주장하려는 사람들의 욕구는 더욱 커졌을 뿐이라고 설명한다.

물질을 통한 욕망 충족이나 물질에 대한 욕망의 부정이라는 양극단은 이제 소비를 기본으로 하는 현대인들에게 별로 도움을 주지 못한다. 소비라는 것이 이미 오랜 역사를 지닌 사회적 행위이며, 무분별한 과시적 소비나 중독이 아니라 건전하고 현명한 소비가 현대사회를 사는 우리들에게 필요한 기본적인 생활방식이라는 점을 인정한다면 저자의 말대로 '쇼핑' 에 대한 우리의 인식을 새롭게 조정할 필요가 있다. 그렇다면 "나는 쇼핑한다, 고로 존재한다."는 말이 우스갯소리나 비하의 의미가 아니라 소비사회를 살아야 하는 우리들의 기본적인 정체성을 드러내주는 것으로 이해될 수 있을 것이다.

➔ 이 글의 논제

상업적인 광고가 무조건적으로 소비를 부추기는 사회에서 주체적인 소비를 하기 위해 어떤 태도가 필요한가?

1. 쇼핑이 소비사회를 사는 우리들의 정체성을 형성한다고 말하는 이유는 무엇인가?

2. 『쇼핑의 유혹』의 저자는 현대의 소비자들은 광고에 현혹되어 무조건 물건을 구매하는 '멍청이'는 아니라고 말한다. 현명하고 합리적인 소비를 위한 자신만의 방법이 있는지 말해보자.

소유의 욕망을 어떻게 다스릴 것인가?

–무소유

법정 지음, 『무소유』, 범우사, 2004.

책으로 가는 길

　　잘 산다는 것이 언젠가부터 잘 소비한다는 것을 의미하게 되었는지 모르겠다. 잘 소비한다는 것이 좋은 것을 구매하는 것으로 인식되고 있는 것은 아닌가 하는 우려를 낳는 것도 오늘날의 웰빙 열풍이다. 웰빙(well being)은 말 그대로 잘 존재하기다. 웰빙족은 육류 대신 생선을 찾고, 유기농 식품을 먹으며, 화학조미료와 탄산음료를 멀리 하고, 요가나 정신 수련을 겸한 운동을 통해 심신의 안정과 건강을 추구한다. 웰빙족들은 과시적 고급 소비를 지향하는 것이 아니라 자기만족을 위해 조화롭고 건전한 소비를 하며, 생명과 자연의 가치를 중시하고, 건강을 최우선으로 삼되, 육체적 건강뿐만 아니라 정신적·사회적 건강도 중요하다고 말한다. 출세 지향적인 지나치게 바쁜 생활로부터 벗어나 몸과 마음의 평화를 추구하고, 값비싼 레스토랑 식사 대신 가벼운 생식을 즐기고, 절약한 돈으로 가끔씩 스파 마사지에도 아낌없이 투자하여 여유도 즐긴다.

　그러나 광고의 마케터들은 고가의 상품을 웰빙의 개념과 연관짓기가 일쑤다. 우후죽순처럼 생겨나는 명품관들은 웰빙이란 단어를 그저 지나치지 않는다. "웰빙을 위해서는 이 물품들을 간과하지 마라." 명품관은 온갖 몸에 좋다는 물건들을 쌓아두고 소비자들을 유혹한다.

　그러나 아직도 교과서는 한결같이 무욕의 자세를 강조한다. TV의 광고는 행복은 소비를 통해서 가능한 것이라고 역설하지만 아직도 교과서는 '안빈낙도'의 미덕을 말하고 느림과 여유의 미덕을 말한다. 고도의 경쟁 사회에서 조금이라도 방심한다면 낙오자가 되지 않을까 하는 불안한 현실 속에서 과연 무욕과 여유라는 덕목이 얼마나 힘 있게 우리의 삶을 이끌어 줄지는 미지수다. 이런 현실에서 과연 어떤 삶이 진정한 삶인가, 어떤 삶이 진정한 행복을 우리에게 안겨 줄 것인지에 대한 답을 구하기는 점점 막연해진다.

책으로 푸는 논술

　2006학년도 건국대 수시모집 논술고사 예시 문제에서는 법정 스님의 수필 「가난을 건너는 법」과 헬렌 니어링과 스코트 니어링 부부가 함께 쓴 『조화로운 삶』의 일부분을 제시하고, 이에 제시된 삶의 방식을 비교하고, 그것이 오늘날의 사회·경제적 상황을 헤쳐 나가기 위한 대안이 될 수 있는지에 관하여 논술하라는 문제가 출제되었다. (가)와 (나) 글의 일부분을 보자.

(가) 이 세상에 태어날 때 빈손으로 왔으니 가난한들 무슨 손해가 있으며, 죽을 때 아무 것도 가지고 갈 수 없으니 부유한들 무슨 이익이 되겠는가. 우리는 벌어들이는 수입 안에서 살면 된다. 할 수 있다면 얻는 것보다 덜 써야 한다. 절약하지 않으면 가득 차 있어도 반드시 고갈되고, 절약하면 텅 비어 있어도 언젠가는 차게 된다. 덜 갖고도 우리는 얼마든지 행복하게 살 수 있다. 덜 갖고도 우리는 얼마든지 더 많이 존재할 수 있다.

오늘과 같은 경제난국에서 우리가 크게 각성할 일은 그동안 소유와 소비 지향적인 삶의 방식에서 존재 지향적인 생활태도로 바뀌어야 한다는 것이다. 우리 인생에서 참으로 중요한 것은 우리들의 직위나 신분, 소유물이 아니라 우리들 자신이 누구인지를 아는 일이다. 우리들의 직위나 돈이나 재능이 중요한 것이 아니라 그것으로 우리가 어떤 일을 하며 어떻게 살고 있느냐에 따라 삶의 가치는 결정된다. 현실이 곧 우리의 스승이라는 말이 있다. 우리에게 오늘과 같은 시련이 없다면 우리 미래는 어떻게 될 것인지를 곰곰이 생각할 때, 우리 자신과 후손들의 건전한 삶을 위해서라도 마땅히 거쳐가야할 관문이라고 여겨진다.

소욕지족(少欲知足). 작은 것과 적은 것으로 만족할 줄 알아야 한다. 우리가 누리는 행복은 크고 많은 것에서보다 작은 것과 적은 것 속에 있다. 크고 많은 것만을 원하면 그 욕망을 채울 길이 없다. 작은 것과 적은 것 속에 삶의 향기인 아름다움과 고마움이 스며 있다.

시작이 있는 것은 반드시 그 끝이 있다. 오늘의 어려움을 재충전의 뜻으로 받아들인다면, 우리는 우리가 지닌 무한한 잠재력을 일깨울 수 있다. 오르막이 있으면 반드시 내리막이 있는 법이고 낡은 문이 닫히면 새 문이 열리게 마련이다. 얼어붙은 대지에 봄이 움트듯이 좌절하지 말고 희망의 씨를 뿌리자.

– 법정, 「가난을 건너는 법」에서

(나) 우리는 모든 일들에서 원칙을 벗어나지 않으려고 애썼다. 우리가 처음에 십 년 계획을 세우면서 가장 중요하게 여긴, 우리 삶의 중심 원칙들은 다음과 같은 것들이다.

하나, 우리가 먹고사는 데 필요한 것을 절반쯤은 자급자족할 수 있게 되기를 바란다. 우리를 에워싸고 있는 이윤 추구의 경제에서 할 수 있는 한은 벗어나기를 희망한다.

대공황은 몇백만이 넘는 가장들을 위기에 몰아넣었다. 사실 이것은 시장에서 생필품을 사다 쓰는 사람들을 늘 위협하고 있는 문제였다. 일당이나 월급을 받는 직장인들은 스스로의 일을 갖고 있지 못하다. 자기들과 상관없이 경제 정책이 결정되고, 정책을 수행하는 사람을 자기 손으로 뽑지도 못한다. 다시 말해 이때의 수많은 실업자들은 자기 잘못으로 일자리를 잃은 것이 아니었다.

어쨌든 모든 생필품과 살림살이들을 돈 주고 사야만 하는 경제 구조 속에서 그이들은 직장을 잃은 것이다. 수입은 끊겼지만 먹고 입고 자는 문제를 해결하다 보니 모아놓은 돈은 바닥났고, 결국 그이들은 빚더미에 올라앉았다. 이렇듯 이윤을 추구하는 경제 구조 속에서 계속 살아가야 하기 때문에 우리는 앞으로 다가올 그 두려운 일들을 받아들이거나, 아니면 극복할 수 있는 대안을 찾아내야만 했다. 우리가 생각해 낸 대안은 절반쯤은 자급자족하는 생활이었다.

둘, 우리는 돈을 벌 생각이 없다. 또한 남이 주는 월급을 받거나 무언가를 팔아 이윤을 남기기를 바라지 않는다. 오히려 우리의 바람은 필요한 것들을 될 수 있는 대로 손수 생산하는 것이고, 그럼으로써 먹고사는 일을 해결하는 것이 일차 목적이다. 한 해를 살기에 충분할 만큼 노동을 하고 양식을 모았다면 그 다음 수확기까지 돈 버는 일을 하지 않을 것이다. '돈을 번다'거나 '부자가 된다'는 생각은 사람들에게 매우 그릇된 경제관을 심어 주었다. 우리가 경제 활동을 하는 목적은 돈을 벌려는 것이 아니라 먹고 살기 위한 것이다. 돈을 먹고 살 수는 없으며, 돈을 입을 수도 없고, 돈을 덮고 잘 수도 없다. 돈은 어디까지나 교환 수단일 뿐이다. 식의주(食衣住)에 필요한 물건을 얻는 매개체이다. 중요한 것은 우리가 먹고 마시고 입는 것들이지 그것과 맞바꿀 수 있는 돈이 아니다.

우리는 반드시 필요한 현금에 맞추어 돈을 벌려고 했다. 필요한 것이 마련되었다고 판단되면, 그 해의 남은 시간 동안에는 더 이상 농사를 짓지도 않았고 돈을 더 벌지도 않았다. 한 마디로, 먹고사는 것만 해결하고자 했으며, 이렇게 일단 기본 생활 수단이 마련되면 다른 일들에 관심을 돌려 열중했다. 우리가 관심을 가진 것은 사회 활동, 그리고 독서와 글쓰기와 작곡 같은 취미 생활이었다.

– 헬렌 니어링 · 스코트 니어링,『조화로운 삶』에서 (발췌 수록)

　　IMF라는 한국의 경제위기 상황을 배경으로 삼고 있는 (가)는 소유의 욕망을 다스리는 것을 문제에 대한 대처방안으로 제시하고 있다. 개개인이 어떠한 마음가짐을 가지는가 하는 데 따라 세상이 바뀔 수 있다는 시각이다. 이에 비하여 미국의 경제 대공황을 배경으로 삼은 글 (나)에서는 자본주의적인 이윤 추구 및 잉여자본에서 문제의 원인을 찾으면서 자본주의 체제에 반하는 삶의 방식을 대안으로서 내걸고 있다. 이와 같은 차이점과 함께 두 글은 현대의 사회·경제적 상황에 대하여 현대인의 부에 대한 지나친 욕망을 경계하면서 근검과 절제의 삶을 지향한다는 점에서 기본적인 공통점을 나타내 보이고 있다.

책 속으로

　　욕망이란 말은 부정적 뉘앙스를 풍기지만 사실 욕망은 인류 역사의 추동력이라 할 수 있다. 뿐만 아니라 욕망은 한 인간을 살아 있게 하는 에너지다. 더 나은 문명을 건설하기 위한 인류의 욕망이 역사발전의 원동력이라면 식욕은 한 개체를 보존시키는 힘이고, 성욕은 종족보존의 에너지다. 이렇듯 욕망은 문명을 이끌어가는 힘이고, 개인과 종족을 보존하는 에너지다. 과욕(過慾)은 금물(禁物)이라 했던가. 문제는 그 욕망이 절제를 모를 때이다.

　　인도의 성자 마하트마 간디는 "지구는 모든 사람의 필요를 충족시키기에 충분하지만 단 한 사람의 욕망을 채우기에는 부족하다."라고 말하면서 인간의 탐욕이 얼마나 파괴적일 수 있는지를 경고하고 있다. 지구상에는 수많은 생명체들이 존재한다. 그러나 오직 인간만이 지구환경에 파괴적인 존재라는 사실을 부인할 수 없다. 인간을 위한다는 명분 아래 얼마나 많은 생명체들이 오늘도 멸종되어 가고 있으며 얼마나 많은 숲과 강이 생명체가 깃들기 어려운 피폐한 공간으로 변해가고 있는가.

『무소유』의 저자 법정은 "인간의 역사는 어떻게 보면 소유사(所有史)처럼 느껴진다. 보다 많은 자기네 몫을 위해 끊임없이 싸우고 있는 것 같다. 소유욕에는 한정이 없고 휴일도 없다. 그저 하나라도 더 많이 갖고자 하는 일념으로 출렁거리고 있는 것이다. 물건만으로는 성에 차질 않아 사람까지 소유하려 든다. 그 사람이 제 뜻대로 되지 않을 경우는 끔찍한 비극도 불사(不辭)하면서, 제 정신도 갖지 못한 처지에 남을 가지려 하는 것이다."라고 말하면서 소유에 대한 욕망으로부터 자유로울 수 있을 때 비로소 평화를 누릴 수 있을 것임을 역설한다. 욕망으로부터 자유로운 정신, 바로 그것이 법정이 말하는 '무소유'의 정신이다.

법정이 『무소유』에서 인용하는 "본래무일물(本來無一物)"이란 구절은 본래부터 한 물건도 없다는 뜻이다. 이 말은 본질적으로 내 소유란 있을 수 없다는 불교의 소유관을 말해준다. 어떤 것이 내 소유라면 그것은 언제나 나와 함께 있어야 한다. 그러나 어떤 것도 나와 영원히 함께 할 수 없다면 그 어떤 것도 영원히 나의 소유라고 할 수는 없다. 더구나 지구의 환경은 내 소유임을 주장할 수 없다. 지구는 동시대인들과 같이 공유하는 대상임과 동시에 후손들과도 함께 공유하는 대상이다. 마치 그것이 동시대인들만이 독점적으로 소유할 수 있는 대상이라고 생각할 때 지구는 병들고 신음하는 것은 아닐까.

법정은 무소유를 구체적 예화들을 통해 말하기를 즐긴다. 그가 들려주는 이야기를 들어보자.

울타리가 없는 산골의 절에서는 가끔 도둑을 맞는다. 어느 날 외딴 암자에 '밤손님'이 내방했다. 밤잠이 없는 노스님이 정랑엘 다녀오다가 뒤껼에서 인기척을 들

었다. 웬 사람이 지게에 짐을 지워놓고 일어나려다 말고 일어나려다 말고 하면서
끙끙거리고 있었다. 뒤주에서 쌀을 한 가마 잔뜩 퍼내긴 했지만 힘이 부쳐 일어
나지 못하고 있었던 것이다. 노스님은 지게 뒤로 돌아가 도둑이 다시 일어나려고
할 때 지그시 밀어주었다. 겨우 일어난 도둑이 힐끗 돌아보았다.
"아무 소리말고 지고 내려가게"
노스님은 나직이 타일렀다. 이튿날 아침, 스님들은 간밤에 도둑이 들었다고 야단
이었다. 그러나 노스님은 아무 말이 없었다. 그에게는 잃어버린 것이 없었기 때문
이다.

　노스님은 물건에 대한 독점적인 소유욕을 버릴 수 있었기 때문에 도둑에게 베
풀 수 있었다는 것이 이 이야기가 주는 교훈이다. 법정은 내 것이란 아무 것도
없다는 무소유의 마음을 가진다면 본질적으로 손해란 있을 수 없다고 말한다.
또 내 손해가 이 세상 어느 누구에겐가 이익이 될 수만 있다면 그것은 잃은 것이
아니라 얻는 것이라고 말한다.

　새 신발을 신었을 때, 혹시 신발에 무엇이 묻지 않을까, 흠이라도 생기지 않을
까 마음을 쓴 경험이 있을 것이다. 이렇게 우리들은 필요에 의해서 어떤 물건을
갖게 되었을 때, 그 물건 때문에 적지 않은 신경을 쓸 때가 있다. 사물에 신경을
빼앗기는 이런 순간이 사물에 부자유스럽게 얽매이는 순간이라고 법정은 지적
한다. 그러므로 우리들의 소유가 늘어나면 늘어날수록 우리들의 부자유도 거기
에 비례해서 늘어난다고 법정은 충고한다.

　법정은 무소유의 진리를 어떤 대단한 종교적 경험을 통해 얻은 것이 아니다.
일상의 소소한 경험 속에서 그는 무소유의 중요함을 깨닫는다. 그가 무소유의
진리를 깨닫게 된 것은 난초 한 그루에서였다. 이야기의 대략은 이렇다.

　법정 스님이 난초 두 분을 정성껏 키웠다. 그런데 어느 날 봉선사로 운허 스님
을 뵈러 갔다가 땡볕 아래 타들어가고 있을 난초 생각을 퍼뜩 하게 된다. 땡볕에

타들어 가는 난초를 생각하니 법정 스님의 마음도 바짝바짝 타들어간다. 그때 법정에겐 깨달음이 온다. 법정은 이 깨달음의 순간을 이렇게 쓰고 있다. "나는 이미 온몸으로, 그리고 마음속으로 절절히 느끼게 되었다. 집착(執着)이 괴로움인 것을. 그렇다. 나는 난초에게 너무 집념해 버린 것이다." 대상에 대한 과도한 집착이 괴로움을 낳는다는 것이 법정의 깨달음이었다. 그 깨달음의 결과가 '무소유'다. 무소유는 소유하지 않는 것과는 다르다. 일상생활 속에서 인간은 소유하지 않고는 살 수가 없다. 문제는 소유에 대한 과도한 집착이다. 모든 범죄와 파괴 행위는 과도한 집착이 낳은 오류다.

『무소유』에 실려 있는 「미리 쓰는 유서」라는 수필에서 삶에 대한 욕망마저도 놓아버릴 수 있는 담대함을 법정은 말하고 있다. "죽음이 언제 어디서 내 이름을 부를지라도 '네' 하고 선뜻 털고 일어설 준비만은 되어 있어야 할 것이다." 그러나 죽음을 받아들인다는 것은 쉬운 일이 아니다. 하지만 한번쯤은 나의 삶만을 위해 타인에게 고통을 안겨준 것은 아닌가, 생태계의 파괴가 인간만의 행복을 위한 인간중심주의적 사고방식에서 기인한 것은 아닌가, 성찰의 시간을 가져볼 수는 있을 것이다.

「인형과 인간」에서 법정은 "지나간 성인들의 가르침은 하나같이 간단하고 명료했다. 들으면 누구나 다 알아들을 수 있는 내용이었다. 그런데 학자라는 사람들이 튀어나와 불필요한 접속사와 수식어로써 말의 갈래를 쪼개고 나누어 명료한 진리를 어렵게 만들어버렸다. 어떻게 살아야 할 것인가에 대한 자기 자신의 문제는 묻어둔 채, 이미 묻어버린 말의 찌꺼기를 가지고 시시콜콜하게 뒤적거리며 이러쿵저러쿵 따지려 든다. 생동하던 언행은 이렇게 해서 지식의 울안에 갇히고 만다."라고 쓴소리를 한다. 그 어조는 명쾌하고 간결하다. 쉽게 말해도 될 것을 학자들의 현학적 태도로 인해서 글이 필요 이상으로 어려워졌다는 것이 학자들에 대한 법정의 비판이다. 현학적인 태도 역시 과욕에서 빚어진 결과다.

IMF는 어떤가? 기업들이 착실하게 경영의 내실을 다졌다면 과연 외환위기가 초래되었을까? 문어발식의 확장경영을 통해 기업의 외형적 부피만 키우려고 했던 과욕이 국가경제의 총체적 부실을 초래한 것은 아닐까? 황우석 교수의 배아줄기세포 조작 파문은 어떤가? 과정과 절차를 무시하고 업적을 낳겠다는 과욕이 초래한 결과는 아닐까?

과유불급(過猶不及), 지나친 것은 모자란 것과 같다. 우리는 모든 욕망을 부정적으로 보아야 할 필요는 없다. 욕망은 때로 세상을 아름답게 보게도 한다. 아이에 대한 부모의 사랑 또한 아이에 대한 부모의 욕망이다. 아이에 대한 부모의 욕망이 곧 아이에 대한 부모의 사랑이다. 세상에는 모성애와 부성애를 보여주는 애틋한 사연들이 많다. 그러나 자식에 대한 부모의 비뚤어진 사랑이 얼마나 많은 비극을 낳는지를 우리는 기억해야 한다. 내 자식만 잘되면 그만이라는 가족적 이기주의, 내가 속한 집단만 잘되면 그만이라는 집단이기주의가 분쟁과 갈등을 조장한다.

인간의 과욕은 인간 사이의 갈등만을 조장하지 않는다. 인간을 위해 벼를 한 톨이라도 더 얻기 위해 인간은 땅에 독한 비료와 농약을 뿌려댄다. 그렇게 해서 인간은 더 많은 곡식을 얻을지 모른다. 그러나 그 대가는 땅을 비옥하게 해주는 지렁이의 죽음이요, 새들의 먹이가 되는 곤충들의 죽음이다. 이렇게 해서 인간의 땅에는 새들이 울지 않는 '침묵의 봄' 이 온다는 것이 『침묵의 봄』의 저자, 레이첼 카슨의 경고였다. 인간의 먹이를 위해 자연의 풍요로움을 잃는다면 인간의 먹이란 대체 무엇인가. 인간은 빵만으로 살 수 없는 존재다. 온전한 인간에게는 새소리도 좋은 먹이가 될 수 있고, 숲의 싱그러운 바람도 좋은 먹이가 될 수 있다. 오직 입으로 들어오는 먹이를 위해 자연의 풍요로움을 잃는다는 것은 애석한 일이다.

강원도 산골에서 무소유의 삶을 살고 있는 법정은 2005년 12월 법문을 통해 "이승을 떠날 때 재물도, 자식도 심지어 몸뚱이마저 내놓고 가야 하지만 지은 업은 그림자처럼 따라 다닌다."며 "가진 것이 적든 많든 덕을 닦으면서 이웃과 나눠 가지며 살라."고 당부했다. 부자가 되기보다는 잘 사는 사람이 되라는 법정의 말은 진정한 웰빙이 무엇인지를 다시 생각하게 한다.

➡ 이 글의 논제 --

소유의 욕망을 어떻게 다스릴 것인가?

➡ 읽은 사람은 다 안다 --

1. 법정이 『무소유』에서 인용하는 '본래무일물(本來無一物)' 이란 구절이 궁극적으로 의미하는 바는 무엇인가?
2. 법정이 무소유의 진리를 깨닫게 된 동기는?

폭력에 어떻게 맞서야 하는가?
−사회적 처벌과 폭력

간디 지음, 함석헌 옮김, 『간디 자서전: 나의 진리 실험 이야기』, 한길사, 2002.
아키 유키오 글, 김원식 옮김, 『우리 모두를 위한 비폭력 교과서』, 부키, 2005.

책으로 가는 길

2001년 미국은 9·11테러로 뉴욕 세계무역센터와 워싱턴 국방부를 강타당했다. 이후 부시는 여러 가지 명분을 내세워 이라크 전쟁을 일으켰으나, 이 전쟁은 결국 자국의 테러에 대한 보복의 성격이 있었다고 할 수 있다. 미군이 이라크를 침공하자 이라크인들도 이라크에 주둔한 미군을 상대로 싸우는 동시에 산발적인 테러를 벌이고 있다. 이에 대해 부시는 '테러와의 전쟁'을 선포하면서 또다시 보복에 대한 보복으로 맞서고 있다.

2005년 7월 7일에 영국 런던에서 발생한 테러 역시 같은 맥락에서 볼 수 있다. 많은 이들이 런던 테러는 미국의 이라크 침공을 적극 지지했던 영국에 대한 보복이라고 해석하고 있다. 실제로 이라크에 파병을 한 여러 나라에 대해서는 응당 보복을 가할 것이라는 경고를 한 바 있으며 우리나라도 고(故) 김선일 씨가 피살되었을 때 파병을 즉각 철회하라는 요구를 받았다. 이런 일련의 사건들로 우리나라도 테러에서 안전지대가 아니라는 불안감이 팽배하기 시작했다. 그리고 지하철 공사가 지하철 테러를 방지하기 위해서 승강장에 설치된 쓰레기통을 아예 철거하겠다는 방침을 밝혔다.

결국 폭력은 또 다른 폭력을 불러오고, 어느 한곳에서 시작된 폭력은 모든 사람들을 불안에 떨게 한다. 지구 곳곳에서는 테러에 대한 테러, 그에 대한 보복을 위한 테러가 계속해서 이어지고 있다. 이 악순환의 고리를 어떻게 끊을 수 있을까. 조지 오웰의 말처럼 전쟁에서 승리란 없으며 전쟁은 끊임없이 이어질 뿐이다.

국가 간의 전쟁이나 테러뿐 아니라 우리 주변을 둘러보면 우리의 생활 또한 일상적인 폭력 속에 놓여있음을 알 수 있다. 신문, 방송, 게임 등에서 무차별적으로 쏟아지는 폭력, 그리고 학교와 가정, 친구들 사이에서도 비일비재하게 벌어지는 폭력적인 상황들까지. 이제 우리는 폭력을 폭력이라고 인식하지 못할 정도로 폭력에 무감각해지고 있는 것 같다. 이런 폭력적인 상황에서 벗어날 수는 없을까, 폭력을 폭력으로 맞서지 않을 수 있는 방법이 과연 있을까.

책으로 푸는 논술

2005학년도 서강대 수시모집 논술문제는 미디어와 폭력에 관한 두 개의 제시문을 주고 자신의 생각을 서술하라는 것이었다. 다음은, 어린이들이 폭력에 얼마나 무방비 상태로 노출되어 있는지를 주로 미디어와 관련지어 서술하고 있는 제시문의 일부분이다.

Children in the United States are swimming in a culture of violence that has its effects from subtle to deadly on every child. The violence comes in many forms — family abuse, violence on the streets, in the community, violence in the news. Every ten seconds a child in this country is abused or neglected. Every two hours a child is killed by a gun.

And then there is entertainment violence — every child's automatic membership in a media—saturated* popular culture that glorifies violence through images, actions, and models marketed to children via television, toys, video games, and Hollywood films. On TV alone, children see thirty—two acts of violence every hour and over one thousand murders a year. Teachers and researchers have been warning for more than a decade that this violent culture marketed to children has harmful effects, both in the present and for the long term.

(대학 측이 밝힌 제시문 번역)
미국의 어린이들은 모든 어린이에게 악영향을 미치는 폭력의 문화 속에 살고 있다. 폭력은 가정폭력, 사회의 폭력, 뉴스의 폭력 등을 포함한다. 10초마다 미국 어린이 한 명이 학대당하거나 방치된다. 2시간마다 어린이 한 명이 총기로 살해된다.

그리고 미디어의 폭력이 있다. 모든 어린이는 TV, 장난감, 비디오게임, 영화 등이 제시하는 이미지, 행동, 본보기 등을 통하여 폭력을 미화하는 대중문화에 자동적으로 편입되어 있는 것이다. 어린이들은 TV에서만 폭력행위를 1시간에 32번, 살인을 1년에 1,000번 이상 본다. 교사들과 연구자들은 이처럼 폭력적인 문화가 어린이들에게 단기적, 장기적으로 악영향을 미친다고 10년 넘게 경고해왔다.

제시문은 미국의 어린이들은 아예 폭력의 문화 속에 살고 있다고 말한다. 여기서 말하는 폭력은 가정폭력, 사회의 폭력, 뉴스의 폭력, TV, 장난감, 비디오게임, 영화 등을 통해 접하게 되는 폭력을 모두 포함한다. 더구나 대중문화는 이런 폭력을 미화하고 있으며, 기업들은 폭력적인 오락물을 무제한적으로 어린이들에게 제공하여 이윤을 챙기고 있다고 비난한다.

　어린이들뿐 아니라 청소년들도 폭력에 무감각해질 정도로 폭력의 홍수 속에 살고 있는 것은 미국이나 우리나라나 마찬가지이다. 이러한 폭력의 문화가 청소년들에게 결코 도움이 되지 않을 것이라는 점은 명백하다. 어린이들이나 청소년들은 잔혹한 비디오게임과 만화를 통해 은연중에 폭력은 재미있는 장난일 뿐이며 아무도 다치지 않는다는 생각을 갖게 될지도 모른다.

책
  속
    으
  로

　현재에도 명분 없는 이라크 전쟁에서 병사들과 무고한 민간인들이 죽어가고 있으며, 이스라엘과 팔레스타인에서는 끊임없는 보복전이 벌어지고 있다. 지구 곳곳에서 벌어지는 전쟁과 테러는 멈출 기미를 보이지 않는다. 그러나 폭력을 폭력으로, 테러를 테러로 되돌려주는 것은 문제를 해결할 수 있는 방법이 아니라는 점은 분명하다. 이런 의미에서 함석헌은 『간디 자서전: 나의 진리 실험 이야기』에서 간디를 가리켜 '현대사의 조명탄' 이라고 했다. 폭력을 폭력으로 해결할 수 없다면, 비폭력의 창시자라고 불리는 간디의 이야기에 귀를 기울여 보자.

　간디는 비폭력은 폭력보다 더 도덕적인 행동 수단일 뿐만 아니라, 더욱 효과적인 수단이라고 했다. 폭력은 사람들을 그들이 추구하는 목표에서 멀어지게 하는 반면에 비폭력은 목적달성에 부합한다고 본다. 폭력을 폭력으로 진압하려는 '테러와의 전쟁' 이야말로 테러를 종식시키겠다는 기존의 목표에서 더욱 멀어지게 하고 있는 요즘의 상황은 간디의 말에 크게 수긍할 수 있게 해준다.

폭력을 행사한다는 것은 일단 상대를 부정한다는 의미가 된다. 따라서 비폭력적인 삶의 자세를 갖기 위해서는 자기 자신과 남의 생명을 존중해야 한다. 그리고 상대방의 양심과 판단력에 호소해야 한다. 그래야만 평화적으로 문제를 해결할 수 있다. 또 가능한 한 많은 사람에게 공감과 이해를 얻을 수 있는 방식을 선택해야 한다. 무엇보다도 폭력은 또 다른 폭력을 유발한다는 사실을 명심해야 한다. 한쪽이 폭력을 행사하면, 상대방이 특히 권력을 가진 경우라면 몇 갑절의 폭력으로 되돌아오게 된다. 폭력으로 무언가 얻은 게 있다면 그것은 결국 폭력으로 빼앗기고 만다.

간디는 자신의 자서전에서 비폭력의 기본 정신인 '사람을 믿고 존중하는 일'에 대해서 이렇게까지 말하고 있다.

어떤 사람과 그가 하는 행위는 서로 별개의 것이다. 선한 행실은 칭찬을 받아야 하고 악한 행실은 비난을 받아야 하지만, 그러한 행실을 한 사람은 선하건 악하건 그 경위대로 존경을 받든지 그렇지 않으면 불쌍히 여김을 받아야 한다. 죄를 미워하되 죄인을 미워하지 말라는 교훈은 말은 대단히 쉬우나 실행은 참 드물다. 그렇기 때문에 증오의 독이 세상에 판을 친다. 제도를 반격하고 공격하는 것은 지극히 당연하다. 그러나 그 제도를 만든 사람에게 반항하거나 공격하는 것은 자기 자신에게 반항하고 공격하는 것이나 마찬가지이다. 왜냐하면 우리는 같은 창조주의 자녀들이요, 우리 속에 있는 거룩한 능력도 무한한 것이다. 한 개인을 업신여김은 그 거룩한 능력을 업신여김이며 그렇기 때문에 그 한 몸만을 해치는 것이 아니라 그와 더불어 온 세계를 해치는 일이다.

나에게 폭력을 행사하는 사람, 내가 폭력을 휘두르고 싶은 사람에 대해서 진정한 가치를 인정하고 존중한다면 폭력이란 쉽게 나올 수 없을 것이라는 이야기이다.

　그렇지만 비폭력적인 행동으로 정말 문제를 해결할 수 있을까 하는 의문이 든다. 아키 유키오가 글을 쓰고 하시모토 마사루가 그림을 그린 『우리 모두를 위한 비폭력 교과서』에서는 비폭력적인 행동으로 자신의 생각을 드러낼 수 있는 다양한 방법들이 구체적으로 소개되어 있다. 비폭력을 주장하는 이들은 비폭력이 결코 소극적인 태도가 아니라는 점을 강조한다. 비폭력은 존재의 한 방식일 뿐 아니라 분쟁에 대한 해결을 목표로 하며, 불의에 대항하여 싸우며, 지속 가능한 평화를 건설하는 하나의 행동 방식이 된다.

　이 책은 비폭력 행동의 방법을 그림과 함께 1번부터 87번까지 소개하고 있다. 가두연설 등으로 항의의 뜻을 공식적으로 표명할 것, 서명 활동을 벌일 것, 항의 포스터를 붙이거나 깃발을 내걸 것, 전단이나 팸플릿을 배포할 것, 대중들 앞에서 당면한 문제에 대한 퍼포먼스를 할 것, 항의 대상인 건물 앞에서 현수막을 들고 서있을 것, 항의 전화나 편지 보내기, 처우 개선 등을 요구하는 단식하기 등.

　이런 비폭력 행동 방식 중에 죽은 듯이 드러눕는 항의 행동을 다이 인(die-in)이라고 하는데 이는 피스몹(Peace Mob) 중의 하나이다. 피스몹은 익명의 사람들이 한 장소에 모여 한 가지 행동을 하는데 그것이 평화적인 메시지를 담고 있는 경우를 말한다. 2003년 가을 명동 거리에 20여 명의 사람들이 모여서 분필로 아스팔트 바닥에 'No War', '파병 반대' 라고 쓰고 죽은 듯이 누워 있다가 10여 분 후에 자리를 떠났다. 이들은 이라크 전쟁과 파병에 반대하는 사람들이었는데, 이런 행동이 바로 피스몹이다. 요즘은 이렇게 비폭력적으로 자신의 뜻을 전달하는 사람들을 많이 볼 수 있다. 얼마 전에도 신촌의 지하철역에서 몇 사람이 '이라크에 군대를 파병한 나라의 국민이라는 사실이 부끄럽습니다.' 라는 문장이 쓰인 상자를 머리에 뒤집어쓰고 조용히 앉아서 시위를 하기도 했다. 일본군

‘위안부’로 끌려가 성노동을 강요당했던 할머니들이 일본 대사관 앞에 모여 1992년부터 시작한 수요집회, 1993년부터 보랏빛 머리 수건을 두른 민가협의 어머니들이 ‘양심수 석방과 국가보안법 철폐’를 위해 열고 있는 목요집회 역시 비폭력적인 방식으로 자신의 뜻을 드러내는 대표적인 시위라고 할 수 있다. 뿐만 아니라 새만금 갯벌을 살리기 위한 삼보일배, 미군 장갑차에 깔려 죽은 여중생들을 추모하는 촛불시위, 도룡뇽 지킴이 지율스님의 단식 등도 행동하는 삶의 방식으로써의 비폭력 정신을 보여준다.

국가 간에 벌어지는 테러나 전쟁이 아니라, 국가를 상대로 벌이는 싸움이 아니라, 우리가 일상적으로 맞닥뜨리게 되는 폭력적인 상황에 대해서도 생각해 보자. 친구들 사이에서 혹은 선후배 사이에서 물리적인 폭력이 오가는 경우도 있을 것이고, 가정이나 학교에서 벌어지는 언어적인 폭력도 매우 흔하게 겪는 일이다. 우리는 보통 폭력과 비폭력이라고 하면 테러나 전쟁과 같은 거시적인 상황을 우선 떠올리게 된다. 정작 우리가 일상적으로 노출되어 있는 폭력적인 상황이나, 서로가 서로에게 저지르고 있는 폭력에 대해서는 둔감해져 있다. 무의식적으로 욕을 하거나 습관적으로 주먹을 드는 일은 우리가 얼마나 폭력에 무감각해져 있는지 알 수 있게 해준다. 게임이나 드라마, 영화 등을 통해서 우리는 매일 폭력적인 상황에 무방비 상태로 노출되어 있으며, 심지어 폭력을 휘두르는 사람들을 미화하고 동경하기도 한다. 때문에 어지간해서는 폭력을 폭력이라고 인식하지도 못하게 되었고, 폭력에는 폭력으로 맞서는 것을 당연하게 여기게 되었다. 실제로 물리적인 폭력을 당했을 때, 과연 우리는 폭력이 아닌 다른 방식으로 대응할 수 있을 것인가.

『우리 모두를 위한 비폭력 교과서』는 비폭력적인 생각을 가지고 살면서 비폭력적인 방법으로 문제를 해결하기 위해서는 반드시 훈련이 필요하다고 말하고 있다. 비폭력 실천을 위한 훈련 방법은 여러 가지가 있지만, 기본적인 몇 가지만을 소개하고 있다. 두 사람이 짝을 지어 자연스럽게 자신의 분노를 표현해보는 놀이, 역할극 하기, 비폭력과 폭력이라는 말을 들으면 떠오르는 단어들을 적어 놓고 서로의 설명을 듣고 느낌 나누기 등의 방법들은 결국 상대방을 인정하는 훈련을 하는 것이다. 누군가에게 폭력을 쓴다는 것은 그 대상을 인격적으로 대우하지 않는다는 뜻이다. 그러므로 『간디 자서전』에서도 나온 것처럼, 내가 소중한 만큼 상대도 소중한 존재라는 것을 인정하는 것이 비폭력의 출발이다.

 그러나 비폭력만이 절대적인 문제 해결의 방식인 것은 아니다. 간디 역시 "비굴함과 폭력 가운데 하나를 선택해야 한다면 폭력을 선택하는 것이 낫다."라고 말했다. 폭력이란 언제까지나 가장 마지막까지 남겨두어야 하는 수단이다. 어떻게 문제를 해결할 것인가, 어떤 수단을 동원할 것인가, 폭력을 쓰면서까지 달성해야 하는 목적이 무엇인가, 무고한 희생자를 만들게 되지는 않을 것인가, 폭력이 폭력으로 되돌아오게 되면서 상황을 더욱 악화시키지는 않을 것인가 등 다방면에 걸쳐 충분히 고려한 후에 폭력적인 수단을 사용할 것인지를 결정해야 한다. 역사적으로 보면 어떤 전쟁이든 테러든 아무런 예고도 없이 갑자기 일어나지는 않았다. 늘 평화를 지키기 위해 노력하고, 비폭력적인 문제 해결에 익숙해지도록 노력한다면, 가장 최후의 수단을 동원해야하는 상황은 그리 많지 않을 것이며 그런 상황이 오기 전에 얼마든지 미리 대처할 수 있을 것이다.

➜ 이 글의 논제 ---

비폭력적인 방식이 정말 폭력적인 방식보다 문제해결에 더 효과적일 수 있는가?

➜ **읽은 사람은 다 안다** -

1. 간디가 말하는 비폭력의 기본 전제는 무엇인가?

2. 비폭력적으로 행동하면서도 자신의 의사를 전달할 수 있는 방법의 예를 들어 보자.

3. 실제로 우리 사회에서 찾아 볼 수 있는 비폭력적인 행동 방식에 대한 예를 들어
   보자.

분노, 참아야 하는가? 터뜨려야 하는가?
-분노와 종교적 성찰

김열규 지음, 『한국인의 화』, 휴머니스트, 2004.
틱낫한 지음, 최수민 옮김, 『화』, 명진출판, 2002.

책
으
로 가
는
길

정신분석학자 프로이트는 제대로 분출할 기회를 갖지 못하고 무의식 속에 쌓이게 된 감정들에 대해 설명하면서 독일어 Kränkung이라는 단어를 예로 들었다. 이 단어는 아무런 말도 못 해보고 당했던 모욕이라는 뜻이라면서, 말 그대로 하면 '병나게 하는 것' 이라는 의미라고 설명한다. 이렇게 풀어내지 못한 감정들은 무의식 속에 고스란히 쌓이게 된다고 덧붙였다. 그리고 그런 감정들은 숨어 있는 것일 뿐 사라지는 것은 절대 아니라고 한다. 아마 프로이트가 우리말의 '화병(火病)' 이라는 단어를 알았다면 "내가 말하는 게 바로 그거야!" 라고 했을지도 모른다. 화병은 속이 답답하여 생기는 심화(心火)가 쌓여서 생기는 병이다. 그때그때 감정을 제대로 풀어주거나 알맞게 처리하지 못하면 그게 쌓여서 병이 된다는 얘기다. 울화병 혹은 심화병이라고도 하는 이런 증상은 동서고금을 막론한 것인가 보다.

하긴 사람들이 있는 곳이라면 어디든 희로애락(喜怒哀樂)이 없을 수 없을 테니 '화' 또한 예외는 아닐 것이다. 그러나 우리는 '화'라는 감정 상태에 대해서는 대부분 부정적이다. 화를 내거나 화를 참지 못하는 사람들에 대해서 점잖지 못하거나 인내심이 부족하거나 자기 수양이 필요한 사람이라고 여기는 것이 보통이다. 그러나 처세나 성공전략을 알려주는 책들 중에 바로 이 '화'를 어떻게 다스려야 하는지 이야기하는 책들이 꽤 많은 걸 보면 다들 '화'를 다스리는 게 쉽지는 않은 모양이다.

화를 내지 않고 살 수 있는 사람이 있겠는가마는 유난히 자주 화를 내는 사람이 있는 반면, 분명 화가 나는 상황일 텐데도 안색 하나 변하지 않는 사람들도 있다. 어떤 상황에서는 화를 내는 사람이 매우 추하게 보일 때도 있지만, 어떤 상황에서는 버럭 화를 낼 수 있는 사람이 용기 있어 보일 때도 있다. 그리고 보면 '화'라는 게 반드시 단 하나의 모습만 있는 것은 아닌 것 같다. 분노라는 감정에 대해서는 종교적인 수양을 하는 사람들뿐 아니라, 이미 오래전부터 철학자들도 관심을 가져왔다. 오늘 우리도 이 '화'에 대해 생각해보자.

2006학년도 건국대 수시모집 논술문제는 분노에 대한 자신의 견해를 밝히라는 것이었다. 아래는 A. C. 그레일링의 『존재의 이유』에서 발췌하고 학교 측에서 문제에 맞게 수정을 해서 제시한 지문이다.

옛날 사람들은 분노의 감정에 관하여 철학적으로 많은 관심을 보였다. 자제력과 초연한 태도를 강조하였던 스토아학자들은 분노는 반드시 억제되어야 하는 부정적인 감정이라고 생각하였다. 불확실하고 위험이 가득한 세계에서 격정을 차분하게 다스려야만 마음의 평화를 유지할 수 있기 때문이었다. 그래서 세네카는 분노를 "모든 감정 가운데 가장 끔찍하고 광적인 감정"이라고 정의하였다. 또 르네상스 시대의 작가인 아레티노는 다음과 같이 말하였다. "분노한 사람은 맹목과 어리석음에 휩싸인다. 이성이 달아나고 그 빈자리에 분노가 들어서면 인간의 모든 지성은 한꺼번에 사라져버린다."

그러나 분노는 큰 힘을 발휘할 수 있는 적극적 감정으로, 현명하게 표출되면 훌륭한 결과를 낳을 수 있다고 주장한 철학자들도 있었다. 이를테면 아리스토텔레스는 이렇게 말했다. "격정에 사로잡히기란 누구나 할 수 있는 쉬운 일이다. 그러나 적절한 정도로, 적절한 때에, 적절한 방식으로, 적절한 목적을 가지고 분노하기란 어려운 일이다." 분노의 무조건적인 억제가 아니라 적절한 표출이 도덕적, 사회적 삶의 필수불가결한 덕목이라는 것이다. 물론 분노가 이성의 둑을 무너뜨리고 파괴적 결과로 치닫도록 방치해두어서는 안 되지만 말이다. "화를 낼 줄 모르는 사람은 선하게 살 줄도 모른다."는 어떤 현대 사상가의 말은 아리스토텔레스의 현대적 해석이라 할 수 있다.

이 제시문은 분노를 우리들의 삶을 파괴시키는 주요 원인으로 보고 분노를 어떻게 해결할 것인지를 스토아학파와 아리스토텔레스의 입장에서 설명하고 있다. 스토아학파는 분노를 부정적인 감정으로 여기고 있다. 이들은 마음의 평화를 가장 중요한 가치로 여기고 있기 때문에 분노를 제거해야할 감정 상태라고 주장하였다. 반면에 아리스토텔레스는 분노를 적극적 감정으로 파악하고 있다. 분노는 현명하게 표출된다면 훌륭한 결과를 가져올 수도 있다는 입장이다. 아리스토텔레스는 분노가 이성의 상실과 파괴적 결과를 피할 수 있는 적절한 방식으로 표출된다면 분노는 사회적인 삶의 필수불가별한 덕목이 된다고 강조하고 있다.

이 논술문제는 분노에 대한 상반된 견해를 제시해 주고 분노에 대한 두 가지 다른 대응 방식을 보여주는 예문을 이어서 제시한다. 하나는 『삼국유사』에 나오는 수로부인과 순정공에 대한 일화이다. 순정공이 강릉태수로 부임하던 길에 바다의 용이 수로부인을 빼앗아가 버린 일에 대한 순정공의 반응을 전하고 있다. 잘 아는 대로 순정공은 여러 사람들에게 '해가(海歌)'를 지어 부르게 해서 수로부인을 다시 찾아올 수 있었다. 또 다른 제시문은 달라이 라마와 빅터 챈의 『용서』에서 발췌하고 학교 측이 문제에 맞게 부분적으로 수정한 글이다.

"처음에 나는 화가 났지만, 곧 그 장교에 대해 연민을 느꼈습니다. 그 장교의 행동은 그 자신의 동기에 의해 결정된 것입니다. 그리고 그의 동기는 그의 사상에 의해 결정된 것입니다. 사상이라는 평가 기준에서 보면 반혁명분자는 악과 같은 것이고, 그런 악을 몰아내는 행위는 선으로 간주됩니다. 물론 그러한 믿음 자체는 잘못된 것입니다. 하지만 그 사람을 비난할 수는 없습니다. 그런 환경에서는 심지어 나 자신조차도 그렇게 행동할지 모릅니다. 따라서 이런 식으로 생각해 나가면 분노 대신 용서와 자비의 마음이 생겨납니다. 모든 것이 서로 연관되어 있다는 시각은 전체를 볼 수 있게 해줍니다. 이것은 저것 때문에 일어나고, 저것은 이것 때문에 일어나는 것입니다. 이해가 갑니까?"
그러고 나서 달라이 라마는 천천히 말을 이었다.
"하지만 만일 내가 그 장소에 있어서 그 소년을 때린 중국 장교를 만났다면……. 만일 내가 그 자리에 있었고, 또 내게 총이 있었다면 어쩌면 그 장교를 쏘았을지도 모르죠."

이 지문은 누군가에게 들은 한 티베트 소년에 대한 사건을 달라이 라마가 전달하는 형식을 취하고 있다. 정치적인 신념에 따라 티베트 소년을 무참히 살해한 장교의 이야기에서 달라이 라마는 폭력에 분개하면서도 그 폭력을 용서할 수 있다고 말한다. 그런 폭력에 감정적으로 분노를 느끼는 것은 당연하지만 분노를 표출하기에 앞서 그 폭력을 이성적으로 이해하고 용서할 수 있는 이유를 상호의존개념으로 설명하고 있다.

　이 문제는 첫 제시문에서 드러나는 분노에 대한 두 견해를 참고하여 순정공과 달라이 라마가 보여주는 분노에 대한 대응방식을 비교 분석하고 자신의 견해를 밝히라는 것이다. 분노란 우리가 일상적으로 부딪칠 수 있는 친숙한 감정이다. 그러나 분노 때문에 우리는 얼마나 자주 곤란한 상황에 빠지며 스스로를 자책하고 괴로워하기도 하는가. 따라서 이 분노란 감정은 우리가 반드시 한번쯤 고민해 보아야 할 중요한 화두임에 틀림없다.

책 속으로

　　김열규의 『한국인의 화』는 제목에서 알 수 있는 것처럼, '화' 라는 감정을 한국인들의 정서에 비추어 아주 자세하게 고찰하고 있는 책이다. 국문학과 민속학을 전공한 학자답게 저자는 한국인의 화를 우리말의 표현에서, 속담이나 사자성어를 통해서, 시와 소설, 민담 속에서 예를 들어가며 설명하고 있다. 저자는 머리말에서 '화' 에 대한 책을 쓰게 된 동기를 이렇게 밝히고 있다. "참다가 터뜨리고, 터뜨리고는 부끄럽고, 부끄러워하다가는 자신이 밉고……. 그러다 끝내는 자신이 자신에게 내는 화와 겨루고 뒹굴고 하게 되는 그 악순환의 고리는 언제 어디쯤에서 어떻게 끊을 수가 있을까? 이렇게 늘 괴로워했다." 아마 저자도 우리들처럼 화를 제대로 다스리지 못하고, 또 그런 자신에게 화가 나서 괴로워했었나 보다. 그래서 그런 괴로움에 대해 끝까지 한번 탐구를 해보는 것이 최선의 대책이고 처방이며 희망이 될 것이라는 믿음에서 화에 대한 책을 쓰게 되었다고 한다.

저자는 변화무쌍한 화의 모습들을 다양한 문학적인 표현으로 묘사하면서 '참으면 참을수록 좋은 화'와 '참지 않아도 좋을 화'로 나누어 설명한다. 화에는 활활 타오르는 불덩이의 화와 안으로 잠겨 옹이로 박히는 울중의 화가 있다고 한다. 솟구치고 끓어오르고 터지는 화가 있는가 하면, 답답하고 갑갑하고 체한 듯한 화가 있는 것이다. 이 두 가지는 열기나 뜨거움이 매한가지이다. 그러나 이런 화가 다른 사람에게 불똥을 튀게 하고 애꿎은 일만 벌이게 하는 화라면, 이런 화는 참으면 참을수록 좋은 것이다. 대부분 우리가 '홧김에'라고 말할 때의 '화'가 이런 것이다. 저자는 이런 '홧김'은 나 하나로 족하며 화의 불똥이 옆으로 튀지 않도록 스스로 자신의 홧김을 끄는 소화기가 되어야 한다고 강조한다. 이런 화는 반드시 승화시키도록 노력해야하며 그렇게 한다면 인격을 정화하는 데 도움이 될 수도 있다. 반면에 저자가 적극적으로 표출해도 좋다고 하는 화는 이런 것이다.

누군가 잘못을 저지르고도 미처 깨우치지 못하고 있을 때, 그것을 바로잡기 위해서 짐짓 품게 되는 분노가 의분(義憤)이다. 또 그것은 당연히 실천되어야 한다. 상대 잘못에다 대고는 정상일침을 꽂거나 또는 혼벼락을 내리는 것이 다름 아닌 의분이다. 공분(公憤)도 의분과 별로 다르지 않다. 공익을 위하고 공중을 위한 분노가 곧 공분이다. 개인의 사적인 감정 때문에 품게 되는 분노가 아니다. 공분은 국가 대치(大恥), 곧 '나라의 큰 부끄러움'이 '천하의 공분'과 짝지어서 사용된 보기가 일러주듯이 한 국가, 한 집단의 수치에 대해서 치를 떨게 되는 것을 의미한다. 물론 그 국가적 치부를 부수려고 드는 행위도 당연히 공분에 포함된다. (중략) 내어서 마땅한 화, 터져서 옳은 화, 그런 화도 있을 수 있다. 아니 있어야 한다.

저자는 이런 식의 화를 떳떳하고 당차게 낼 수만 있다면, 그 이상 좋은 인격 단련은 흔하지 않을 것이라고 말한다. 화를 내어서 오히려 자기 정화를 할 수 있을 것이고 잘못한 사람을 응징하는 차원을 넘어서 그에게 깨달음을 줄 수도 있으니 서로에게 좋은 일이라는 것이다. 이런 식의 화라면 누이 좋고 매부 좋은 일이다.

그렇다면 반드시 공적인 일에 대해서만 화를 내는 것이 긍정적인 것인가. 저자는 그렇지 않다고 말한다. 개인적인 성취동기가 되어줄 수 있는 화도 있다고 한다. 저자는 이런 화를 발분망식(發憤忘食)이라는 한자성어로 설명한다. 발분망식(發憤忘食)은 '분함을 이기지 못해 밥 먹는 것도 잊어버린다.' 는 뜻이다. 그러나 이 말은 분하고 원통하고 화가 치밀어 죄 없는 그릇이나 책을 내동댕이치듯 일을 내던지는 것을 말하는 게 아니며 자포자기의 상황을 말하는 것도 아니다. 저자는 이를 갈면서 도리어 더 가혹하게 일에 매달리는 것이야말로 발분망식이라고 한다. 즉 열심히 일에 달라붙느라고 끼니도 굶는 것이다. '죽었으면 죽었지 내가 이 분통을 잊는가 봐라!' 에서 한 걸음 더 나아가서 다시는 이 같은 분함을 당하지 않게 새로운 것을 성취해내리라는 결의의 발동이 발분망식이라고 한다. 이런 식의 화라면, 개인적인 삶의 역전 드라마를 만들어내는 긍정적인 힘이 될 것이다. 이렇게 성취동기가 되는 화라면 참지 말고 얼마든지 내라는 것이 저자의 설명이다.

그렇다면, 내지 않아야 좋은 화는 어떻게 다스려야하는 것일까, 사람들은 그런 화를 어떻게 다스리면서 살고 있을까. 저자는 화를 가장 한국적인 증상이라고 말한다. 1996년 국제 정신의학계는 화병을 가장 한국적인 정신신경 장애증상으로 공인했다고 한다. 이제 'Kimchi' 처럼 'Whabyung' 도 고유한 이름이 되었고 그 국적이 한국이라는 사실을 인정받은 셈이다. 저자는 화병을 죽음에 이르는 병이라고까지 표현한다. '화병은 타인이나 세상에서 입은 자기 마음의 상처가 모여 병으로 이어지는 것을 말하지만, 그것 말고도 스스로 자신을 탓하고 나무라면서 상처를 입게 되는 자상(自傷)의 몫도 적지 않다.' 고 강조한다. 화를 내놓고 돌아서서, 참지 못하고 화를 내버린 스스로를 책망하면서 생기는 상처 또한 크다는 얘기다.

무서운 병에까지 이르는 화를 다스릴 수 있는 방법을 저자는 몇 가지 제시한다. 우선 화를 부르기 가장 쉬운 것, 곧 말을 조심하라는 것과 화를 다른 사람에게 옮기지 않도록 조심하라는 것이다. 군자라면 화를 내지 않는 것이 가장 좋지만 이것이 어렵다면 화를 내되 자신의 화를 다른 사람에게 부리지 않고 마음속에서 소화(消化)시키라는 것이다. 무조건 화를 참는 것이 아니라 혼자서 화를 다스려 없애라는 것이다. 또 하나의 방법은, 남을 또 다른 나라고 여기고 존중하라는 것이다. 자신의 이기심, 자기중심주의를 경계해야 한다. 그렇게 되면 세상 일이 다 내 마음 같을 수 없다는 것을 터득하게 될 것이고, 따라서 세상 사람들이 내 마음대로 움직일 턱이 없으며 또 그렇게 되어서도 안 된다는 것을 받아들일 수 있다. 나 자신을 둘러싼 객관적인 상황에 대해 눈을 크게 뜨고 볼 수 있으면 화를 줄이고 적당히 다스릴 수 있을 것이다. 마지막으로 화를 다스리기 위해 저자가 권하는 방법은 자연을 가까이 접하라는 것이다. 저자는 실제로 화를 억누르기 힘들다고 느낄 때면 잘 가꾸어놓은 집 앞 뜰로 나간다고 한다. 뜰을 거닐면서 꽃도 돌아보고 나무 냄새도 맡다보면 어느새 화는 가라앉는다는 것이다. 하지만 화가 날 때마다 항상 뜰이나 숲을 산책할 수 없다면 작은 화분이라도 들여다보든가 자연을 그린 그림이라도 가까이 할 것을 권한다. 어떤 식으로든 자연과 만나면 자연 속에 화를 묻을 수 있다는 것이다.

『한국인의 화』가 학자의 입장에서 화를 해석하고 그에 대한 대응 방식을 설명한 책이라면 틱낫한의 『화』는 화에 대해 조금 다른 방식으로 접근하고 있다. "우리의 마음은 밭이다. 그 안에는 기쁨, 사랑, 즐거움, 희망과 같은 긍정의 씨앗이 있는가 하면 미움, 절망, 좌절, 시기, 두려움 등과 같은 부정의 씨앗이 있다. 어떤 씨앗에 물을 주어 꽃을 피울지는 자신의 의지에 달렸다."라는 저자의 말이 이 책의 성격을 단적으로 드러내 준다. 승려이자 시인이며 평화운동가인 틱낫한의 『화』는 주로 개인적인 수양을 강조하는 책이다.

> 타인의 마음을 깊이 들여다보는 것이 자신의 화를 치유하기 위한 최고의 약이다. 그러면 그의 어려움을 이해할 수 있고, 그의 마음속에 있지만 그 자신은 깨닫지 못했던 그의 가장 깊은 소망이 무엇인지를 알 수 있다. 그러면 연민이 나의 마음속에 생기고 연민은 화를 치료하는 약이 된다. 연민을 나의 마음속에서 솟아나게 하면 화라는 불은 이내 꺼져버린다. 우리의 고통은 대부분 이 세상에 별개로 존재하는 사람은 없다는 사실을 깨닫지 못하는 데서 빚어진다. 타인이 나이고 내가 타인이다. 그 진리를 깨달을 때 화는 사라진다.
> (중략) 우리의 마음속에서 화가 일어나는 것은 거기에 화의 뿌리들이 있기 때문이다. 화는 우리의 무지, 그릇된 판단, 이해와 연민의 결핍에 그 뿌리를 내리고 있다. 화를 그저 발산해버리는 것은 화의 에너지만이 밖으로 나갈 뿐이다. 그 뿌리는 여전히 우리 마음속에 남아 있다. 그리고 화를 그런 식으로 발산하면 그 뿌리는 더욱 튼튼해진다. 그것이 바로 화를 그저 분출해 버리는 행동이 안고 있는 위험이다.

틱낫한은 화를 내뱉는 것은 화를 푸는 방법이 아니라 에너지를 낭비하는 것뿐이라고 말한다. 그렇기 때문에 심리치료사들이 화를 분출하는 방법으로 타이어를 몽둥이로 때리거나 베개를 주먹으로 내리치라고 권하는 것은 아무 도움이 되지 않는다는 것이다. 중요한 것은 화의 뿌리를 타인에 대한 연민과 화해로 없애버리는 일이다. 김열규의 『한국인의 화』와 틱낫한의 『화』는 개인적인 분노를 다스리는 방식에서는 비슷한 점이 있다. 일상적으로 맞닥뜨리게 되는 화와 그로 인한 괴로움에서 벗어나기 위해서는 개인적인 인격의 수양 외에는 다른 방법이 없는 것 같다. 화에 대한 학문적이고 논리적인 접근과 개인적인 수양을 위한 구체적인 방법 제시라는 측면에서 두 책은 서로 보완적일 수 있다.

마지막으로, 왜 굳이 화를 다스려야 하는가라는 의문이 들 수도 있겠다. 이에 대해 틱낫한은 이런 대답을 준비하고 있다. "부처의 가르침에 따르면 시기, 절망, 미움, 두려움 등은 모두 우리 마음을 고통스럽게 하는 독이라고 했다. 그리고 이 독들을 하나로 묶어 '화' 라고 했다. 마음속에서 화를 해독하지 못하면 우리는 절대로 행복해질 수 없다." 결국 화를 다스리는 것은 다른 사람들에게 좀 더 좋은 사람으로 보이기 위해서가 아니라 내가 행복해지기 위해서 필요한 일이다.

➜ 이 글의 논제 --

참아야 좋은 분노와 참지 않아야 좋은 분노는 어떻게 구분할 수 있는가?

➜ 읽은 사람은 다 안다 --

1. 『한국인의 화』에서 저자가 말한 의분(義憤)이나 공분(公憤)은 어떤 의미인가?

2. 『한국인의 화』에서 개인적인 성취동기로 작용할 수 있는 긍정적인 측면의 화를 설명한 사자성어는 무엇이었으며 그 뜻은 무엇인가?

3. 틱낫한의 『화』에서 우리가 화를 다스려야하는 이유를 무엇이라고 설명하고 있는가?

2부

정보기술·사회·역사

정보화 사회 어떻게 살아야 하는가?
–미래형 인간과 사고

이어령 지음, 『디지로그』, 생각의나무, 2006.

책으로가는길

　핸드폰과 인터넷은 이제 우리 생활에서 빼놓을 수 없는 것이 되었다. 요즘 학생들이 가장 무서워하는 처벌이 핸드폰을 뺏기는 것이라는 말이 있을 정도니 그 위력을 가히 짐작할 만하다. 인터넷 역시 마찬가지이다. 갑자기 인터넷 접속이 안 되었던 상황을 생각해보라. 혹은 뭔가 잘못한 대가로 부모님이 컴퓨터 사용금지명령을 내린다면 얼마나 불안하고 답답하겠는가. 매우 중요한 메일이 와있을 것만 같고, 갑작스럽게 카페나 클럽에 무슨 일이 생긴 것 같고, 내 홈피에 누가 왔다갔는지 꼭 확인해야만 할 것 같고, 나만 빼고 메신저에서 은밀한 이야기들이 오고갈 것만 같고, 인터넷으로 꼭 검색을 해봐야 알 것 같은 궁금한 것들이 생긴다.

　이런 상황은 분명 우리를 조바심 나게 하고 불편하게 만드는 것이긴 하지만 생존을 위협하는 다급한 상황은 아니다. 그러나 모든 것이 하나로 통합되어 관리되는 것이 특징인 정보화 시스템 중 어느 하나가 오작동한다고 생각해보자. 가령 최근까지 논란이 되고 있는 전자주민등록증은 하나의 통합된 시스템으로 국민들을 효율적으로 관리할 수 있는 이점이 있다. 이에 반대하는 사람들은 전자주민등록증 시스템 중 어느 한 군데만 해킹을 당해도 모든 이들의 신상정보가 유출될 수 있다는 점을 지적하고 있다. 하나로 통합된 시스템은 효율성이라는 측면에서 엄청난 이득을 줄 수 있다. 그러나 그 이득만큼의 위험이 있는 것도 사실이다. 정보화 사회가 된다는 것에 대한 무조건적인 열광이나 환영이 아니라 정보화 사회의 다양한 측면에 대한 성찰이 지금 우리에게는 더욱 필요하다.

책으로 푸는 논술

2003학년도 한양대 논술고사에서는 정보화 사회와 관련된 문제가 출제되었다. 지문 (가)를 읽고 의미를 추출하고, 이를 바탕으로 지문 (나)에 제시된 사례의 문제점을 살펴 그 원인을 설명하라는 것이었다. 그리고 정보화 사회에서 발생할 수 있는 이와 유사한 문제에 대처할 수 있는 방안을 구체적인 예를 들어 논하라는 것이 문제였다.

제시문 (가)는 현대인들이 당장의 이익에만 눈이 어두워, 하나로 통일된 작물만을 재배하게 되면서 생긴 문제점을 예로 들고 있다. 그리고 사람들이 수확량을 늘리는 데만 급급해서 작물의 형질을 단일하게 바꾼 것과 대조해서 다양한 잡초의 생존 방식이 어떤 것인지를 덧붙여 설명하고 있다.

(가) 1840년 아일랜드에서는 갑자기 감자에 돌림병이 퍼져 기록적인 기근이 발생했다. 2백만 명 이상이 굶어 죽었고, 국외로 탈출하는 사람이 끊이지 않았다. 이때 신대륙 아메리카로 이주하는 사람도 급증했는데, 나중에 이들이 미국이 번영하는 데 한몫을 했다는 이야기도 있다. 감자 하나가 역사를 바꾼 대사건이 아닐 수 없다. 이 기근의 원인은 자명하다. 아일랜드에서는 한 가지 품종의 감자만을 전국적으로 재배하고 있었다. 그 때문에 한 가지 병에 대해 모든 감자가 한꺼번에 해를 입는 사태가 일어난 것이다.

하지만 다양성이 존재하는 잡초의 집단에서는 앞서 본 감자의 경우와 같은 일은 일어나지 않는다. 잡초는 같은 종자라 해도 크기, 무게, 형질이 획일적이지 않고 천차만별이어서 어떤 환경의 변화에도 대응할 수 있는 준비가 되어있다. 뿐만 아니라 잡초는 환경의 위험스러운 변화를 오히려 번식의 계기로 삼기도 한다. 이 경우 땅속으로 줄기를 뻗는 땅속줄기라는 기관이 재생에 중요한 역할을 한다. 사람들은 흔히 땅 위에 있는 것이 줄기이고, 땅 속에 있는 것은 뿌리라고 생각하기 쉽지만, 꼭 그런 것만은 아니다. 번성하면 몹시 성가신 잡초의 대표 격인 향부자는, 땅속으로 줄기를 뻗어가면서 계속 싹을 틔운다. 정원 나무에 휘감기는 덩굴성 잡초나 땅으로 줄기를 이어가면서 퍼지는 잡초들은 제초 작업에 의해 줄기가 절단된다 해도 재생할 수 있다. 밭을 갈면 갈기갈기 찢겨나가지만, 그 절단된 하나하나가 모두 재생된다. 결국 제초작업이나 경작이 잡초를 번성하게 만드는 꼴이 되는 것이다.

두 번째 제시문은 1996년에 미국에서 일어난 정전사태의 예를 들어 전기에 의해 사회의 시스템이 하나로 연결되어 있는 상황의 문제점을 지적하고 있다.

(나) With thousands of generators, millions of miles of lines, and over a billion loads, this huge unified system is now so interdependent and sensitive that a single disturbance can be detected thousands of miles away. But the blackout in 1996 has brought up the crucial weakness of this formidable system. Having an interconnected system really makes for more efficient use of our natural resources and keeps the cost down. It, however, means that when something goes critically wrong, it can break down the whole system. With over $1.5 billion in damages and lost productivity, the 1996 blackout highlighted an often ignored Achilles' heel of interconnected systems.

(제시문 번역)

수천 개의 발전기, 수백만 개의 선로, 10억 이상의 적재량과 관련된 이 거대한 통합 시스템은 현재 매우 상호의존적이고 민감해서 단 하나의 장애도 수천 마일 밖에서 감지된다. 그러나 1996년의 정전은 이 거대한 시스템의 치명적인 약점을 드러냈다. 시스템이 상호 연결되어 있다는 것은 천연자원을 더욱 효율적으로 이용할 수 있고 비용을 절감할 수도 있다. 하지만 어떤 것 하나가 치명적으로 잘못 되었을 때는 전체 시스템이 와해될 수 있다는 것을 의미한다. 15억 달러 이상의 손해와 생산성 손실을 가져온 1996년의 정전은 종종 무시되어온 상호 연결된 시스템의 아킬레스건을 드러내었다.

　　두 개의 제시문은 모두 효율성을 극대화하려는 현대 사회의 문제점을 보여준다고 할 수 있다. 논제는 이런 문제점을 정보화 사회와 관련지으라는 것이다. 전국뿐 아니라 전 세계를 하나의 통합된 시스템으로 만들려는 것이 정보네트워크의 주요특성이라는 점에서 두 제시문의 상황은 정보화 사회에서 예상할 수 있는 문제점을 그대로 보여주고 있다. 바이러스 하나가, 사람들이 그렇게 자랑스러워마지 않던 초고속 인터넷 연결망을 타고 급속도로 번져 특정 지역의 인터넷 전체가 마비되었던 사건이 있었다. 얼마 전에는 어느 은행의 인터넷 뱅킹 시스템이 해킹되어 고객의 정보가 유출되고 자신도 모르게 현금이 인출된 피해 사례도 있었다. 이런 예를 통해서, 편리함만을 생각하고 하나의 거대한 시스템을 만들어가고 있는 정보 사회에 어떤 위험이 있는지 쉽게 짐작할 수 있을 것이다.

'디지로그'라는 말은 쉽게 짐작할 수 있는 것처럼 '디지털'과 '아날로그'의 합성어이다. 그러나 '디지로그'는 단순히 두 가지 기술을 합쳐놓은 것 이상의 의미를 지니고 있다. 이어령 교수는 『디지로그』에서 '디지로그'가 통합과 네트워크로 가는 대융합의 이정표이며 미래의 첨단정보사회를 읽어내는 키워드라고 설명한다. 『디지로그』는 우리 사회가 정보화 사회의 선두주자로 나설 수 있는 저력을 이미 가지고 있다고 말하면서 '디지로그'를 우리가 가져야 할 21세기의 새로운 패러다임이라고 제시한다. 이 책은 우리 사회 각 분야에서 나타나고 있는 거대한 변화의 흐름 속에서 디지털 문화와 아날로그 문화가 어떻게 혼재하고 있으며 어떻게 활용되고 있는지 구체적인 사례들을 통해 개괄하고 있다.

우선 『디지로그』는 첨단정보사회에 대한 맹신을 경계하라고 충고한다. 인터넷 초고속망이 전국에 깔리고 전 국민이 인터넷 사용자가 된다고 해서 우리 사회가 지식정보사회가 되는 것은 아니라는 얘기이다. 그리고 주식시장의 주가로 IT를 평가하고 벤처기업의 수익성으로 정보사회를 평가하려는 발상 자체가 잘못된 정보관이라고 따끔하게 지적하면서 한국의 정보화는 이런 인식에서부터 다시 출발해야 한다고 강조한다.

나침반을 처음 대한 뱃사공들은 그것이 진로를 알려줄 뿐만 아니라 폭풍까지 막아주는 힘이 있는 것으로 오해를 했다. 그래서 풍랑 속을 항해하다가 난파당하는 일이 많았다고 한다. 1백년 후에 오늘의 역사를 읽는 사람도 IT를 과신한 사람들이 어떻게 인터넷의 바다에서 침몰했는지를 읽게 될 것이다. 그래서 거품의 허망한 꿈에서 깨어난 사람들은 이제야 인터넷이 황금알을 낳는 거위가 아니라는 것을 깨닫게 되고, 잘못 인식된 '정보 자본주의'에 대한 경고의 목소리도 들을 수 있게 되었다.

사람들이 첨단정보사회로의 진입에 열광했던 것은 정보가 곧 새로운 자본이 된다고 생각했기 때문이다. 그러나 이어령 교수는 정보(情報)의 의미를 이렇게 풀이한다.

우선 정보시대의 특성은 '정(情)'이다. 문자 그대로 풀이하면 정(情)을 알리는 것 [報]이 정보(情報)다. 그러나 이것은 한국 혹은 일본에서만 통하는 이야기로서 영어의 인포메이션이나 중국어의 신식(信息)에는 정이라는 뜻이 들어 있지 않다.

그러므로 정보화 사회는 '기러기의 순환사회' 모델을 따라야 한다고 주장한다. 기러기들은 맨 앞에서 날아가는 기러기가 지치면 뒤쪽으로 물러나고 금방 뒤따르던 기러기가 앞장선다. 팀원들이 돌아가면서 팀장의 역할을 수행하는 것이다. 그렇기 때문에 기러기의 대열에서는 앞장서려고 싸우는 법도 없고 꼴찌라고 하여 열등감을 갖는 일도 없다는 얘기다. 지도자를 뽑는 힘의 법칙이 아니라 순환하는 협력의 질서에 의해서 기러기들은 힘을 절약하면서도 멀리 날 수 있다는 것이다. 이어령 교수는 정보란 누군가 한 사람이 독점적으로 소유해야 할 것이 아니라 나누어야 하는 것이 그 속성임을 강조한다. 마이크로소프트와는 대조적으로 누구나 사용할 수 있도록 인터넷 공간에 오픈 아키텍처를 만든

리눅스가 좋은 예가 된다. 이어령 교수는 이를 기술의 문제가 아니라 의식 패러다임의 문제라고 규정한다. 이익을 목적으로 하지 않는 리눅스 모델은 미국 산업자본주의 모델과는 또 다른 미래의 정보 자본주의를 예고하고 있다. 이어령 교수가 21세기 정보화 사회에 대한 인식의 전환을 다음과 같이 제안한다.

인터넷의 기능은 무한성이라는 것. 정보지식의 본질은 돈을 내지 않고 교환하는 것이며 그 보상은 물질이 아니라 심리적 보람에서 찾아야 한다는 것. 그래서 인터넷은 봉사와 협력이라는 원초적 인간의 욕망에 근거를 둔다는 것. 그리고 해킹은 오히려 인터넷의 무방비적 개방성을 드러내 인터넷을 폐쇄회로로 만들려는 비정보화 경향에 대한 경고일 수도 있다는 것. 정보는 나누고 공유하는 것이며 인터넷 문화의 특성은 영리 기업가보다는 무상의 봉사자에 의해 유지, 창조된다는 것. 컴퓨터 네트워크는 국가나 관료조직에 의해 통제되고 조정되는 것이 아니라 생태계와 같이 자생적이고 자기조직화 된, 면역체를 지닌 생체와도 같은 존재라는 것을 깨달으며 21세기를 맞게 된 것이다.

정보가 곧바로 돈이 될 것이라는 오해와 더불어 이어령 교수가 지적하는 또하나의 문제점은 사람들이 아날로그와 디지털을 양극화된 것으로 받아들이고 있다는 점이다. 이어령 교수는 아날로그와 디지털을 단절된 것으로 인식하는 것은 분단된 국토, 경제적 양극화 현상 못지않게 심각하다고 강조한다. 아날로그의 솥 옆에는 무한대로 커지고 있는 네트워크 디지털 솥이 함께 걸려있으며, 공동체도 정보도 미디어도 사고파는 물건과 살아가는 방식까지도 아날로그적인 것과 디지털적인 두 가마솥으로 분할되어 간다. 뿐만 아니라 사람 자체도 아날로그 인간과 디지털 인간으로 분열되어 있다는 것이다. 이에 대해 이어령 교수는 다음과 같이 우리의 인식 전환을 촉구하고 있다.

디지털과 아날로그를 서로 동석할 수 없는 불구대천의 원수처럼 생각하는 이들이 많다. 하지만 한국인은 하나 아니면 전체인 외톨이문화도 집단문화도 아닌 짝(쌍)의 시스템으로 생활해왔다. 음양이론을 들출 것도 없이 짚신이나 젓가락처럼 혼자서는 아무런 힘도 발휘할 수 없는 전통 문화의 자원을 지니고 있는 것이다. 아날로그와 디지털의 기술과 그 문화적 차이가 무엇인지 정의부터 하려 들지 말자. 디지로그의 뉴파워가 무엇인지 성급하게 물으려 하지도 말자. 인생은 무엇인가라고 정의하고 사는 사람은 없다. 문학은 무엇인가 정의를 해놓고 시를 쓰고 소설을 쓰는 사람은 없다. 아날로그도 디지털도 디지로그도 말로 정의하기보다는 음식처럼 직접 씹어 먹으라고 권하고 싶다.

『디지로그』는 디지털 요소와 아날로그 요소가 우리 사회에는 이미 오래전부터 문화적인 유전자로 전해내려 오고 있다는 점을 강조하는데 전체내용이 할애되고 있다고 해도 과언이 아니다. 위의 인용문에서도 디지로그를 정의하려들지 말고 일단 "씹어 먹으라고" 말하는 것처럼, 우리의 다양한 음식문화만 봐도 단적으로 그런 특성들이 있다고 지적한다. 누구네 집에 무슨 좋은 일이 있는지 집집마다 떡을 돌리면서 알려주는 것처럼, 분산된 방식으로 정보를 전달하면서 '따로 또 같이' 의 형태로 정보를 공유하는 '떡 돌림' 문화도 그렇고, 여럿이 한데 섞여야 제 맛이 나며 날 것도 아니고 익힌 것도 아닌 '김치 패러다임' 도 마찬가지이다. 이어령 교수는 다양한 예를 통해 우리 사회가 정보화를 무방비 상태로 받아들이기만 하는 것처럼 보이지만, 실은 다 먹힌 것 같은 순간에도 우리의 일부를 다 내주지 않고 굳건히 지키고 있다고 한다. 우리말을 예로 들어보면, 우리나라 사람들은 동해(東海)라고 하면 이미 바다란 말이 들어있는데도 동해 바다라고 하고, 초가에는 집 가(家)자 들어 있는데도 초가집이라고 하여 세 살 때 배운 순수한 자신의 토박이말을 갖다 붙인다는 것이다.

이런 식으로 우리는 "어디에서든, 어떻게 해서든 균형을 찾고 스피드를 유지하는 롤러코스터의 균형인자"를 가지고 있다는 것이 이어령 교수의 설명이다. 그렇기 때문에 디지털과 아날로그가 대립하는 두 세계를 균형 있게 조화시켜 통합하는 한국인의 디지로그 파워가 미래를 이끌어 갈 날이 다가오게 될 것이라고 예견한다.

> 한국의 식문화를 통해서 한국의 문화 유전자를 밝혀낼 수 있다는 사실이다. 그리고 그것이 인터넷의 디지털 문화 유전자와 어떻게 복합적으로 상호작용하게 되는가를 관찰할 수 있게 된다. 이러한 유전자는 생체 유전자처럼 기절할 정도로 먼 옛날로 올라가게 될 것이다. 말하자면 그것은 지금도 우리에게 남아 작용하는 채집시대의 나물 문화에서 인터넷의 골뱅이에 이르는 길고 긴 문화 유전자의 답사라 할 수 있다.

이어령 교수는 최근에 교보문고와 다음(Daum)이 제휴를 통해 종이책과 디지털 콘텐츠를 결합한 것 역시 디지로그를 위한 첫걸음이라고 평가한다. 국내 최대의 아날로그 대형서점인 교보문고와 국내 포털의 대표주자 중의 하나인 다음이 만나서 아날로그와 디지털의 융합을 이루어냈다는 것을 크게 평가한다. 미국의 아마존닷컴과 반스앤노블이라는, 디지털과 아날로그로 대표되는 두 서점이 서로 소송까지 가는 대립과 경쟁을 보인 것과 달리, 우리는 융합의 전형적인 사례를 보여준 것이라며 미래 사회에 필요한 저력을 우리가 이미 보여주고 있는 것이라고 강조한다.

교보문고와 다음의 결합뿐 아니라 이 책『디지로그』자체도 디지로그 방식으로 구성되어 있다. 책은 크게 앞마당과 뒷마당으로 나누어져 있고 뒷마당은 앞마당의 이야기들 중에 나오는 내용들의 보충인 셈인데 마치 하이퍼텍스트처럼 앞마당과 뒷마당을 '링크' 시켰다. 뿐만 아니라 한국의 기술로 특허를 받은 컬

러짚(color ZIP)이 책 표지에 장착되어 있어 아날로그와 디지털의 기분 좋은 만남을 체험할 수 있게 해준다. 핸드폰으로 책 표지의 컬러짚을 스캔하면 디지로그에 관한 정보와 만날 수 있다.

우리가 오늘날의 정보혁명을 인간의 얼굴을 한 문명으로 창조하기 위해서는 우리의 전통적인 문화 요소들을 현대적인 것들과 적극적으로 접목시켜 한다. 더불어 정보기술에 대한 새로운 패러다임으로의 전환도 필요하며, 무엇보다도 『디지로그』에서 보여준 것처럼 누구나 정보체험을 공유할 수 있어야 한다. 디지털과 아날로그는 이미 우리의 문화 유전자 속에서 융합을 이루어왔으며, 우리 한국인은 미래 사회에 큰 힘을 발휘할 수 있는 능력을 갖추고 있다는 점을 이어령 교수는 이 책을 통해 강조하고자 한다.

➡ 이 글의 논제 --

첨단정보사회에 필요한 새로운 패러다임은 어떠해야 하는가?

➡ 읽은 사람은 다 안다 --

1. 이어령 교수가 풀이하는 정보(情報)의 의미는 무엇인가?

2. 정보화 사회가 '기러기의 순환사회' 모델을 따라야 한다고 주장한 이유는 무엇인가?

3. 우리의 전통적인 문화 속에는 디지털과 아날로그가 대립되지 않고 이미 융합되어 있음을 보여주는 사례를 찾아보자.

정보기술의 발전이 인간을 자유롭게 하는가?

–과학 기술의 발전

이장규 · 홍성욱 지음, 『공학기술과 사회』, 지호, 2006.

책으로 가는 길

　　날고자 하는 인간의 욕망을 충족시켜준 것은 기술이었고, 더 빨리 달리고자 하는 욕망을 충족시켜준 것 또한 기술이었다. 한양에서 부산까지 임금의 교서(敎書)를 가지고 달려간다고 하자. 말[馬]도 힘들고 사람 역시 고생이다. 그러나 서울에서 부산까지 자동차는 5시간 거리일 뿐이다. 고속철도 KTX를 이용하면 소요시간은 3시간 정도. 그러나 문서를 인터넷 메일로 전송하면 1초도 걸리지 않는다. 이러한 신속성과 효율성이 모두 기술의 결과다. 신발을 제작하는 기술은 발을 보호하는 목적에서, 집을 제작하는 기술은 쾌적한 거주라는 목적에서 이루어졌다. 냉방기술의 덕택에 인간은 한여름에도 쾌적하게 일할 수 있게 되었고, 조명기술 덕분에 인간은 노동시간을 한밤중까지 연장시킬 수 있었다. 이런 관점에서 볼 때, 기술은 삶의 편리성을 증진시키는 유용한 수단이다.

그러나 고도의 기술문명에 의해 지탱되는 현대 사회의 곳곳에서 인간의 편안한 삶을 위한 도구가 거꾸로 자신의 목적을 지배하는 전도된 현상들이 관찰되고 있다. 개인의 생활방식은 물론이고, 한 시대의 표상방식, 그리고 사람과 사람 간의 사회적 관계의 형식조차도 기술의 지배하에 놓이게 되었다. 기술의 발전이 삶의 질을 향상시키고 사회의 진보를 보장한다고 생각하는 사람들도 있지만 기술이 사회의 통제를 벗어나 오히려 인간을 기술의 노예로 전락시킨다는 주장을 펴는 사람들도 적지 않다. 기술과 사회의 관계에 대해서 진지한 성찰이 요구되는 대목이라 할 수 있다.

2002학년도 고려대 수시모집 논술고사에는 기술문명의 발전에 의해 인간의 삶의 양식이 변화하는 것을 다양한 관점에서 보여 주고 있는 다섯 개의 제시문을 주고 전체적으로 관련되는 주제에 대하여 자신의 견해를 논술하라는 문제가 출제되었다.

(1) 싱크대에서 다섯 발자국쯤 걸어가면 사무용 책상 두 개가 벽을 바라보며 앉아 있고 그 위엔 으레 그래야 하는 것처럼 컴퓨터와 모니터, 프린터, 스캐너 등속이 자리잡고 있다. 소형 스피커 두 개는 컴퓨터와 연결되어 음악을 들을 수 있게 되어 있다. 물론 TV와 비디오도 비슷한 방식으로 볼 수 있다. 컴퓨터가 없으면 음악도 영상도 없다. 그러니 눈을 뜨면 가장 먼저 하는 일은 컴퓨터를 켜는 일이다. 물론 자기 전에 마지막으로 하는 일도 그것을 끄는 일이다. 창이 없는 이 방에서 컴퓨터는 내 창이다. 거기에서 빛이 나오고 소리가 들려오고 음악이 나온다. 그곳으로 세상을 엿보고 세상도 그 창으

로 내 삶을 훔쳐본다.

– 김영하, 「바람이 분다」

(2) It is widely believed that technological society is condemned to authoritarian management, mindless work, and equally mindless consumption. Social critics claim that technical rationality and human values contend for the soul of modern man. My theme is the possibility of a truly radical reform of industrial society.

I argue that the degradation of labor, education, and the environment is rooted not in technology itself but in the antidemocratic values that govern technological development. Reforms that ignore this fact will fail, including such popular notions as a simplified lifestyle or spiritual renewal. Desirable as these goals may be, no fundamental progress can occur in a society that sacrifices millions of individuals to production.

A good society should enlarge the personal freedom of its members while enabling them to participate effectively in a widening range of public activities. At the highest level, public life involves choices about what it means to be human. Today these choices are increasingly mediated by technical decisions. What human beings are and will become is decided in the shape of our tools no less than in the action of statesmen and political movements. The design of technology is thus an ontological decision fraught with political consequences. The exclusion of the vast majority from participation in this decision is the underlying cause of many of our problems.

– Andrew Feenberg, 「Critical Theory of Technology」

⑶ 도시는 에어컨이나 쇼핑몰 같은 과학기술적인 변화 덕분에 기후에 대한 내성을 키워가고 있다. 지구온난화가 미국이나 그 밖의 발전한 지역에 미치는 영향에 대한 연구들은 생태계를 통제하지 못하여 자연발생적인 강우, 땅 위를 흐르는 빗물, 기온 그리고 이러한 변수들의 극단적인 양상에 종속되어 살아가는 지역들이 온난화에 가장 취약하다고 밝히고 있다. 하지만 산업국가의 경제활동 대부분은 기후의 영향을 거의 받지 않는다. 집중치료 병원, 지하채광, 실험실, 통신, 중공업, 마이크로 전자산업 등의 부문은 아마 기후변화의 영향을 받지 않을 것이다. 사업지를 선정하면서, 이를테면 바르샤바로 할 것이냐 홍콩으로 할 것이냐를 결정하면서 기온을 중요한 요소로 고려해야 하는 사업은 거의 없을 것이다.

– 윌리엄 노드하우스, 『온실 경제학』

⑷ 수세기 동안 인간은 시간을 측정하는 보다 좋은 방법을 찾으려고 노력해 왔다. 중세 시대에 모래시계는 거의 사용되지 않았고, 해시계도 날이 흐릴 때는 쓸모가 없었다. 이러한 문제를 해결하기 위하여 갖가지 진기한 방법이 동원되었다. 영국의 알프레드 대왕의 경우 초를 똑같은 길이로 잘라 가지고 다녔다. 시간의 경과를 측정하기 위해 초를 하나씩 차례로 켰던 것이다. 기계식 시계의 발명에는 정례화된 기도 시간과 생활을 중시하는 수도원의 수도사들이 기여한 바 크다. 수도사들은 하루 일곱 차례의 기도 시간을 알려주는 수도원의 종을 일정한 간격으로 칠 수 있도록 정확한 시간을 알아야 했다.

17세기에 이르러 추시계의 발명으로 공공장소의 대형 시계를 비롯한 다양한 시계가 등장하기 시작하였다. 이제 시간을 지킨다는 것은 시간을 할애하고 또 시간을 배분하는 것으로 변했다. 사람들은 자신의 신체적 리듬을 따르기보다는 시계의 기계적 시간을 따르기 시작한 것이다. 허기질 때보다는 정해진 시간에 식사를 하였고, 졸릴 때보다는 취침시간에 잠자리에 들었다. 세상사는 순차적이 되었고, '시계처럼 규칙적'이라는 말이 일상적 표현이 되었다. 오늘날에도 우리 사회는 시간에 집착하고 있다. 우리 모두는 수많은 시계와 달력을 가지고 있다. 이것은 아마도 그렇게 나쁜 현상만은 아닐 것이다. 어떤 작가가 말한 바와 같이 시간은 모든 것이 한 순간에 일어나는 것을 막아 주는 신의 섭리이기 때문이다.

– 빌 맥레인, 『물고기는 물을 먹는가』

(5) Global civil society is in one sense a separate social system growing up around international society and giving rise to regimes of its own. Even so, its emergence has far-reaching implications for the dynamics of international society because it provides a social base for nonstate actors that helps them to participate effectively in the creation and operation of international regimes, which in turn influence the character of international society. The emergence of a global civil society is partly a simple matter of material resources. The introduction of the fax machine and the dramatic growth of the World Wide Web, largely as a function of global civil society rather than international society, has allowed nonstate actors to forge effective global alliances that are not subject to national governmental control.

– Oran R. Young, 「Global Governance」

논제에서 요구하는 것은 제시문에 공통적으로 나타난 주제를 선정하여 논술하는 것이다. 제시문은 공통적으로 기술문명의 발전에 의해 인간의 삶의 양식이 변화하는 것을 다양한 관점에서 보여 주고 있다. 이 논술의 주제는 과학기술문명이 인간의 삶에 어떤 영향을 미치는가 하는 것을 밝히는 것이다.

과학기술이 발전됨으로써 인간의 삶은 긍정적, 또는 부정적으로 변화하게 된다. 먼저 시계의 발명에서 볼 수 있는 것처럼 기술의 변화는 인간의 삶에 인식론적 변화를 초래하게 된다. 시계의 등장으로 사람들은 본능이나 자연현상에 의해 반응하기보다는 시간이라는 관념에 따라 반응하게 되었다.

다음으로 구체적인 일상의 체험에서는 기술문명의 발전으로 인한 새로운 삶의 양태가 나타나게 된다. 예를 들어 컴퓨터의 등장으로 현대인들의 일과는 컴퓨터에 접속하는 것으로 시작된다. 이는 새로운 인간 생활의 모습이라고 할 수 있다. 또한 기술의 발전으로 사람들은 환경을 극복하기 시작했고, 자연적 조건을 인간에게 편리한 인공적 조건으로 대체하기 시작했다. 에어컨과 히터의 등장으로 계절의 변화에 관계없이 일정한 온도를 유지할 수 있게 되었고, 도시화와 건물 중심의 삶은 자연환경의 조건을 무시하게 되었다. 하지만 이러한 인공적 환경을 구축하기 위해 자연환경을 변형시키고, 왜곡할 수밖에 없는데 이 과정에서 환경이 파괴되는 모순이 나타나게 된다.

또 다른 측면은 인간의 사회적, 정치적 관계가 변화하게 되는 것으로 정보화로 인한 시민사회의 발전을 들 수 있다. 인터넷과 팩스 등의 기술 및 기기의 보급은 국가중심적 교류가 아니라 시민단체 간의 국제교류를 증진시켰고, 이는 국제적 규범의 중요성과 국가를 초월한 시민운동의 가능성을 확대시켰다. 이러한 현상은 정보화로 인한 민주정치의 가능성을 확대시키기도 한다. 따라서 기술문명의 발전은 긍정적으로 활용할 때에는 시민참여 기능이 확대될 수도 있지만, 부정적으로 적용될 때에는 시민들의 참여를 배제시키고 정치권력의 독점화가 초래될 수도 있다.

이와 같은 이해를 바탕으로 이 논술에서는 과학기술의 변화에 따른 인간의 사회적, 개인적, 정치적 삶의 변화를 제시문에 의거해 분석하고, 자신의 견해를 논리적으로 밝히는 것이 요구된다.

책
속
으
로

이장규와 홍성욱이 공동집필한 『공학기술과 사회』는 기술이 어떻게 태어나 변화하며, 인간과 사회와는 기술이 어떤 영향을 주고받는지, 또 기술의 성공과 실패 요인은 무엇인지, 현대 공학기술은 우리에게 과연 어떤 의미인지에 관한 해석과 논의들을 한 자리에 모은 책이다.

이 책의 2장은 「기술과 사회를 바라보는 관점들」이란 글이다. 현대사회에서 기술이 가지는 복잡한 관계를 제대로 이해하기 위해서 기술과 사회의 상호작용에 대한 이해가 필요하다고 저자들은 말한다. 지금까지 기술과 사회와의 관계를 개념화하기 위해서 여러 가지 설명의 틀이 제공되었는데 그 중 대표적인 것이 '기술결정론'과 '기술의 사회적 구성론'이다. 『공학기술과 사회』의 2장은 바로 이 두 개념에 대한 설명이라고 할 수 있다. 내용을 요약해보자. 먼저 기술결정론이다.

기술결정론은 말 그대로 기술이 인간의 사회적 환경을 결정한다고 보는 입장이다. 예를 들어 타자기라는 새로운 사무기술 등장하면서 비서들은 능동적인 지위에서 지시받은 문서를 기계적으로 작성하는 수동적 처지로 전락했다든가, 세탁기와 같은 가사 기술의 발전으로 여성들이 가정에서 해방되었다든가, 피임 기술이 여성에게 출산과 양육의 다양한 선택권을 보장해줌으로써 여성해방에 일조했다는 주장이 이른바 '기술결정론'의 입장이다. 기술결정론은 몇 가지로 그 주장을 요약할 수 있다.

첫째, 기술결정론은 기술이 그 자체의 고유한 발전 논리, 즉 공학적 논리를 가지고 있기 때문에, 기술의 발전은 구체적인 시간과 공간에 관계없이 동일한 경로를 밟는다고 가정한다. 기술결정론에서는 기술 그 자체가 사회와, 더 나아가 인간과도 무관하게 발전한다고 간주하며, 심지어는 기술이 독자적인 생명력을 가지고 있다고 본다. 기술결정론적인 입장에서는 기술의 발전경로는 단일한 것으로 어떤 특정 기술을 만들어 내는 데 유일하게 가장 좋은 설계 방식이나 생산 방식이 있다고 본다.

그러나 기술의 사회적 구성론이라고 불리는 이론체계는 이러한 통념에 대해 반박한다. 이 이론체계에서는 어떤 특정의 기술이나 인공물을 만드는 프로젝트에 참가하는 여러 행위자들—엔지니어, 자본가, 투자은행, 정부, 소비자 등—의 이해관계나 가치체계가 기술이 특정한 형태로 결정되는 과정에 중요한 역할을 한다는 것이다.

가령 대단위 아파트 건설을 두고 공청회를 연다고 했을 때, 시민단체들은 삶의 질을 고려하여 친환경 개발을 주장하고, 건설업체들은 영리성을 주장해서 고층아파트 위주로의 개발을 주장한다고 할 때, 어떤 기술이 채택될 것인가는 그 기술이 가지는 우수성에 있지 않고, 그 기술을 주장하는 집단의 이해관계에 달려 있다고 볼 수 있다.

하나 이상의 여러 개의 기술이 주도권을 장악하기 위해 서로 경합을 할 때, 우리는 흔히 더 나은 기술이 선택되어진다고 생각하기 쉽다. 하지만 기술의 사회적 구성론의 이론체계를 지지하는 이론가들은 기술을 결정하는 것은 기술 그 자체가 아니라 그 기술에 관련된 사회집단들의 정치적, 경제적 힘이라고 주장한다.

『공학기술과 사회』에서 저자들은 기술의 사회적 구성론과 관련하여 흥미로운 사례를 제시한다. 핀치(Trevor J. Pinch)와 바이커(Wiebe E. Bijker)의 ‘자전거’ 연구가 그것이다. 이 두 과학기술사회학자는 어째서 다이아몬드 형태의 틀과 고무 타이어를 쓰고 두 바퀴의 크기가 비슷한 안전 자전거(safety bicycle) 모델이 지금은 보편적이 되었는지에 대해서 묻는다. 이런 문제에 대한 상식적인 답은 대체로 지금 우리가 쓰는 모델이 다른 모델보다 편하고 안전하다는 것이다. 지금 살아남은 기술이 다른 기술보다 더 효율적이기 때문에 경쟁에서 이겼다고 생각하는 것이 대중들의 상식이다. 그러나 핀치와 바이커는 자전거가 어떻게 오늘의 모습을 하게 되었는지 그 발전과정을 두고 정밀한 분석을 했다.

자전거의 발전 과정을 분석할 때 가장 중요한 요소는 자전거를 둘러싼 다양한 사회집단이다. 여기에는 자전거를 만든 기술자, 남성 이용자뿐 아니라 여성 이용자, 스포츠 자전거 이용자, 심지어 자전거 반대론자도 포함된다. 이들은 모두 특정한 자전거 디자인에 대해 그들 나름의 선호와 이해관계를 가지고 있었다. 스포츠 자전거 이용자들은 56인치짜리 커다란 앞바퀴가 달려서 페달을 밟아 격한 운동을 할 수 있는 모델을 좋아했다. 그렇지만 앞바퀴가 큰 자전거는 여성 이용자들을 위해서 특별히 설계된 모델을 개발해야 했는데, 당시 여성들은 보통 긴 치마를 입고 있었기 때문이다. 그러니까 자전거를 어떤 식으로 개발할 것인가를 두고 다양한 사회집단의 이해관계가 서로 달랐다. 이렇게 서로 다른 사회집단은 자신의 이해관계에 따라 동일한 기술이 지니고 있는 문제점을 서로 다르게 파악하며 이에 대한 해결책도 다르게 제시한다. 따라서 기술이 발전하는 과정에서, 사회집단들 사이에는 그 기술이 가진 문제점과 해결책이 다르다는 점 때문에 갈등이 발생한다.

이러한 갈등이 복잡한 협상을 통해 해소되는 과정을 거치면서 어느 정도 합의에 도달하게 되면 안정적인 기술적 인공물의 형태가 선택된다. 사회적 구성론자들은 이 합의의 과정이 사회적 과정임을 강조한다. 자전거 변천 과정에서도 자전거 경주와 같은 사회적 요소가 논쟁의 종결에서 중요한 구실을 했다는 것이다. 당시에 자전거 경주가 사람들의 관심을 끌면서 공기 타이어를 장착한 안전 자전거가 다른 자전거보다 빠르다는 것이 경주를 통해 입증되었다. 이 과정에서 초기 자전거 설계에서 중요하지 않던 속도가 자전거의 핵심적인 특징으로 새로이 부각되었는데, 그 결과 더 빠른 속도를 낼 수 있는 안전 자전거 쪽으로 경쟁이 종결되었다는 것이다.

기술 디자인을 종결하는 데 중요했던 또 다른 요소는 여성 자전거 애호가들이었다. 자전거를 격렬한 스포츠로 여기던 남성들은 큰 앞바퀴가 있는 자전거를 선호했지만, 여성들은 치마라는 복장 때문에 앞바퀴가 작고 타이어가 쿠션 기능을 해주는 안전 자전거를 선호했다. 그러므로 안전 자전거가 다른 자전거보다 우월하다는 결론은 기술적 논리에 의해서가 아니라 사회 집단, 이들의 이해관계, 그리고 자전거라는 인공물 사이의 상호작용에서 나온 여러 가지 우연한 사건들에 의해 구성된 것이라고 볼 수 있다.

둘째, 기술이 사회를 결정할 뿐, 사회구조는 기술의 논리 자체에 아무런 영향도 미치지 않는다고 기술결정론자들은 주장한다. 가령 등자(stirrup)가 봉건제를 낳았고, 인쇄술이 르네상스를 만들었으며, 기계가 자본주의를 낳았다는 주장 등이 그것이다.

등자란 말을 타는 사람이 발을 고정시키는 마구의 일종인데, 이 등자가 도입되면서 말을 탄 채로 창이나 칼을 들고 싸우는 것이 가능해졌고, 그 결과 기병이 부상했으며, 이 기병들이 성장을 해서 중세 영주가 되었다는 것이 중세 기술사를 연구한 화이트 주니어의 주장이다. 결국 등자라고 하는 기술이 봉건제를 결정했다는 주장이다.

그러나 기술결정론을 비판하는 입장에서는 등자를 사용했던 프랑크족과 앵글로-색슨족 중 프랑크족만이 8세기 전반에 봉건제를 성립시켰다는 사실을 든다. 다시 말해 한 사회에 새롭게 도입된 기술이 그 사회의 변화를 유발하기 위해서는 개인 혹은 집단적인 행위자의 선택과 행동이 있어야 한다는 것이다.

셋째, 사회와 무관하게 자율적으로 발전한 기술은 사회의 변화에 막대한 영향을 미치며, 그 기술의 발전이 모든 사회집단에게 보편적인 이익이 된다고 간주된다. 그러나 정보기술이 모든 사람에게 행복과 편리를 가져다주지 않는다는 사실은 소위 '정보 격차'를 통해서도 드러난다. 정보화가 진전될수록 정보 부자(information rich)와 정보 빈자(information poor)라는 새로운 권력 관계가 형성되고 있는 것이 현실이다. 이 정보의 불균형은 소득기회의 불평등으로 이어질 수도 있다. 가령 어떤 사람이 부동산이나 주식에 관련하여 고급정보를 많이 가지면 가질수록 그는 그 정보를 이용하여 더 많은 재산을 증식할 수 있기 때문이다. 이런 경우 기술은 모든 사람에게 공평하게 편익을 증대시켰다고 볼 수 없다. 이런 점에서 본다면 기술이 인간에게 장밋빛 미래를 안겨준다는 기술유토피아에 대한 견해도 성찰을 요구한다. 정보화 기술은 지배 집단의 이데올로기로 사용될 소지를 충분히 안고 있기 때문이다.

정보기기의 경우, 그것이 원래는 정보의 수집과 관리의 차원에서 도입된 기술일지라도, 그것이 일단 도입되면 기술이 인간성을 변화시켜 애초에 없던 기술의 속성이 부가될 수도 있다. 가령 감시카메라의 경우도 인간이 그 기술을 결정하여 방범의 도구로 도입하여 사용할 수 있지만, 반대로 그 기술이 인간성을 변화시켜 감시카메라가 개인의 사생활을 침해하는 도구로도 악용될 가능성도 있는 것이다.

기술은 단일한 발전경로를 가지며, 그 이익이 모든 사람들에게 공평하게 돌아간다는 기술결정론의 낙관주의는 결코 인간의 복지 증진에 도움이 되지 않는다. 그러나 기술을 상대적으로 바라보고 그것의 영향성을 과소평가할 수만도 없다. 우리가 더 민주적이고 더 바람직한 사회를 만들기 위해서는 기술의 기능과 역할에 더 큰 관심을 가져야 할 것이다.

과학기술문명은 인간의 삶에 어떤 영향을 미치는가?

1. 기술의 사회적 구성론의 이론체계를 지지하는 이론가들은 기술을 결정하는 것은 기술 자체가 아니라 무엇이라고 보는가?
2. 등자(stirrup)가 봉건제를 낳았고, 인쇄술이 르네상스를 만들었으며, 기계가 자본주의를 낳았다고 주장하는 이론을 무엇이라고 하는가?
3. 정보불균형이 야기할 수 있는 문제점은?

사형제도 있어야 하는가?

−사회적 처벌

스콧 터로 지음, 정영목 옮김, 『극단의 형벌』, 교양인, 2004.

책으로 가는 길

여야는 '사형제 폐지' 법안을 2006년 9월 정기국회부터 본격적인 심의에 착수하기로 합의했다. 얼마 전 전국을 떠들썩하게 했던 연쇄 살인범 유영철에 대한 사형이 확정되었다. 유영철을 비롯해서 현재 우리나라에서 사형이 확정된 기결수는 60명이라고 한다. 과거에도 사형제 폐지에 대한 논의는 있었지만 번번이 무산됐다. 중대 범죄에 대한 예방 효과 등을 들어 사형제도를 존치해야 한다는 여론이 아직은 우세하며 법무부도 사형제 폐지는 아직 시기상조라는 입장이다. 사형제 존폐를 둘러싼 정치권과 정부의 논의가 결론 나기 전까지 유영철 등을 비롯한 사형수들의 사형집행은 더 미뤄질 전망이다.

인권 보호를 위해 사형제도 폐지를 주장하는 사람들이 주로 제시하는 대안은 가석방 없는 종신형이다. 그러나 종신형은 또 다른 인권침해라고 반박하는 사람들도 있다. 이들은 '가석방이 없는 종신형은 수형자에게 무한한 고통을 주는 것으로 인권 존중에 반하고 행형의 목적인 교정, 교화와 조화되기 어렵다.'고 주장하고 있다.

현재 전 세계적으로 우리나라처럼 사형제도를 유지하고 있는 나라는 몇 나라가 되지 않는다고 한다. 사형제도 폐지에 대한 논란이 제기된 것은 과거에도 몇 번 있었던 일이다. 그러나 지난 4월에 국가 인권위원회가 이미 국회에 사형제도 폐지에 대한 의견을 제출한 가운데 유영철에게 사형 선고가 내려져서 이에 대한 논란이 더 이목을 끌고 있다.

사람의 목숨을 빼앗는 일은 어떤 경우에도 일어나서는 안 되는 일이지만 유영철과 같이 잔혹한 방법으로 여러 사람들의 목숨을 빼앗은 사람을 처벌하는 것도 잘못된 일일까. 아니 그렇게 극악무도한 연쇄 살인범에게도 인권이라는 것이 있다고 인정해주어야 하는 것일까. 또는 많은 이들의 목숨을 앗아간 유영철에게 사형을 집행하는 것만이 우리 사회에 정의가 살아있다는 것을 보여주는 것일까.

2003학년도 서강대 수시모집 심층면접에서는 개인적으로 저지른 살인과 국가에서 실행하는 사형이 어떻게 다른가에 대한 생각을 묻는 문제가 나왔다. 제시문에서는 잔혹한 살인을 저지른 두 사형수가 사형제도 역시 살인이나 다름없다는 주장을 하고 있다.

Last December a man named Robert Lee Willie, who had been convicted of raping and murdering an eighteen-year-old woman, was executed in the Louisiana state prison. In a statement issued several minutes before his death, Mr. Willie said: "Killing people is wrong. It makes no difference whether it's citizens, countries, or governments. Killing is wrong." Two weeks later in South Carolina, an admitted killer named Joseph Carl Shaw was put to death for murdering two teenagers. In an appeal to the governor for clemency, Mr. Shaw wrote: "Killing is wrong when I did it. Killing is wrong when you do it. I hope you have the courage and moral strength to stop the killing."

It is a curiosity of modern life that we find ourselves being lectured on morality by cold-blooded killers. (……) I can't help wondering what prompted these murderers to speak out against killing as they entered the death house door. Did their newfound reverence for life stem from the realization that they were about to lose their own?

(제시문 번역)

지난 12월 로버트 리 윌리라는 남자가 루이지애나 주 감옥에서 처형되었다. 그는 18세의 소녀를 강간하고 살해한 혐의로 유죄를 선고받았다. 윌리는 죽기 몇 분 전에 다음과 같이 말했다. "사람을 죽이는 것은 잘못이다. 그것이 시민이든 국가이든 정부이든 차이는 없다. 살인은 잘못된 것이다." 두 주후에는 사우스캐롤라이나에서 조셉 칼 쇼라는 살인 용의자가 두 명의 십대를 죽였다는 이유로 사형에 처해졌다. 주지사에게 선처를 호소하면서 쇼는 다음과 같이 썼다. "내가 살인을 저질렀을 때 그것은 잘못한 것이다. 당신들이 그것을 할 때도 살인은 잘못된 것이다. 나는 당신들이 살인을 중지할 용기와 도덕적 강인함을 가질 수 있기를 바란다."

현대에 와서 우리들이 냉혈한 살인자들에게 도덕에 대한 강의를 듣는다는 것은 이상한 일이다. (중략) 나는 이런 사형수들이 사형수 감방에 들어간 후에, 살인에 반대한다는 말을 하게 된다는 사실에 놀라지 않을 수 없다. 그들이 생명 존중을 새롭게 알게 되는 것은 그들이 자신의 생명을 잃게 되는 순간에서 오는 깨달음인가?

이 문제는 개인적으로 저지르는 살인과 법에 의해 실행되는 사형제도가 과연 같은 의미인지 혹은 다른 것인지를 생각하게 함으로써 사형제도에 대한 생각을 묻고 있는 셈이다. 더군다나 이런 문제제기를 살인을 저지른 사형수들이 직접 하고 있기 때문에 판단을 내리기가 간단하지는 않다. 우선 사형제도 자체에 대한 자신의 입장이 정리되어 있어야 이 경우에 대해서도 명확한 답을 할 수가 있을 것이다.

책 속으로

사형제도에 찬성하는 사람들은 기본적으로 사형이라는 극단적인 처벌을 통해 다시는 범죄가 발생하지 않도록 해야 한다고 주장한다. 즉 사형제도를 통해 범죄를 예방함으로써 사회의 질서를 유지할 수 있고, 공공선을 지킬 수 있다는 것이다. 그리고 무엇보다도 피해자와 그 가족들의 고통을 고려한다면 가해자에게 사형을 선고하는 것이야말로 정의를 실현하는 것이라고 주장하기도 한다.

또, 사형제도를 유지시켜야 한다고 주장하는 사람들이 항상 이야기하는 것 중의 하나가 사형제도를 폐지하면 살인사건 발생률이 높아질 것이라는 우려이다. 그러나 이에 대해서 헬렌 프리진 수녀는 단호하게 그렇지 않다고 말한다. 2005년 5월, 영화 「데드 맨 워킹」의 원작자인 헬렌 프리진 수녀가 방한해서 '피해자와 가해자 간의 화해와 용서'라는 주제로 사형제도 폐지를 역설하는 특강을 했다.

헬렌 수녀는 이날 특강에서 10대 학생 두 명을 살해하고 사형을 선고받은 패트릭 소니어와 편지를 주고받은 것을 계기로 각종 강연과 집필 활동을 통해 20여 년 동안 사형 폐지 운동에 앞장서 왔다. 이 자리에서 헬렌 수녀는 사형제도가 폐지되면 살인 사건이 증가하지 않겠느냐는 질문에 대해 이렇게 답변했다. "최근 30년 동안 미국에서 사형이 가장 많이 집행된 텍사스 주에서 범죄 발생률이 가장 많은 증가율을 보였지만, 사형제도가 없는 곳에서는 범죄가 오히려 줄어들었다."면서 "사형제도의 존재가 범죄발생을 예방하지는 않는다."고 강조했다. 이날 특강에는 연쇄 살인범 유영철에 의해 부인과 어머니 등 한꺼번에 가족을 세 명이나 잃은 뒤에도 법무부 장관에게 유 씨에 대한 탄원서를 보내 가해자를 용서한 고정원 씨가 참석해서 눈길을 끌었다.

우리나라에서 사형제도에 반대하는 사람들은, 남북이 대치하고 있는 우리의 특수한 상황에서 그동안 사형이라는 것이 사상범들을 처리하거나 정적을 제거하는 수단으로 악용되어 왔다는 점을 지적한다. 물론 사상범으로 사형 선고를 받아 처형된 사람들 중에서 다수는 정권이 바뀐 후 무죄를 인정받거나 사면을 받았다. 사형 선고를 받았다가 사면 처리된 김대중 전 대통령이 그 대표적인 예라고 할 수 있다. 그리고 우리나라의 수사는 자백에 의존하는 경향이 다른 나라보다 높다는 점도 사형제도를 반대하는 사람들이 주로 지적하는 부분이다. 수사관들이 폭력적인 방법으로 진술을 얻어내는 경우가 많기 때문에, 나중에 무죄로 판명된 사건의 억울한 피의자나 피고인들 대부분이 수사 과정에서는 자신의 범행을 '자발적으로' 자백했다고 한다. 우리나라보다도 과학 수사가 훨씬 발달된 나라에서도 수많은 오판들이 나오고 있는데, 대부분 직감과 자백에 의존하는 우리나라의 수사 전통에서는 오판의 가능성이 훨씬 높다는 것이다.

스콧 터로는 『극단의 형벌』에서 사형제도에 대한 찬성과 반대의 입장을 균형 있게 잘 보여준다. 종교적이거나 영적인 확신 때문에 사형에 반대하는 사람들은 사형에 찬성하는 사람들을 야만인이나 방종한 죄인으로 보는 경우가 많고, 사형 지지자들은 반대편에 있는 사람들을 동정을 과장하는 사람들이거나 위선자라고 여기며 그들도 자기가 사랑하는 사람이 살해된다면 생각을 바꿀 것이라고 믿는 경우가 많다고 한다.

스콧 터로는 미국의 검사 출신 변호사이면서 소설가이기도 하다. 책의 제목이기도 한 '극단의 형벌'이란 물론 사형을 가리킨다. 스콧 터로는 자신이 접한 수많은 사건들의 사례를 중심으로 사형제도에 대한 찬성과 반대의 입장을 꼼꼼하게 보여준다. 저자는 베스트셀러 소설가답게 법률적인 내용도 쉬운 표현으로 이해하기 쉽게 쓰고 있다. 저자는 책의 말미에 가서야 사형제도에 반대한다는 입장을 드러내지만 책을 읽는 내내 그는 양쪽의 입장을 오고간다. 그것은 저자가 줏대 없이 이랬다저랬다 하는 것이 아니라 사형제도에 대한 논란 자체가 여러 가지 상황들과 매우 복잡하게 얽혀 있는 사안이기 때문이다. 저자가 양쪽의 입장을 오가면서 글을 쓰고 있기 때문에 책을 읽는 사람들은 양쪽의 입장에 서서 좀 더 심사숙고해 볼 수 있는 기회를 갖게 된다.

스콧 터로는 사형제도에 대해 반대하지만, '살인이 잘못된 것이라면 국가는 살인을 해서는 안 된다.'는 단순한 논리에도 반대한다. 이런 단순한 논리는 인간 행동의 복잡한 측면들을 고려하지 않기 때문이라는 것이다. 즉 그 논리를 받아들인다면 전쟁이나 경찰의 무기 사용도 금지시켜야 한다는 것이다. 스콧 터로는 사형제도를 지지하는 사람들이라도 무고한 사람을 처형하는 일에는 반대할 것이라면서, 여기에서도 사형제도를 폐지해야하는 이유를 설명한다. 즉 죄수가 교도소 안에서라도 살아 있기만 하다면 자신의 무죄를 입증할 희망이 조금이라도 남아 있을 수 있기 때문이다. 그는 이 책에서 미국에서도 얼마나 많은 사형수들이 시간이 흐른 후에야 무죄 입증을 받게 되는지 자료를 제시하고 있다.

하지만 그는 반대로 살인범이 감옥 안에서 살아 있기만 하다면 얼마든지 법원에 계속 청원을 함으로써 감형을 받을 수 있는 가능성도 있음을 지적한다. 또 살인범이 계속 살아있다면 피해자의 가족들이 계속해서 가해자에 대한 이야기를 듣게 됨으로써 그들의 슬픔이나 고통을 가중시킬 수 있는 측면도 간과할 수는 없다고 주장한다. 그러나 사형이라는 것이 우리 사회와 구성원인 우리 자신의 수많은 측면들과 얽혀 있기 때문에 피해자 가족들만을 염두에 둘 수는 없다는 사실도 지적한다. 만약 사형제도에 찬성을 하게 된다면 그 사형이라는 것은 유족들뿐만이 아니라 우리를 포함한 사회 전체에도 유익한 일이 되어야 한다는 것이다.

사형제도에 찬성하는 사람들은 범죄가 끔찍한 경우에는 그 범인을 죽이는 것만이 유일하게 올바른 대응이라고 주장한다. 스콧 터로는 이런 주장을 '도덕적 균형'이라고 이름 붙이는데, 결국 이들의 주장은 남의 목숨을 빼앗은 살인범에게서 그의 목숨을 빼앗아야만 사회의 정의가 바로 선다는 것이다. 이에 대해 스콧 터로는 일리노이 주의 통계를 제시하면서 이런 입장으로는 사형제도를 존속시킬 만한 타당한 근거가 되지 못한다고 반박한다. 일리노이 주에서는 일급 살인 사건의 경우에도 50건 가운데 49건은 사형이 선고되지 않았다는 것이다. 그렇다고 해서 사형이 선고되지 않은 98%의 사건에서는 정의가 이루어지지 않은 것이라고 볼 수는 없다는 얘기다.

스콧 터로는 그동안 사형제도 논란에서 별로 거론되지 않았던 교도관들의 입장에 대해서도 이야기한다. 교도관들이 사형 집행을 매우 차분하게 해낸다고 생각하는 것은 착각이라는 것이다. 교도관들은 매일 같이 생활했던 사람—비록 감시하는 자와 감시당하는 자의 관계였을지라도—의 목숨을 끊는 일을 직접 해야 한다. 그러나 그것은 결코 간단한 일이 아니라는 얘기다. 스콧 터로는 사형수들에게 독극물을 주입해서 처형하는 일을 담당했던 한 교도관의 말을 인용하고 있다. "내가 다시는 사형 집행을 할 필요가 없다면 그것은 나한테 좋은 일입니다." 영화 「그린 마일」은 사형수와 교도관 사이의 우정을 그린 영화이다. 이 영화에서는 자신과 영적인 교감을 나눈 사형수를 처형해야만 하는 교도관의 이러한 갈등이 잘 드러나 있다.

변호사인 스콧 터로 결국 책의 말미에 이렇게 적고 있다.

나는 법을 존중하지만 이것이 결코 흠 없이 운용되는 것은 아니다. 법은 진실을 찾아내거나 정의를 베푸는 데 그것이 요구해야할 만큼의 신뢰를 보여주지 못한다. 법의 예리한 규칙들은 결코 도덕적 모호성이라는 어둠을 베어내지 못하며, 인간의 동기와 의도라는 복잡성을 완전히 이해하거나 다루지도 못한다. 그리고 처벌만으로는 세상을 우리가 살고 싶어 하는 곳으로 만들 수도 없다.

사형제도를 반대하는 사람들도 유영철이 저지른 연쇄 살인 사건의 이야기를 들으면 사형제도 폐지에 대한 주장을 잠시 멈칫하게 되기 마련이다. 또한 사형제도의 당위성을 주장하던 사람들도 사형을 선고받은 죄수의 가족이 된다면 조금은 다른 입장에 서게 될지도 모른다. 분명한 것은, 사형제도에 대해 어떤 입장을 갖든 하나의 입장을 취하는 것은 결코 단순한 논리로는 설득력을 가질 수 없는 매우 복잡한 사안이라는 점이다.

사형제도가 이대로 존속 되어야 한다고 생각하면 왜 그런지 이유를 쓰시오. 또는 사형제도가 폐지되어야 한다고 생각하면 그 이유와 함께 대안이 될 만한 방법이 있는지도 함께 쓰시오.

➜ **읽은 사람은 다 안다** ---

1. 사형제도에 찬성하는 사람들의 입장 세 가지를 찾아 쓰시오.

2. 특히 우리나라의 상황에서 사형제도를 반대하는 사람들의 입장 두 가지를 찾아 쓰시오.

3. 헬렌 프리진 수녀는 어떤 사람인가?

역사는 우리에게 무엇인가?

-역사를 보는 관점

E. H. 카 지음, 김택현 옮김, 『역사란 무엇인가』, 까치, 2005.

마르크 블로크 지음, 고봉만 옮김, 『역사를 위한 변명』, 한길사, 2000.

책으로 가는 길

역사가 무엇인가 묻는다면 대부분은 과거의 일을 사실대로 기록한 것이라고 대답할 것이다. 틀린 대답은 아니지만 정확한 대답도 아니다. 우선 과거의 일이 모두 '역사'가 될까. 노무현 대통령이 멕시코를 방문한 사실은 역사로 기록되겠지만, 누구나 멕시코를 방문한다고 해서 역사로 기록되는 것은 아니다. 과거의 모든 일이 역사가 되는 것이 아니라 역사가가 그것을 역사적 사건으로 인식하고 기록을 해야 하기 때문이다. 그렇다면 어떤 일이 역사가 되고 어떤 일은 역사가 될 수 없는 것일까.

또 사람들은 역사를 사실의 기록이라고 생각하기 때문에 역사를 불변의 진리라고 여긴다. 그러나 역사로 기록된 사건들이 모두 진실인 것은 아니다. 2005년 8월 종영한 「불멸의 이순신」이라는 드라마가 있었다. 이 드라마의 결말을 두고 이순신의 최후에 대해 의견이 분분했다. '이순신은 노량해전에서 자살을 한 것이다, 장렬하게 전사한 것이다, 전사한 것처럼 꾸미고 죽을 때까지 은둔했다, 갑옷을 입었다, 입지 않았다.' 라는 이야기까지, 그의 죽음을 둘러싼 의문이 여러 사람에 의해 제기되었다. 재미있는 것은 이런 주장이 각각 나름의 역사적 사료를 근거로 제기되고 있다는 사실이다. 역사가 사실의 기록이며 불변의 진리라면 역사적 사실에 대한 이런 논란이 왜 생기는 것일까.

과거는 스스로 말하는 것이 아니라, 역사가의 입을 통해서만 드러날 수 있기 때문이라는 것이 이런 의문에 대한 답이 될 수 있을 것이다. 역사가는 어떤 사건을 역사적 사건으로 인식하고 기록할 것인지, 그리고 그 사건에 대해 어떤 해석과 평가를 내릴 것인지를 결정하는 사람이다. 그렇다고 역사가가 과거를 얼마든지 자신의 구미에 맞게 요리해낼 수 있는 사람이라는 것은 아니다. 어떤 형태로든 과거라는 실체가 존재하기 때문에 역사가가 과거를 전적으로 만들어낼 수는 없다. 그러나 역사가는 자신의 의도와 목적에 맞게 과거의 사실을 골라내고, 그것을 재편집하므로 역사가 전적으로 사실일 수만은 없는 부분이 있는 것이다.

책으로 가는 길

2002학년도 연세대 논술고사에서는 네 개의 긴 제시문이 출제되었다. (가)는 카프라의 『현대물리학과 동양사상』에서, (나)는 브레히트의 「어느 노동자의 의문」에서, (다)는 진수의 『삼국지』중 「위지(魏志) 무제기(武帝紀)」에서, (라)는 나관중의 『삼국지연의』에서 발췌한 내용이다. 논제는 동일한 사물과 사건일지라도 그에 대한 표현은 다양할 수 있다는 전제 하에, 그런 서로 다른 서술이 갖는 사회, 문화적인 의미를 오늘날의 문제와 연관 지어 논술하라는 것이었다. 제시문 (가)와 (나)의 내용을 짧게 인용해 보자.

(가) 개념적 지식의 한계나 상대성을 끊임없이 자각하는 일은 우리들 대부분에게는 매우 어려운 일이다. 왜냐하면 실재를 표현해 놓은 것이 실재 그 자체보다 훨씬 파악하기 쉽기 때문이며, 우리는 곧잘 이 둘을 혼동하여, 이 개념과 상징을 실재 그 자체로 착각하곤 한다. 이러한 미혹을 떨쳐 버리게 하는 일이 바로 동양 신비 사상의 주요한 목적 가운데 하나이다. 그래서 불교의 선사들이 이르기를, 손가락은 달을 가리키기 위해서 필요했던 것이니, 달을 인식한 후에는 그 손가락 때문에 우리가 혼란을 일으켜서는 안 된다고 하고 있다.

(중략) 공간과 시간은 이제 관찰자가 자연 현상을 기술하기 위해서 사용하는 언어의 중요한 구성요소로 그 역할이 축소되었기 때문에 각 관찰자는 그 현상에 대해 서로 다른 방식으로 기술할 것이다. 그들의 기술로부터 어떤 보편적 자연 법칙을 도출해 내기 위해서는 그들이 모든 좌표계에서 설정했던 방식과 똑같은 방식으로, 즉 임의의 위치에서 상대적 운동을 하고 있는 모든 관찰자들에게 똑같이 적용될 수 있는 법칙들을 공식화해야 한다.

(나) 성문이 일곱 개나 되는 테베를 누가 건설했던가?
　　책 속에는 왕들의 이름만 나온다.
　　왕들이 손수 돌덩이를 운반해 왔을까?
　　그리고 몇 차례나 파괴되었던 바빌론—
　　그때마다 누가 그 도시를 재건했던가? 황금빛 찬란한
　　리마에서 건축노동자들은 어떤 집에 살았던가?
　　만리장성이 완공된 날 밤에 미장이들은
　　어디로 갔던가? 위대한 로마제국에는
　　개선문이 참으로 많다. 누가 그것들을 세웠던가?

카프라의 『현대물리학과 동양사상』에서 발췌한 제시문에서는 몇몇 선인들의 말을 인용하면서 언어의 불충분성에 대해 설명하고 있다. 즉 과학적인 사실을 서술할 때도 마찬가지로 관찰자에 따라 다르게 서술될 수 있다는 사실을 지적하고 있다. 브레히트의 「어느 노동자의 의문」은 지금까지 영웅 중심으로 역사가 서술되어 오면서 영웅이 아니었던 수많은 사람들의 이야기가 다 생략될 수밖에 없었던 사실들에 대해 비판하고 있다. 논제는 이 두 제시문을 통해서 과연 객관적인 역사 서술이라는 것이 가능한지에 대해서 의문을 제기하고 있는 셈이다. 두 제시문을 바탕으로 (다)와 (라)의 제시문을 읽어보면 똑같은 내용에 대해서도 진수와 나관중의 해석에 차이가 있음을 알 수 있다.

이처럼 역사에 대한 평가도 정반대로 달라진 경우가 많다. 동학혁명은 과거에 동학도에 의한 '폭동'으로 해석되었던 것이 '혁명'으로 재평가되었고, 1980년 5월 18일 광주에서 벌어졌던 사건은 '광주사태'에서 '광주 민주 항쟁'으로 역시 재평가되었다. 현재에 논란이 되고 있는 친일청산 문제에서도 동일한 인물에 대해서 친일을 했다 안 했다로 극명하게 의견이 대립하기도 한다. 최근에 이라크 전쟁도 어떤 관점으로 보느냐에 따라, 미국이 석유를 위해 무고한 희생자를 만들어내는 잘못을 저지른 것일 수도 있고, 평화를 위해 테러와의 전쟁을 벌이는 것일 수도 있다.

동일한 사건에 대한 해석이나 평가가 왜 달라지는 것인지, 그렇다면 우리가 사실의 객관적인 기록이라고 믿어왔던 역사에 대해 어떤 입장을 가져야 하는 것인지 의문이 생길 수밖에 없다. 그리고 관점의 다양함 때문에 객관적인 하나의 역사 서술이 어려운 일이라면, 우리는 어떻게 해야 역사의 진실에 가깝게 다가갈 수 있는지에 대해서도 고민해보아야 한다.

역사가는 '사실'이라는 바다를 탐험하여 사람들에게 필요하고 중요한 사실들을 수집하는 사람이다. 때문에 아무리 중요한 사건이라고 해도 역사가가 기록하지 않으면 그 사건은 사람들의 관심을 끌지 못한다. 반대로 아무리 하찮아 보이는 사건이라도 역사가가 역사책에 기록하면 그것은 사람들의 관심을 끌게 된다. 이를 가리켜 E. H. 카는 『역사란 무엇인가』에서 "'사실'은 역사가가 허락할 때에만 이야기한다."라고 말했다. 어떤 사실에게 발언권을 줄 것이며 그 서열이나 차례는 어떻게 할 것이냐를 결정하는 것은 바로 역사가이다.

그렇다면 그 많은 사실들 가운데 역사가들은 어떤 것을 역사책에 기록하는 것일까? 방대하고 복잡한 과거와 현재의 사건들 가운데서 역사가는 필연적으로 자신이 가진 도구를 가지고 적용할 수 있는 범위를 찾아내야 한다. 이때의 도구가 바로 역사가가 무엇을 어떻게 기록할 것인가의 문제에 대한 기준이 된다. 최근에 친일청산 문제에 대한 다양한 입장과 논란에서도 알 수 있듯이 친일의 기준을 어떻게 설정하느냐에 따라 같은 인물에 대한 평가가 달라질 수 있다. 친일인명사전편찬위원회에서 친일인사 명단을 공개하자 각계각층에서 다양한 반응이 터져 나왔다. 단적인 예로 친일인명사전편찬위원회에서 박정희 전(前) 대통령을 대표적인 친일인사로 발표한 데에 대해 '박정희 바로 알리기 자발적 국민모임'에서는 즉각적인 반대 성명을 내고 항의를 하기도 했다. 이는 양쪽이 친일인사에 대한 기준이 매우 다르기 때문일 것이다.

결국 어떤 사건을 역사적 사실로 기록할 것인가의 문제는 해석이나 평가의 문제와도 직결된다. E. H. 카는 역사 해석의 문제를 비유적으로 이렇게 설명한다.

역사가가 드넓은 바다에서 무엇을 잡아 올릴 것인가는 때로는 우연에, 그러나 대개는 그가 바다의 어느 곳을 선택하여 낚시질하는지에, 그리고 어떤 낚시도구를 선택하여 사용하는지에 좌우될 것이다. 물론 이 두 가지 요소는 그가 잡기 원하는 고기의 종류에 따라 결정된다. 대체로 역사가는 자신이 원하는 종류의 사실들을 낚아 올릴 것이다. 결국 역사는 역사가의 해석을 의미한다.

그렇다면 하나의 사건이 후대의 해석에 따라 어떻게 달라질 수 있는지 예를 들어 보자. 최근에 「불멸의 이순신」이라는 드라마가 방영을 마쳤다. 이순신 장군의 이야기는 드라마뿐 아니라 『칼의 노래』라는 소설로도, 「성웅 이순신」, 「난중일기」 등의 영화로도 만들어졌다. 광화문 네거리에 우뚝 솟은 동상도 이순신 장군이다. 최영 장군도 아니고 강감찬 장군도 아니고 광개토 대왕도 아니고 이순신 장군이 시대를 초월해서 여러 차례 영화와 드라마, 소설의 소재로 다루어지는 것은 이순신 장군이 다른 인물들보다 반드시 더 훌륭해서일까. 이순신 장군이 민족의 영웅과 같은 이미지를 갖게 된 것은 일찍이 항일시기 신채호가 그를 민족 제일의 영웅으로 묘사하면서 시작되었다고 볼 수 있다. 일제에 대항하던 시기였으므로 여러 위인들 중에서 일본과의 해전에서 전사한 이순신 장군의 이야기가 민족의식을 고취시키는 데에는 가장 적합했을 것이다. 그리고 이후 박정희 전 대통령이 이순신 장군을 최고의 영웅으로 만드는 데에 크게 기여했다. 박정희 전 대통령은 군인출신이었기 때문에 무사였던 이순신 장군을 가장 존경할 만한 인물로 추앙하는 것이 자신의 이미지 제고(提高)에 도움이 된다고 판단했을 것이다.

그래서 박정희 전 대통령은 1966년 현충사를 성역화 하여 대대적으로 증축하였고, 이순신 장군의 생가를 복원하였다. 1973년 국립극장 개관 기념 공연작으로는 판소리 「성웅 이순신」이 만들어 올려졌다. 뿐만 아니라 각국 학교에서는 이순신 탄생 기념일에 기념 백일장 등의 대대적인 행사를 하도록 지시했고 수학여행에는 반드시 현충사 참배가 포함되도록 했다. 그러나 박정희 전 대통령의 사망 후에는 현충사 관리 예산이 대폭 삭감되었으며, 정치인들의 참배 역시 현격하게 줄어들었다고 한다. 그러나 아직도 초등학생들을 대상으로 가장 존경하는 인물에 대한 설문조사를 하면 이순신 장군이 1, 2위로 나타난다고 하니, 그 영향은 지금도 남아있다고 할 수 있다.

정기문은 『역사를 알면 세상이 달라 보인다』에서 역사적 해석에 대한 재미있는 사례들을 많이 소개하고 있다. 이 책에서 소개된 예를 한 가지 더 들어보자. 백의의 천사라고 알려진 나이팅게일을 모르는 사람은 없을 것이다. 그러나 나이팅게일과 마찬가지로 크리미아 전쟁에서 치료소와 급식소를 운영하면서 병사들에게 헌신적인 간호활동을 펼쳤던 메어리 시콜을 아는 사람은 거의 없을 것이다. 시콜은 당시에 나이팅게일이 이끄는 간호단에 들어가려고 했으나 흑인이라는 이유로 거절당했다. 시콜은 자신의 재산을 털어서 간호활동을 펼쳤다. 그러나 당시 백인우월주의에 사로잡혀있던 서양인들이 역사를 기록할 때 흑인 시콜에 대해서는 기록하지 않았고 나이팅게일의 이야기만을 크게 부각시켰던 것이다. 역사가들이 기록하지 않았고 중요하다고 평가하지 않은 시콜의 이야기는 그저 시간 속으로 사라질 수밖에 없었다.

이런 몇몇 사례들만 보더라도 역사적인 기록이 100% 객관적인 사실이라고 믿기는 어려워진다. 역사가들은 자신의 판단에 따라 중요하다고 생각하는 것들만을 선별적으로 기록하기 때문이다. 위의 두 가지 예를 통해서 역사가들이 역사적 사건으로 기록하고 해석하는 데에 중요하게 작용하는 것이 무엇인지를 알 수 있다. 즉 역사가가 역사를 기록하고 해석하는 데 있어서 가장 중요한 기준이 되는 것은 그 사건의 현재적 의미이다. 이탈리아의 역사 철학자 크로체(Croce.

Benedetto)는 모든 역사는 현대사(당대사)라고 했다. 역사란 본질적으로 현재의 눈을 통해서 그리고 현재의 문제들에 비추어 과거를 바라보는 것이며, 역사가의 주요한 임무는 기록하는 것이 아니라 평가하는 것이다. 왜냐하면 만일 역사가가 어떤 사건에 대해 평가하지 않는다면 도대체 그는 무엇이 기록될 만한 가치가 있는지를 어떻게 알 수 있겠는가 말이다.

즉 박정희 전 대통령이 집권했을 당시에 이순신 장군을 민족 최고의 영웅으로 평가한 것이나 메어리 시콜을 제외하고 나이팅게일의 간호활동만을 백의의 천사라고 부각시킨 것도, 그 역사를 기록하고 해석하던 당시의 상황과 가장 밀접하게 관련이 있는 것이다. 역사가들은 수많은 사실들 가운데서 자신의 잣대로 중요하다고 생각되는 것을 선택하여 역사적 사실로 만든다. 이 과정에서 역사가의 인식의 한계나 편견이 작용하여 어느 정도 사실에 대한 왜곡이 생기기 마련이다. 박정희 전 대통령이 군인출신으로 집권한 것이 아니었다면, 그리고 당시 서구인들이 백인우월주의를 전면에 내세우지 않았더라면 역사의 기록은 달라졌을지도 모른다.

역사가의 해석이나 평가에 따라 어떤 사건은 역사로 전해지기도 하고 고스란히 묻히기도 한다. 그래서 우리가 접하는 역사의 사실들은 순수하게 객관적인 형태로 존재하지 않으며 그렇게 존재할 수도 없다. 역사적 기록이란 반드시 기록한 사람의 평가와 해석에 의한 것이기 때문이다. 역사적 기록물들은 기록자의 마음을 통과하면서 항상 굴절된다. 이런 상황 때문에, E. H. 카는 우리가 어떤 역사책을 집어들 때, 우리의 최초의 관심은 그 책에 포함되어 있는 사실들이 아니라 그 책을 쓴 역사가에 관한 것이 되어야 한다고 말했다. 즉 역사적 기록을 읽을 때는 그것을 쓴 사람의 관점이나 정치적 입장을 먼저 염두에 두어야 한다는 것이다.

이렇게 역사적인 사실이 모두 객관적인 것일 수 없으며, 정치적인 필요나 역사가들의 생각이 바뀜에 따라서 역사적 사실들이 달라진다면, 그리고 이런 상황이 불가피한 것이라면 역사를 공부한다는 것은 도대체 어떤 의미가 있을까. 이에 대해 프랑스의 역사학자 마르크 블로크는 『역사를 위한 변명』에서 이렇게 대답한다.

> 과거에 대한 무지는 현재에 대한 이해를 방해하는 데 그치지 않고 현재의 행동에까지 위험한 영향을 미친다. 현재에 대한 이해 부족은 필연적으로 과거에 대한 무지 때문에 생겨난 것이다. 반대로 현재에 대해서 아무것도 알지 못하면서 과거를 이해하려고 노력한다면 아마 그것도 마찬가지로 헛된 일일 것이다.

현재를 제대로 이해하려면 과거와의 관련성 속에서 현재를 읽어낼 수 있어야 하며, 현재에 대해 제대로 알아야 과거를 제대로 이해할 수 있다는 이야기이다. 예를 들어, 아무런 흔적도 남기지 않고 사라져버린 종교, 실패로 끝나버린 사회 형태, 사멸해버린 기술 등, 이런 것들이 다 지나간 일일 뿐이어서 현재를 이해하는 데에 아무런 보탬이 되지 않는다고 말할 사람이 누가 있겠는가. 중세사를 연구한 피렌 역시 역사 연구는 현재와의 관련성 속에서 의미가 있다고 말했다. 역사학자는 현재 자신을 둘러싸고 있는 인간들, 사물들과 사건들에 대해 관심을 기울이지 않는다면 쓸모 있는 골동품 연구가는 될 수 있을지언정 진정한 역사가는 될 수 없다고 했다.

일본의 역사 교과서 왜곡 파문으로 우리의 역사 교육에 대한 문제점을 지적하는 목소리가 높다. 지금까지 이야기한 것처럼 모든 과거의 사실들이 특정한 의도 하에서 윤색될 수 있을 때, 만약 우리가 우리의 역사를 제대로 배우고 연구하지 않는다면 어떻게 되겠는가. 일본의 역사 교과서 왜곡 사건과 같은 일이 벌어졌을 때, 우리가 우리의 역사를 제대로 알지 못한다면 우리는 아무런 대처도 할 수 없을 것이다. 역사를 기록하고 해석한다는 것은 현재적인 이해관계와 정치적 입장이 매우 민감하게 작용하는 것이다. 따라서 일본이 어떤 의도를 가지고 우리의 역사를 왜곡해서 교과서에 실었다면 우리는 적절하게 대응을 해야 한다. 그런데, 그들이 우리의 역사를 어떻게 얼마나 왜곡했는지를 비판해낼 수 없다면, 우리의 후손들은 아마도 그 왜곡된 역사를 그대로 받아들이게 될지도 모를 일이다. 사실 지금도 일본의 역사 교과서 왜곡 사건에 대해서 감정적으로만 분노할 뿐 실제로 그들이 우리 역사의 어떤 부분을 얼마나 바꿔서 기록했는지를 정확하게 비판할 수 있는 사람들은 많지 않을 것이다. 우리가 역사를 바라보는 바른 시각을 가져야 하고 우리의 역사에 대해 제대로 알아야 하는 이유가 바로 여기에 있다.

역사에 대한 해석이나 평가가 현재적인 관점에서 이루어지는 것이라면, 친일청산이나 일본의 한국사 왜곡 등의 사건이 벌어지고 있는 요즘, 우리에게 필요한 역사적 태도는 어떠해야 하는가?

1. 왜 과거의 모든 사실들이 역사로 기록되지 않는 것일까?

2. 역사학자 크로체는 왜 모든 역사를 현대사(당대사)라고 했을까?

3. 모든 역사가 객관적일 수 없으며 정치적인 상황에 따라 그 해석이 달라짐에도 불구하고 블로크가 역사를 공부해야만 한다고 말한 이유는 무엇인가?

나와 사회는 어떤 관계에 있는가?
-개인적 삶과 역사적 삶

루쉰 지음, 허세욱 옮김, 『아Q정전』, 범우사, 2004.

책으로 가는 길

　　개인의 정체성은 사회를 통해 구성된다, 개인은 사회와 불가분의 관계에 있다, 역사의 주체는 개인이다 등의 말을 우리는 자주 하고 자주 듣는다. 습관적으로 쓰이는 표현들이라 별다른 성찰이 필요한 말인 것 같지도 않다. 하지만 위의 문장들을 이렇게 바꾸어 물어본다면 어떨까. 우리 사회는 나의 정체성 형성에 어떤 영향을 미쳤는가, 나와 사회는 어떤 관계에 있는가, 나는 스스로 역사의 주체라고 생각하는가.

　　역사는 단순히 지나간 과거의 일이 아니라 현재를 통해 생성되고 재해석 되는 것이다. 진정 역사적인 존재가 되려면, 그러기 위해서 필요한 역사적 인식을 갖추려면 현재 사회의 상황을 제대로 알아야 하는 것이 기본이다. 그렇다면 나는 우리 사회의 상황들을 얼마나 제대로 알고 있을까.

　　전 세계인의 주목을 한 몸에 받으며 불치병 환자들의 희망이었던 황우석 교수는 무엇을 잘못했는가. 왜 우리 농민들은 홍콩에까지 가서 그렇게 극렬한 시위를 벌여야만 했는가. 사립학교법 개정 여부를 놓고 정치권에서는 왜 그렇게 말들이 많은 것일까. 이런 거대한 사건들은 어른들의 세계에나 속한 일이니, 학교와 학원만을 오가는 나와는 상관이 없는 일일까.

솔직히 이런 골치 아픈 일들보다는 어떤 연예인이 누구와 사귀는지, 어떤 여배우가 얼마나 파격적인 의상을 입고 공식석상에 나타났는지, 내가 좋아하는 가수의 새 음반이 언제 나오는지, 그 잘생긴 남자 배우가 언제 입대를 하는지 등이 훨씬 궁금하고 재미있는 게 사실이다. 하지만 그런 흥미위주의 기사거리들은 나의 여가와 오락에 재미를 줄 수는 있지만 내 삶에 대한 고민들에 도움을 주지는 못한다. 나는 누구일까, 나는 왜 공부를 해야 하는 것일까, 나는 앞으로 어떻게 살아야 할 것인가 등, 한창 정체성에 대한 고민을 하는 우리들에게 그리 큰 도움이 되지 못한다는 얘기다. 또, 우리가 그런 고민들을 하고 있다면 세상이 어떻게 돌아가고 있는지를 아는 일은 매우 중요하다. 개인의 정체성에 대한 고민은 사회, 역사적인 맥락에서 이루어져야 바르게 정립될 수 있으며, 우리가 바로 그런 고민을 열심히 해야 하는 시기에 있기 때문이다.

책으로 푸는 논술

1999학년도 서강대 논술고사에서는 루쉰의 『아Q정전(阿Q正傳)』에서 발췌한 세 개의 지문이 실렸다. 비교적 긴 세 개의 지문을 읽고 주인공의 사고와 행동에서 드러나는 모순을 기술하고, 이를 통해 인간이 지향해야 할 역사적 존재로서의 진실한 삶이 어떤 것인지 논술하라는 것이었다. 제시문의 중요한 부분만 잠깐 살펴보자.

(가) 벌레가 되었어도 건달들은 놓아주지 않았다. 전과 똑같이 가까운 아무데나 그의 머리를 대여섯 번 소리 나게 짓찧었고, 그런 뒤에야 만족해하며 의기양양하게 돌아갔다. 그들은 이번에는 아Q도 꼼짝하지 못할 거라고 생각했다. 그러나 십 초도 지나지 않아 아Q도 만족해하며 의기양양하게 돌아갔다. 그는 자기가 자기 경멸을 잘하는 제일인자라고 생각했다. '자기 경멸'이라는 말을 빼고 나면 남는 것은 '제일인자'이다. 장원(壯元)도 '제일인자'가 아닌가?

(나) 아Q의 귀에도 혁명당이라는 말은 진작부터 들려오던 터였고, 올해는 혁명당을 죽이는 것을 제 눈으로 구경하기도 했었다. 그런데 그는 어디에서 비롯된 것인지는 몰라도 혁명당은 곧 반역이며 반역은 곧 자기를 곤란하게 만드는 것이라는 견해를 가지고 있었기 때문에 이제껏 '깊이 증오하고 극히 원통'해 했다. 그런데 뜻밖에도 그것이 백리 사방에 이름이 높은 거인(擧人) 어른을 그토록 겁먹게 하였으니, 그는 자기도 모르게 '동경'을 품게 되었고 더구나 웨이주앙 사람들의 당황한 표정에 아Q는 더욱 유쾌해졌다.

『아Q정전』은 신해혁명 전후의 중국인의 무기력한 모습을 아Q라는 인물을 통해 희화화시킨 소설이다. 논제는 주인공 아Q의 사고와 행동 특성에서 드러나는 모순을 기술하고 이를 통해 인간이 지향해야 할 역사적 존재로서의 진실한 삶이 어떠해야 하는지를 논술하라는 것이다. 논제는 간단하고 제시문도 소설이라 이해하기 쉽지만, 역사와 개인의 문제를 얼마나 설득력 있게 서술한 것인지는 결코 만만하지 않다.

　『아Q정전』을 읽지 않았다면, 주어진 제시문 안에서 우선 아Q의 사고와 행동 특성을 파악해내야 한다. 아Q는 시대 상황을 제대로 인식하지 못함으로써 불행을 겪는 인물이다. 위의 인용문 (가)에서 아Q는 모욕을 당해도 거기에 적절하게 대항할 줄을 모른다. 그저 그 상황이 빨리 지나가기만을 바라고 상황이 끝난 이후에는 자족적인 방식으로 그 상황을 해석해 버린다. 정신 건강법이라고 이름 붙인 것이 그것인데, 위의 인용문에서처럼 자기 경멸을 제일 잘 하는 '일인자'라는 데서 엉뚱한 자부심을 찾는다. 그런 엉뚱한 해석이 자기의 상황을 변화시키기라도 한 것처럼 뿌듯해하고 의기양양해 하기까지 한다.

위의 인용문 (나)에서는 이런 아Q가 혁명을 어떻게 인식하고 있는지를 보여 준다. 그는 자신도 반드시 신해혁명의 당원이 되어야겠다고 생각하는데 그런 결심은 뚜렷한 시대의식에서 비롯된 것이 아니다. 평소에 늘 어렵게만 생각해 온 거인(擧人) 어른이나 웨이주앙 사람들이 혁명이라는 말 앞에서 겁을 먹는 걸 보고 아Q는 자신도 혁명 당원이 되면 그들 앞에서 군림할 수 있을 것이라고 생각했기 때문이다. 아Q는 시대의 변화나 흐름을 전혀 알지 못하는 무지한 인물이라는 것을 단적으로 알 수 있게 해주는 지문이다.

실전 논제에는 제시문이 하나 더 있었다. 마지막 제시문에서는 아Q가 혁명당원이 될 경우에 자신이 저지를 수 있는 온갖 나쁜 일들을 상상하다가 잠이 든다. 그러나 다른 사람들이 이미 혁명을 한 후라는 말을 듣고 아Q는 정작 아무 행동도 하지 못한다는 내용이다.

논제의 요구와 제시문의 내용 파악이 되었다면, 이제 이 문제를 어떻게 역사적 삶과 개인의 문제로 엮을 수 있을지 생각해 보아야 한다.

고전(古典)이란 시대를 초월해서 그 가치를 발하는 작품을 말한다. 오랜 세월을 거쳐 많은 사람들에게 읽히고 변함없는 의미를 우리에게 알게 하면서 동시에 시대마다 새로운 해석을 가능하게 하는 작품이야말로 진정한 고전이 될 수 있다. 어느 출판 관련 저널에 의하면 일주일에 몇 백 권의 책이 세상으로 쏟아져 나온다고 한다. 그중에서 몇 권이나 사람들의 손을 거쳐 읽히게 되는지, 또 그 중에서 몇 권이나 세대를 초월해 읽히게 될지 생각해본다면, 1921년에 발표된 『아Q정전』이 아직도 우리 손에 쥐어져 있다는 사실은 실로 놀라운 일인 것이다.

『아Q정전』은 제목에서도 알 수 있듯이 중국 한문학의 전통적 장르인 전(傳)의 형식으로 아Q라는 인물이 이야기를 그리고 있다. 이 책은 신해혁명 전후의 중국 사회를 배경으로 하고 있다. 작가는 이 작품을 통해서, 서구 열강의 침략 앞에서 정신적 허영만 앞세우고 정세 변화를 인식하지 못하고 적극적인 대응도 하지 못하는 무기력한 중국인의 모습을 풍자하고 싶었다고 한다.

아Q는 온갖 풍파를 겪으면서 30여 년을 살다가 결국에는 형장의 이슬로 사라질 때까지 자신이 처한 시대의 현실을 제대로 인식하지 못했다. 그렇기 때문에 그는 자신이 겪게 되는 삶의 곤란한 상황에서 다른 사람들에 대한 근거 없는 우월감이나 터무니없는 자기 비하로 일관했다. 위의 제시문 (가)에서 볼 수 있는 것처럼 그는 건달들의 부당한 행패에 대해 적절한 대거리 한번 하지 못한다. 겨우 정신 승리법이라는 엉뚱한 자기 합리화를 통해 상황을 회피해 버릴 뿐이다. 정신 승리법이란 맹목적인 망상이나 자기 비하를 통해 자신이 당한 치욕과 실패를 억지로 잊으려 하는 것이다. 아Q는 다른 사람들에게 욕을 먹거나 낭패를

당한 후에는 자기보다 약한 자에게 화풀이를 하거나 술을 마심으로써 모든 것을 해결하려는 듯한 태도를 보이기도 한다.

이는 현실적인 인식 부족 때문이기도 하면서, 자신의 운명을 주체적으로 책임지려는 노력을 하지 않기 때문이기도 하다. 이런 아Q의 모습은 해외 열강의 침략이라는 민족적 위기 속에서도 근거 없는 우월감과 패배감에 빠져 아무런 대책도 마련하지 못하면서 상황을 회피해 버리고 마는 중국 민족에 대한 풍자라고 할 수 있다.

아Q는 제대로 교육을 받지 못했기 때문에, 혹은 혼란한 혁명기에 대한 정보를 제대로 얻지 못했기 때문에 그렇게 우매하게 행동할 수밖에 없었던 것일까. 그렇다면, 모든 국민에 대한 의무 교육이 시행되고, 정보의 홍수라 할 정도로 아침, 저녁으로 엄청난 정보를 손쉽게 접할 수 있는 지금은, 역사의식이 없는 우매한 사람들은 하나도 없는 것일까. 미국이 지구 반대편 어느 곳에 미사일을 쏟아 붓는지, 어느 나라에 자연재해가 생겼는지, 또 어느 나라에서 어떤 정치적 입장을 띤 대통령이 당선 되었는지, 우리는 가히 실시간으로 그런 사건들을 접하고 있다고 할 수 있다. 그러나 그런 문제들이 우리 곁으로 매일 전달된다 한들 우리가 관심을 갖지 않으면 그런 정보들은 우리의 인식 변화에 아무런 영향을 끼치지 못한다. 즉 나를 둘러싼 주변 상황에 대해 적극적으로 관심을 갖고 성찰하면서 살지 않는 한, 역사의식이나 현실 인식은 저절로 생기는 것이 아니다.

내가 보고 싶은 것만 보고 내가 듣고 싶은 것에만 귀를 기울이면서 나 좋을 대로만 상황을 받아들인다면, 아Q와 얼마나 다르게 살 수 있겠는가. 이 지구 위의 어떤 곳에서 얼마나 많은 어린이들이 굶어 죽고 있는지 보려하지 않는다면, 명분 없는 전쟁 때문에 지금 이 시간에도 무고한 사람들이 희생되고 있다는 사실을 들으려 하지 않는다면, 내가 사는 세상은 정말 평화롭기 그지없노라고 생각해 버릴 수도 있다. 거인(擧人) 어른과 웨이주앙 마을 사람들을 벌벌 떨게 만드는 것만 보고 무조건 혁명 당원이 되겠다고 다짐하는 아Q처럼 우리도 어떤 부분에서는 그런 무지함을 드러내면서 살고 있는지도 모른다.

잠깐 눈을 돌려서 『아Q정전』에 등장하는 웨이주앙 사람들의 태도에 대해서도 생각해 보자. 웨이주앙 사람들은 아Q의 외모를 트집 잡아 그를 놀리고 이유 없이 때리기도 했다. 그러나 어느 날 한동안 모습을 감추었던 아Q가 성 안에 들어갔다 온 후에는 그의 비위를 맞추고 그의 눈에 들려고 노력한다. 아Q가 성에서 가져온 좋은 물건을 값싸게 팔았기 때문이다. 결국 그 물건이 도둑에게서 사온 것이라는 사실을 알게 되자 마을 사람들은 다시금 아Q를 멀리하기 시작한다. 뿐만 아니라 혁명의 무리들이 저지른 일을 아Q가 했다고 뒤집어 씌워 결국에는 그를 죽게 만든다. 자신의 이해관계에 따라서 얼마든지 타인에 대한 태도를 바꿀 수 있다는 것을 웨이주앙 사람들이 보여준다.

웨이주앙 사람들의 비인간적인 모습은 아Q가 처형당하는 부분에서 드러난다. 그들은 아Q가 총살을 당했다는 사실에 불만족스러워 한다. 왜냐하면 총살은 목을 자르는 것만큼 볼 만하지 않기 때문이라는 것이다. 게다가 웨이주앙 사람들은 아Q가 정말 '나쁜 놈'이었다고 말하는데, 그가 총살을 당했다는 사실은 그것을 입증해주는 것이라고 믿어 버린다. 웨이주앙 사람들에게 아Q의 목숨은 그저 구경거리였을 뿐 그 처형이 공정한지 아닌지에 대해서는 아무도 관심을 갖지 않는다. 아Q와 같이 현실 인식도 없는 무지몽매한 개인들이 집단을 이루면 이런 끔찍한 모습을 보이지 않겠는가. 아니 지금도 사회의 약자를 대하는 우리의 태도가 웨이주앙 사람들과 같지는 않은지 돌아볼 일이다.

한 개인의 삶은 어떤 형태로든지 역사적 현실을 떠나서는 존재할 수가 없다. 그렇다고 해서 누구나 역사적 존재가 되는 것은 아니다. 자신의 삶에 대한 진지한 자세와 부단한 성찰을 갖춘 개인만이 역사적 인식을 지닌 존재가 될 수 있다.

아Q가 혁명당에 가입하려는 동기에서도 볼 수 있듯이, 진지한 현실 인식이 아니라 감정적으로 시류를 쫓아가는 삶은 자기 파멸에 이르게 할 수도 있다. 자신이 처한 상황을 제대로 파악하지 못하고 스스로를 합리화시키기에만 급급해하며 하루하루를 살아가는 것은 올바른 정체성을 갖추지 못했기 때문이다.

모든 개인은 자신이 처한 시대적 상황과 현실로부터 완전히 자유로울 수 없다. 즉 시대적 현실과 무관한 개인의 삶은 불가능한 것이다. 이 사실을 부정할 수 있는 사람은 아무도 없을 것이다. 이런 이유 하나만으로도 모든 개인은 자신이 처한 시대적 상황과 현실을 정확히 인식하고 올바르게 대응하려는 노력을 해야 한다. 물론 현실에 눈감고도 얼마든지 살 수 있고, 그렇게 사는 것이 당장은 편안할 수도 있다. 그러나 그런 개인의 삶은 결코 발전을 할 수 없을 것이다. 그렇다고 해서 역사적 존재로 진실하게 산다는 것이 모두에게 영웅이 되라는 것은 아니다. 어떤 일을 하든지 자신의 삶을 살아있는 인식과 의지로 채워나간다는 것이야말로 진짜 삶이라고 할 수 있지 않겠는가.

➜ 이 글의 논제

아Q의 행동이나 성격과 관련지어볼 때 올바른 시대의식을 갖는다는 것이 왜 중요한지 논술하시오.

➜ 읽은 사람은 다 안다

1. 이 작품에서 아Q가 현실에 대처하는 방식이 어떤지 설명해보자.
2. 세상이 어떻게 돌아가는지에 대한 정보들은 매일 쏟아지고 있지만 그런 정보만으로는 역사적 존재가 될 수 없는 이유를 설명해보자.
3. 왜 사회의 변화에 관심을 가지고 성찰하며 살아야 하는지 말해보자.

국가주의와 보편주의는 어떻게 다른가?
-민족주의의 미래

탁석산 지음, 『한국의 민족주의를 말한다』, 웅진씽크빅, 2004.
이시타와 노부오 · 고시다 다카시 지음, 『세계의 역사 교과서』, 작가정신, 2005.

책으로 가는 길

2002년 월드컵 당시 서울 시청 앞을 가득 메운 인파를 기억하는가. '필승 코리아'를 외치는 이들에게 '코리아'는 조국 이상의 감격이었고 흥분이었다. 그러나 한국의 어떤 지식인은 붉은 티셔츠를 입고 시청 앞으로 몰려드는 젊은이들의 도저한 열정은 국익에만 관심이 있는 맹목적 애국심이라면서 그들의 태도를 '국가주의'라고 비난하기도 하였다. 여기에 대한 네티즌들의 반론 또한 만만치가 않았다.

황우석 교수의 배아줄기세포 문제와 관련해서 일부 네티즌들이 보여준 태도 역시 국익의 증진이라는 이름 아래 비이성적인 애국심이 작동한 결과라는 분석을 내놓은 사람들이 많았다. 확실히 당시에 어떤 이들은 비이성적인 태도를 보여주었다. 그들의 관심은 무엇이 진실이고 무엇이 진실이 아닌가에 있지 않았고, 무엇이 국익에 도움이 되고 무엇이 도움이 되지 않느냐에 있었다. 국익을 위해서는 진리를 덮을 수도 있지 않느냐는 것이 이른바 애국주의자들의 논리였다. "진정한 국익은 진리를 훼손하지 않는 곳에 있다."라는 주장을 담은 반박이 이어지고 한동안 국가를 생각해야 한다는 소위 '국가주의자' 들과 보편적 진리를 지향해야한다는 '보편주의자' 들 사이의 대립은 첨예했다.

일제 식민지 시대 순국선열의 피 흘림은 민족의 제단에 바쳐졌고, 군사독재 시절 통치자들은 민족의 발전이라는 명분을 위해 강압정치를 행하였다. 한국의 지난 역사에 있어서 민족주의는 질곡의 시대 상황을 뛰어넘는 가장 유효한 도구였으며 한국 사회에서 민족주의는 지난 한 세기 동안 적어도 난공불락의 이념이었다.

그러나 몇몇 논자들에 의해 민족주의는 더 이상 우리 사회를 이끄는 주도적 이념이 될 수 없다는 주장들이 대두되고 있다. 어떤 이는 마치 동호회를 탈퇴하듯 대한민국에서 탈퇴하고 싶다는 극단적인 발언을 하는가 하면, 대한민국은 이제 식민지 시대의 강박관념에서 벗어나 일본을 단순한 외국으로 보아야 한다는 주장을 펴기도 한다. 그런 주장을 하는 사람들은 단순한 네티즌들이 아니다. 그들은 내로라하는 우리 사회의 지식인들이다. 과연 그들의 주장에는 어떤 진정성이 담겨 있는 것일까?

책으로가는길

2006학년도 서강대 수시모집 문학부와 사회과학부 문제에서는 다음과 같은 제시문이 주어졌다.

(가) 『국사』는 민족 대단결 혹은 민족에 대한 무조건적인 충성과 복종을 강요하기 위하여 ‘현실의 적’을 ‘절대 악’으로 초역사화(‘상상된 적’)한 뒤, ‘민족 절멸의 공포’를 조작하는 서사 기법을 자주 활용하고 있다. 즉, 『국사』는 특정 시기의 역사를 서술할 때마다 ‘민족의 철천지원수’, ‘절멸시켜야 할 적’의 존재를 명확히 설정한 뒤, 이런 원수와 적을 물리치기 위해서는 조국과 민족에 대한 무조건적 충성과 복종, 화합과 단결이 다른 무엇보다 중요하다는 식으로 애국심이나 민족주의를 선동하고 있는데, 이런 대목에서 돋보이는 ‘상상 속의 적’은 역시 일본 제국주의이다. 일제와의 숭고한 투쟁을 통해서 민족사가 발전하고 대한민국이 수립될 수 있었다거나, 일제 때문에 근대화가 중단(지체)되고 민족 분단이 야기되었다는 식의 서술은, 조국과 민족의 대서사를 완성하는 데 있어서 이런 서사 기법이 얼마나 중요한 역할을 담당하고 있는가를 잘 보여준다.

『국사』가 일본 제국주의를 어떻게 신화화하였는가를 보여주는 사례는 일일이 열거하기가 어려울 정도로 무수하다. 『국사』는 ‘무자비’, ‘잔인무도’, ‘교활’, ‘광분’ 또는 ‘약탈’, ‘강탈’, ‘착취’ 등의 용어를 내키는 대로 쓰면서 일제의 악마성(민족에 대한 억압과 수탈)을 논증하는 데 많은 지면을 할애하고 있다. 이런 서술 과정에서 자연스럽게 일제는 민족사 발전을 저해한 절대 악으로, 그리고 민족 대단결은 당연하고도 필연적인 민족사적 과제로 유추된다. 물론 일제의 억압과 수탈은 사실이었으며, 또 민족 대단결도 대단히 긴요한 정치적 과제 가운데 하나였다. 하지만 역사적 실재로서의 일본 제국주의를 지나치게 초역사화하여, 역사 과정의 모든 부정성을 모조리 일제 탓으로 돌리는 식의 역사 서술은 여러 가지 자가당착적인 역사 인식을 초래할 가능성이 크다. 예를 들면 조선 후기 이래의 ‘내재적(자생적) 근대화’가 일제의 조선 지배(식민지화)로 말미암아 완전히 중단(지체)되었다는 식의 역사 인식, 혹은 ‘근대화(성)’와 ‘식민지화(성)’를 전혀 별개의 역사 과정으로 파악하는 역사 인식 등은 그 대표적인 보기라 할 수 있다. 『국사』가 ‘식민지적 근대화’나 ‘근대 주체’, 혹은 친일 세력이나 민족 개량주의 세력의 실체를 제대로 설명할 수 없었던 것도 이 같은 자가당착적인 역사 인식에서 비롯된 것이라 할 수 있다.

–지수걸, 『‘민족’과 ‘근대’의 이중주』

(나) (2차대전을 배경으로 한 영화인)「라이언 일병 구하기」는 자신의 전략적인 이해를 위해 국민에게 희생을 강요하는 국가주의에 대항하고 있는 것처럼 보이게 하면서 미국의 국민주의를 칭송하고 있다. 그러나 그러한 휴머니즘이 체현하고 있는 미국의 국민주의를 칭송하는 일이 부조리한 죽임을 당할 수밖에 없었던 사람들의 수많은 죽음과, 공유 가능한 집단적인 기억에서 배제된 사건을 망각하고 부인함으로써 비로소 가능하게 되었음을 잊어서는 안 된다.

작품의 마지막 부분에서 영화는 50년이라는 세월을 단번에 건너뛴다. 거기에서 이야기되지 않은 사건 하나가 예컨대 베트남 전쟁이다. 영화는 1970년대 미국 사회에 엄청난 트라우마를 남긴 체험이 되었던 그 사건이 마치 그러한 일은 일어나지 않았다는 듯이 일거에 현재의 라이언의 모습을 비추어낸다. 살아남은 라이언은 베트남 전쟁 동안 어떻게 살았을까. 자신의 정의의 감각에 따라서 정의롭지 못한 것을 거부했던 라이언은 베트남 전쟁이라는 사태에 대해 어떠한 태도를 취했을까.

더욱이 영화의 마지막 장면에서 피에 젖어 나부끼는 성조기가 등장하는 것은 미국인을 위해 미국인이 흘린 피일 따름이다. 미국인으로 인해서 흘린 타자의 피, 타자의 죽음을 영화는 이야기하지 않는다. 1970년대 후반부터 1980년대에 걸쳐 빈번하게 묘사되어왔던, 미국인에 의해 살해당한 베트남 사람의 죽음이라는 사건은 여기에서는 완전히 망각되고 있다. 이러한 사태의 전개는 1991년에 발발한 걸프전 승리 이후 미국에서 일기 시작한 내셔널리즘적 언설과 궤를 같이 하고 있다. 영화 「전화(戰火)의 용기」(에드워드 즈윅 감독, 1996)에서도 또한 미국인 병사에게 폭력적 체험으로서 기억되는 것은 자기편인 미국인 사체가 방치되어 있다는 사실이다. 이라크 병사를 죽인 것은 그들 미국인 병사에게 어떠한 상처의 흔적도 남기지 않는다. 일찍이 베트남 전쟁을 묘사했던 일련의 영화에서 '타자'와 만나는 그 자체가 폭력적인 체험이라는 점이 반복적으로 그려지고 있는 사실을 고려한다면, '타자'의 존재가 빠져 있는 이들 서사는 명백히 사상적인 후퇴라고 할 수 있다. 그리고 그것은 미국의 내셔널한 욕망과 결탁하고 있는 것처럼 나에게는 생각된다.

—오카 마리, 『기억/서사』

제시문 (가)는 민족중심의 시각에서 일본이라는 타자(他者)를 '무자비한 악의 무리'로 보는 『국사』책의 자민족중심주의적 서술을 비판적으로 보고 있다. 제시문 (나) 또한 미국인들이 "미국인을 위해 미국인이 흘린 피"에 대해서는 말하지만 "미국인으로 인해서 흘린 타자의 피, 타자의 죽음을 영화는 이야기하지 않는다."라며 할리우드 영화를 비판하고 있다.

이 두 지문은 공통적으로 '자민족중심주의'를 말하고 있다. 이 제시문을 읽고 답하라는 문제는 다음의 두 문제였다.

(문항 1)
제시문 (가)와 (나)가 공통적으로 제기하고 있는 문제가 무엇인지를 논하시오. (400~500자).
(문항 2)
제시문 (가)에서 비판하고 있는 것과 같은 역사 기술(記述)은 그 내용과 관련된 국가의 역사 기술과 충돌할 수밖에 없다. 이런 충돌을 보여주는 구체적인 사례를 들어 왜 그런 충돌이 일어날 수밖에 없는지 그 이유를 논하시오.(400~500자)

(문항 1)은 제시문 (가)와 (나)가 공통적으로 제기하고 있는 문제 즉 '자기중심주의'의 문제를 논하라는 문제다. 또 (문항 2)는 자민족중심주의의 역사기술과 그와 충돌하는 역사기술이 충돌하는 사례를 들고, 그 이유가 어디 있는지를 논하라는 문제다. 자민족중심주의적으로 서술된 책인 『국사』는 이미 익히 보아온 텍스트다. 이 글에서는 그 텍스트에 반(反)하는 텍스트, 즉 자민족중심주의를 벗어나자는 내용을 담고 있는 책들을 살펴봄으로써 문제를 심화시켜 보자.

『한국의 정체성』과 『한국의 주체성』의 저자인 철학자 탁석산은 『탁석산의 한국의 민족주의를 말한다』에서 민족주의는 그 자체가 목적이 아니라 근대국가 건설이라는 목표를 향해 올라가기 위해 사용된 도구, 즉 사다리에 불과하다는 주장을 편다. 근대국가의 완성이라는 목적지에 이르기 위해서는 민족주의라는 사다리가 필요하지만 일단 목표가 달성되면 아낌없이 버리라는 것이 그의 주장이다. 민족주의는 절대적 이념이 아니라 도구적이고 한시적 이념일 수밖에 없다는 것이다. 다시 말해 식민지 시절 일본 제국주의에 대항하기 위해서는 민족주의가 필요했고, 개발독재 시절 민족의 부흥을 위한 근대화 이념으로서 민족주의가 필요했지만 세계적 보편성을 지향해야 할 21세기에 와서 민족주의는 낡은 개념이 되었다는 것이 그의 주장이다.

민족주의에 대한 탁석산의 새로운 해석과 접근은 북한과 일본 문제에까지 미친다. 탁석산은 통일도 같은 민족이기 때문에 반드시 해야 하는 것이 아니라 개인의 재산권과 정치적 자유가 허용되는 시민국가의 외연 확대라는 차원에서 이루어져야 한다고 주장한다. 민족의 이름으로 개인의 재산권을 침해할 수 없으며, 민족의 이름으로 개인의 정치적 자유를 억압할 수 없다는 주장이다. 민족이라는 특수성보다는 개인의 재산권 보장과 정치적 자유보장이라는 보편성을 더 중시해야 한다는 주장이라 하지 않을 수 없다.

탁석산은 북한과 무엇을 할 때도 민족의 이름이 아니라 자유와 평등 그리고 박애의 이름으로 해야 한다고 주장한다. 민족보다 중요한 것은 자유와 평등의 이념이지 통일이 아니라는 것이다. 탁석산은 민족이 개인의 행복에 우선할 수 없다는 점을 강조하며 민족의 자유와 평등을 유보하면서 이룩되는 통일에 대해서 부정적 견해를 피력한다.

일본에 대해서는 그동안의 심리적 장애를 극복하고 평범한 외국으로 인식하자는 것이 그의 주장이다. 축구 한일전에서 나타나는 붉은 악마들의 도에 넘치는 응원전이 역설적으로 일본에 대한 우리의 심리적 장애를 말해주고 있는 것일지도 모른다. 이런 심리적 장애를 극복하기 위해서는 먼저 민족이라는 우상을 깨야 한다고 그는 말한다.

탁석산은 역사 문제에 있어서도 한민족 중심주의를 버리라고 말한다. 그는 고구려사는 한국사가 아니라고 단정 짓는다. "나당연합군이 함께 고구려를 멸망시켰습니다. 단순화해 말하자면 당나라에도 고구려사에 대한 지분이 있다는 것이죠. 사실 역사를 '누구의 역사'로 소유화하는 것 자체가 우스운 일입니다. 고구려는 한국사도, 중국사도 아닙니다. 고대 공간에는 당나라, 고구려, 신라, 백제 등이 있었던 것이지 한국과 중국이 있었던 게 아닙니다."라는 주장을 하며 탁석산은 서강대 김한규 교수의 '요동사'를 '합리적이고 합당한 주장'이라고 평한다. 예맥계의 고조선, 부여, 고구려와 숙신계의 말갈, 여진, 만주, 동호계의 선비, 거란, 몽골 등 여러 세력이 번갈아 나라를 세우고 명멸해간 만주는 한국이나 중국이 아닌 요동이라는 '제3의 영역'이었다는 것이다.

과잉민족주의를 경계하는 탁석산의 주장에 귀가 솔깃하는 독자가 있다면 간과해서는 안 될 책이 바로 『세계의 역사 교과서』다. 일본 우익이 지원하는 후소샤 출판사의 역사 교과서가 일본의 아시아 침략을 정당화하는 등 심각한 왜곡으로 국제 사회의 우려를 자아내고 있는 지금, 『세계의 역사 교과서』가 가지는 의미는 각별하다.

이 책은 후소샤 교과서의 왜곡된 역사관을 비판하기 위해 일본의 대학 강사들이 만든 책이다. 이 책을 주도한 이시와타 노부오는 조선사를 전공한 뒤 한·일

교과서 대화의 핵심멤버로 활동해온 양심적 지식인이다. 분석 대상이 된 11개 국은 일본과 한국을 포함, 중국, 싱가포르, 베트남, 인도네시아, 독일, 네덜란드, 영국, 미국, 폴란드이다.

일본의 역사 교과서는 전쟁 책임에 대한 기술이 명확하지 않고 가해와 피해에 대한 내용도 모호하다. 고시다 다카시는 일본 고등학교 교과서에 대해 "1980년 대 후반 이후 일본 근현대사의 침략적 성격이 입체적으로 드러나기 시작했다." 며 "그러나 1995년 전후로 우파 사상가들이 '일본 민족주의'를 내걸며 겨우 바르게 방향을 잡기 시작한 역사 인식을 방해하기 시작했다."라고 말했다. 전근대 사의 경우도 단일민족설에 바탕을 둔 단선형(單線型)의 발전을 강조하고 있다. 일본의 교과서 역시 민족이라는 사다리를 걷어치우지 못하고 있다는 이야기다.

독일은 제2차 세계대전의 발발과 전쟁 범죄의 책임을 가능한 한 자신의 문제 로 여기고 있다. 독일의 교과서는 히틀러에 대한 열광적 지지와 협력이 없었다 면 나치가 만행을 저지르지 못했을 것이라며 나치와 당시의 국민을 공범으로 본다. 유대인 학살도 당시 국민의 의식에 박혀 있던 반유대인 감정에 중점을 두고 기술하고 있다. 편협한 민족주의라는 사다리를 걷어차고 있다는 점에서 독일의 역사 교과서는 세계의 교과서의 모범이라고 할 만하다.

그러면 한국의 역사 교과서는 어떻게 비쳤을까. 이시와타 씨는 한국의 역사 교과서는 민족주의 사관으로 인해 객관화하기 어렵고 불편한 역사를 숨기는 단점을 지니고 있다고 주장한다. 민족의 우수성을 강조하기 위해 불편한 역사를 누락시키거나 숨기고 왜곡하는 것이 다반사고, 단일 민족임을 강조하며 다른 민족과의 공존을 경시하고, 이들의 존재를 무시하기 일쑤라는 지적이다.

한국이 중국의 문화에 대해서는 자율적 수용론을 펼치고, 일본의 문화에 대해 서는 조선이 일본에게 문화를 건네주었다는 시혜론을 펼치는 것 또한 한국의 과잉민족주의라고 편저자는 비판한다. 만주를 한국사의 영역으로 편입시킨 '남북국시대'라는 개념 또한 중국과 마찰을 일으킬 소지가 있다고 지적한다. '쓰시마정벌'이라는 단어에도 한국의 일본에 대한 우월감이 무의식적으로 반영되어 있다는 점도 지적한다. 이 책에 의하면 메이지 천황이 러일전쟁 때 '동양평화를 위해서'라는 주장을 했는데 안중근은 이를 그대로 믿고 이토 히로부미를 암살한 후, "이토는 한국 황제와 천황을 배신했다. 그래서 나는 이토를 죽였다."라고 한 바 있다고 한다. 그런데 한국의 국사 교과서는 이러한 측면을 다루지 않고 있다고 지적한다. 사실을 은폐하는 힘으로써 민족주의의 이데올로기가 작용했다는 것이다.

팔은 안으로 굽는다고, 어느 나라의 역사 교과서나 자기에게 불리한 것은 되도록 적게 기술하려는 경향이 나타나는 것은 당연하다. 그러나 편협한 역사인식을 가지고 역사적 진실을 대하면, 객관적이며 공정한 역사이해에 도달할 수 없다. "역사교과서는 민족주의 사관을 넘어서 다른 문화를 이해하고, 정치권력이 아니라 인권과 평화의 역사 인식을 바탕으로 해야 한다."고 이 책의 편저자들은 주장한다. 교과서를 통한 국제적인 대화가 필요하며, 인권과 평화를 위한 교과서를 만들어 나가야 한다고 역설하고 있다.

역사교육의 문제점을 지적하는 목소리가 높아지자 교육인적자원부는 2004년 9월 장관 직속으로 국사교육발전위원회를 만들었다. 역사학자와 교육전문가, 현직 교사 등 10명으로 구성된 이 위원회는 과거 군사정권하의 국사교육이 국가주의적 민족의식에 사로잡혀 배타성이 강했다는 점을 인정하고 개선책을 마련한단다. 일본의 교과서 왜곡이나 중국의 동북공정(東北工程) 같은 주변국의 과잉 민족주의에 대응하기 위해서라도 '동북아 평화공존을 통한 세계화'에 초점을 맞춰 국사와 세계사를 유기적으로 통합해야 한다고 뒤늦게나마 생각한 모양이다. 반가운 소식이 아닐 수 없다.

➡ 이 글의 논제 --

국가주의와 보편주의가 주장하는 바는 무엇인가?

➡ 읽은 사람은 다 안다 --

1. '국익'에 대한 보편주의자들의 생각은 어떠한가?
2. 탁석산은 민족주의를 무엇에 비유하고 있는가?

우리 사회에서 가족은 어떤 역할을 하는가?
−가족의 위기와 해체

김별아 지음, 『식구』, 베텔스만, 2005.

책으로 가는 길

유명한 일본의 영화감독이 어떤 인터뷰에서 가족을 이렇게 정의해서 화제가 된 적이 있었다. 그 감독은 말했다. 가족이란 남들이 보지 않으면 슬쩍 버리고 싶은 것이라고. 어떤 이들은 이 말에 깊이 공감하면서도 공식석상에서 그런 말을 할 수 있는 감독의 용기에 놀라기도 했고, 어떤 이들은 이 말을 농담처럼 웃어넘기기도 했다. 이후에 이 말은 가족에 대해 이야기할 때 여러 사람들에 의해 인용되었는데, 그건 결국 많은 이들이 이 말에 공감할 수 있는 측면이 있다는 뜻이 된다.

나는 어떤가. 나도 그 감독의 말처럼 남들이 안볼 때 가족을 슬쩍 버리고 싶은가. 남들이 보지 않을 때 슬쩍 버리고 싶은 게 가족이라는 말은, 차마 벗어버릴 수는 없지만 할 수만 있다면 그렇게 하고 싶을 만큼 가족에게 책임을 다하는 게 어렵다는 것을 말해준다. 그렇다면 가족들에게 책임을 다한다는 것은 무슨 뜻일까. 나는 어머니, 아버지에게, 할아버지와 할머니에게, 그리고 형제자매들에게 어떤 것을 해주어야 하고 또 어떤 것을 기대하고 있는가.

가족은 늘 곁에 있어서 깊이 생각하게 되지 않는 존재이면서, 어떤 때는 나를 가장 힘들게 하는 사람들이기도 하다. 또 다른 모든 사람들이 나를 비난해도 나를 이해하고 용서해줄 수 있는 사람들이 가족일 수도 있다. 사람들은 끊임없이 결혼을 하고 아이를 낳으면서 각자의 가족을 만들어 간다. 하지만 동시에 그 가족으로부터 벗어나고 싶어 하기도 하고, 더 이상 견딜 수 없어서 서로 떠나 살기도 한다. 가족과 함께 살지 않는 사람은 있어도 가족이 없는 사람은 없다. 그러므로 가족에 대한 문제와 무관한 사람은 없다.

가족에 대한 올바른 가치관을 묻는 문제는 논술이나 구술시험에 아주 흔하게 등장한다. 가족에 대해서는 누구나 쉽게 한마디씩 할 수 있을 것이다. 나의 가족에 대해서 그리고 나와 가족에 대해서 한번쯤 생각해보지 않은 사람은 없을 것이다. 그동안 가끔 생각해 왔던 이 문제를 한번 정리해 보자.

책으로 푸는 논술

1999학년도 건국대 논술고사에서는 사랑의 본질과 관련하여 바람직한 가족관계가 어떤 것인지를 밝히라는 문제가 나왔었다. 여기서는 두 개의 제시문이 주어졌는데 하나는 에리히 프롬의 『소유냐 존재냐』에서 발췌한 사랑의 소유양식과 존재양식에 대한 부분이었다. 그리고 또 하나는 박완서의 소설 「지렁이 울음소리」의 한 부분이 실렸다.

사랑이 소유 양식에서 경험될 때 그것은 자기가 '사랑하는' 대상을 구속하고 감금하고, 또는 지배하는 것을 의미한다. 그것은 생명을 주는 것이 아니라, 압박하고 약화시키고, 질식시켜 죽이는 행위이다. 사람들이 사랑이라 부르는 것은 대개가 그들이 사랑하고 있지 않다는 현실을 숨기기 위한 말의 오용(誤用)이다.

－『소유냐 존재냐』

사랑의 소유 양식을 비판하는 에리히 프롬의 입장에서 박완서 소설에 나타난 세 인물의 행동양상을 비판하라는 것이 논제가 요구한 과제 중의 하나였다. 「지렁이 울음소리」는 미대에 가고 싶다는 아들을 상대에 가도록 종용하는 아버지와 묵묵히 따르는 아들의 이야기가 아내의 입장에서 서술된다.

우선 「지렁이 울음소리」에서 아들에 대한 아버지의 사랑은 소유 양식으로 드러난다는 점을 지적해주고 그것이 왜 문제적인지를 서술해야 한다. 그리고 아들의 진로 문제에 대해 적극적으로 의견을 내놓지 않는 아내의 태도와 아버지의 의사를 일방적으로 수용하기만 하는 아들의 태도에 대해서도 비판적으로 논의해야 한다. 그 이후에 자신이 생각하는 바람직한 가족관계에 대해 설득력 있는 논의를 할 수 있어야 한다. 가족이라는 문제에 대해서는 누구나 쉽게 생각할 수 있지만 그만큼 참신하고 설득적인 논의를 끌어내는 것은 쉽지 않다.

그래서인지 건국대에서는 2004년 대입 논술고사에서도 유사한 문제를 냈다. 세 개의 지문을 주고 각 지문에서 드러나는 가족관의 차이를 지적하고 그에 대한 자신의 견해를 쓰라는 것이 논제였다. 1999년의 문제보다는 사고력을 더욱 요구하고 자신의 견해를 개입시킬 여지를 더 열어놓은 문제이다.

가정하면 우리는 자유, 행복, 사랑, 프라이버시 등의 단어를 떠올린다. "집 떠나면 고생이다."라는 말도 있듯이 가정은 우리가 편안히 먹고 입고 자는 곳이다. 바깥에서 지친 우리의 심신이 마음 놓고 쉴 수 있는 곳이다. 가정에서 자녀는 사랑을 받으며 양육된다. (중략) 이런 가정은 보호되어야 할 불가침의 사생활 공간이다. 가정을 파괴하는 파렴치범은 말할 것도 없고 가정의 의미를 깎아 내리거나 가족 구조를 비판하는 어떤 시도도 우리는 곱지 않은 눈길로 바라본다.

그러나 우리는 키워주고 보살피는 관계만을 요하는 것은 아니다. 다 자라버린 자녀에게 혹은 대화 상대가 아쉬운 배우자에게 키우고 보살피는 태도로만 일관한다면 도리어 상대방을 구속하는 질곡이다.

위의 제시문은 가정 및 가족의 의미를 분석한 것으로 가족들은 서로를 사랑하고 보살피는 관계라는 것을 강조하고 있다. 그리고 그 사랑이나 보살핌은 서로를 독립된 개체로 인정해주고 대등한 대화 상대가 되는 것으로 이어져야 한다고 덧붙이고 있다. 반면에 두 번째 제시문은 가족이 특히 여성들의 자아실현에 자칫 걸림돌이 될 수 있으며, 아내나 어머니가 아니라 한 인간으로 자신의 정체성을 만들어야 한다고 주장한다. 특히 그 독립된 개체성은 직업을 통한 경제적 자립이라고 설명하고 있다.

마지막 제시문은, 가족의 문제에 대해 부정적인 생각을 하고 있는 화자에게 가족의 중요성에 대해 들려주는 어떤 교수의 말을 인용하고 있다. 이 제시문은 불치의 병으로 죽어가고 있는 교수가 가족에 의지하여 죽음이라는 공포상황을 어떻게 극복하고 있는지를 보여준다. 그러면서도 교수는 자식들의 세계를 존중하고 있으며 자식들을 결코 소유의 개념으로 여기지 않는다. 즉 가족들을 사랑은 하되 객관적인 거리두기를 하고 있다.

그는 죽어가면서조차 자식들의 세계를 존중했다. 이들 가족이 모여 있을 때는 애정이 폭포처럼 흘러났고, 입맞춤과 농담이 수없이 오갔다. 그리고 침대 곁에 쪼그리고 앉아

2004학년도 문제의 제시문에서는 서로 상이한 가족관의 차이를 발견할 수 있다. 각기 가족의 다른 측면을 보고 있기 때문일 수도 있고, 가족에게 기대하는 바가 달라서일 수도 있다. 그러므로 가족에 대한 자신의 입장에 따라 창의적인 논의를 할 수 있을 것이다.

책 속으로

가족하면 우리는 엄마, 아빠, 자녀들로 이루어진 소위 '정상 가족' 을 떠올린다. 이런 가족의 모습은 광고나 드라마 등을 통해서 끊임없이 반복되면서 재생산된다. 그리고 사람들로 하여금 그런 이미지만이 정말 행복한 가족의 모습인 것처럼 느끼게 만든다. 하지만, 나를 비롯해서 우리 주변의 가족들은 모두 그런 '정상 가족' 으로 이루어져 있을까. 김별아는 『식구』라는 에세이집에서 가족에 대한 그런 판에 박힌 이미지를 '가족 판타지' 라고 이름 붙이면서 이렇게 비판하고 있다.

행복을 뻔한 틀 속에 가두고 박제화 시킬수록 더 많은 사람들이 불행해질 수밖에 없다. 이제는 불행의 수만큼이나 다양한 행복을 배양하고 증식시켜야 한다. 혼자서도 행복하고, 헤어져서도 행복하고, 다시 만나서도 행복하고, 상처와 장애와 실패와 절망 속에서마저 행복할 수 있도록. 그럴 때에야 비로소 함께 살아서 더욱 행복한 가족을 말할 수 있을 것이다.

『식구』는 소설가인 저자가 자신의 생활과 주변 사람들을 통해서 직·간접적으로 경험한 가족에 대한 생각들을 엮은 책이다. 이 책에서 저자는 기본적으로 가족을 이루는 구성원들에 대한 우리의 고정된 생각을 바꿀 것을 강조한다. 엄마와 아빠, 자녀로 이루어진 공동체만이 가족이 아니라는 것이다. 부모가 없는 가족도 있고, 어느 한쪽의 부모를 중심으로 이루어진 가족도 있고, 아예 혈연관계가 없는 이들끼리 만든 가족도 있다는 얘기다. 우리가 흔히 '대안 가족'이라고 부르는 형태는 '가족을 파괴하려는 시도가 아니라 가족 안에서 더 자유롭고 더 평등하고 평화로워지기 위한 도전'에 다름 아니라고 저자는 말한다.

나와 어떤 혈연관계가 있든 없든 같이 밥을 먹으며 사는 사람들은 모두 식구(食口)이며 가족이라고 저자는 말한다. 하루에도 몇 번씩 배출해야 하는 가스를 참을 필요가 없으며 우아한 척하지 않고 맛있게 음식을 나눠 먹을 수 있고, 화장실의 휴지가 다 떨어졌다고 변기에 앉은 채 소리쳐 부를 수 있는 사람들이 가족이라는 것이다.

하지만 문제는 우리가 가족을 그렇게 편하고 스스럼없이 대하기 때문에 생기기도 한다. 우리는 가족이기 때문에 다른 사람들에게는 애써 보이는 예의를 갖추지도 않고 무례하게 행동을 하기 십상이다. 내가 바쁠 때 화가 났을 때 가장 만만하게 성질을 부리는 대상이 누구인지 생각해보라. 나를 가장 잘 챙겨주고 나를 가장 잘 보살펴주는 가족들이지 않은가. 우리는 가까운 친구에게는 비밀

이야기를 털어놓으면서도, 가족들에게는 굳이 들키기 싫어 방문을 닫고 서랍을 걸어 잠그기도 한다. 어쩌면 가족이란 함께 밥을 나눠먹고 같은 지붕 아래 잠들지만 좋아하는 연예인의 프로필이나 스케줄만큼도 그들의 근황에 대해 알지 못하는 존재이기도 하다.

그래서 전문가들은 가족 사이에도 서로를 독립된 개체로 인정해야 하고 서로에게 대화 상대가 되도록 노력하라고 조언한다. 무조건 명령하고 강요하는 부모는 자식에게 진정한 대화 상대가 될 수 없는 것처럼, 부모는 당연히 자식의 요구를 다 들어줘야 하는 존재라고 여기는 자식 역시 대화 상대로서의 역할을 할 수 없다.

『식구』에는 가족들 사이에 있을 수 있는 사소하지만 매우 심각한 문제들에 대한 저자의 열린 생각들이 담겨 있다. 딸로서, 아내로서, 어머니로서, 며느리로서 다양한 위치를 차지하고 있는 저자는 가족의 소중함과 상처, 가정 폭력, 자녀에 대한 과잉 기대를 하는 부모들, 결혼 문제 등 가족과 관련된 다양한 이야기를 들려준다. 우리가 가족에 대해 생각할 때, 가족에 대한 바른 가치관이 무엇인지 알고자 할 때 도움이 되는 것은 가족의 기원이나 가족의 형태에 대한 이론적인 접근이 아니다. 다들 겪고는 있지만 어떻게 해결해야할지 모르는, 서로 툭 터놓고 말해 본 적이 없는, 개개인들이 가족과 부대끼면서 얻은 사적인 생각이나 체험이 우리에게 더욱 필요할 것이다.

『식구』의 저자는 현대사회에서 가족이 아무리 위기를 겪고 있다고 해도 가족은 사라지지 않을 것이라고 말한다. 왜냐하면 인간은 고립된 채 홀로 살 수 없기 때문에 어떤 식으로든 다른 사람에게 기대고 의지할 수밖에 없다는 것이다. 그렇기 때문에 가족의 형태와 구성원들이 달라질 뿐 가족 자체는 사라지지 않을 것이라고 말한다.

세상이 복잡해질수록 사람들은 역설적으로 아주 단순한 것을 원한다. 돈의 노예가 되어 폭력에 익숙해진 채 살아가면서도, 돈으로 살 수 없는 평화로운 어떤 상태와 그것을 나눌 상대를 꿈꾼다. 혈연과 이해관계와 도덕과 존재 이유를 다 떠나, 다만 곁에서 말없이 지켜주고 사랑해줄 그 어떤 대상. 환란의 땅에서 생존 경쟁에 지쳐 돌아왔을 때 부드럽고 따뜻한 눈빛만으로 '걱정 마. 난 널 무조건 좋아해.'라고 말해줄 그 누구. 그의 이름을 가족이라고 낮고 조그만 목소리로 불러보면 어떨까.

사람들은 누구나 자신에 대한 사랑과 정서적인 지지를 줄 수 있는 존재를 원한다. 그리고 그런 요구를 가장 만족스럽게 채워줄 수 있는 존재가 가족인 셈이다. 저자가 여러 형태의 가족들이 행복해지기 위해서 가장 중요하다고 내세우는 것은 결국 사랑이다. 그런 사랑만큼은 결코 내일로 미루어서는 안 된다고 강조한다. 그런 사랑을 표현하고 실천하기 위해서는 오늘 충분히 사랑한다고 말하고 오늘 마음껏 서로를 행복하게 해주어야 한다는 것이다.

저자는 혈연이 아니라 사랑과 이해가 가족을 이어주는 끈이라고 생각하기 때문에 가족 안에서 벌어지는 모든 폭력에 대해 비판적이다. 부부 사이에서 일어나는 폭력은 물론이거니와 부모가 자식을 때리는 것에도 반대한다. 저자는 단호하게 '사랑의 매'라는 것은 없다고 말한다. '매'란 권력관계에서 비롯되는 체벌일 뿐이며, 훈계하고 설복하는 일 대신 좀 더 쉽게 문제를 해결하려는 것뿐이라고 비판한다. 서로에 대한 사랑으로도 극복하지 못하는 상황을 폭력이 해결해 줄 리 없다는 얘기다.

가족에 대한 소설을 유난히 많은 써온 소설가 유미리는 어느 글에서, '가족창생(家族創生)'이라는 말을 썼다. 가족창생이란 혈연을 기반으로 하지도 않고, 남녀 관계의 사랑을 전제조건으로 하지도 않은 사람들이 이상적인 가족 관계를 만들어 내는 것을 말한다. 우리가 알든 모르든 가족창생은 이미 이루어져 왔다. 피를 나눈 이들끼리 모여 산다고 해서 다 행복한 가족이 되는 것이 아니라는 사실도 우리는 이미 알고 있다. 가족이, 누가 보지 않을 때 슬쩍 내다 버리고 싶은 존재가 아니라, 내 삶의 원천이며 내 존재의 명백한 근거라고 인정할 수 있으려면 가족 구성원 모두의 노력이 필요하다. 결국 '가족'의 문제에서 가장 중요한 것은 어머니가 있느냐 없느냐, 아버지가 있느냐 없느냐하는 구성원의 문제가 아니라, 나와 혈연관계가 있는 사람들이냐 아니냐의 문제가 아니라, 서로에 대한 이해와 사랑을 얼마나 실천할 수 있는가 하는 점이다.

➜ 이 글의 논제 -

요즘 우리 사회가 가족의 위기와 해체를 겪고 있다는 말에 대한 자신의 입장을 밝히고, 대안 가족이 해결책이 될 수 있는지에 대해 논하시오.

➜ 읽은 사람은 다 안다 -

1. 『식구』의 저자는 소위 말하는 '정상 가족'을 왜 '가족 판타지'라고 하는가?

2. 저자가 '사랑의 매'는 없다고 하면서 가족 사이에서 벌어지는 모든 폭력에 단호하게 반대하는 이유는 무엇인가?

나는 어떻게 늙고 싶은가 ?

-고령화 사회와 노인

시몬 드 보부아르 지음, 홍상희 · 박혜영 옮김, 『노년』, 책세상, 2002.

책
으
로 가
는
길

양로원으로 자원봉사를 나가게 됐다는 사람에게 누군가 물었다. 노인들을 위한 자원봉사보다는 고아원 자원봉사를 가서 어린이들과 놀아주는 것이 더 재미있고 보람도 있지 않겠느냐고. 그랬더니 양로원으로 자원봉사 간다는 사람이 말했다. 다시 어린이로 돌아갈 일은 없겠지만, 나이가 들면 누구나 노인이 되는 게 아니냐고, 그러니 노인들을 위해 봉사활동을 하는 것은 자신의 노후를 위한 투자나 다름이 없노라고. 그 사람의 이야기는 가볍게 웃고 넘어갈 수도 있지만, 가만히 생각해보면 우리가 늘 잊고 사는 진리를 말해준 것이나 다름없다. 누구나 나이가 들고 노인이 된다는 자명한 사실, 그러나 그 누구도 자신이 늙고 힘없는 노년을 맞게 될 것이라는 사실을 진지하게 받아들이지 않는다는 것 또한 사실이다.

그렇다면 우리가 생각하는 노년이란 어떤 모습일까. 미디어가 보여주는 노년의 이미지를 생각해보자. 크게 두 가지로 그려지지 않는가. 하나는 귀여운 손자 손녀를 바라보며 아들, 며느리와 행복해하는 노인들의 모습, 또 하나는 돌봐줄 사람이 없이 혼자 쓸쓸히 살고 있는 노인들의 모습. 어느 쪽이든 노인은 곧 돌봄이 필요한 사람들이라는 점을 나타내고 있다는 측면에서는 같다. 즉 돌봐주는 사람이 있느냐 없느냐에 따라서 행복한 노년이 될 수도, 혹은 쓸쓸한 노년이 될 수도 있다는 얘기다.

노년이 전적으로 돌봄을 필요로 하는 시기라고 정의된다면, 할머니, 할아버지란 스스로는 그 어떤 생산적인 영역을 담당할 수 없다는 이야기가 된다. 인간의 평균 수명은 계속 길어질 것이고, 고령화 사회를 걱정하는 소리도 높아지고 있다. 이런 가운데 우리는 노년을 너무 수동적이고 비생산적인 시기로 단정 짓고 있는 것은 아닐까.

60세 이상을 대상으로 한 어떤 설문조사에서 자식들에게 가장 듣기 싫은 말이 "그냥 가만히 계세요."라고 한 적이 있었다. 비단 자식들뿐만 이아니라 우리 사회 전체가 노년에게 기대하는 것이 바로 그것이 아닐까. 노인이 되면 그냥 가만히 계시라는 것. 내가 속한 사회가, 가족이 나에게 더 이상 아무것도 요구하거나 기대하는 것이 없는 시기인 노년을 맞이하게 될 것이라는 사실에 대해 생각해본 적이 있는가. 우리 사회가 규정하고 있는 노년이란 어떤 것이며 그것이 과연 내가 노인이 되었을 때 받아들이기에 합당한 것인지 생각해보자.

　　2005학년도 연세대 논술고사에서는 ‘세월이 흘러감’에 대한 생각을 ‘욕망’과 연관시켜 분석하고 자신의 의견을 논술하라는 문제가 나왔다. 젊은 학생들에게 익숙하지 않은 ‘나이 듦’을 논제로 택하여, 상투적 사고의 틀에 안주하지 않고 창의적인 상상력을 동원하여 인간의 근원적 속성인 ‘욕망’의 문제와 연관시켜 파악해 보도록 하자는 것이 출제의도였다고 한다.

　　학교 측의 설명처럼, ‘나이 듦’이란 주제에 관한 우리 사회의 지배적인 통념은 장유유서와 노년의 완숙함 및 지혜로움을 숭상하는 것이다. 이런 생각이 보편적으로 받아들여지고 있는 가운데, 사회의 지배적인 통념을 비판적으로 바라보는 사고력을 갖추었는지를 보고자 하는 문제이다. 그래서 다섯 개의 제시문은 각기 다른 방식으로 ‘나이 듦’의 부정적인 측면을 다루는 것들로 구성되었다. 또 시각매체의 메시지를 논리적인 언어로 전환시키는 능력을 측정하기 위해 티치아노의 그림 「인간의 세 시기」가 제시문 중의 하나로 출제되었다. 제시문에서 이야기하는 노년은 어떤 것인지 몇 부분만 발췌해서 읽어보자.

(가) 묵은해를 보내고 새해를 맞이하는 것을 시로 탄식한 사람은 왕안석(王安石)이었고, 도소주(屠蘇酒)를 나이순에 따라 젊은이보다 나중에 마시게 된 서러움을 노래한 사람은 소식이었다. (중략) 사람이 어렸을 때는 새해가 오는 것을 다투어 기뻐하지만, 나이를 먹으면 모두 서글픈 마음을 갖게 되는 것은 무엇 때문인가? 원컨대, 세월이 흘러감을 탄식하는 것에 대한 그들의 말을 듣고 싶다.

(나) 세상에서 내가 수고하여 이루어 놓은 모든 것을 내 뒤에 올 사람에게 물려줄 일을 생각하면, 억울하기 그지없다. 뒤에 올 그 사람이 슬기로운 사람일지, 어리석은 사람일

지, 누가 안단 말인가? 그러면서도 세상에서 내가 수고를 마다하지 않고 지혜를 다해 이루어놓은 모든 것을, 그에게 물려주어서 맡겨야 하다니, 이 수고도 헛되다. 세상에서 애쓴 모든 수고를 생각해보니, 내 마음에는 실망뿐이다.

(다) 그 결과 노인들은 그 어떤 것에 대해서도 확신이 없으며 모든 일을 끝까지 수행하지 못한다. 그들은 '생각'은 하지만 '인식'은 하지 못하고, 늘 미적거리다 보니 '아마도' '그럴 지도 모른다'는 단서를 달면서 그 어떤 것도 분명하게 주장하지 않는다. 노인들은 냉소적이다. 다시 말해서 모든 일의 가장 나쁜 점만을 보는 것이다. 게다가 노인들의 인생경험은 남들을 믿지 못하게 하고, 남을 못 믿으니 의심이 많다. (중략) 노인들은 인생살이 앞에 무릎을 꿇었기에 속이 좁고, 그들의 욕망은 그저 그들을 살아남게 하는 것보다 더 고매하거나 더 비범한 것을 겨냥하는 법이 없다. 노인들에게 돈은 꼭 갖고 있어야 하는 것이고 돈이란 것이 얼마나 벌기 어렵고 써버리기 쉬운지를 경험을 통해 깨달았기 때문에, 이들은 돈에 관한 한 인색하다. 노인들은 겁쟁이들이고 늘 미리 걱정하며 산다. 혈기 왕성한 젊은이들과는 달리 그들의 기질은 차디차다. 노년이 비겁함에 이르는 길을 열어주니, 이들은 두려움으로 차갑게 얼어 있는 것이다.

(가)는 이명한의 『백주집』에, (나)는 『성경』의 「전도서」 2장에, (다)는 아리스토텔레스의 「수사학」에 나오는 내용이다. 세 지문 모두 우리가 흔히 생각하는 노년의 너그러움과 여유와는 거리가 멀다. 나이가 들어가는 사실에 대해 탄식하고, 수고로이 일한 세상을 다음 세대에게 물려주어야 한다는 사실을 기꺼워하지 않는다. 아리스토텔레스의 지문 역시 노년의 특성들을 부정적으로 드러내고 있다.

나이 듦에 대한 논제는 많은 학생들에게 익숙하지 않은 것일 수 있고, 더욱이 그 내용이 그간의 사회적 통념들과는 다른 것들이어서 당황스러울 수도 있다. 또 이 논술문제는 자신의 주장을 반영하라는 제목을 달라는 요구도 하고 있다. 어쩌면 이 논제를 이해하고 글을 쓰기 위한 출발점은 노인들 역시 인생의 어느 한 시기를 살고 있는 다른 이들과 마찬가지로 보편적인 욕망을 가진 존재라는 점을 인정하는 것이 되어야 할 것이다. 우리는 노년의 다양한 욕망을 인정하지 못하고 있기 때문에 노인에 대한 추상적인 이미지들만을 갖게 되는 것이고 그래서 '나의 노년'에 대한 구체적인 생각조차 할 수 없는 것인지도 모른다.

"나는 이다음에 늙으면……."이라고 말하면서 이러이러한 모습으로 살겠다고 행복하게 말하는 사람은 정말 드물다. 우리는 자신이 늙어간다는 사실 자체를 인정하고 싶어 하지 않으며 늙는다는 것은 최대한 피해야 할 상황으로 여긴다. 화장품은 물론이거니와 건강식품 역시 '노화방지'라는 말은 상품 광고에 빠지지 않는다. 즉 늙음을 드러내는 것은 불명예스러운 것이며, 관리와 노력으로 어떻게든 그 상황을 지연시켜야만 하는 것이다. 그러나 보부아르가 『노년』에서 말한 것처럼 늙는다는 것보다 더 자명하게 우리를 기다리는 것은 없으며, 또한 그것보다 더 예상 밖의 일처럼 느껴지는 것도 없다.

죽음에 대해서 사람들은 공포와 함께 숙연한 감정을 떠올릴 수 있지만 '늙음'에 대해서는 죽음 자체보다도 더 큰 혐오감을 불러일으키는 것 같다. 그런 의미에서 보부아르는 우리가 삶에 대립시켜야 하는 것은 죽음이라기보다 차라리 노년이라고 말했다. 그러나 우탁의 시조처럼 늙음이란 '한 손에 막대 잡고 또 한 손에 가시 쥐고' 막으려 해도 막을 수 없는 것이다. 노인이라는 지위는 결코 스스로 얻어내는 게 아니라 때가 되면 자연스럽게 주어지는 것이다.

그럼에도 불구하고 우리 사회는 노인 문제에 대해 심각하게 생각하고 말하는 일이 거의 없다. 기껏해야 '버려지는 노인들'의 문제를 들어 사라져 가는 효에 대해 개탄하는 일이 가끔 있을 뿐이다. 보부아르는 노인 문제에 대한 이러한 '침묵의 공모'를 깨기 위해서 『노년』이라는 책을 썼다고 말한다. 이 침묵의 공모가 문제가 되는 이유는, 더 이상 생산 능력이 없는 고령의 비활동 인구를 폐품 취급하는 소비 사회의 비인간적인 면을 보지 못하게 가리기 때문이라는 것이다.

보부아르의 『노년』은 1부와 2부로 나뉘어져 있다. 1부에서는 외부적인 관점에서 노년의 상황을 보여준다. 생물학, 인류학, 역사, 사회학이 노년을 어떻게 규정하고 어떤 식으로 바라보고 있는지를 보여준다. 2부에서는 내재적인 관점으로, 인간이 나이를 많이 먹게 되면 자기의 육체와 어떤 식으로 관계를 맺는가, 그리고 시간과 타인과는 어떤 관계를 맺는가, 또 어떤 식으로 그것을 내면화하는가를 기술했다. 방대한 독서와 자료를 가지고 보부아르는 결국, 노년이 하나로 환원될 수 없는 서로 다른 여러 개의 얼굴을 가지고 있다는 사실을 확인시켜준다.

보부아르가 가장 크게 주목하는 것은 노인들이 그들의 욕망을 부정당하고 있다는 점인데, 이렇게 설명하고 있다.

노인들은 청년의 연장이며 그렇기에 예전에 그가 가졌던 인간의 자질과 결점들을 고스란히 가지고 있다. 바로 이 점을 여론은 모른 체하고 싶어 하는 것이다. 젊은 이들과 똑같은 욕망, 감정, 요구 등을 표명하는 노인은 사람들의 빈축을 사게 된다. 노인들의 사랑과 질투는 추하거나 우스꽝스럽고 성행위는 혐오스러우며 폭력은 가소로운 것으로 여겨진다. 노인들은 모든 미덕의 본보기를 보여주어야 한다. 무엇보다도 먼저 사람들은 그들에게 평정함을 요구한다. 그리고 그들이 평정함을 지니고 있다고 단정한다. 이러한 사고방식 때문에 노인들의 불행에 무관심해지는 것이다. 사람들이 노인들에게 요구하는 그들 자신의 승화된 이미지, 그것은 백발의 후광에 싸인 경험이 풍부하고 존경할 만한 인간, 인간 조건을 저 높은 곳에서 굽어보는 현자이다. 노인들이 그런 이미지에서 조금이라도 멀어지게 되면 그들은 형편없는 밑바닥으로 굴러 떨어진다.

즉 사람들은 노인들의 이미지를 이상화시켜놓고 인간이라는 범주 바깥으로 노인들을 추방시킨 것이나 다름없는 셈이다. 사람들은 노인들이 사회가 노인들에게 품고 있는 이미지에 복종하기를 바란다. 그리하여 노인은 특정한 방식으로 옷을 입어야 하고, 단정한 예의를 갖추어야 하며 나이에 어울리는 외모를 갖추도록 요구되며, 특히 성적인 면에는 더욱 억압이 강해진다. 노년의 재혼이나 연애가 얼마나 희화화 되고 비웃음을 사는지 우리는 익히 알고 있다. 우리 사회는 노인의 개별적인 욕망이나 특성을 전혀 고려하지 않는 것이다.

보부아르는 노인의 상황에서 가장 절망적인 것은, 노인들 자신이 능동적으로 그 상황을 바꿀 수는 없다는 사실이라고 말한다. 타인들에 의해 결정된 자신의 운명을 수동적으로 받아들일 수밖에 없는 그들에게 있어 또 다른 불행은 마음속으로 느끼는 자신과 남들이 생각하는 자신의 불일치에서 온다는 얘기다. 어른들이 가끔 말씀하시지 않는가. 마음은 아직도 청춘인데 몸만 늙는다고. 즉 노인들은 내면적으로 항상 30세 때와 같은 존재일 수 있지만, 사람들은 노인들의 외면을 보고 60대 혹은 70대 연령층의 행동거지를 기대한다. 내적으로 느끼는 자기와 외모로 나타나는 자기 사이의 괴리는 노인들에게 어떤 역할을 '연기' 해야 한다는 느낌을 주기도 한다는 것이다. 그리고 사회에서 요구하는 노인의 모습을 보여주지 못할 때 그는 사람들에게 '주책' 이라고 손가락질을 받는 신세가 된다.

생물학적인 측면에서 노년에 대해 말하는 보부아르의 이야기 중에서 흥미로운 것은, 유독 인간만이 신체적인 노쇠가 눈에 띄게 드러난다는 점이다. 집에서 기르는 개나 고양이를 생각해보면 알 수 있다. 인간의 나이로 치면 이미 호호 할머니나 할아버지에 해당하는 개나 고양이도 나이가 들었다고 해서 그 외모가 크게 달라지지는 않는다. 동물들은 옆구리가 홀쭉해지고 쇠약해져도 모습이 크게 변하지는 않는다. 그러나 인간은 살아온 햇수에 따른 변화가 정말 두드러지게 드러난다.

인간은 나이가 들면 육체적으로 쇠약해지고, 그 때문에 신체적인 부자유가 따르기 시작하고 그 변화가 외적으로도 나타난다. 그러나 노년의 육체적인 무능력이나 불감증은 어떤 측면에서는 사회적으로 정당화된다. 눈이 침침해져서 잘 보지 못하고 그래서 명민하게 일처리를 할 수 없는 결함들이 당연한 것으로 인정된다. 노인들의 이런 열등한 점을 사람들이 '당연하게' 받아들여주는 것은 사람들이 노인들을 결정적으로 열등하다고 생각하기 때문이라는 점을 보부아르는 지적한다. 즉 노인들은 이러저러한 일들을 할 수 없는 열등한 존재라는 사실을 자연스럽게 받아들이는 대신, 노인들을 생산적인 영역에서 제외시켜 버리는 것이다. 노인들은 '아무 것도' 할 수 없는 존재이기 때문에 생산적인 영역에서 제외되고, 그 때문에 노인들은 지속적으로 의기소침해질 수밖에 없다. 일을 그만 두시고 집에 계시기 시작하면서 어른들은 훨씬 더 나이가 들고 더 빨리 쇠약해진다고 한다. 보부아르는 경제적 능력이 없는 노인들일수록 스스로에 대한 혐오감을 강하게 드러내고 더욱 위축된다고 말한다.

보부아르는 인간에게 진보란 무엇이고 퇴보란 무엇인가를 정의하는 일은 어떤 목표에 의거했을 때에만 가능하다고 말하면서, 노년은 결코 쇠퇴나 퇴보가 아니라고 강조한다. 사회문화적인 배경 안에서만 쇠퇴라는 말의 정확한 의미를 찾아낼 수 있다는 얘기다. 그렇기 때문에 노년이란 생물학적인 현상이 아니라 문화적인 현상이기도 한 것이다. 실례로 히포크라테스는 인간은 56세에 정점에 도달한다고 주장했다. 아리스토텔레스는 육체는 35세에, 영혼은 50세에 완벽한 경지에 이른다고 생각했다. 단테는 45세면 노년에 접어든다고 말했다. 현대 산업사회에서의 노년은 이와는 또 다르다. 우리 사회는 노년을 쇠퇴로 보고 노인을 아이들과 같이 취급한다. 그러나 아이들은 잠재적 노동력을 지닌 존재이므로 사회는 노인들과는 달리 아이들에게는 가치를 부여하고 투자하고자 한다. 보부아르는 이에 대해 사회가 노인을 생산력이나 노동력의 잣대로만 평가할 것이 아니라 완벽하고 독창적인 경험을 살아온 개인으로 받아들여야 한다고 주장한다.

　노인이 된다는 것은 시간이 지나면 자연스레 겪게 되는 일이고 그 상황을 인위적으로 바꿀 수는 없다. 이런 상황에서 노년을 의기소침하고 혐오스럽게 받아들이지 않기 위해서 보부아르는 노년에도 다양한 욕망을 추구할 수 있어야 한다고 말한다.

노년이 우리의 이전 삶의 우스꽝스러운 하찮은 모방이 되지 않게 하기 위한 해결책은 단 하나밖에 없다. 그것은 우리의 삶에 의미를 주는 목표들을 계속하여 추구하는 것이다. 다시 말해 다른 사람에게든, 집단이든, 대의명분이든, 사회적 혹은 정치적 일이든, 지적, 창조적 일이든, 그 무엇에 헌신하는 길밖에 없다. 도덕주의자들의 충고와는 반대로, 우리는 나이가 상당히 들어서까지도 강렬한 열정들을 오래 보존하기를 바라야 한다. 그 열정들은 우리를 자신에게로 되돌아오는 것을 막아주기 때문이다. 사랑을 통하여, 우정을 통하여, 분노를 통하여, 연민을 통하여, 우리는 다른 사람들의 삶에 가치를 부여하며, 그 덕분에 삶은 가치를 보존하는 것이다. 그래야만, 행동해야 하는 이유, 또는 말해야 하는 이유가 남아 있게 되는 것이다. 사람들은 종종 노년을 준비하라고 충고한다. 그러나 그것은 단지 돈을 저축하고, 은퇴 생활을 할 곳을 정하고, 취미를 만드는 것에 그칠 뿐이다.

덧붙여 보부아르는 한 인간이 노년에도 다양한 욕망을 지닌 인간으로 남아 있기 위해서는 인간이 항상 인간으로 대우받는 사회가 되어야 한다고 말한다. 사회가 비활동 인구에게 지정해주는 운명을 통해서, 그 사회의 이면이 드러난다는 것이다. 즉 생산성이 없는 존재들을 소외시키는 사회는 개인들을 상품으로 취급할 뿐이며 오로지 이윤만을 중시하는 사회이며 그런 사회가 내거는 휴머니즘이란 겉모습일 뿐이라는 얘기다. 그러므로 노인들 역시 20대, 30대와 마찬가지의 존재라는 점을 깨닫는다면, 단지 좀 더 전반적인 노인 정책, 노인연금의 인상, 위생적인 양로원, 노인들을 위한 조직적인 여가 등만을 요구하는 것으로 만족할 수 없게 된다.

지금 우리사회에서도 사회보장제도의 도입, 노인 연금이나 노인 복지 시설 등, 노인 문제의 사회적 해결 방안이 모색되고 있기는 하다. 하지만 이러한 사회적인 해결책들은 어떤 측면에서는 우리로 하여금 자신에게 닥쳐올 미래의 문제로서의 노년을 생각하게 하는 대신에, 노쇠현상과 말년에 대한 대비의 책임을 사회에로만 전가시킨 채 노년에 대한 생각을 계속해서 외면하도록 만들어버릴 수도 있다. 보부아르가 말하는 것처럼 노인 문제는 단지 복지제도를 통한 재정적인 지원에만 연관이 있는 게 아니다. 노인 문제는 사회문화적인 체제 전체와 관련이 있는 것이다. 그리하여 보부아르가 말하는 인간다운 노년을 맞이하기 위한 요구는 근본적인 것이 될 수밖에 없다. 그것은 바로 삶을 변화시키는 것, 삶 전체에 대한 우리의 태도를 변화시켜야 하는 것이다.

➡ 이 글의 논제 --

우리 사회에서 '노후대책'과 관련된 다양한 금융상품들은 정작 노년층이 아니라, 청
장년층을 겨냥하고 있다. 사람들이 젊었을 때부터 자신의 노후를 걱정하고 있는 이유는
무엇인지, 그리고 진정한 노후대책은 어떤 것이어야 하는지 논하시오.

➡ 읽은 사람은 다 안다 --

1. 우리 사회가 노인 문제에 대해 심각하게 생각하고 말하는 일이 거의 없다는 사실을
   보부아르는 '침묵의 공모'라고 했다. 침묵의 공모가 왜 문제가 되는 것인가?
2. 보부아르가 노년이 결코 쇠퇴나 퇴보가 아니라고 말하는 이유는 무엇인가?

21세기의 바람직한 여성관은 무엇인가?

-우리 사회의 여성관

우리교육 출판부 엮음, 『세상의 절반, 여성이야기』, 우리교육, 1993.

책
으
로 가
는
길

이미 많이 알려진 우스갯소리 하나. 여자들의 운전이 마음에 들지 않을 때 남자 운전자들이 대뜸 내뱉는 말이 있다. "집에 가서 밥이나 해라."라는 말이다. 그 말을 들은 어떤 여자 운전자가 이렇게 응수했단다. "지금 밥하러 간다." 이 이야기의 또 다른 버전으로는 이런 것도 있다. 초보운전 시절, 남자 운전자들에게 이런 타박을 하도 많이 들은 어떤 여자 운전자는 '초보운전'이라는 말 대신 아예 "밥 하고 나왔습니다."라고 써 붙이고 다녔단다.

그저 가볍게 웃고 말면 그만일 것 같은 이런 이야기 속에는 아직도 뿌리 깊게 남아 있는 성차별적인 요소들이 들어있다. "집에 가서 밥이나 해라."라는 말 속에는, 여자들이 머물러야 할 영역은 집 밖이 아니라 집안이라는 것, 그리고 여자란 밥하는 일을 비롯해서 집안일을 담당해야 하는 존재라는 것, 그리고 그 일이 하찮게 여겨지고 있다는 것 등의 의미가 담겨져 있다. 그깟 말 한 마디에 너무

과도한 의미를 부여하는 것이라고 생각한다면 이런 상황을 생각해보자. 어떤 남자가 직장 상사로부터 꾸중을 듣던 중 "그렇게 일할 거면 집에 가서 애나 봐라."라는 말을 들었다면, 그 말을 심상하게 듣고 넘길 수 있을까. 남자들이 그런 말을 들을 때 그 말은 매우 모욕적으로 들린다. 당신은 능력이 없으니 집안일이나 하라는 의미이기 때문이다. 결국 능력 있는 남자는 집 밖에서 일을 해야 하고 능력이 없는 남자는 여자들처럼 집안에서 집안일이나 해야 한다는 얘기다.

세상이 많이 좋아졌다고 한다. 예전에는 엄두도 낼 수 없었던 영역에 여자들이 진출하기도 하고 법적인 지위도 남성들과 여성들이 많이 동등해졌으니 말이다. 그래서 한편에서는 여자들의 목소리가 너무 커지는 게 아니냐는 우려를 드러내기도 한다. 하지만, 정말 이제는 여자들이 남자들과 동등하게 살 수 있는 세상이 된 것일까. 가정에서, 학교에서, 사회에서 여자와 남자는 차별받지 않게 된 것일까. 그렇다면 "어디, 계집애가……, 어디 사내자식이…….."라는 식으로 여성과 남성을 구분하는 말들이 이제는 모두 사라졌을까.

책으로 푸는 논술

1999학년도 부산대 논술고사에서는 현대 사회에서의 바람직한 여성관을 묻는 문제가 출제되었다. 제시문 (가)는 여자의 소리가 담을 넘으면 집안이 망한다, 정월 초하루에 여자가 집에 들어오면 한 해 동안 재수가 없다 등, 민간에 구전되는 여성에 대한 금기를 소개하고 있다. 여성들의 적극적인 사회 활동을 금지시키고 집안에서의 소극적인 활동만을 강조하는 내용들이다. 제시문 (나)는 조선시대 여성 교육서에서 발췌한 것으로, 여성과 남성은 서로 다를 수밖에 없다는 것을 음양이론을 통해 뒷받침하는 내용이다. (가)와 마찬가지로, 여자는 음양론의 관점에서 볼 때 소극적이고 순종적이어야 한다는 것이다.

(나)의 제시문을 살펴보도록 하자.

음양의 성질이 다르듯 남녀의 행실도 다르다. 양은 굳셈을 덕으로 삼고, 음은 부드러움을 쓰임[用]으로 삼는다. 남자는 강한 것을 귀하게 여기고 여자는 약한 것을 아름답게 여긴다. 이 때문에 항간에 전해오는 말 가운데 "아들은 이리같이 낳고서도 오히려 나약할까 두려워하고, 딸은 쥐같이 낳고서도 호랑이 같을까 오히려 걱정한다."라고 했다. 그러나 몸을 닦는 데[修身]는 공경하는 것보다 나은 것이 없고, 강한 것을 피하는 데는 거스르지 않는 것보다 나은 것이 없다. 이 때문에 '공경하고 순종하는 도리는 아내의 큰 예의'라고 말하는 것이다.

두 제시문과는 반대로 제시문 (다)는 1980년대 시의 일부로, 여성들의 자유와 기쁨을 무시한 채 남자들만 누리는 자유와 기쁨이란 반쪽짜리일 뿐이라는 내용이다. 남성들이 누려온 이익이 사실은 여성들의 희생을 바탕으로 한 것이니 이제는 여성들을 희생시키거나 소외시키지 말아야 한다는 것이다.

남녀평등이나 여성관에 대한 문제는 비교적 평이한 논제라고 할 수 있다. 누구나 한번쯤은 다루어봤을 주제이다. 그러나 막연하게 "남자와 여자가 평등해야 한다."라는 진술에서 벗어나, 왜 그래야 하는지, 현대 사회에서는 여자와 남자의 평등한 관계가 왜 더욱 필요한 것인지 등을 구체적으로 논의해내는 것은 결코 쉽지만은 않다. 이런 내용을 설득적으로 전개시킬 수 있어야 현대의 바람직한 여성관을 그려내는 일이 가능해질 것이다.

여성에 대한 차별적인 인식을 담고 있는 말들을 좀 더 살펴보자. "여자와 소인은 가까이 하지 말라."라는 말이 있다. 어떤 여자인지와는 무관하게 모든 여자는 소인과 같은 존재라는 얘기다. 소인이란 도량이 좁고 간사한 사람을 이르는 말이기도 하고, 나이 어린 아이를 가리키는 말이기도 하다. 같은 맥락에서 '아녀자'라는 말이 있다. 아녀자는 아이와 여자를 함께 지칭하는 말이다. 결국 여자는 아이와 같은 존재라는 얘기다. 여자는 아이와 같이 혼자서는 아무것도 할 수 없는 존재이므로, 어려서는 아버지의 뜻을 따르고 시집가서는 남편의 뜻을 따르고 늙어서는 아들의 뜻을 따라야 한다는 것이다. 이것이 바로 삼종지도(三從之道)이다.

"여자 나이 삼십이면 눈먼 새도 돌아보지 않고, 여자 나이 사십이면 장승도 돌아보지 않는다." 이 말은 여자의 가치는 전적으로 젊음과 외모로 평가된다는 얘기다. 여성에 대한 이런 편견은 옛날 우리나라에만 있었던 것은 아니다. 「파니 핑크」라는 독일 영화가 있었다. 이 영화의 첫 대사는 이렇다. "여자가 나이 서른에 남자를 만나는 것은 원자폭탄을 맞는 것보다 어려운 일이다." 어떤 일을 하는지, 성격이 어떤지 등과는 전혀 무관하게 그저 나이와 외모로만 여성의 가치를 매기려는 일은 동서고금을 막론한 일인가 보다. 반대로 남자들의 경우에는 나이 드는 것이 남자의 가치를 떨어뜨리는 일이 아니라 오히려 새로운 매력을 갖게 되는 것이라고 평가된다. 중년 남자에게는 원숙함, 노련함, 중후함 등의 새로운 가치가 매겨진다. 텔레비전을 통해 매일 보게 되는 뉴스의 앵커들을 생각해보라. 젊고 예쁜 여자와 나이 많은 남자가 파트너가 되고 있지 않은가.

다들 세상 좋아졌다고 하는데 아직도 우리 생활 곳곳에는 여성과 남성을 차별하는 시선이 도사리고 있다. 우리가 알지 못한 채 지나치는 성차별에 대해 아주 구체적으로 생각해보게 만들어주는 책이 있다. 『세상의 절반, 여성이야기』는 여성문제 전문가, 교사 등이 현장에서 직접 겪은 일들을 바탕으로 쓰인 책이다. 이 책에는 중학생이나 고등학생들이 자신의 경험을 직접 쓴 예화들이 많이 있어서 그 내용에 쉽게 공감할 수 있다. 1부는 가정과 학교, 사회 속에서 여성들이 어떻게 길들여지고 있는가에 대해서, 2부는 문학과 대중매체에서 여성들의 모습은 어떻게 그려지는가에 대해서, 3부는 건전한 사랑에 대해서 쓰였다. 4부는 콩트나 촌극 쓰기, 동화 새로 쓰기 등의 활동을 통해서 바람직한 여성관을 표현해보는 활동자료들이 제시되어 있다.

　이 책에는 제주도 선분대 할망 이야기부터 시작해서 고려, 조선을 거치면서 여자들의 지위가 어떠했는지를 설명해준다. 그중 하나의 예를 들어보자. 옛날 양반집 여자들은 외출할 때 반드시 하인과 동행해야 했으며, 얼굴은 반드시 가리고 다녀야 했다. 그런데 이런 규제가 얼마나 엄격했던지, 집에 불이 났는데도 하인이 옆에 없다는 이유로 밖으로 나오지 못하고 그 자리에서 타죽은 여자가 열녀전에 올랐다는 기록이 있단다. 지금 들으면 웃어야 할지 말아야 할지 난감한 사건이다. 이뿐 아니라 선조 때는 과부인 어머니가 종과 간음했다고 하여 가문의 명예를 지키기 위해 어머니를 살해한 자식에 대한 기록이 있으며, 과부가 음행했다는 풍문을 듣고 그 친형을 비롯한 친척들이 합세하여 그 여자를 돌과 함께 묶어 강물에 던지는 일까지 있었다고 한다. 옛날 여자들은 남자들의 가문에 들어가 어머니 노릇, 아내 노릇을 충실히 할 때에만 목숨을 부지할 수 있었으며, 가문을 더럽혔다고 판단이 될 경우, 얼마든지 남자들의 손에 죽을 수도 있었다. 하지만 더욱 놀라운 것은 이런 사건이 옛날에나 있었던 보기 드문 일이 아니라는 사실이다. 지금도 이슬람 문화권에서는 '명예살인'이라는 것이 있다. 이유를 불문하고 여자가 재혼을 한다든가 집안의 허락 없이 남자를 만난다든가 하면 남자형제들은 가문의 명예를 더럽혔다고 해서 여자들을 죽이는 일이 공공연하게 행해지고 있다.

최소한 현재 우리 사회에서는 이제 그런 극단적인 일은 없는 것 같으니 일각의 우려대로 여자들이 살만한 세상이 된 것도 같다. 하지만 『세상의 절반, 여성 이야기』는 우리가 잘 알아차리지 못하는 일상 속의 성차별이 얼마나 많은지 알 수 있게 해준다. 남자와 여자의 차이는 아들과 딸의 차별에서부터, 아주 어릴 적부터 시작되기 때문에 차별을 차별이라고 인식하기가 쉽지 않다. 흔한 예로 지금까지도 여자 아이 옷은 분홍색, 남자 아이 옷은 파란색 일색이다. 물론 그런 색깔 구분에서 벗어나고자 노란색이나 초록색 등을 사용하기도 하지만, 아직도 대세는 '분홍 딸과 파랑 아들' 식의 구분이다. 뿐만 아니라 서점이나 큰 슈퍼에 가보면, 여성―아동 코너 혹은 여성―생활용품 코너라는 구분이 아직도 남아있다. 즉, 위에서 말한 대로 여자와 아이가 하나의 범주로 묶일 수 있고, 살림살이는 여자가 도맡아 하는 것이라는 인식이 그대로 반영된 분류법인 셈이다. 또, 같은 상황에서도 남자와 여자에 대한 표현은 달라진다. 앞장서서 일을 도맡아 하는 사람이 있을 경우, 그가 남자이면 "리더십이 있다, 적극적이다."라고 하는 반면 그가 여자이면 "너무 나선다, 극성스럽다." 등의 평가가 먼저 나오기 십상이다. 그렇다면 태어날 때부터 남자는 적극적이고 리더십 있게 태어나는 것인가.

사람들은 흔히 남자를 하늘, 여자는 땅이라는 표현을 쓴다. 하지만 지구가 둥글다는 것을 염두에 둔다면, 때로는 하늘이 땅 밑에 있을 수도 있다. 결국 모든 것은 관점의 차이일 뿐이라는 얘기다. 여자와 남자에게 부여된 특성들이 원래부터 타고난 것이 아니라는 사실을 이 책에서는 이렇게 말하고 있다.

장끼의 깃은 매우 아름다워 겉으로는 잘 드러나지만 까투리의 깃은 칙칙하여 숲 속의 낙엽과 잘 구분되지 않습니다. 그것은 까투리가 적의 눈에 발견되지 않고 알을 낳아 무사히 새끼를 기를 수 있도록 진화되어 왔기 때문입니다. 즉 까투리의 깃털이 처음부터 칙칙했기 때문에 알 낳고 새끼 기르는 임무를 떠맡게 된 것이 아니라는 뜻입니다.

마찬가지로 모든 여자의 천성이 내향적이고 온순했기 때문에 육아의 임무가 맡겨진 게 아니라 여성에게 주로 주어져 온 일이 살림과 아이 기르기와 남편 뒷바라지였기에 그에 맞게 점점 변화된 것이고, 그런 특징들이 마치 여성의 미덕인 양 칭송되어 왔을 뿐입니다.

자기 주변을 정돈하는 습관이나 예의바른 말씨를 쓰는 것은 여자나 남자 모두에게 필요한 미덕인데도, 남자가 왜 그렇게 지저분하냐, 사내가 말버릇이 그 모양이니 어디 장가라도 가겠느냐는 말은 하지는 않는다. 오직 여자애가 그렇게 지저분해서 어디에 쓰겠냐, 그래서 시집이나 가겠냐는 말이 있을 뿐이다. 그리고 아들에게는 인생의 갖가지 목표를 암시하는 이름을 지어주고 딸들에게는 그저 착하고 예쁘고 순하기만을 바라는 이름을 지어주는 것도 이미 여자와 남자의 특성, 여자와 남자의 할 일이 다르다는 차별적인 가치관을 그대로 반영하고 있는 셈이다. 현모양처(賢母良妻)라는 말도 마찬가지이다. 현명한 어머니와 선한 아내라는 것은 아주 좋은 말이다. 문제는 현부양부(賢父良夫)라는 말은 남자들의 미덕으로 강조되지 않는다는 사실이다. 현명한 아버지와 선한 남편 역시 훌륭한 미덕이지만, 남자들에게는 그런 것보다는 집 밖에서의 성취가 더 중요한 것으로 가르쳐져 왔다. 그리고 여자들에게는 모든 관심을 가정 안으로만 묶어놓고, 사회에 대한 참여 의식을 갖지 못하게 하며 집안에서의 역할만을 강요해온 것이다.

　어찌 보면 예전의 여성들보다 현대의 여성들이 더 힘든 삶을 사는지도 모른다. 현대의 여성들은 남자들과 동등하게 사회활동을 하면서도 집안일은 여전히 여성들의 몫으로만 남아있기 때문이다. 아버지는 일하고 들어오시면 쉬시지만 어머니는 퇴근하고 오셔도 잠시도 앉아있지 못하고 집안일을 하신다. 그러니 여자들은 남자들에 비해 늦게 출근하고 일찍 퇴근하므로 직업의식이 없다고 비난하는 것은 부당한 일일 수밖에 없다. 게다가 여자들이 아이를 낳게 되면, 아이를 기르는 몫은 전적으로 여자들의 책임이 되기 때문에 누군가 아이를 돌봐줄 사람이 없는 경우 여자들은 직장을 그만 둘 수밖에 없다. 출산 휴가는 물론이고 마음 놓고 아이를 맡길 시설도 여의치 않은 상황에서 아이를 낳은 여자들이 직장을 포기하게 되는 일이 많아지는 것이다. 더군다나 여성들이 임신을 하면 은근히 퇴직하라는 압력을 넣는 기업주들이 아직도 많은 상황에서, 여자들은 언제 직장을 그만 둘지 모르고 책임감이 부족하므로 중요한 일을 맡길 수 없다고 비난하는 것은 어불성설이다.

　실제적인 상황과 사회적 구조를 무시한 채 모든 잘못의 원인과 책임을 여자들에게 돌리려는 것은 우리 사회가 성에 대한 이야기를 할 때 극명하게 드러난다. 『세상의 절반, 여성이야기』에서도 다양한 사례들을 들고 있는데, 특히 여자들이 성적인 위협을 당하는 경우 피해를 당한 여성이 어떻게 모든 책임을 지게 되는지 보여주고 있다. "여자가 먼저 꼬리를 치니까 그렇지, 옷차림이 야해서 그렇지, 밤늦게 돌아다니니 그렇지." 등의 말이 성폭행을 당하거나 당할 뻔한 여성들이 가장 먼저 듣게 되는 말이다. 그러면서 남자는 '원래' 충동적이기 때문에 그럴 수도 있는 일이니 여자들이 미리미리 알아서 피하고 조심해야 한다고 우리 사회는 여자들에게 가르쳐왔다. 이런 논리는 집안에 도둑이 들어 물건을 잃어버린 사람에게, 도둑 잡아줄 생각은 안하고, 왜 그렇게 잘 살아서 도둑이 들게끔 만드느냐고 도둑맞은 사람을 비난하는 것과 같은 이치이다. 가해자는 쏙 빼놓고 피해자에게 모든 책임을 지우는 격이다. 이 책은 이런 논리가 가능할 수 있는 것이 우리가 어렸을 때부터 받아온 차별적인 성교육 때문이라고 말한다. 즉 여성은 성에 대해 관심도 없어야 하는 반면, 남성은 강한 성욕을 표현하는 것이 용인되며, 또 그렇게 해야 남자답다는 소리를 듣기 때문이다. 우리 사회는 성욕과 성 본능에 있어서 여자와 남자는 이미 태어날 때부터 차이를 가진다고 생각하게 만들어 온 것이다.

지난 여름, 크게 인기를 끌었던 「내 이름은 김삼순」이라는 드라마가 있었다. 많은 여자들에게 크게 공감을 불러일으켰던 삼순이라는 주인공에 대한 재미있는 설문 조사가 있었다. '김삼순'이라는 주인공에 대해서 기업의 인사담당자들은 '별로'라는 반응을 보였다는 것이다. 채용하고 싶지 않은 이유를 묻는 질문에는, '눈치가 없고 성격이 직무에 맞지 않을 것 같아서'라는 대답이 다수를 차지했다고 한다. 누구에게나 할 말은 하는 거침없고 솔직한 성격은 '눈치 없는' 행동으로 여겨지고, 그런 성격의 '여직원'은 적당히 상사의 기분을 맞춰주거나 회사의 부당한 일에도 참을 수 있는 인내심도 없을 것 같다는 얘기이다. 시청자들이 삼순이에 열광했던 것은 일에 대한 자신감과 프로근성, 당당함 때문이었다. 그러나 기업에서 여자 직원에게 원하는 조건은 그런 것이 아니다. 삼순이가 순종적이고 부당한 일을 당해도 맞서 대거리를 하지 못하는 성격이었다면 기업의 인사담당자들의 평가가 조금은 달라졌을지도 모를 일이다.

언뜻 생각하기에는 이제는 여성과 남성의 차별은 모두 없어진 것처럼 보인다. 하지만 잘 보지 않으면 보지 못하는 차별들은 아직도 많이 남아 있다. 사회는 그렇게 쉽게 변하지 않기 때문이다. 국제 사회의 기준으로 볼 때 한국 여성의 지위는 아직도 최하위권에 속한다고 한다. 유엔 개발계획 보고서에 따르면 한국의 여성권한척도는 68위로 나타났으며 세계경제포럼 보고에서도 양성평등지수가 58개국 중 54위에 그치고 있다. 우리가 해야 할 일은 아직 너무 많다. 겉으로는 달라진 것처럼 보이지만 아직도 여성과 남성을 차별하는 사회에서 여성과 남성이 함께 행복해질 수 있으려면 말이다. 여성과 남성이 서로 차이가 있음을 인정해야 하지만 그것이 차별로 작동해서는 여성과 남성 모두 행복해 질 수 없다.

➜ 이 글의 논제 --

여자들의 사회활동이 확대되고, 법적으로도 지위가 달라지고 있지만, 여전히 성차별적인 사회 인식은 그대로 남아 있으며 육아와 가사 노동도 여전히 여성들의 몫이다. 이런 상황에서 바람직한 여성은 어떤 모습일지 논술하시오.

➜ 읽은 사람은 다 안다 --

1. 여성에 대한 차별적인 인식을 담고 있는 말들을 더 찾아보자.
2. 아직도 일상 속에 남아 있는 성차별적인 상황들의 예를 들어 보자.
3. 여자들은 책임감이 부족하기 때문에 직장에서 중요한 임무를 맡길 수가 없다는 편견이 왜 잘못 되었는지 설명해 보자.

개인의 자살은 사회에 어떤 영향을 미치는가?
−자살의 사회적 책임

요로 다케시 지음, 김난주 옮김, 『죽음의 벽』, 재인, 2004.

독일의 철학자 발터 벤야민은 「이야기꾼과 소설가」라는 글에서, 이야기가 점점 사라져 가는 이유 중의 하나를 죽음과 관련해서 설명했다. 죽음이라는 사건은 인간의 전 생애를 거쳐서 반드시 겪게 되는 삶의 과정임에도 불구하고 사람들은 그 죽음을 우리의 삶에서 점차 분리시켜 나갔다. 즉 의학과 더불어 위생 관념이 생겨나고 사람들은 죽을 때가 되면 자신이 살아온 집이 아니라 병원으로 옮겨져서 죽음을 맞이하기 시작했다는 것이다. 정말 그렇지 않은가. 임종 때가 가까워 오면 사람들은 죽음을 앞둔 사람을 병원으로 데려가고 병원 침상에서 의사는 사망 여부를 진단한다. 그리고 죽은 이후의 장례절차도 모두 병원에서 이루어진다.

죽음은 현재 우리의 '삶' 과는 분리된 사건이 되었고, 그래서 우리는 죽음에 대해 생각하기를 꺼려한다. 게다가 죽음이라고 하면 우리는 '나, 혹은 우리의 죽음' 이 아니라 나와는 관련이 없는 불특정 다수인 '그들의 죽음' 만을 떠올리게 된다. 이렇게 되고 보니 죽음에 대해 이야기하거나 죽음을 떠올린다는 것은 부정적이거나 염세적인 것으로 여겨진다. 더구나 동반 자살이나 자살 사이트가 사회적인 문제가 되고 있는 상황에서 자살에 대해 이야기하는 것은 매우 무겁고 심각한 주제가 아닐 수 없다.

자살은 우선 종교적으로는 금기에 가깝다. 신이 주신 생명을 인간이 함부로 해서는 안 된다는 논리로 이어지기 때문이다. 그러나 사회학자들은 자살에 대한 금기를 좀 다른 관점에서 해석한다. 즉, 어떤 이유에서든 사회 구성원이 스스로 목숨을 끊는다는 것은 사회 전체의 노동력 손실을 가져온다는 점에서 자살을 일종의 금기처럼 다루었을 것이라고 본다. 산업사회 이전에는 인간의 노동력이야말로 가장 중요한 자산이었으며 다산(多産)이 신의 축복이라고 여겨지던 것과 같은 맥락이라고 볼 수 있다. 또 일본의 영화감독 이마무라 쇼헤이의 「나라야마 부시코」에는 우리가 흔히 '고려장' 이라고 부르는 것과 비슷한 풍습이 나온다. 그러나 우리가 흔히 나이든 노인을 내다 버린다고 알고 있는 것과는 좀 다르다. 한 마을에서 나이가 제일 많은 노인은 흉년이 들고 먹을 것이 귀해지면 자신을 깊은 산 속으로 데려다 달라고 요구한다. 즉 다른 구성원들을 위해 스스로 죽음을 택하는 것이다.

우리는 죽음이나 자살을 무서운 것, 나쁜 것, 혹은 나와는 전혀 상관이 없는 것이라고 생각하고 산다. 그러나 위대한 철학자나 유명한 예술가들 치고 죽음에 대한 성찰이나 작품을 만들지 않은 이들은 없다. 뒤집어 보면, 죽음이라는 것이 반드시 비관적이고 우울한 것이 아니라 우리 삶과 직접적으로 관련된 문제이며, 죽음에 대해 생각한다는 것은 곧 삶에 대해 치열하게 고민하고 있다는 뜻도 된다. 지금껏 우리가 멀게만 생각했던 자살이나 죽음의 문제를 조금만 가까이 끌어당겨서 생각해 보자.

　　2004학년도 한양대 수시모집 논술고사에는 최근 사회적인 이슈가 되고 있는 자살에 관한 문제가 나왔다. 제시문 (가)는 현재 우리나라의 자살이 얼마나 빈번하게 발생하는지에 대한 글이고, (나)는 자살을 사회학적인 관점으로 설명한 글이다. 마지막 제시문 (다)는 엄마를 잃은 심청이에게 동냥젖을 먹이러 다니는 심학규의 모습을 묘사한 부분이다. 이 세 지문을 주고 논제가 요구하는 바는 이러하다.

[문제] 지문 (가)는 최근의 사회문제에 관한 글이다. 지문 (나)의 관점에 따라 지문 (가)에 제시된 사례들의 원인을 분석한 후, 지문 (다)에서 유추할 수 있는 구체적 해결책을 제시하고 그 한계를 비판하시오.

　　(가)는 문제 제기이고 (나)는 논제의 방향을 설정해준 셈이고 해결책은 (다)에서 암시해 준 것이라고 볼 수 있다. 논제에서 이미 어떻게 글을 쓸 것인지에 대해 다 알려주고 있는 셈이다. 관건은 영어 지문인 (나)를 얼마나 정확하게 이해할 수 있는가 하는 것과 얼마나 논리적으로 글을 엮어낼 것인가 하는 점이다. 제시문 (나)를 자세히 살펴보자.

Durkheim, a French sociologist, emphasizes the importance of social facts in investigating suicide rates. Social facts here are understood as 'every way of acting capable of exercising an external constraint on the individual'. They are 'external' to the individual in the following two senses. Firstly, every man is born into an on-going society which already has a definite organization or structure, and which conditions his own personality. Secondly, social facts are 'external' to the individual in the sense that any one individual is only a single element within the totality of relationships which constitutes a society. These relationships are not the creation of any single individual, but are constituted of multiple interactions between individuals.

There is a relationship between suicide and social integration*, a notable social fact: Suicide varies in inverse ratio* to the degree of integration of the social groups of which the individual forms a part. Thus this type of suicide may be called 'egoistic', and it results from a state where 'the individual self asserts itself to excess in the face of the social self and at its expense'.

A second type of suicide springs from an anomic state of moral deregulation. Suicide rates increase markedly in times of economic depression; they also, however, increase to an equivalent degree in times of marked economic prosperity. Both sudden upward and downward changes in the economic cycle have an unsettling effect upon accustomed modes of life and can lead to an 'anomic suicide'.

The third type, 'altruistic* suicide', has two sorts: 'obligatory' and 'optional'. Under certain circumstances in traditional societies, an individual kills himself because he has an obligation to do so. It is called an obligatory suicide. Optional suicide is often associated in modern societies with the furtherance of definite codes of honor and prestige. Both kinds rest upon the existence of a strong collective value.

* integration: 통합   * in inverse ratio: 반비례하여   * altruistic: 이타적

(제시문 해석)

프랑스의 사회학자 뒤르켐은 자살률을 조사하는 데 있어 사회적 사실들이 갖는 중요성을 강조한다. 여기서 사회적 사실들이란 '개인에게 외부적으로 제약을 가할 수 있는 모든 형식의 행동'으로 이해된다. 사회적 사실은 다음 두 가지 의미에서 개인에게 '외부적'이다. 첫째, 모든 사람은 이미 확실한 조직과 구조를 가지고 진행 중인 사회에 태어나며, 사회는 개인의 성격을 조건화한다. 둘째, 사회적 사실은 어떤 개인도 단지 사회를 구성하는 전체 관계 속의 한 요소일 뿐이라는 의미에서 개인에게 '외부적'이다. 이러한 관계는 단지 한 개인이 만들어 내는 것이 아니라, 개인들 간의 수많은 상호작용으로 구성된다.

자살과 사회적 통합 사이에는 어떤 관계, 주목할 만한 사회적 사실이 있는데, 자살은 개인이 일부분인 사회적 그룹들의 통합 정도에 반비례하여 달라진다는 것이다. 그래서 이런 종류의 자살은 '자기중심적 자살'이라고 불리는데, 이것은 개인의 자아가 사회적 자아와 맞서서 자신을 희생하면서까지 과도하게 자기를 고집하는 상태에서 발생한다.

두 번째 타입은 도덕적 해이상태나 아노미적 상태에서 발생한다. 자살률은 경제가 침체되는 시기에 눈에 띄게 증가한다. 그러나 또한 경제가 번영을 누릴 때도 역시 같은 정도로 증가한다. 경제적 사이클에서 갑작스런 상승적 그리고 하강적 변화는 익숙한 생활양식을 뒤흔드는 효과를 가지고, '아노미적 자살'을 초래한다.

세 번째 타입인 '이타적 자살'에는 두 가지 종류가 있는데 그것은 '의무적인 것'과 '부가적인 것'이다. 전통적 사회에서, 개인은 특정한 상황 하에서, 자살을 해야 하는 의무 때문에 스스로 목숨을 끊는다. 이것은 의무적 자살이라고 불린다. 부가적 자살이란 현대 사회에서 조장되고 있는 명예와 위신이라는 분명한 코드와 종종 연관이 있다. 두 가지 모두 하나의 강력한 집합적 가치가 존재한다는 데 의존하고 있다.

　　　위에서 인용한 지문을 자세히 살펴보면, 우리가 흔히 "자살은 나쁘다."라고 생각했던 것 외에도 자살이라는 문제에 다양한 측면이 얽혀 있다는 것을 알 수 있다. 우리가 막연하게 '나쁜 자살' 이라고 생각해 온 것은 위의 논의에서는 첫 번째 유형인 '자기중심적 자살' 에 속한다고 볼 수 있다. 그리고 요즘 큰 문제가 되고 있는 카드빚이나 생활고를 비관한 자살은 위에서 얘기한 '아노미적 자살' 에 해당될 것이다. 그리고 이마무라 쇼헤이의 「나라야마 부시코」에 나오는, 추운 겨울 먹을 것도 없이 홀로 산 속에 남기를 원하는 노인의 경우나 정절을 더럽혔다고 생각될 경우 자결을 강요당했던 여인들의 경우는 '의무적 자살' 이라고 하겠다. 그리고 어느 사회에서나 자신의 결백을 증명하거나 명예를 지키기 위해 자살하는 경우는 '부가적 자살' 이라고 분류될 것이다. 물론 위의 분류가 절대적인 것은 아니다. 그리고 종교적인 입장이나 유교적 전통에서 보면 그 이유가 무엇이건 간에 스스로 목숨을 끊는다는 것은 씻을 수 없는 큰 죄악으로 간주된다.

　　막연하게라도 죽음을 두려워하지 않거나 죽음에 대한 공포를 가지고 있지 않은 사람은 없을 것이다. 진중권은 『춤추는 죽음』에서 죽음의 공포에 대해 이렇게 설명한다.

죽음의 공포는 임종 시에 따르는 고통에 대한 두려움이 아니다. 죽음의 공포는 자기가 사회와 맺어왔던 관계, 혹은 다른 인간들과의 의사소통이 궁극적으로 단절되는 데에 대한 두려움이다. 인간은 사회적 관계의 산물이다. 죽음은 주체를 이루는 이 관계의 끈을 하나하나 풀어내어 그것을 무로 되돌린다. (중략) 자신의 한계는 세계의 한계이고 자신의 죽음은 곧 세계의 죽음이기 때문이다. 세계가 없어지진다면, 자신의 죽음에 의미를 부여할 근거도 사라진다. 실존적 공포의 정체는 바로 이 보편적 무의미 앞에서의 두려움이리라.

『춤추는 죽음』은 유럽의 역사 속에서 죽음에 대한 관념이 어떻게 변해왔는지를 그림을 통해 살펴보는 책이다. 중세에는 자살이 아닌 자연적인 죽음이라 해도, 그것은 엄연히 공동체 전체에 위협적인 것으로 받아들였다고 한다. 한 사람의 성원을 잃는 것은 공동체로 보면 분명히 손실이다. 이 손실은 어떤 식으로든 보상되어야 했다. 그래서 중세인들은 죽음을 제례화 하여 여기에 모든 성원을 참여시켰다. 모든 구성원이 함께 모여 죽은 자를 애도함으로써 공동체의 응집력을 높이고, 한 성원의 죽음으로 인한 공동체의 약화를 보충할 수가 있었다고 한다. 우리 사회에서도 자살이 빈번하게 발생하자 자살 방지 캠페인을 벌이거나 사회적인 차원에서의 조치가 필요하다는 주장이 나오는 것과 같은 맥락이다.

어느 시대에나 어떤 의미에서나 한 구성원의 죽음은 공동체에 영향을 미치기 마련이다. 이런 측면에서 자살은 절대 해서는 안 되는 일이라며 반대하는 사람이 『죽음의 벽』을 쓴 요로 다케시이다. 요로 다케시는 해부학자로서 죽음과 죽은 사람을 늘 대하는 사람이다. 그는 자신의 직업적인 특성과 어렸을 때 자신에게 매우 큰 영향을 끼친 아버지의 죽음을 토대로 죽음에 대한 자신의 생각을 글로 옮겼다. 『죽음의 벽』은 자살이나 안락사에 관한 문제뿐 아니라 죽음 자체를 과학적으로 어떻게 정의할 것인지에 대해서도 이야기한다. 요로 다케시는 자살을 해서는 안 되는 이유를 크게 두 가지로 이야기한다. 우선 자살은 살인의 일종이기 때문에 다른 사람을 죽여서는 안 되는 이유와 마찬가지이고, 또, 한 사람의 자살은 다른 이들에게 영향을 미치기 때문이라고 설명한다.

자살을 해서는 안 되는 이유는 크게 두 가지가 있습니다. 한 가지는 자살은 살인의 일종이라는 것. 따라서 사람을 죽여서는 안 되는 이유와 같습니다. 다른 한 가지는 자살은 2인칭의 죽음으로 주위 사람들에게 매우 큰 영향을 미친다는 것입니다. (중략) 인사이동이든 죽음이든 없었던 일로 할 수는 없습니다. 죽음은 회복이 불가능합니다. 그래서 사람을 죽여서는 안 되고 자살해서도 안 되는 것입니다. 안락사를 비롯해서 죽음에 관한 모든 것을 단순하게 생각해서는 안 됩니다. 인생의 모든 행위는 돌이킬 수 없습니다. 그리고 죽음만큼 그런 인생의 진리를 확실하게 보여주는 것도 없지요.

요로 다케시 역시 이 책에서 현대에 오면서 사람들이 죽음의 문제를 애써 외면하고 있다고 지적한다.

지금은 사람이 죽으면 으레 화장을 하지만 고도 성장기 이전에는 매장이 지금처럼 몰상식한 처리 방법이 아니었습니다. 그런데 경제가 발전하면서 일상에서 시신을 보다 빨리, 죽음을 보다 멀리 밀어낸 것이죠. 비슷한 시기에 화장실에서도 유사한 일이 벌어졌습니다. 바로 수세식 변기의 보급입니다. 수세식 변기는 인간이 몸에서 자연스럽게 내보낸 것을 가능한 한 보이지 않게, 느낄 수 없게 한 것입니다. 배변은 인간이 자연의 일부로 존재하는 한 절대 피할 수 없는 것입니다. 그런데도 삶과 불가분한 부정적 요소라 해서 배제한 것이죠. 배변 행위나 죽음이나 자연의 섭리란 점에서는 같습니다. 그런데 애써 외면해 온 것이죠. 가능한 한 시야에서 멀리 밀어낸 것입니다.

저자는 죽음을 우리의 삶에서 멀리 밀어내려는 것은 계명 풍습에서도 알 수 있다고 설명한다. 계명이란 죽은 사람에게 살아 있을 때와는 다른 이름을 붙여서 부르는 것을 말한다. 불교적 전통이 남아 있는 곳에서도 그렇고 서양에서도 이와 유사한 풍습이 있다고 한다. 계명은 죽은 사람의 이름을 함부로 불러서는 안 된다는 측면도 있지만, 바꿔 생각해보면 죽은 사람을 살아 있을 때의 이름으로는 부르지 않겠다는 뜻도 된다. 즉 계명을 붙여준다는 것은, 죽은 사람은 이제 더 이상 공동체의 일원이 아니라는 선언인 셈이며 이것은 죽은 사람에 대한 차별이고 세상이라는 원 밖으로 죽은 이를 밀어내는 것과 같다는 것이다.

그러나 저자는 의학적으로도 죽음을 어떻게 정의해야하는지는 아직도 논란 중이라는 점을 길게 설명하면서 삶과 죽음의 경계는 우리가 생각하는 것처럼 그렇게 명확하지 않다는 것을 강조한다. 현대에는 뇌사를 죽음으로 정의하기도 하지만 이는 뇌의 신경세포가 죽은 시점을 의미한다. 그러나 왜 유독 뇌의 신경세포만을 죽음의 기준으로 삼는지 의문을 제기한다. 사람이 죽은 후에도 일정 기간 동안 시신에서 수염과 머리카락이 자란다는 사실은 뇌가 죽은 후에도 근육이나 피부 세포의 일부가 살아있음을 증명하는 것이라고 설명한다. 그렇기 때문에 뇌사나 안락사에 대한 논의가 뚜렷한 결말을 보이지 못하고 있다고 덧붙인다. 요로 다케시는 뇌사나 안락사를 인정하는 것은 인간의 생명의 문제가 아니라, 살아 있는 사람들의 합의 하에 그들을 공동체의 멤버에서 영원히 따돌리는 것이라고 본다.

결국 저자는 『죽음의 벽』이라는 책을 통해서 죽음을 이야기하는 듯 보이지만 실은 '생명' 자체의 중요함을 강조하고 있는 셈이다. 뇌사나 안락사를 비롯해서 자살까지도 절대로 '되살려낼 수 없는 생명'이라는 관점에서 보고 있다. 저자는 자신을 포함하여 채식주의자들도 어떤 형태로든 생물의 희생을 전제로 살아가고 있다는 점을 잊어서는 안 된다고 말한다. 이미 다른 생명체의 희생으로 생명을 유지하고 있다는 점을 기억한다면, '왜 사람을 죽여서는 안 되는가', '왜 자살을 해서는 안 되는가'에 대한 답을 스스로 찾을 수 있다고 강조한다. 앞에서 말했듯이 죽음에 대한 문제는 삶의 문제와 관련될 수밖에 없으며, 죽음에 대해 고민한다는 것은 결국 삶에 대해 가장 치열하게 고민하는 것이라는 점을 요로 다케시의 『죽음의 벽』은 분명하게 보여준다.

개인의 자살이 사회 전체에 어떤 영향을 미치게 되는지 논술하시오.

1. 뒤르켐이 말한 자살의 유형을 설명해 보자.

2. 요로 다케시가 말한 자살을 해서는 안 되는 이유 두 가지를 찾아보자.

3. 요로 다케시가 자살을 비롯해서 뇌사, 안락사 등에 반대하는 가장 큰 이유는 무엇
   인가?

환자의 고통에 의사는 어떠한 책임이 있는가?

—의사의 윤리적 책임

에릭 J. 카셀 지음, 강신익 옮김, 『고통 받는 환자와 인간에게서 멀어진 의사를 위하여』,
코기토, 2002.

책
으
로 가
 는
길

1960년대 이른바 '베이비붐' 이후 인기를 구가하던 산부인과가 외면 당하고 있다고 한다. 한 지방대 의대의 2006년 전공의(레지던트) 모집 마감 결과, 산부인과는 정원 미달이었다고 한다. 힘들고 위험한 과목은 기피하고 쉽게 병원을 열어 안전하게 돈벌이를 할 수 있는 전공을 선호하는 현상이 갈수록 두드러진다는 지적이다. 산부인과가 인기가 없는 것은 저출산 영향도 크다. 또 의료 사고에 대한 위험 부담이 크다는 것도 기피의 이유가 된다. 10시간 이상이나 한 환자에게 매달려 자연 분만을 해놓고 외국의 10분의 1 수준의 분만 비용을 받는 대신 의료 사고에 따른 보상액은 수억 원이 넘는 현실도 산부인과 기피 현상의 원인이라고 한다. 스트레스와 과다한 업무 부담이 많은 흉부외과와 응급의학과 등도 인기가 없기는 마찬가지다. 반면 피부과, 안과, 성형외과 등은 선호도가 높아지고 있다고 한다. 외과에 비해 힘도 덜 들고 높은 수익이 보장되기 때문이란다.

피부과, 안과, 성형외과는 생명과 관련이 있긴 하지만 산부인과와 외과처럼 생명에 직접적으로 관련이 있는 진료과목은 아니다. 가령 맹장수술을 해야 할 환자를 방치하면 한나절도 못 되어 사망할 수 있지만 피부병환자는 피부병을 방치한다고 해서 죽음에 이르게 되는 것은 아니다. 이런 점을 감안할 때 생명과 직접적으로 관련이 있는 산부인과와 외과가 인기가 없다는 것은 문제가 아닐 수 없다.

그러나 현실은 냉정하다. 전국에 불고 있는 성형열풍에 성형외과는 때 아닌 호황을 누리고 있다. 한 방송국의 뉴스기사(KBS 2006년 6월 11일 방송)에 의하면 서울 강남구와 서초구의 성형외과 의원 369곳 가운데 86곳, 약 4분의 1이 비성형외과 전문의가 원장인 것으로 확인됐다고 한다. 86곳 의사들의 전공은 가정의학과와 신경외과, 흉부외과 등으로 제각각이다. 이처럼 의사들이 자신의 전공을 버리고 성형으로 몰리는 것은 성형수술에 건강보험이 적용되지 않아 그만큼 돈벌이가 잘되기 때문이라는 것이다.

생명마저도 돈에 좌우되고 있는 냉정한 자본주의의 현실에서 바람직한 의사와 환자의 관계는 어떤 것인지, 의술의 진정한 목적이 무엇인지를 생각해보는 기회를 갖도록 하자.

책으로 가는 길

2003학년도 가톨릭대 논술고사에서는 의료계의 현실과 관련된 3개의 제시문에 제시된 문제점을 요약하고, 이를 근거로 '바람직한 의사와 환자의 관계'를 유지하기 위한 방안에 대해서 논술하라는 문제가 출제되었다. 3개의 제시문은 다음과 같다.

(가) 우리나라의 2002년도 사법연감에 따르면 2001년 한 해 동안 법원에 접수된 의료소송은 858건으로 2000년의 738건에 비하여 많이 증가했다. 이는 민사소송만 집계한 것으로 형사소송까지 포함할 경우에 전체 소송 건수는 1,000건이 족히 넘을 것으로 추정된다. 소송 결과를 보면, 1심에서 원고(환자) 승소율이 62.4%로 2000년의 56.7%에 비해 5.7%나 높아졌다. 이는 20% 미만에 불과하던 1990년대 초에 비하면 거의 3배나 높아진 셈이다.

(나) 한 대학병원 A교수는 현재 의료소송에 휘말려 있다면서, 이젠 자신을 희생하며 환자를 보아야 하는지 의문이 들 때가 많다고 하소연했다. 그는 한 환자를 병원 눈치를 보아가며 무료로 수술을 해 주었다. 그런데 수술 후 환자한테 예상치 못한 부작용이 발생했다. 일종의 알레르기 반응인데 의사인 자신의 능력으로서는 어쩔 수 없는 상황이었다. 그런데 환자 측에서 소송을 제기해 아직도 소송이 진행 중이다. 이 일로 그는 의사로서 환자를 보는 시각을 달리하게 되었다. 이제 그는 치료가 어려운 환자나 위험한 수술은 피하며, 환자의 사망 가능성이 절반 정도라면 80% 정도라고 과장하기도 한다. 또 소송 위험 때문에 진료나 수술에 지나치게 신경을 쓰다 보니 연구나 교육 등 다른 분야를 소홀히 하게 되었다. 일은 힘들고 그렇다고 특별한 보상이 따르는 것도 아니고 조금만 잘못되면 소송이니 뭐니 해서 인생을 망칠 수 있는 상황에서 환자와의 신뢰감을 형성하기가 쉽지 않아 답답함을 느끼고 있다.

(다) 환자의 권리의식이 강화되면서 의료계에서는 방어적 진료의 경향이 늘어나게 되었다. 의원급의 산부인과에서는 출산 시 비교적 의료사고의 위험이 많은 초산부의 분만을 꺼려 종합병원으로 가기를 권한다. 태아의 분만 진행이 더디거나 호흡 곤란증의 징후가 조금이라도 나타나면 서둘러 제왕절개 분만을 시도하기도 한다. 소아의 경우 치료 효과가 금방 나타나지 않으면 바로 종합병원으로 가기를 권유하기도 한다. 결국

의원에서도 가능한 치료를 종합병원에 떠넘김으로써 여러 가지 문제가 발생하게 된다. 환자의 입장에서는 그에 따르는 여러 가지 불편과 아울러 치료비의 부담이 늘어나게 된다. 또 의료소송을 피하고자 하는 의사가 환자의 상태를 더 정확하게 파악하려고 검사를 추가로 하게 되기 때문에 환자는 훨씬 더 많은 비용과 시간을 감수해야 한다. 국가적으로는 환자가 큰 병원으로 몰려 의료자원은 물론이고 건강보험 재정의 낭비가 발생하게 된다. 결국 의료에 대한 소비자 중심적 인식이 야기한 새로운 문제의 시작이 아닐 수 없다.

제시문 (가)는 2002년도 이후 의료소송이 증가하고 있으며 해마다 의료소송에서 원고(환자)의 승소가 늘어난다는 내용이다. 이렇게 의료소송에서 원고 측의 승소가 늘어나면서 나타나는 현상을 제시문 (나)는 지적하고 있다. 해마다 의료소송에서 원고 측의 승소가 늘어나면서 의사들이 환자를 대하는 태도가 달라졌다는 것이다. 의료소송에 휘말릴 것이 두려워 의사들이, 치료가 어려운 환자나 위험한 수술은 피하며, 환자의 사망 가능성이 절반 정도라면 80% 정도라고 과장하기도 한다는 것이다. 또 소송 위험 때문에 진료나 수술에 지나치게 신경을 쓰다 보니 연구나 교육 등 다른 분야를 소홀히 하게 되고 결국 환자와의 신뢰감을 형성하기가 어렵게 되었다는 의료계의 현실을 제시문 (나)는 말하고 있다.

제시문 (다) 역시 변화된 의료계의 현실을 말하고 있다. 환자의 권리의식이 강화되면서 의료계에서는 방어적 진료의 경향이 늘어나게 되어, 의료사고가 나서 의료소송에 휘말릴 것을 두려워 해 의사들이 환자들을 종합병원에 떠넘기게 되고, 의사들은 의료소송을 피하고자 환자의 상태를 더 정확하게 파악하려고 꼭 필요하지 않은 검사를 추가로 하기 때문에 환자들의 치료비 부담이 늘고 있는 현실을 지적하고 있다. 이런 현실은 결국 의료자원은 물론 건강보험 재정의 낭비라는 것이 제시문의 필자의 지적이다. 이런 의료현실과 관련하여 바람직한 의사와 환자의 관계를 논하라는 것이 논술의 논제다.

몇 해 전에 방영된 의료 드라마에서는 직장암을 앓고 있는 한 앵커우먼에 관련한 이야기가 방영되었다. 직장암을 치료하기 위해서는 항문을 절개해야 한다는 나이든 의사와, 항문을 절단하는 것은 환자의 사회생활에 사형을 선고하는 것과 다름없다는 이유로 다른 치료 방법을 써야 한다고 주장하는 젊은 의사와의 논쟁이 드라마의 핵심이었다. 나이든 의사는 의사의 임무가 생명을 구하는 것이기 때문에 값싼 동정심을 버리고 가장 확실한 치료방법으로서 항문을 절개해야 한다고 주장하는 반면, 젊은 의사는 의사의 존재 이유가 단지 생명을 살리는 것뿐만 아니라 환자의 복지까지도 책임져야 하고, 환자의 사회적 삶까지도 보장해야 한다는 점에서 비록 위험이 따르지만 다른 방법을 선택해야 한다고 주장한다. 둘의 주장은 팽팽하게 전개된다.

『고통 받는 환자와 인간에게서 멀어진 의사를 위하여』의 저자인 미국인 의사 에릭 J. 카셀(코넬대 의대 공중보건학 임상교수 겸 뉴욕병원 내과의)이 이런 논쟁을 지켜보았다면 누구의 편을 들었을까. 답은 젊은 의사다. 물론 카셀의 의견을 정답이라고 볼 수는 없다. 그러나 카셀은 나름대로의 경청해볼 만한 이유를 제시한다.

카셀은 현대의학이 고통을 너무 물리학적으로만 이해한다고 비판한다. 고통을 깊이 있게 이해하기 위해서는 시간성, 즉 환자의 과거에 대해서도 알아야 한다고 그는 주장한다.

통증이나 호흡곤란은, 전체 유기체로서의 인간을 제압하여 고통으로 연결될 수 있는 신체적 증상이다. 하나의 온전한 유기체는 단순히 생물학적인 의미에서만 온전한 것은 아니다. 의학의 대상인 개개의 환자들은 물체의 속성만을 갖는 인간이 아니다. 고통의 온전함과 개별성은 육체의 한계를 벗어난다. 우리는 어떤 사람에 대해 수집한 모든 정보를 통해 그 사람을 이해한다. 고통을 옳게 이해하려면 시간감각이 있어야 한다. 단순한 미래 뿐 아니라 지속적인 과거도 고통에서는 중요한 역할을 한다. 나는 내가 어떻게 구성되어 있으며 내 자신의 일부를 상실하지 않기 위해 무엇을 할 수 있는지 알고 있어야 한다. 그러기 위해서는 과거를 알아야 한다. 내가 누구이고 무엇을 할 수 있는지 알기 위해서는 자아의 개념에 다른 사람이 포함되어야 한다.

이 주장은 현대의학에 대한 통렬한 비판이다. 앞에서 말한 의료 드라마의 논쟁으로 다시 돌아가 보자. 나이든 의사는 환자의 물리적 고통을 없애는 것에 치료의 중심을 두었지만 젊은 의사는 환자의 '개별성'에 초점을 맞추고 있다. 여기서 환자의 개별성이란 바로 환자의 '시간성'을 말한다. 그녀의 시간성이란, 그녀가 과거에 무엇이었으며, 오늘은 어떤 존재이며, 내일은 어떤 존재로 살아갈 것인가에 대한 정보 모두를 말한다. 그녀는 과거에도 앵커우먼이었으며, 현재에도 앵커우먼이고, 미래에도 앵커우먼으로 살고 싶어 한다. 바로 그런 시간성이 그녀의 정체성을 구현한다. 바로 그 정체성을 깨뜨리는 것이 그녀에게는 고통이다. 육체적 고통은 단순히 통증에 불과하지만 심리적 고통은 결코 단순하지가 않다.

가령 아이를 낳는 엄마의 경우 통증을 느끼지만 심리적 고통은 느끼지 않는다. 목이 쉬었을 때 사람들은 통증을 느끼지만 그것 때문에 극심한 심리적 고통을 느끼지는 않는다. 그러나 가수의 경우는 다르다. 가수는 목이 쉬었을 때 육체적 통증과 함께 정신적 고통을 느낀다. 의사가 치료해야 할 것은 물론 1차적으로는 육체적 통증이다. 그러나 정신적 고통도 간과해서는 안 된다는 것이 『고통받는 환자와 인간에게서 멀어진 의사를 위하여』의 저자 카셀의 주장이다.

앵커우먼의 항문을 절개하는 것은 축구 선수의 다리를 절단하는 것만큼이나 사회적 삶에 치명상을 입히는 행위다. 그것은 통증을 없앤다는 목적 아래 그들에게 극심한 고통을 안겨주는 것이므로, 어떤 점에서 그들의 미래를 앗아가는 것이라고도 할 수 있다. 의사들이 질병 상태와 신체 기능에만 관심을 가짐으로써 점차 환자의 미래를 빼앗아서는 안 된다고 카셀은 말한다.

카셀은 의사가 질병으로 고통받는 사람을 치료하여 그 사람을 고통과 고뇌에서 벗어나게 하려면, 그 사람이 앓고 있는 질병이 무엇인지를 밝히고 그 질병을 과학적으로 설명하는 것 이상으로 병을 앓고 있는 사람과 그 사람이 그 병을 앓는 방식에 대해 더 많은 것을 알아야 한다고 주장한다.

가령 영화 「사운드 오브 뮤직」의 주인공이자 뮤지컬 가수였던 줄리 앤드류스는 성대 결절로 수술을 받아 원래의 목소리를 잃자 수술을 집도한 의사를 상대로 의료소송을 벌여 엄청난 위자료를 받아냈다고 한다. 성대 결절은 학교 교사나 가수와 같이 지속적으로 음성을 남용함으로써 목에 염증이 생기는 증상이다. 그 염증은 분명 통증을 유발하는 것이므로 의사로서는 당연히 통증의 원인을 제거해야 한다. 그러나 수술에 앞서 환자의 삶에 대해 보다 면밀한 주의를 기울여야 한다는 것이 카셀의 주장이다. 환자의 삶에 세심한 주의를 기울이는 것도 의사의 임무라는 것이다. 그런데 현대의학은 환자의 통증에만 관심을 기울였을 뿐, 환자의 삶에는 무관심했다고 카셀은 말한다.

카셀은 현대의학이 질병의 일반론에만 관심이 있을 뿐, 그 질병이 특이한 체질을 가진 한 개인에게 어떻게 작용하는지 그 발병 양상에는 거의 주목하지 못하고 있다고 비판한다.

의사는 환자를 통하지 않고는 질병에 접근할 수 없다. 의사는 질병을 치료하는 것이 아니라 환자를 치료한다. 더구나 같은 질병이라도 환자의 체질, 유전적 특성, 해부학적 변이에 따라 다른 발병 양상, 경과, 결과를 보일 수도 있다. 과학적 의학은 이러한 개별 변이를 인정하지도, 그것을 해결할 수 있는 방법론을 제시해 주지도 못한다.

이 발언은 의사들이 환자 한 명 한 명의 개별성에 보다 많은 주의를 기울여야 한다는 카셀의 충고로 읽힌다.

카셀은 어떤 사회에서 일반적으로 받아들여지는 신념과 가치체계는 주로 문화에 의해 결정되기 때문에 어떤 질병이 한 사람에게 미치는 영향의 성격은 문화적 요인에 의해서도 크게 좌우됨을 강조한다. 이러한 강조는 결국 한 인간이 느끼는 고통도 문화적 요인에 좌우될 수 있으므로 고통을 이해하기 위해서는 환자가 속한 문화에 대해 의사의 이해가 필요함을 의미한다고 볼 수 있다.

저자는 또한 환자와 의사의 바람직한 관계에도 주목한다. 의사가 치료의 대상을 질병을 가진 환자로 이해하기보다는 환자를 한 명의 인간으로 이해할 경우에 질병의 경과도 좋아지고, 환자의 순응도도 높아진다고 한다. "병자는 누군가를 신뢰하지 않을 수 없는 사람이다. 좋은 의사란 환자의 신뢰를 얻을 수 있는 의사이며, 이 경우 환자와의 관계는 더욱 확고해진다."라고 카셀은 말한다. 이 환자와 의사와의 신뢰관계가 얼마나 긍정적인 치료 효과를 주는지 그는 하나의 에피소드를 들어 말한다.

몇 년 전 나의 환자 한 명이 초기 낭소암 제거수술을 받았다. 당시 그 환자에게는 수술 뒤 얼마 동안 멜팔란이라는 항암제를 투여하고 있었다. 그러나 불행하게도 내가 투여한 멜팔란이 그 환자의 골수를 파괴해 적혈구와 백혈구, 혈소판을 만드는 능력이 현저하게 떨어졌다. 이처럼 심한 재생불량성 빈혈은 언제나 치명적이다. 이런 경우에는 혈액, 백혈구, 적혈구, 혈소판 등을 수혈하면서 골수가 회복되기를 기다리는 수밖에 없다. 결과적으로 나는 그 환자를 치료한다면서 오히려 그녀의 목숨을 위태롭게 만든 결과를 내고 말았다. 그럼에도 우리들의 관계는 조금도 손상되지 않았다. 그 환자는 몇 주 동안 수혈 받으면서 병원에 머물렀다. 어느 날 나는 그녀에게 솔직히 물었다. 내가 바로 그녀의 생명을 위태롭게 만든 장본인인데 어째서 의사를 바꾸지 않고 나에게 계속 자신을 돌보도록 하느냐고. 그 환자는 정색을 하고서는 "당신이 일부러 그렇게 한 거는 아니잖아요."라고 답했다. 나는 환자의 그런 태도가 놀랍다고 생각했다. 그 환자는 그 뒤 완전히 회복되어 건강하게 지내고 있다.

병의 증상과는 아무 관련이 없는 약을 주면서 "이 약을 먹으면 확실하게 나을 것이다."라고 말을 해주면 대부분의 환자들은 병이 호전되는 효과가 있다는 것이 이른바 '플라시보 효과(Placebo Effect, 위약효과)' 다. 이때 의사나 약사 등 그 병에 대해 권위가 있거나 신뢰성이 높은 사람의 말이라면 더욱 큰 치료 효과가 있다고 한다. 이렇게 의사가 환자에게 신뢰감을 주는 것은 치료에 있어서 매우 중요한 요소다.

의사의 신뢰감은 먼저 의사의 실력에서 온다. 의사의 실력은 의학에 관련한 부단한 지식의 습득의 결과다. 생명과 질병에 대한 끊임없는 노력이 의사의 신뢰성을 높이는 데 제일 필수적이라는 것이다. 거기에 사람의 생명을 대하는 따뜻한 인간성이 보태진다면 의사에 대한 환자의 신뢰성은 한결 높아질 수 있을 것이다. 의술의 아버지라는 히포크라테스의 선서를 음미하며 어떤 의사가 환자에 대해 깊은 신뢰의 마음을 선사할 수 있을지 생각해보자.

이제 의업에 종사할 허락을 받음에 나의 생애를 인류봉사에 바칠 것을 엄숙히 서약하노라. 나의 은사에게 대하여 존경과 감사를 드리겠노라. 나의 양심과 품위를 가지고 의술을 베풀겠노라. 나는 환자의 건강과 생명을 첫째로 생각하겠노라. 나는 환자가 나에게 알려준 모든 것에 대하여 비밀을 지키겠노라. 나는 의업의 고귀한 전통과 명예를 유지하겠노라. 나는 동업자를 형제처럼 여기겠노라. 나는 인종, 종교, 국적, 정당관계 또는 사회적 지위 여하를 초월하여 오직 환자에 대한 나의 의무를 지키겠노라. 나는 인간의 생명을 그 수태한 때로부터 더 없이 존중하겠노라. 나는 비록 위협을 당할 지라도 나의 지식을 인도에 어긋나게 쓰지 않겠노라. 나는 자유의사로서 나의 명예를 걸고 위의 서약을 하노라.

➜ 이 글의 논제

바람직한 의사와 환자의 관계는 어떤 것인가?

➜ 읽은 사람은 다 안다

1. 의과대학의 흉부외과와 응급의학과 등과 같은 학과가 인기가 없는 이유는?

2. 에릭 J. 카셀은 환자의 고통을 깊이 있게 이해하기 위해서 '시간성'을 이해해야 한다고 말했다. 그가 말하는 '시간성'이란 무엇인가?

3. 환자가 속한 문화에 대해 의사의 이해가 필요한 이유는 무엇인가?

3부

환경·과학

유기체적 세계관은 현대의 생태적 위기를 해결할 수 있을까?

−생태적 위기와 세계관의 변화

장회익 지음, 『삶과 온생명』, 솔, 1999.

책으로가는길

고대인들은 사물을 단순한 도구로 보지 않았다. 동물이나 식물과 같은 자연 대상물과 인간이 친족관계가 있다는 믿음이 이른바 '토테미즘'이다. 토테미즘의 믿음 체계에서는 동물이나 식물은 인간과 별개의 존재가 아니었다. 어떤 부족들은 자신의 종족의 기원을 곰이나 호랑이와 같은 동물에게서 찾기도 하였다. 단군신화에서도 볼 수 있듯이 토테미즘은 많은 원시 부족들의 공동체나 종교에서 중요한 역할을 해왔다. 정령신앙(精靈信仰)이라고도 하는 '애니미즘' 사상은 생명이 없는 대상은 아무 것도 없으며, 모든 것은 움직이든 움직이지 않든 영과 더불어 산다고 보았다. 모든 사물에 영혼이 깃들어 있다는 애니미즘의 입장에서는 돌멩이 하나라도 함부로 할 수 없는 존재였다. 마을 어귀에 있는 커다란 느티나무를 함부로 베면 동티가 난다는 생각도 사물에 영적인 존재가 깃들이 있다는 애니미즘적 사고의 연장이었다.

이렇게 인간과 동일한 지위를 갖던 영적인 사물들은 근대 이후로 도구적인 존재로 전락하게 된다. 나무의 결을 제대로 알아야 나무의 결대로 대패질을 해 인간에게 유용한 배를 만들 수 있듯이, 사물을 유용한 도구로 사용하기 위해서는 먼저 사물의 객관적 성질을 알아야 했다. 사물의 성질에 대한 객관적인 이해가 곧 과학이었다.

과학자들은 현상의 배후에는 반드시 어떤 원인이 있음을 알게 되었다. 기계의 운동에는 반드시 어떤 원인이 전제가 되듯이 자연 또한 반드시 어떤 원인에 의해 작동되는 시스템이라고 이해한 것이 근대의 기계론적 자연관이다. 모든 사물과 현상을 기계적 운동으로 환원해서 설명하려는 기계론적 세계관은 세계의 모든 현상이 필연적인 인과법칙(因果法則)에 따라 생긴다고 생각하였다. 기계론적 세계관으로 보자면 자연은 하나의 거대한 기계에 불과했으며, 일체의 정신성과 신비는 사물을 흐릿하게 하는 주술에 불과했다. 합리적 이성으로 사물을 흐릿하게 하는 주술을 걷어버리고 사물 그 자체의 질서를 알고자 했던 것이 근대의 과학정신이다.

데카르트는 근대의 정신과 물질을 구분하는 이원론의 창시자로 알려져 있다. 그는 인간의 정신작용까지도 물질의 반응으로 이해하려는 현대과학의 '환원주의'의 시조이다. 데카르트는 생각하는 정신 이외의 모든 것을 기계와 같은 것으로 보는 기계론적 세계관을 내놓았다. 기계가 고장 나면 그 고장 난 부위를 찾아 부품을 갈아 끼우면 되듯이 인간이 병이 나면 병의 원인이 되는 부분을 찾아 그 부분만을 따로 떼어내어 치료하는 근대 의학의 인체 인식도 이러한 데카르트의 전통에서 나온 것이다.

기계론적 세계관에서는 사물을 거대한 연관의 체계로 보지 않는다. 인간은 인간이고, 자연은 자연일 뿐이라는 기계론적 세계관에 의하면, 자연은 정교한 실험과 분석을 통해서 합리적으로 이해되어야 할 대상이며, 인간의 욕망을 실현시켜 줄 도구요, 수단에 불과하다. 자연을 인간의 욕망을 실현시켜주는 도구로 보는 서양의 근대적 세계관은 인간에게 엄청난 물질적인 풍요를 가져왔다. 그러나 도구로 전락한 자연은 그 풍요로움을 상실하기 시작했고, 자연의 황폐화는 문명의 붕괴를 가져올지도 모른다는 불안감을 자아내기에 이르렀다. 많은 사람들이 세계관에 대한 일대 전환이 없이는 지구의 종말을 피할 수 없다는 비관론을 제시하기도 한다. 과연 우리는 이 위기상황에서 어떤 대안적 세계관을 강구할 수 있을까.

책으로 가는 길

2003학년도 동국대 논술고사에서는 현대의 생태·생명 위기를 초래한 것으로 지적되는 기계적 세계관과 그 대안으로서의 유기적 세계관과 관련한 제시문을 주고, 기계적 세계관의 한계가 무엇이며, 유기적 세계관이 그 대안이 될 수 있는가에 관한 자신의 견해를 논하라는 문제가 출제되었다. 문제와 두 개의 제시문은 다음과 같다.

(논제) 생명복제기술의 발달로 인간복제가 현실화되기에 이르렀다. 이를 둘러싸고 많은 논란이 일어나고 있는데, 이에 찬성하는 견해는 과학이 객관적이며 가치중립적이라는 믿음에 바탕을 두거나 불임문제 해결, 불치병 치료 등과 같은 공리적 효과에 근거하고 있다. 한편 이에 반대하는 견해는 생명이 기계론적 과학탐구로는 이해되지 않는 초합리적이고 신비스러운 무엇이라는 관념을 기초로 하고 있다. 특히 이 견해는 인간복제를 인간존엄성의 관점에서 바라보아야 한다고 주장하고, 현대문명의 반생명성에 대한 진지한 논의와 성찰을 요구한다.

생명복제, 특히 인간복제의 문제는 과학이나 법(法)을 넘어 좀 더 본질적인 차원에서 접근해야 한다. 위의 찬반 논의에서 알 수 있듯이, 각각의 견해는 서로 다른 세계관에 기초하고 있으므로 이 문제에 접근하기 위해서는 우선 이들 세계관을 검토할 필요가 있다.

현대의 생태·생명 위기를 초래한 것은 기계적 세계관이라는 주장이 있다. 아래의 (가)와 (나)를 참고하여, (1) 기계적 세계관의 한계는 무엇인가를 밝히고, (2) 유기적 세계관이 그 대안이 될 수 있는가에 관한 자신의 견해를 논하시오.

(가) 기계적 세계관은 우주를 수많은 입자(부품)들의 결합체(기계)로 이해한다. 이 견해에서는 세계를 하나의 기계로 보기 때문에 자연 현상을 원인과 결과의 관계로 설명하는 인과율(因果律) 방식을 채택한다. 기계적 세계관은 인간 이성과 자연과학의 힘을 사유(思惟)와 행동의 기준으로 삼고, 필요에 의한 인위적 욕구 충족을 위해 테크놀로지(technology)의 무한 발전을 요구한다.

(나) 유기적 세계관은 세계와 사회를 유기적 존재(생명체)로 이해한다. 생명체는 생동하는 시스템으로 전체와 부분이 상호 작용하고 협력하여 스스로 조직을 유지·발전시키는 존재이다. 유기적 세계관은 순환적이며 동시적인 작용으로 기능을 발휘하는 유기체를 설명하기 위해 상관적(相關的) 방식을 채택하고, '전체는 부분의 합(合)보다 크다.'라는 전체론의 입장에 서 있으므로 전일적(全一的, holistic) 세계관이라고도 한다.

결국 이 논제는 기계적 세계관이 어떤 점에서 생태·생명 위기를 초래한 반생명적인 것이며, 유기적 세계관이 어떤 점에서 기계론적 세계관의 대안이 될 수 있는지를 논하라는 것이다.

인간이 홀로 존재할 수 없다면 인간의 생명은 그 자체로 자족적인 생명체라 할 수 없다. 곡식을 먹고 숲의 공기를 마신다는 점에서 인간의 생명은 다른 생명에게 의존해 있다. 다른 생명체와의 관계 속에서만 생존이 가능하다는 점에서 인간의 생명은 개체적 특성만으로는 파악할 수 없다. 오직 관계 속에서만 인간의 생명은 의미가 있다. 더구나 인간의 생명은 자연현상으로만 환원시켜 이해할 수 없는 복잡다단한 현상이므로 인간의 생명현상을 이해하기 위해서는 과학뿐만 아니라 경제, 정치, 법률, 윤리 등 모든 영역에 관련되는 복잡한 문제들을 고려하지 않으면 안 된다. 인간의 생명을 외부와 고립된 자족적인 체계라 생각하지 말고 다른 생명체와 연관된 시스템으로 이해하기 위해서 유기체적 세계관을 대표하고 있는 저서라고 할 수 있는 장회익의 『삶과 온생명』을 면밀하게 들여다보자.

장회익은 『삶과 온생명』 중의 「생명이란 무엇인가」라는 글에서 생명이 의미를 지니기 위해서는 '대사', '생식', '진화'의 개념이 전제되어야 하는 데, 이들 모두가 고립된 개체에 대해서는 원천적으로 적용시킬 수 없는 '관계적' 개념이라고 전제한다. 즉 생명은 개체적 특성만으로는 파악할 수 없다는 것이다. "온생명(global life)이라 함은 생명 개념의 핵심 사항을 이러한 '관계'에 놓고 이를 현실적으로 구현해내는 체계에 대해 부여한 명칭이라 할 수 있다."라고 말하고 있는 장회익은 '온생명'은 개별적 생명체가 다른 생명체와 갖는 모든 관계를 포괄하는 총체로서의 생명으로 정의하고 있다. 그는 온생명이 기존의 생명 개념과 구분되는 가장 중요한 차이는 지구상에 나타난 전체 생명을 하나하나의 개별적 생명체들로 구분하지 않고 그 자체를 하나의 전일적(全一的) 실체로 인정한다는 데 있다고 말한다.

　지구를 하나의 거대한 생명체로 본다면 전체와의 관계 속에서의 부분적 질서, 즉 국소질서를 장회익은 '온생명'과 구분하여 '개체생명'이라 명명한다. 인간과 여타의 다른 동물과 식물들은 지구라는 온생명을 구성하는 부분적 질서로서의 개체생명인 셈이다. 장회익은 이 개체생명체들이 매우 복잡한 다층적 존재양상을 지닌다면서 이렇게 말한다.

예컨대 우리가 세포들을 일차적인 개체생명이라 할 때, 이들로 구성되는 유기체들 즉, 다람쥐나 전나무와 같은 동식물 생물체들은 한층 높은 이차적 개체생명이 된다. 그리고 다람쥐나 전나무 등의 개체들이 속한 생물의 종들은 이들보다 또 한층 높은 개체생명의 예가 된다. 사람의 경우 하나하나의 세포로서의 개체생명, 각각의 개인으로서의 개체생명, 그리고 인간이 속하고 있는 생물학적인 종 즉, 인류로서의 개체생명 등의 다층적 개체생명의 구조를 생각할 수 있다.

　온생명 이론의 출발점은 생명의 기본단위에 대한 인식의 전환이다. 장회익은 온생명을 '기본적인 자유에너지의 근원과 이를 활용할 물리적 여건을 확보한 가운데 이의 흐름을 이용하고 있는 각 단계의 개체들로 구성된 유기적 체계 전체'라고 정의한다. 기본적 자유에너지의 근원은 태양이다. 이 태양의 에너지를 활용할 수 있는 개체들로 구성된 유기적 전체가 곧 지구다. 인간은 지구 안의 다른 생명체, 나아가 지구환경을 떠나 생존할 수 없으며 다른 생명체들도 마찬가지다. 그렇다면 지구 생물계 전체와 태양과의 유기적 관계 전체를 생명의 최소단위로 봐야 하며, 이를 '온생명'이라 부르자는 것이다.

　인간과 주변의 생명체들로 구성되는 개체생명체들의 생존은 필연적으로 온생명의 생존과 함께 이루어지는 것이며, 자신의 생존이 자신을 제외한 온생명의 나머지 부분에 결정적으로 의존한다. 장회익은 온생명에서 자신을 제외한 나머지 부분을 개체생명에 대한 '보생명(co-life)'이라고 부른다. 인간을 제외한 자연계의 생명들이 인간에 대한 보생명인 셈이다. 인간은 이 보생명들과의 상호관계를 통해 생존해간다.

그러나 인간은 자신의 생명만을 위해 보생명을 돌보지 않는다. 그것이 곧 환경의 위기다. 이 환경의 위기는 곧 보생명의 위기이며 보생명의 위기는 곧바로 인간의 생명에 대한 위기에 직결된다.

장회익은 인간들이 '인간중심적'인 자연관에서 떠나 생명, 인간, 문명을 보다 포괄적인 틀에서 포용하라고 충고한다. 생명과 인간 문명은 온생명이라는 큰 틀 속에서 이루어지는 부분적인 현상들이며, 보다 근원적인 생명체로서의 온생명을 이해하지 않고 개체생명들 간의 이익만을 고려할 때 현대문명은 파멸에 이르지 않을 수 없다는 것이다.

지구를 하나의 인체로 간주하면 지구의 온난화는 곧 체온의 상승에 비유된다. 지구라는 온생명의 체액이라고 할 수 있는 지구상의 토양과 물, 대기 등의 성분과 농도는 급격하게 변하고 있다. 또 신체의 신진대사에 이상이 생겨 신체내의 필수 영양소가 소진되고 노폐물이 배설되지 않아 독성물질이 체내에 쌓이듯이, 대체 불가능한 자원들이 급격히 고갈되고 처리 곤란한 폐기물들이 쌓여 나가고 있다. 또 세포에 해당하는 생물종은 자꾸 줄어들고 있다. 이런 온생명의 이상 현상은 원인이 어디에 있는 것일까. 바로 인간이라고 하는 생물종이 이루는 이상번영 현상에 있다. 인간은 지구상에서 엄청난 속도로 그 숫자를 늘려가고 있다. 비정상적으로 늘어나는 암세포와 같이 비정상상적으로 불어나는 인간의 숫자가 지구라는 온생명을 병들게 하고 있다는 것이다.

오늘날의 시장경제는 인간의 욕망을 부추기고, 확장된 인간의 욕망은 새로운 기술과 제품을 갈구하게 만든다. 이러한 과정에 의해 증폭되는 인간의 산업 활동이란 다름 아닌 온생명의 신체 위에서 신체의 각 부위를 각가지 방식으로 변형시켜 인간만을 위해 유용한 그 무엇을 짜내는 행위이다. 온생명에 대한 인간들의 이 무리한 요구가 지구를 병들게 하는 것이다.

이본 배스킨의 『아름다운 생명의 그물』이란 책은 지구상의 수많은 생물들이 어떻게 연관을 이루며 살아가고 있는지를 보여준다. 가령 로키산맥에 서식하는 나무제비는 딱따구리가 파놓은 가문비나무의 구멍에 둥지를 틀고 딱따구리는 뚫린 구멍에서 흘러나오는 단물을 핥아먹는다. 그런데 딱따구리가 구멍을 팔 수 있으려면 곰팡이가 슬어 나무가 썩거나 부드러워져야 한다. 또한 말벌, 나비, 휘파람새, 다람쥐 등도 딱따구리 우물에서 수액을 훔쳐 먹는 반면 가문비나무를 위해 해충을 잡아먹는다. 가문비나무, 딱따구리, 곰팡이, 말벌, 나비 등이 하나의 그물망을 이루는 셈이다

하나의 생명체를 이루는 부분들은 거미줄처럼 서로 연결되어 상호 작용하고 상호 의존, 협력한다. 이들은 그물처럼 관련되어 있기 때문에 한 부분은 모든 부분들에 영향을 미치게 된다. 따라서 자연의 한 부분의 손상은 기계의 한 부품이 손상된 것이 아니라 우리의 삶과 세계 전체의 손상을 가져온다. 모든 생명체는 개별적으로 삶을 지탱할 수 없다. 모든 살아 있는 존재는 다른 존재의 덕분으로 살아갈 수 있다. 다른 존재 없이는 어떤 존재도 생명을 유지할 수 없다. 생명은 거대한 연관의 체계다. 기계론적 세계관과 생명공학이 간과하는 것이 바로 생명의 거대한 연관체계다. 하나의 생명을 조작한다는 것은 그 거대한 연관체계에 혼돈을 야기하는 것이라는 점을 깊이 있게 생각해 볼 일이다.

➜ 이 글의 논제 ---

유기체적 세계관은 현대의 생태적 위기를 해결할 수 있을까?

➜ 읽은 사람은 다 안다 ---

1. 근대의 기계론적 자연관이란 어떤 세계관인가?

2. '온생명'이 기존의 생명 개념과 구분되는 가장 중요한 차이는 어디에 있는가?

3. '보생명'이란 무엇인가?

기술 발전이 어떻게 우리의 삶을 변화시키는가?
-기술의 진보와 근대성

볼프강 쉬벨부쉬 지음, 박진희 옮김, 『철도 여행의 역사』, 궁리, 1999.

책으로 가는 길

한 이동통신사에서 만든 '현대생활백서' 라는 시리즈 광고가 꽤 눈길을 끈 적이 있다. 누구나 핸드폰을 가지고 다니면서 바뀌게 된 우리들의 생활모습에 대한 재치 있는 묘사들이 재미있었다. 필기하기 싫을 땐 칠판을 통째로 카메라로 찍는다든지, 졸릴 땐 핸드폰에 있는 녹음장치를 이용해서 교수님의 강의를 녹음한다든지, 핸드폰 때문에 가능해진 신풍속도를 보여주기도 했고, 기존에 쓰이던 용어의 뜻을 새롭게 설명하는 것들도 있었다. 예를 들어 미니멀리즘이란, "액세서리가 떨어지고 난 뒤 휴대폰 줄만 달랑 달고 다니는 것"이라고 정의한다. 그런가 하면, 무인도는 휴대폰을 꺼놓은 상태라고 설명한다. 또 현대생활백서에는 편지가 뭐냐고 묻는 동생에게 '종이에 쓴 이메일' 이라고 답하는 형의 모습도 나온다. 현대생활백서라는 시리즈는 물론 한 기업의 광고 전략이었지만, 휴대폰이라는 기술로 우리 생활과 생각이 얼마나 달라졌는지를 보여준다.

　전에는 대형 서점에 가면 구석에 쪼그리고 앉아 책의 내용 중 필요한 부분을 열심히 옮겨 적는 사람들을 심심찮게 볼 수 있었다. 그러나 요즘은 필요한 페이지를 휴대폰으로 간편하게 찍어 간다. 휴대폰이나 디지털 카메라가 전화 통화를 하고, 사진을 찍는 본래의 기능 이상의 역할을 하고 있다는 건 분명하다. 단순히 통화나 사진 찍기가 간편해진 것이 아니라, 그로 인해 우리의 생각이나 감정에도 영향을 미치고 있으며 생활방식에도 변화를 가져오고 있다. 텔레비전이 거듭 발전하면서 우리 생활이 어떻게 달라졌는지 단적인 예를 들 수 있다. 텔레비전이 처음 나왔을 때는 부잣집에서나 볼 수 있는 물건이었다고 한다. 그래서 텔레비전이 있는 집에 동네 사람들이 모두 모여 함께 텔레비전을 봤다고 한다. 그러다가 집집마다 텔레비전을 갖게 된 이후에 텔레비전은 거실 한가운데 놓여 가족끼리 함께 시청을 하는 광경을 만들어냈다. 그러나 언제부터인가 텔레비전은 한 집에 한 대가 아니라 방마다 한 대씩 놓이게 됨으로써 각자 흩어져서 보고 싶은 프로그램을 볼 수 있도록 만들었다. 이제는 '테이크아웃 TV'라는 말대로, 휴대폰을 통해 손에 들고 걸어 다니며 텔레비전을 볼 수 있게 되었다.

　새로운 기술이 생겨난다는 것은, 그 기술 분야에만 해당하는 변화가 아니라 우리 삶 전반에 걸치는 변화를 만들어낸다. 말 그대로 나날이 새로워지는 기술로 넘쳐나는 요즘은 새로운 기술로 우리 생활이 뭐가 어떻게 달라지고 있는지조차 제대로 파악하는 게 어려울 정도다. 영화가 처음 상영되었을 때는, 기차가 역으로 들어오는 장면을 보고 사람들이 혼비백산해서 모두 도망을 갔다고 한다. 즉, 요즘과는 달리 기술이 막 발달하기 시작했을 때 새로운 기술의 등장은 놀라움이나 호기심이 아니라 사람들에게 거의 '충격'으로 느껴졌을 것이다.

2005학년도 서울대 논술 모의고사에서는 기술의 진보가 인간의 사회적 관계와 문화적 양식을 어떻게 변화시켰는지를 묻는 문제가 출제되었다.

> (제시문 1)은 기계의 발달이 시장체계를 발전시켰다는 점을 이야기하고 있고, (제시문 2)는 철도의 부설이 시간과 공간의 의미를 변화시켰음을 이야기하고 있다. 두 제시문의 논지를 발전시키고 그것들을 서로 연결하여 산업혁명 이후 오늘날에 이르기까지 기계의 발전이 인간의 ①사회적 관계와 ②문화적 양식을 어떻게 변화시켜 왔으며, 이러한 변화가 지니는 의미가 무엇인지를 논술하시오.

(제시문 1)은 시장경제의 발전을 언급하면서, 기계의 발달이 시장경제를 어떻게 변화시켰는지를 설명하고 있다. (제시문 2)는 기계의 발달 중에서도 철도의 등장에 대해 서술하고 있다. 철도의 등장이 주로 시간과 공간의 의미를 얼마나 획기적으로 변화시켰는지를 강조하고 있는 부분이다. 각 제시문의 주요한 부분을 발췌해서 읽어보자.

> (제시문 1) 정교한 기계는 매우 비싸기 때문에 대량의 상품 생산이 이루어지지 않는다면 거래되지 못한다. 그것은 상품의 판매가 적절하게 보장되고 기계에 투입할 원료가 중단 없이 공급될 수 있을 때에만 손실 없이 작동될 수 있다. 상인의 입장에서 보자면 이것은 모든 생산 요소가 구매 가능하다는 것, 즉 돈만 내면 얼마든지 이것들을 사들일 수 있어야 된다는 것을 의미한다. 이러한 조건이 충족되지 않는다면 대규모 전문화된 기계를 이용한 생산은 자기 자금을 투입하는 상인의 관점에서나 수입·고용·공급을 지속적 생산에 의존하게 된 사회 전체의 관점에서나 상당한 위험을 떠안게 될 것이다.

(중략) 그러나 토지나 노동 같은 것은 분명 상품이 아니다. 매매되는 것들은 모두 판매를 위해 생산된 것일 수밖에 없다는 가정이 이 두 가지에 관한 한 적용될 수 없다. 다시 말해 상품에 대한 경험적 정의를 따르자면 이것들은 상품이 아니다. 노동이란 인간 활동의 다른 이름일 뿐이다. 인간 활동은 인간의 생명과 함께 붙어 다니는 것이며, 판매를 위해서가 아니라 전혀 다른 이유에서 생산되는 것이다. 게다가 그 활동은 생명의 다른 영역과 분리할 수 없으며, 비축할 수도 없고, 사람과 떼어 내어 동원될 수도 없다. 그리고 토지란 단지 자연의 다른 이름일 뿐인데, 자연은 인간이 생산할 수 있는 것이 아니다. 그러므로 노동과 토지를 상품으로 묘사하는 것은 전적으로 허구이다.

(제시문 2) 증기기관에 의해 인간과 세계의 공간은 단축되었다. 철도의 출현으로 이질적인 공간은 균질적인 공간으로 탈바꿈했다. 거리의 마찰이 극복됨으로써 각 지역의 고유성은 파괴되고 자본주의적 생산과 소비 공간으로 흡수되었다. 철도가 이동하는 곳마다 도시들이 솟아났다. 철도는 인간의 공간지배력을 급속하게 넓혔다. 상품 유통이 촉진됨에 따라 자족적인 지역경제는 국민경제로 수렴되었다. 또 인간이 자연의 순환적 리듬에서 벗어나 인공의 기계적 리듬에 호흡을 맞추게 된 것도 철도 때문이었다. 철도는 인간에게 기계적 시간을 강제했다. 철도시간표는 지역적 시간을 해체하고 통일적인 시간을 부여했다.
철도가 공간과 시간을 없앤다는 생각은 그때까지 우리 마음속에 각인되어 있던 교통기술이 갑자기 완전히 새로운 것으로 대체되었다고 느끼는 인지(認知)의 현실 상실로 이해할 수 있다. 철도가 만들어낸 공간–시간 관계는 과거 수송수단이 만들어냈던 공간–시간 관계에 비하면 추상적이고 방향성을 상실한 것처럼 보인다. 철도는 더 이상 이전의 마차와 길처럼 전경(前景)이라는 공간에 묶여 있는 것이 아니라 오히려 이 공간을 관통하고 있는 것처럼 보인다.

    각각의 제시문이 말하고 있는 내용을 파악한 후에는 반드시 두 제시문의 논지를 연결 지어 발전시켜야 한다. (제시문 2)에서는 철도의 등장으로 시간과 공간의 개념이 어떻게 변했는지를 서술하고 있으나 논술문을 작성할 때는 그 의미와 (제시문 1)과의 관련성을 지적해야 한다. 기계의 발전은 경제체제의 변화를 가져오고, 새로운 경제체제 속에서 인간의 사회적, 문화적 관계의 변화도 야기하게 된다. 현대 사회 속에서도 이런 변화는 계속 되고 있으니, 현대 사회와 관련지어 비판적으로 쓰는 것도 가능할 것이다.

책 속으로

2006년 7월 1일 중국과 티베트를 잇는 '칭짱철도(하늘철도)'가 개통되었다. '칭짱철도'는 세계 최고 높이를 운행하는 철도로 고원지대의 동토에 건설된 철도라는 점에서 기술적으로도 큰 관심을 모으고 있다. 기술적인 측면보다도 더 큰 관심은 물론 철도를 통한 중국과 티베트의 관계 변화에 쏠리고 있다. '칭짱철도'의 개통으로 티베트는 중국과의 활발한 교류를 통해 경제적으로 큰 이익을 얻을 것이라는 주장과, 티베트의 중국화가 가속화되어 중국의 정치적 통제력이 강화되고 문화적 대학살이 일어날 것이라는 전망이 제기되고 있다. '칭짱철도'의 개통은 단순하게 중국과 티베트가 공간적으로 더욱 가까워졌다는 것만을 의미하는 것이 아니다. 공간적으로 가까워진다는 것은 시간의 단축을 동시에 의미하는 것이고, 중국과 티베트의 정치, 경제, 문화적인 측면에서의 관계 또한 변화한다는 것을 뜻한다. '칭짱철도'는 고원지대의 동토 위에 건설된 첨단 건설기법의 진보를 보여주는 것이 아니다. '칭짱철도'가 중국과 티베트를 정치, 사회, 문화적으로 어떻게 바꿔놓을지는 아무도 정확하게 예측할 수 없을 것이다.

기술의 진보가 인간 생활 전반에 미치는 변화와 충격은 현대보다는 근대 초기에 더욱 강렬했을 것이다. 처음에 철도는 석탄을 운반하는 데에만 쓰였다. 그러다 유럽에서 기차가 마차를 대신해서 사람들이 이용할 수 있는 교통수단으로 도입되었다. 석탄 같은 화물만 실어 나르는 것으로 알았던 기차에 사람들이 오르기 시작했을 때, 사람들은 그 사실을 어떻게 받아들였을까. 볼프강 쉬벨부쉬의 『철도 여행의 역사』는 기차의 문화사라고 할 수 있다. 이 책을 통해 우리는 사람을 실어 나르는 기차라는 새로운 기술이 도입되었을 때, 그것이 사회와 사람들의 일상을 어떻게 변화시켰는지 여러 측면에서 볼 수 있다.

19세기 초 철도의 영향을 당시 사람들은 '공간과 시간의 소멸'이라고 표현했다. 당시 영국에서 초기 열차의 평균 속도는 32킬로미터 내지는 48킬로미터였는데, 이는 우편 마차 속도의 세 배에 해당하는 것이었기에 당시 사람들에게 새로운 교통수단의 속도는 놀라운 것이었다. 같은 시간 안에 이전보다 몇 배는 더 멀리 갈 수 있었기에 철도는 시간의 단축, 공간의 확장을 가져온 것으로 받아들여졌다. 그러나 당시의 사람들은 요즘 우리가 KTX의 속도를 환영하는 것과는 달리, 철도의 속도를 모두 환영했던 것은 아니다. 마차를 타고 여행할 때 사람들은 마차를 길이나 풍경 속의 하나인 것처럼 느꼈다. 그러나 철도는 더 이상 공간 속의 하나가 아니라 그 공간을 길게 관통하는 것처럼 느끼게 되었다. 즉, 철도가 주변의 풍경과 어울리기는커녕 주변경관에서 사람들을 분리시키는 것이라고 생각했다. 여기에서 하이네가 철도를 가리켜 말한 "철도를 통해서 공간은 살해당했다."라는 유명한 말이 나오게 되었다.

그러나 쉬벨부쉬의 지적에 의하면 하이네의 말은 반만 맞는 얘기다. 철도는 그전까지는 가까이 가기 어려웠던 공간에 접근하기 쉽도록 만들어놓았다. 그러나 그런 식으로 공간을 확장하기 위해서 철도는 이 공간과 저 공간을 이어주는 사이 공간, 즉 철도가 지나는 공간을 없애버렸기 때문이다. 철도를 통한 이동은 출발하는 지역과 도착하는 지역만이 의미 있을 뿐, 마차를 타고 지날 때처럼 지역과 지역 사이의 공간에 대한 의미는 축소시켜 버렸다. 철도의 속도가 지워버린 사이공간에 대한 향수를 빅토르 위고는 한 편지에서 이렇게 쓰고 있다.

들가에 난 꽃들은 더 이상 꽃이 아니라 그저 색깔의 얼룩들일 뿐입니다. 아니 오히려 그보다는 그저 빨갛고 흰 줄무늬들일 뿐이지요. 점이라고는 없고, 모든 것은 선이 되어버립니다. 전답들은 길고 노란 빛줄기가 되어버리고요. 클로버 풀밭은 길고 녹색 빛이 나는 땋은 머리처럼 보입니다. 도시들, 교회의 탑들 그리고 나무들은 춤을 추고 있고 미친 듯이 지평선과 뒤섞입니다. 때때로 하나의 그림자, 하나의 형상, 하나의 유령이 문 앞에 나타났다가 번개처럼 사라지지요. 그것이 바로 차창이랍니다.

지방들이 서로 떨어져 있을 때, 각 지역은 개별적인 자신의 시간을 가지고 있었다. 그러나 철도가 두 지역을 가깝게 연결시켜줌에 따라 '시간의 통일' 이라는 이전에는 없었던 문제가 생겨났다. 각 지역이 개별적인 시간을 따르고 있다면 그 고유의 시간은 다음 역에 도착하면 쓸모가 없기 때문이다. 따라서 철도정보센터가 생겨나게 되고 개별 철도 회사들은 서로 협력하여 하나의 철도 노선망을 구축하게 되고 모든 철도역에서 통용될 수 있는 열차 표준시간이 만들어지게 되었다. 공간이 가까워지고 시간이 통일된다는 것은 이전에 각 지역이 가지고 있었던 폐쇄적이고 독자적인 특성이 사라진다는 것을 의미한다. 중국과 티베트를 잇는 철도의 개통으로 티베트 사람들이 우려하는 것도 이런 측면이다. 티베트에 중국의 문물이 급속도로 밀려들어오면서 티베트 소수민족에 대한 차별과 티베트의 전통문화가 파괴될 것이라는 우려가 나올 만하다.

철도가 시간을 변화시키고 공간을 확장시켰다는 것은 단순히 풍경에 대한 사람들의 향수에만 영향을 미친 것이 아니라 상품시장과의 관계에도 변화를 미쳤다. 러스킨은 출발지에서 떠나 도착할 곳만을 염두에 두고 있는 이들은 더 이상 여행자가 아니라고 했다. 철도에 의해 출발지와 도착지만을 알게 된 이들은 "기차마다 특정한 장소에 보내지고, 파리를 떠났던 것처럼 바로 그렇게 그 장소에 도착하는 짐짝과 같은 존재"라고 표현한다. 지방 도시들이 철도로 연결되면서 상품의 생산과 소비도 새로운 지형도를 그리게 되었다. 근대적인 운송양식이 시작되기 전에, 상품은 생산된 곳에서 소비되는 것이 일반적이었기 때문에 '상품이 남기는 순환자취를 조망' 할 수 있었다. 그러나 철도를 따라 상품이 운송되면서 상품 생산지와 소비지가 공간상으로 분리되고 '상품' 은 고향을 잃게 되었다.

쉬벨부쉬는 철도를 통한 상품의 운송변화가 백화점의 출현과도 무관하지 않다고 본다. 철도를 통해 사람들은 여행지와 여행지를 연결해주는 사이 공간을 잃어버리고 출발지와 도착지만을 알게 된 것처럼, 사람들은 백화점에 진열된 상품을 통해 그 상품의 생산부터 소비까지의 과정이 생략된 채 마지막 소비단계에만 머물러있는 상품을 만나게 된다는 것이다. 뿐만 아니라 이전에 사람들은 여행 중에 만나는 낯선 사람들과 계속 대화를 나누고 여행이 끝난 이후에도 지속되는 관계를 맺었다고 한다. 그러나 철도가 빠르게 공간을 연결해주고 난 후, 사람들은 빨리 도달하게 될 목적지만을 생각하게 되었다. 따라서 함께 여행을 시작했던 낯선 여행자는 다음 역에서 내리고 그 자리를 또 다른 여행자가 와서 채우게 됨으로써 여행길에서 만난 낯선 이들과의 관계는 점차 소원해지기 시작했다는 것이다. 마찬가지로 백화점에 진열된 물건들은 근대 이전의 시장에서 상거래가 이루어질 때 오가던 대화를 없애버리고 그 대신에 확정된 가격들을 말없이 알려주는 가격표를 달게 되었다는 것이다. 열차의 빈자리를 다른 사람들이 와서 끊임없이 새롭게 채우는 것처럼 대량 생산과 수송에 의해 상품들 역시 지속적으로 바뀌고 새로워진다는 것이다. 여기에 덧붙여 쉬벨부쉬는 가속화되는 열차의 속도가 여행자와 풍경의 관계를 변화시킨 것처럼 구매자와 상품의 관계도 변화시켰다고 지적한다. 철도 여행을 통해서 여행자들에게 풍경은 교감을 나누는 대상이라기보다는 빠르게 스쳐지나가고 말 의미 없는 광경이 된 것처럼, 사람들은 백화점에서 상품을 대할 때도 '정적인 상태, 집중성, 아우라'가 사라지게 되었다고 설명한다. 철도가 가져온 시간과 공간, 상품과 지역 간의 의미 변화를 쉬벨부쉬는 간단하게 이렇게 표현한다.

공간과 시간을 경험 속에서 말살시켜 버리는 열차 때문에 수학 여행을 경험할 가능성 역시 종식시킨다. 그때부터 장소들은 더 이상 공간적으로 개별적이거나 독립적인 어떤 것이 아니라 이 장소들을 연결하고 있는 교통이라는 단일 체계의 한 요인에 불과하게 된다. 그러나 이 교통은 우리가 보아온 바처럼, 상품 순환의 물리적인 현상이다. 이제 여행자들이 찾아가던 지역들은 동일한 순환의 일부분인 상품과 점차로 비슷해진다. 20세기의 관광 여행으로 세계는 지방들과 도시들이 모여 있는 거대한 백화점이 되어버렸다.

철도 여행이 가져온 또 하나의 변화는 여행 중의 독서라고 한다. 바깥 풍경을 감상하거나 같은 길을 가는 낯선 여행자와의 친밀한 관계가 사라지고 나자, 사람들은 열차 안에서 혼자서 할 수 있는 일을 찾게 되었고 여행 중의 독서가 시작되었다. 이는 자연스러운 이행이었다기보다는 다분히 상업적인 목적에 의해 도입된 측면이 없지 않다. 당시의 사람들이 열차 여행의 부정적인 특징으로 제시하던 단조로움과 지루함이 기차역 안에 서점을 개설하기 위한 상업적인 논거로 이용되었다.

여행자가 열차 칸에 들어서자마자, 그는 아무 일도 못한다는 선고를 받게 된다. 여행의 단조로움이 눈에 띈다. 지루함은 그 모습을 나타내고, 더 심하게는 초조감이 기차에 의해 마치 하나의 탁송화물처럼 운반되어 가는 불행한 사람들을 엄습한다. (중략) 아세트와 동료는 장시간의 여행이 가져다주는 이 강요된 무위와 지루함을 모든 이들의 유희와 학습 시간으로 바꾸어놓는 아이디어를 개발하였다. 그들은 편안한 형식과 저렴한 가격으로 제공되는 흥미 위주의 작품을 갖춘 철도역 서점의 건립을 생각하였다.

따라서 영국에서는 1840년대 말에 역 서점 조직과 여행 중 독서에 대한 사람들의 욕구를 충족시켜줄 수 있는 도서대여 거래조직이 생겨났다. 기차역에서는 여행 중에 읽을 수 있는 가벼운 읽을거리들이 팔리기 시작했고, 1페니의 수수료를 내고 열차를 기다리는 동안 이용할 수 있는 서점이 생겨났으며, 얼마간의 수수료를 더 내면 책을 빌려서 열차 안에서 읽고 목적지에서 반납할 수 있기도 했다.

그러나 여행 중의 느긋한 독서는 전적으로 부르주아들의 일이었다. 열차를 이용했던 하층민들은 독서에 필요한 비용을 감당할 수 있는 경제적 능력이 없었으며 그런 지적 욕구를 가질 수도 없었다. 게다가 하층민들의 열차 여행 여건은 상류층의 여행과는 아주 달랐기 때문이기도 하다. 상류층의 사람들은 마차로 하던 여행을 열차로 하게 되는 변화를 겪었지만, 하층민들의 경우에는 열차 이전에 마차를 타고 여행을 했던 적이 없었다. 따라서 하층민들은 열차 이전의 여행에 대한 기억이나 향수를 가지고 있지 않았던 것이다. 유럽에 처음 열차가 도입되었을 때, 부르주아들이 이용하는 1, 2등석의 열차는 마차의 내부를 그대로 옮겨놓은 모양이었다고 한다. 열차 내부는 칸칸이 나뉘어져 있어서 마치 낯선 사람들과 하나의 마차를 같이 탄 것과 같은 모습이었다고 한다. 그러나 하층민들이 이용하는 3, 4등석의 열차 내부는 지금의 지하철처럼 덩그러니 커다란 공간이 하나로 되어 있었기 때문에 여행객들 사이의 끊임없는 대화가 가능했다는 것이다. 또 초기 유럽에서 하층민들이 이용하던 열차는 덮개도 없이, 그야말로 화물을 수송하던 칸에 사람들을 가득 실어놓은 폐쇄된 짐차이기도 했다고 한다. 지금도 마찬가지지만 기술의 진보는 모든 이들이 평등하게 경험할 수 있는 것이 아니라 경제적인 계급에 따라 다르게 경험되는 것일 수밖에 없다.

과학이나 기술의 진보는 단순히 그 해당 분야에만 관계있는 일이 아니다. 『철도 여행의 역사』는 기술의 변화와 발전이 우리의 삶에 다각적으로 영향을 미칠 수 있다는 것을 다양한 예를 들어 보여준다. 이 책에는 철도 여행의 등장이후 의학 분야에서도 철도 여행에서 생길 수 있는 정신적 스트레스, 철도 여행 중의 독서가 시력에 미치는 영향 등에 대한 연구와 논란이 활발했다는 점도 보여주고 있다. 이 책을 통해서 지엽적으로 보이는 하나의 사건이 전체적인 구조에 미칠 수 있는 변화의 가능성이 어떠한 것인지를 짐작할 수 있는 계기가 될 수 있을 것이다.

기술의 발전이 우리 삶을 어떻게 변화시킬 수 있는지 철도의 예를 들어 설명하고 이에 상응할 만한 최근의 기술에 대해 논하시오.

1. 철도의 개통이 가져온 공간에 대한 두 가지 모순적인 상황은 무엇인가?

2. 쉬벨부쉬가 철도가 가져온 변화의 예로 든 것이 무엇인가?

3. 기술의 진보가 모든 이들에게 동일한 경험을 주지 못하는 이유를 쉬벨부쉬는 어디에서 찾고 있는가?

과학적 진리는 객관적인가?
−과학은 열광이 아니라 성찰을 필요로 한다

이충웅 지음, 『과학은 열광이 아니라 성찰을 필요로 한다』, 이제이북스, 2005년.

책으로 가는 길

일찍이 어떤 것이 '진짜 과학'이고 어떤 것이 '사이비 과학'인가를 고민한 사람 있었다. 과학철학자 칼 포퍼(Karl. R. Popper, 1902~1994)가 바로 그이다. 그는 과학과 사이비 과학을 구분 짓는 기준을 '반증가능성'이라고 했다.

그에 따르면 아인슈타인이 1916년 발표한 일반상대성 이론은 관찰결과로 참과 거짓이 판명될 수 있는 과학이다. 중력에 의해 시공간(時空間)이 휜다는 이론을 처음엔 아무도 믿지 않았다. 그러나 영국의 천문학자 에딩턴은 개기일식 때 별빛이 태양의 중력에 의해 휘는 것을 밝혀냈다.

칼 포퍼는 『열린사회와 그 적들』에서 아인슈타인의 이론처럼 반증될 수 있는 가능성을 지녀야 참과학이라고 했다. 그러나 마르크스의 역사이론이나 프로이트의 심리학은 명쾌한 설명력 때문에 새로운 진리에 눈이 뜨이는 효과를 주기는 하지만 반증의 여지가 없으므로 참된 과학이라고 볼 수 없다는 것이다. 칼 포퍼는 "과학은 객관적이며 합리적이기 때문에 위대하고 아름답지만, 절대적이고 초월적인 것이 아니기 때문에 신성시하고 우상화해서는 안 된다."라고 말하면서 과학의 발전은 기존 이론의 오류를 찾아 더 나은 이론을 정립하는 과정에서 이루어진다고 주장했다.

칼 포퍼는 그의 과학철학을 사회에도 그대로 적용시키려 하였다. 칼 포퍼는 과학이 반증을 통해 발전하듯이 사회도 비판과 성찰을 통해 발전한다고 생각했다. 그는 사회의 문제점은 반증과 비판과 토론을 통해서 개선해나가야 하며 더 나은 사회를 위해서 타인의 비판을 수용할 수 있는 '열린사회'로 만들어 가야 한다고 주장했다.

칼 포퍼의 주장과 견해를 음미하면서 황우석 교수의 논란을 지켜보는 마음은 무겁다. 2003년 말 황우석 교수팀이 "광우병에 걸리지 않는 소를 세계 최초로 생산했다."는 보도가 신문과 방송을 장식했다. 많은 매체들이 그와 관련한 사설을 따로 마련했고, 한국 과학자가 달성한 쾌거를 찬양했다. 그러나 광우병의 원인물질인 프리온에 대한 실체와 메커니즘이 제대로 규명되지 않은 상황에서 나온 이 같은 보도는 어리둥절한 것이었다. 언론은 '하나의 가설'에 불과한 황 교수의 연구결과를 "세계 축산시장 장악과 함께 광우병 정복이란 생명공학의 쾌거"로 대대적으로 보도했다.

이 보도가 입증되지도 않은 채 몇 개월 지나지 않아 언론의 열광은 인간 배아 줄기세포로 옮아갔다. 국내 언론은 「사이언스」에 황우석 교수의 연구결과가 발표됐다는 사실을 흥분한 어조로 쏟아냈다. 모든 언론은 그의 업적에 열광했다. 정부도 사상 유례 없는 획기적 지원으로 황우석 교수의 업적이 대한민국의 국가적 위상을 높이고, 국가 경제적 이익에도 크게 기여할 것이라는 국민들의 소망에 부응했다.

그러나 황우석 교수의 신뢰에 결정적 손상을 주는 조사결과가 발표된 후, 국민들은 허탈감에 빠졌다.

과학은 비판과 토론을 통해 자신의 오류를 발견하고 진리에 한 발짝 더 접근한다. 그런데 황 교수의 논문이 작성, 발표되는 과정에서는 비판과 토론이 존재하지 않았던 것처럼 보인다. 줄기세포를 연구한 과학자 공동체는 사실에 근거해 비판, 토론하는 ‘열린사회’가 아니라 그것을 허용하지 않은 ‘닫힌사회’임이 밝혀지게 됐다.

『과학은 열광이 아니라 성찰을 필요로 한다』의 부제는 ‘과학시대를 살아가는 독자의 주체적 과학기사 읽기’다. 저자는 과학에 대한 지배적인 해석에 압도당하지 않으려면 누구든지 주체적이며 세심한 과학기사 읽기가 필요하다고 강조한다. 황우석 교수의 논란을 지켜보면서 주체적이며 세심한 과학기사 읽기의 부재, 합리적인 의사소통의 부재가 얼마나 큰 사회병리적 현상을 야기할 수 있는지를 새삼 되돌아보게 한다.

책으로 푸는 논술

2005학년도 동국대 수시모집 논술고사에는 제시문 (4)와 (5)를 참고하여 과학적 진리에 대한 자신의 견해를 밝히라는 문제가 출제되었다. 제시문 (4)는 과학적 진리의 절대성, 객관성에 대한 글이고, (5)는 과학적 진리의 상대성, 주관성에 대한 글이다.

(제시문 4) 과학은 확고한 경험적 사실을 바탕으로 한, 보편성과 객관성을 가지고 있는 지식의 체계라고 정의된다. 과학적 지식은 실험과 관찰을 통해 증명이 되었거나, 그전에 있던 사실을 근거로 하고 있다. 과학과 수학은 객관의 세계를 다루기 때문에 시공을 초월한 절대 진리를 담고 있는 학문이며, 논쟁의 여지가 없이 확실한 지식의 순차적인 축적 과정을 통해 발전해 온 것으로 간주된다. 이러한 과학적 진리는 언제 어디서 누구에게나 적용될 수 있는 객관적이고 보편적이며 영원한 것이라고 한다. 과학적 진리가 절대적이고 객관적이라고 생각하는 사람들은 논리실증주의 학파의 영향을 받고 있다고 할 수 있다. 논리실증주의 학파는 이론 중립적인 관찰과 진술이 가능하다고 주장한다. 이들에 따르면 절대적이고 객관적인 과학적 진리는 실험 주체와 분리된 객관적 실험과 관찰을 통해 가능하다. 그리고 과학적 진리는 사실만을 연구 대상으로 하여 자연 현상의 법칙을 관찰, 실험, 검증 등의 방법을 통하여 수학적으로 그 결과를 제시한 것이기 때문에 절대적이라고 한다. '1+1=2'라는 사실과 "지구는 태양 주위를 공전한다."는 지동설은 결코 변하지 않는 절대적인 사실이다. 따라서 과학은 절대적인 진리를 탐구하는 활동이라 할 수 있다.

과학 지식의 절대성을 주장하는 글이다. 이에 대해 제시문 (5)는 과학적 지식의 상대성을 말하고 있다.

(제시문 5) 과학적 지식은 보편적이고 객관적인 것이 아니라, 상대적이고 주관적이라고 주장하는 사람들도 있다. 토마스 쿤에 의하면, 과학자가 실행하는 실험이나 관찰은 과학적 진리를 밝히는 절대적인 잣대가 될 수 없다고 한다. 또한 라베츠는 『과학 지식의 한계』에서, 과학적 지식은 그것을 발전시켜 준 시대와 문화적 환경에 영향을 받는다고 하였다. 예를 들어, 아인슈타인의 상대성 이론은 근대 자연과학의 기반인 뉴턴의 절대시간과 절대공간의 개념을 부정하였다. 유클리드 기하학에서는 "삼각형의 세 내각의 합은 180°이다."라는 명제가 공리이지만, 비유클리드 기하학에서는 그렇지 않다. 구면기하학에서 삼각형의 세 내각의 합은 180°보다 크고, 쌍곡기하학에서는 180°보다 작

다. 또한, 코페르니쿠스는 지구가 우주의 중심이라는 생각을 뒤집고 지동설을 주장하여 '코페르니쿠스적인 전환'을 이루었다. 일출 광경에 대해서도 지동설을 주장하는 사람은 지구가 회전하여 일어나는 것으로, 천동설을 주장하는 사람은 태양이 떠오르는 것으로 이야기할 수도 있다. 이와 같이 과학적 지식은 상대적이고 주관적이며, 시대와 문화 또는 인간의 관점에 따라 변화하는 것이다.

과학적 진리에 대하여 양쪽 중 한쪽 편에 서서 옹호하고, 다른 쪽을 반박하라는 문제다. 양시론이나 양비론으로 논술할 경우, 각각의 장단점을 비교 서술하여 논술문을 작성하여야 한다. 어느 쪽도 완전할 수는 없으나, 어느 한쪽의 입장에 서서 자신의 주장을 확실하게 논리적으로 전개하여야 한다.

책 속으로

과학과 기술은 그 자체로 객관적이고 논리적이라는 이미지 탓에 과학 기사 역시 객관적이며 정확하다고 보는 경향이 있지만 과학기사는 객관성과 논리성을 결여하고 있다는 것이 『과학은 열광이 아니라 성찰을 필요로 한다』의 저자 이충웅의 주장이다. 그는 뉴스와 방송이 다루고 있는 과학기사를 곧이곧대로 받아들이지 말고 그것을 의심하라고 말한다.

저자는 황우석 교수의 배아줄기세포 연구에 대해서도 끊임없이 비판적인 질문을 던졌다. 『과학은 열광이 아니라 성찰을 필요로 한다』가 출간된 시점은 2005년 6월 24일이었고, 이 시기는 황우석 교수의 배아줄기세포 연구 성과로 대한민국이 뜨겁게 달구어지던 때였다. 황우석 교수의 연구를 의심하는 자는 네티즌들에 의해 매국노로 규정되었던 시기였던 만큼 냉정하게 사태를 바라보고

자 했던 저자의 태도는 매우 이례적인 것이었다.

대학에서 과학사회학에 대해서 강의하고 있는 저자는 언론이 과학기사를 다룰 때 경제성만을 강조해 희망을 부풀리거나 황우석 교수에서처럼 영웅 만들기에 주력할 뿐이라고 비판한다. 정작 중요한 과학의 모습과 중요 과정 전달은 빠뜨리는 경우가 허다하다는 것이다.

황우석 교수의 '광우병 안 걸리는 소' 연구 결과가 나왔을 때 광우병의 원인이 되는 프리온의 실체조차 밝혀지지 않은 상황에서 언론은 문제 제기 한 번 없이 광우병이 걸리지 않는 소를 가능하게 했다고 황 교수의 말을 그대로 전했다. 검증이 필요한 대목이었지만 누구도 이에 대해서 이의를 제기하지 않았다. 언론의 기능은 감시와 견제에 있지만 언론은 제 본연의 임무를 져버렸다. 이에 대해 저자는 이러한 분석을 덧붙인다.

배아줄기세포 연구 지지자들의 주장은 현대 사회에 깊숙이 자리 잡은 끊임없이 진보하는 과학, 인류에게 희망을 가져다주는 과학의 이미지와 쉽게 결합한다. 그리고 그러한 결합으로부터, 지지자들을 확산시키는 데 이미 성공하고 있다. 한국에서는 여기에 국가주의적 응원이 덧붙는다. 한국인에게 지난 백 년의 역사는, 스스로의 눈으로 자기 자신을 바라보기 어렵게 만들고야 말았다. 외국에서 대단하다고 평가받는 일이야말로 지고한 가치를 지니는 일이다.

황우석 교수의 연구 결과가 대한민국의 막대한 이익을 가져다 줄 것이며 불치병을 치료할 것이라는 환상은 대중들 스스로가 만든 것이 아니라 언론이 만들어 낸 것이다. 대중들은 언론이 내보내는 과학 기사를 통하여 과학에 대한 의견을 구성한다. '광우병 안 걸리는 소' 연구 결과가 나왔을 때도 신문들은 앞을 다투어 "세계 축산 시장 장악과 함께 광우병 정복이라는 생명공학의 쾌거"를 말했지만, 황우석 교수의 연구 방법대로 만들어진 소의 '인체 및 환경 안정성 검

중' 의 문제를 차분하게 말하는 신문은 없었다.

그는 언론이 미래의 신기술이라고 호들갑스럽게 보도하는 나노기술에 대해서도 쓴 소리를 던진다.

특히 의학 분야에서 나노기술이 가장 유용하게 이용될 수 있을 것이라는 흔한 전망에 대한 각별한 주의가 필요하다. 나노구조물 속에 담긴 약물이 암세포만 골라 공격할 것이라는 얘기, 적혈구에 붙어서 나노 로봇이 치료를 행하는 장면 등은 온갖 매체를 통해 제시되었다. 질병의 공간에 투입된 나노구조물이나 로봇이 나쁜 세포를 공격하고 난 다음에 또 무슨 일을 벌일지 모른다거나, 그것들을 수거하는 과정에서의 예기치 않은 문제에 대한 다소 막연한 우려는 차치하고서라도, 그런 전망이 기초하고 있는 질병에 대한 기본적인 시각이 가지는 문제는 생각해 봐야 할 것이다.

2004년 한 신문에는 이런 기사가 실린다.

세제 없이 저절로 세탁되는 옷감이 개발돼 옷 세탁이 필요 없는 시대가 오게 될 것 같다. 홍콩과기대학 연구진은 면 소재에 나노 크기 입자의 미세한 산화티타늄 입자를 입히는 방식을 개발했다. 이 산화티타늄은 옷감에 묻는 오염물질을 햇빛과 반응해 분해시키는 기능을 갖고 있다.

그러나 옷감에 입힌 나노 입자가 인체에 무해하다는 것을 증명하지 않고서 세제 없이 저절로 세탁되는 옷감을 말하는 것은 섣부른 태도라는 것이 저자의 지적이다. 그렇다면 왜 언론은 과학기사를 유용성이라는 관점에서 다루기를 좋아하는 것일까. 이에 대해서 저자는 연구자가 자신의 연구가 지닌 가치와 그 쓰임새를 적극적으로 홍보하는 경향이 점점 더 강해지고 있다고 말한다. 적극적으로 자신의 연구 성과를 홍보해야 연구에 대한 투자자가 나설 것이라는 판단도 여기에 일조한다. 연구비에 대한 압박 때문에 연구자들은 연구대상의 유용성과 경제성을 홍보하게 된다는 것이다. 이는 언론의 보도태도와 맞물려 꿈과 희망을 주는 뉴스로 만들어지며, 연구자는 자신의 연구에 대한 대중의 지지를 확보함으로써 여러 가지 이득을 기대할 수 있게 되는데 그 대표적인 예가 황우석 교수라는 지적이다.

황우석 교수의 성공은 난자를 법적인 문제없이 얻을 수 있는 국내 환경에 힘입은 것이지만, 난자 기증과정에 문제를 제기하는 외국의 시각에 대해 우리의 분위기는 납득할 수 없다고 저자는 말한다. 남이 하면 스캔들이요, 내가 하면 로맨스라는 식의 세태에 대한 따끔한 일침이다.

비판은 계속된다. 배아줄기세포 연구를 반대하는 논리가 가톨릭교회만 있지 않고 각 분야에 다양하지만 엄청난 치료효과나 엄청난 경제적 효과라는 찬사에 가려졌으며, 윤리적 논란은 차치하고 치료 효과조차 미지의 가능성 수준임에도 이에 대해 냉정하게 묻는 작업에는 소홀했다. 과학이 범세계적 성격을 띠었다면, 우리의 특정 과학에 대한 연구 성과도 범세계적 차원을 고려해야 하지만 그저 국가주의나 민족주의의 편협한 가치만 난무한다는 것이다

천동설에서 지동설로의 전환에서 볼 수 있듯이 과학의 역사는 전복(顚覆)의 역사였다. 과학사의 관점에서 볼 때, 과학은 언제나 잠정적이고 모색적인 것이었지 결코 난공불락의 절대성을 갖는 것은 아니었다. 그러므로 과학적인 태도는 이론을 받아들이지 않는 독선의 태도가 아니라 늘 열려있는 겸손한 태도일 수밖에 없다. 불변의 진리가 과학이 아니듯, 반박의 가능성이 없는 것도 과학은 아니다. 2005년 여름, 대한민국에 과학은 없었다. 황우석에 대한 열광은 차라리 종교였지 과학이 아니었다.

다음과 같은 저자의 지적을 아프게 새기며 우리 과학이 갈 길을 생각해보자.

황우석 신드롬은 한국 사회가 진실보다는 꿈이 더 필요한 사회임을 가슴 아프게 보여주고 있다. 황우석 생가를 복원하고 명소로 꾸민다는 보도에 이르러서, 신드롬을 넘어 신화의 탄생을 목격한다. 차라리 그로테스크한 표현이 어울릴 듯한 상황이다. 과학을 건강하게 하는 것은 열광이 아니라 성찰이라고 이야기하는 사람은 너무나도 적었다.

➜ 이 글의 논제 ---

과학에 대해 어떤 태도를 가져야 하는가?

➜ 읽은 사람은 다 안다 ---

1. 칼 포퍼의 반증가능성이란 무엇인가?

2. 언론의 과학기사 보도의 문제점은?

3. 연구자가 자신의 연구가 지닌 가치와 그 쓰임새를 적극적으로 홍보하는 경향이 점점 더 강해지고 있는 이유는?

과학에서 이상화된 모델이 의미하는 바는 무엇인가?
−과학 기술의 성격

최종덕 지음, 『시엥티아』, 당대, 2004.

책으로 가는 길

과학은 현대인들의 의식주 모든 영역에서 그 영향력을 행사하고 있다. 합성섬유는 섬유공학의 산물이요, 음료는 식품공학의 산물이며, 집은 건축공학의 산물인 시대가 바로 우리가 사는 시대다. 사람과 사람 사이의 소통 또한 우리는 통신기술에 빚지고 있다. 사회적으로 고립된 존재가 아니라면 어떤 식으로든 과학기술에 연루된 삶을 살고 있다고 해도 과언이 아니다. 특히 20세기 들어 이루어진 과학기술의 진보는 과거에는 상상조차 할 수 없었던 일들을 가능하게 하고 있다. 그러나 정보통신 기술은 사생활 침해와 정보 불평등의 문제를 불러일으키고 있으며, 의료기술은 보건의료의 불평등을 야기하고 있고, 생명공학은 생명윤리의 문제를 불러일으키고 있다. 뿐만 아니라 과학기술의 급속한 발전으로 생태계 파괴의 심각성은 커다란 사회적 문제가 되고 있다. 우리 사회의 전 부문에서 과학기술의 발전이 새로운 정치적, 경제적, 윤리적 문제들을 야기하고 있는 것이다.

그럼에도 불구하고 과학은 합리적인 지식의 체계라는 것이 과학에 대한 일반적인 견해다. '국가의 미래가 과학기술에 달렸다.' 라는 말에서 예감할 수 있듯 오늘날 '과학적' 이라는 단어만큼 당당한 권력을 행사하는 단어도 드물다. 과학의 절대적 객관성에 의문을 제기하는 '포스트모더니즘' 이 유행하더라도, 인류가 지금까지 발굴해낸 지식체계들 중 과학만큼 합리적이고 객관적이며 신뢰할 만한 체계가 없다는 데 토를 달 사람은 많지 않다.

이러한 상황은 오늘날의 '기술사회' 를 살아가는 우리에게 과학기술에 대한 적절한 사회적 통제가 필요함을 시사한다. 우리가 과학기술에 마냥 열광할 것이 아니라 냉정하고 차분한 태도로 과학기술의 성격이 어떠한 것인가를 알아야 하는 이유가 여기에 있다.

책으로 푸는 논술

1997학년도 고려대 자연계 '가' 군의 논술문제는 제시문을 참고하여 '실제 적용에의 한계에도 불구하고 이상화된 모델과 그에 따른 이론은 왜 필요한가.' 라는 논제에 대하여 논술하라는 것이었다. 제시문은 다음과 같았다.

복잡하고 다양한 자연현상을 간단하고 일반적인 이론으로 설명할 수 있는 것이 자연과학의 힘이라고 한다. 물체의 충돌과정을 생각해 보자. 두 개의 당구공이든 두 개의 행성이든 공통적으로 적용되는 충돌이론이 있고 그 이론에 따라 운동을 정확히 이해할 기체의 상태를 비교적 잘 설명해 주는 이상기체 상태방정식도 기체의 밀도가 큰 상황에서는 수정을 필요로 한다. 이상기체란 실제로 존재하지 않는 이상화된 모델에 불과함을 생각할 때, 이러한 한계는 당연한 것이다.

이와 같은 이상화된 모델과 이론에 내재하는 문제점은 사회과학의 경우에도 나타난다. 우리는 흔히 주식시장이나 경기변동에 대한 경제학자들의 예측이 크게 빗나가는 것을 본다. 이는 예기치 못했던 돌발 사태 때문일 수도 있지만 많은 경우에는 사용된 모델이 실제로 존재하는 여러 중요한 변수들을 고려하지 않았기 때문이다.

문제는 자연과학에서의 '이상화된 모델'이 현실에 엄밀하게 적용할 수 없는데도 왜 그것이 필요한가를 묻는 질문이다. 이 문제를 해결하기 위해서는 '이상화된 모델'이 의미하는 바가 무엇인지, 또 이상화된 모델을 현실에 적용할 때의 문제점이 무엇인지를 명확하게 인식할 필요가 있다.

　　자연계는 변화무쌍하다. 언제 지진이 닥칠지, 언제 홍수가 닥칠지 알 수가 없다. 그러나 자연을 예측할 수만 있다면 인간은 자연의 불확실성에서 오는 폐해로부터 벗어날 수가 있을 것이다.

　　왜 장마가 들고, 왜 태풍이 불고, 왜 지진이 일어나는지, 자연의 위협으로부터 벗어나기 위해서 인간은 자연을 합리적으로 이해해야 했다. 자연현상을 합리적으로 이해하려는 시도가 다름 아닌 과학이다. 자연의 위협으로부터 벗어나기 위해 폭풍우나 지진과 같은 자연적 재앙을 예측하기 위해 과학자들은 합리적인 사유를 통해 자연이 어떻게 변화하는지에 대한 예측 모델을 얻으려고 노력했다.

　　얼마 전 신문지상에는 생태계와 기후가 어떻게 바뀔 것인가를 시뮬레이션 할 수 있는 컴퓨터 모델이 최초로 개발됐다는 기사가 났다. 이 시뮬레이션에 따르면 21세기 동안 미국 서부지역은 겨울철 동안 지금보다 더 습해질 것이며 여름에는 더 더워질 것으로 나타났다. 특히 미국의 기후생물학자인 넬슨 박사가 이끈 연구팀이 개발한 대기-식물-토양 시스템 모델을 이용하면 세계 어디에서나 식물 종류에 따른 시뮬레이션이 가능하며 이에 따른 지구 기후변화에 의한 영향도 예측할 수 있다고 한다.

　　영화 「트위스터」에 나오는 과학자는 거대한 돌개바람인 '토네이도' 안에 '도로시' 라고 하는 센서를 투입하여 이 센서가 보내오는 전파신호를 수신하고 분석하여 토네이도가 진행하는 방향을 예측한다. 그러나 분석결과로 얻어진 토네이도의 예측방향은 현실의 토네이도가 진행하는 방향과 100% 일치한다고 볼 수는 없다.

　　현실은 매우 복잡한 변수를 가진다. 토네이도가 진행되고 있는 곳이 산림 지형일 수도 있고, 도심 지형일 수도 있고, 사막 지형일 수도 있으며 늪 지형일 수도 있다. 지형 이외에도 토네이도의 진행방향에 영향을 끼치는 변수들은 얼마든지 있을 수 있다. 그러나 현실적으로 토네이도의 진행방향 예측 시스템은 현실에 있는 모든 변수를 고려해서 만들어질 수는 없다.

우선 현실에 있는 모든 변수를 고려한다는 것 자체가 불가능한 일이다. 설령 그것이 가능한 일일지라도 현실의 모든 변수를 고려해서 예측 시스템을 만들기까지는 너무도 많은 시간과 노동력이 투입되어야 한다. 이것이 문제다. 토네이도로 인한 피해자가 늘어나는데 정확한 예측 시스템을 만들기 위해서 한가하게 시간만 보낼 수는 없는 일이기 때문이다. 토네이도의 진행방향에 영향을 주는 현실의 모든 변수를 고려하지 않더라도, 대충의 진행방향이라도 알 수 있는 시스템을 구축하는 것이 급할 때, 선택되어지는 것이 이른바 '이상화(idealization)'의 방법이다.

『시앵티아』는 '과학에 불어넣는 철학적 상상력'이라는 부제를 달고 있다. 이 책에서 저자는 과학이 성장하기 위해서는 새로운 논리와 상상력이 필요하다는 점을 이야기하면서 과학은 절대적인 믿음의 체계가 될 수 없음을 강조한다. 그 강조의 핵심에 놓이는 개념이 '이상화'다. '이상화'를 설명하기 위해 저자는 만유인력의 법칙을 예로 든다. 그 대강을 정리해보자.

뉴턴은 두 개의 물체가 서로 끌어당기고 미는 힘의 관계를 제대로 기술하기 위하여 변수로 취해야 할 외부의 인과적 요인이 너무 많다는 것을 알게 되었다. 지구와 달의 관계방정식을 제대로 만들려면 지구와 달에 미치는 모든 별의 힘들을 상정해야만 했다. 그러나 그러한 상정은 신이라면 몰라도 인간의 이성으로서는 절대 불가능한 일이었다. 물체가 두 개 보다 많을 경우, 그들 상호간의 관계를 결정론적 방식으로는 결코 풀 수 없기 때문이다. 그래서 뉴턴은 문제를 풀고자 하는 방정식에 관련된 두 개의 물체만을 고려하고 나머지 물체는 없는 것으로 간주할 수밖에 없었다. 이와 같은 가정을 물리학에서는 '고립화의 상정' 또는 '이상화' 라고 말한다. 고립화의 상정 또는 이상화는 자연계의 원래의 모습에서 벗어나는 일이지만, 고립화가 있었기 때문에 근대 자연과학 혁명은 가능하였다.

19세기에 들어오면서 그동안 과학자들 사이에서 가장 큰 논란거리였던 온도의 실체가 무엇인가 하는 문제가 다시 제기되었다. 19세기 이전에도 당시에 이미 많은 이론이 등장했으나, 그 어느 것도 온도를 설명하는 충분한 해답이 되지 못했다. 그러다가 마침내 온도를 설명하기 위하여 분자의 충돌에 의한 압력이라는 새로운 생각이 대두하였다.

그러나 생각은 훌륭하지만 세 개 이상의 물체들 사이의 충돌 내지는 상관관계를 수학적으로 푼다는 것은 아예 엄두도 못 낼 일이었다. 당구대의 공이 두 개일 경우와 아홉 개일 경우는 그 예측도에 있어서 비교할 수 없는 차이가 있는 것과 같다. 하물며 23제곱 개의 분자 수를 가진 분자간의 충동운동을 결정론적 방정식으로 예측한다는 것이 가당키나 하겠는가. 그래서 열역학이 등장했으며 열역학은 이들 사이의 운동을 결정론적 방정식이 아니라 통계적 방식으로 기술하였다.

화학에서 말하는 이상기체(Ideal Gas)는 현실에 존재하지 않는다. 그것은 관념에 존재하는 기체다. 현실에는 기체의 운동에 영향을 끼치는 무수한 변수가 존재한다. 그러한 변수들을 고려해서는 기체들의 운동을 예측하는 방정식을 만들어 낼 수가 없다. 이 때 현실에 존재하는 무수한 변수들을 없는 것으로 가정하여 만들어진 것이 이른바 '이상기체 상태방정식' 이다. 이 방정식은 영화 「토네이도」에서의 토네이도 '예측 방향 시스템' 과 같은 방식으로 만들어졌다고 할 수 있다. 현실에 실제로 존재하는 무수한 변수들을 제거해서 만들었기 때문이다.

그렇기 때문에 변수들을 제거해서 만들어진 토네이도 예측 방향 시스템은 현실의 토네이도의 진행방향을 정확하게 가르쳐 주지는 않는다. 또한 이상기체 상태방정식도 현실에서의 실제적인 기체의 운동과 정확하게는 일치하지 않는다. 이상기체 상태방정식은 기체들의 운동을 확률적으로 설명해줄 뿐이다. 기체들의 운동을 확률적으로밖에는 설명할 수 없다는 것은 기체의 운동에 관한 이론적인 설명에 오차가 존재할 수 있음을 뜻한다.

과학은 이렇게 오차의 가능성 안에 존재하는 것이지 현실과 정확하게 일치하는 절대적 객관성 안에 존재하는 것이 아니다. 그럼에도 불구하고 과학은 현실을 빈틈없이 설명해주는 객관적인 체계라고 하는 것이 과학에 대한 우리들의 편견이다.

그러나 세계는 고정되어 있지 않다. 세계는 끊임없이 움직이고 변화한다. 과학적 연구가 지닌 특징은 움직이고 변화하는 세계를 고정시켜 움직이거나 변화하지 않는 죽어 있는 세계로 환원시켜야만 설명이 가능하다. 변화하는 세계를 고정시키는 작업이 바로 고립화 작업, 이상화(idealization) 작업이다. 철학에서는 이를 추상화 작업이라고 말하는데, 과학의 자연 관찰은 결국 이렇게 추상화의 과정을 통해서 이루어질 수밖에 없다.

신제품을 출시할 때, 앞으로 수요가 얼마나 될지 신제품 수용 예측에 대한 모델을 만들 수도 있고, 앞으로 주가가 어떻게 변할지에 대한 주가변동 예측 모델도 만들어볼 수 있다. 그러나 이런 모델들은 언제 어떤 변수가 생성될지 모른다는 점에서 완벽하게 현실을 설명해줄 수 없다. 예를 들어 주가변동에 있어서도 정확한 예측 모델을 만들기가 쉽지 않다. 주식 전문가들은 과거의 자료를 바탕으로 주가변동 예측 모델을 만들겠지만, 누구도 어떤 일이 미래에 일어날지 장담할 수 없다. 전쟁이 일어날지도 모르고, 천재지변이 일어날지도 모른다. 더구나 현대세계에 있어서 한 국가의 경제는 고립적으로 진단할 수 있는 것이 아니어서 다른 나라의 정치적 상황이 한 국가에 끼치는 경제적 영향도 무시할 수 없다. 그러나 무슨 수로 다른 나라의 정치적 상황을 정확히 예측할 수 있다는 말인가. 결국 인간이 만들어내는 예측 모델이란 확률적으로 '한번 믿어볼 수 있는 것'이지, 결코 '절대적으로 신뢰할 수 있는 것'은 아니다. 그렇다고 해서 우리는 과학을 무시할 수만도 없다. 100% 정확한 예측력을 가지지 못한다 하더라도 과학은 미래가 어떠하리라는 대강의 밑그림을 만들어 준다. 이렇게 미래를 예측하는 과학 덕분에 우리는 기상예보를 듣고 외출 시에 우산을 준비하기도 한다.

『시앵티아』는 친절한 대중과학 교양도서다. 이 책에서 저자는 인식의 대상을 어떤 고정된 실체로 생각하는 우리의 사유방식이 하나의 편견에 지나지 않음을 다양한 사례를 통해 보여주고 있다. 이 책이 소개하는 흥미로운 실험 보고서의 일부를 보자.

10만 마리의 개미 무리가 하나의 개미집을 차지하고 있다고 한다면, 그 가운데 7만 마리는 일을 하고 나머지 3만 마리는 일하지 않고 논다. 그래서 일하는 개미 7만 마리와 노는 개미 3만 마리를 분리시켰다. 그러자 이와 동시에 일하는 개미 7만 마리의 소군집 안에서 자동적으로 다시 30%의 노는 개미가 형성되고, 노는 개미 3만 마리 소군집 안에서 자동적으로 70%는 다시 일하는 개미가 되었다.
숲 속에 일개미들이 모여 사는 흙더미 개미집이 있다고 할 때, 이 개미집 흙더미 안의 일개미들 사이에는 일을 하지 않고 노는 개미와 일을 하는 개미들이 일정한 비율로 존재한다고 한다. 그런데 그 비율이 고정적으로 정해진 것이 아니라는 것이 실험을 통해 밝혀진 것이다. 이 실험은 놀랄 만한 의미를 던져준다. 어떤 대상의 본질은 고정적인 것이 아니라 변화하는 '상황'과 '관계'에 의해서 형성되는 가변적인 것이라는 사실이다.

이러한 실험을 통해서 저자는 '존재는 어떤 고정된 틀을 가지고 있다'는 전제하에서 만들어진 과학에 대해서 회의적 시선을 던지고 있다.

어쨌든 시시각각 변화를 거듭하고 있는 현실은 매우 다양한 변수를 고려하여 만들어지지 않고, 고립화와 이상화의 과정을 통해 만들어진 과학은 우리가 생각하는 것처럼 객관적이고 절대적인 지식의 체계라고 할 수는 없다. 과학기술이 우리의 생활에 가져다준 이점들을 향유하되 과학의 논리에 전적으로 끌려가서는 안 되는 이유가 여기에 있다.

➜ 이 글의 논제 --

과학에서의 이상화된 모델이 의미하는 바는 무엇인가?

➜ 읽은 사람은 다 안다 ---

1. 이상기체 상태방정식이 현실의 기체를 온전하게 설명할 수 없는 이유는?
2. 현실을 정확하게 설명할 수 없더라도 이상화 방식을 채택하는 이유는?

유전자가 인간의 운명을 결정하는가?
―생물학적 결정론과 환경 결정론

매트 리들리 지음, 김한영 옮김, 『본성과 양육』, 김영사, 2004.

책으로 가는 길

유전자는 32억 개의 염기서열의 암호기호로 된 정보이며, 이 정보가 바로 특정 표현 형질을 발현시키는 유전자의 기능이다. 특정 유전자가 각각 특정 부위의 형질 또는 생명현상과 일대일 대응된다는 생각이 바로 유전자 결정론이다. 유전자 결정론은 유전자 자체가 각각의 고유한 형질을 나타내며 생명이 나타내는 모든 생명현상은 유전자로 설명할 수 있다는 환원주의적 사유를 바탕으로 한다. 철학적이건 신학적이건 혹은 경제학적이건 관계없이 궁극적으로는 인간이 나타내는 문화현상마저도 유전자에 의해 모두 설명될 수 있다는 것이 유전자 결정론이다. 영화 「가타카」나 「아일랜드」와 같은 대중문화 속에서는 마치 DNA가 인간의 모든 것을 결정한다는 이른바 '유전자 결정론' 적 사고를 조장시키고 있다.

인간은 태어나는가, 만들어지는가. 유전결정론과 환경결정론으로 상징되는 이른바 '본성 대 양육' 논쟁을 둘러싸고 지난 100년 동안 지성계에서는 수많은 논쟁이 펼쳐졌다.

인간 본성의 보편성을 입증한 찰스 다윈이나 인간의 마음도 신체기관처럼 생물학적 적응을 통해 진화한다고 주장한 심리학자 윌리엄 제임스 등이 '본성'의 입장을 대표한다면 그 반대편에 단지 훈련만으로도 성격을 임의로 바꿀 수 있다는 주장을 편 행동주의 심리학자인 존 왓슨과 같은 학자들도 있었다. 프로이트는 어린 시절의 경험이 사람의 마음에 결정적인 영향을 미친다고 주장했다. 이 두 진영 간의 논쟁이 가장 극단적인 형태로 나타난 것이 공산주의와 나치주의다. 공산주의의 사회개조론은 양육을, 나치즘의 생물학적 결정론은 본성을 옹호하는 이데올로기라고 할 수 있다. 그러나 이 두 진영 간의 치열한 공방은 아직도 시원한 결말을 내리지 못하고 있다.

책으로 푸는 논술

2004학년도 경희대 수시모집 자연계 논술문제로, 두 개의 제시문을 주고 이를 바탕으로 " '각 생명체가 보유한 DNA 염기서열이 그 개체의 모든 성질을 결정한다.' 라는 명제에 대하여 본인의 견해를 논술하시오."라는 문제가 출제 되었다. 그 첫 번째 제시문은 다음과 같다.

발견은 사물과 현상의 화학적 속성과 물리적 속성을 규명하는데 중요한 역할을 담당하고 있다. 이러한 접근 방법은 그밖에도 다양한 자연과학적인 문제에 적용되어 왔고, 실제 자연과학의 발전에 많은 기여를 했다.

생물은 무생물과는 다른 고유의 특성을 갖고 있지만, 생명체가 갖는 질서와 현상도 무생물에 적용되는 물리 및 화학적 법칙을 따르는 것으로 인식되고 있다. 이러한 이유로 다양하고 복합적인 생명현상을 이해하기 위해서 많은 과학자들은 생명체의 복잡한 시스템을 각 구성요소로 단순화시킨 접근 방법을 이용해 왔다. 예를 들어 세포로부터 핵을 분리해 내었고, 핵 속에 DNA라는 물질이 존재함을 발견하였으며, 또한 그 분자구조까지 밝혀냈다. 최근에는 각 생명체가 보유한 전체 DNA의 염기서열을 알아내기에 이르렀다.

– 『N. A. Campbell and J. B. Reece의 Biology』에서 발췌 및 요약

인간에게서 나타날 수 있는 모든 복잡한 현상들을 DNA로 환원하여 이해할 수 있다는 이른바 '유전자 결정론', 'DNA 결정론'에 대한 자신의 견해를 피력하라는 문제다.

책 속으로

영국의 과학저널리스트 매트 리들리의 최신작 『본성과 양육 Nature Via Nuture』은 이 같은 본성 대 양육 논쟁의 뿌리와 배경, 발전 과정을 파헤친 책이다. 저자는 특정 유전자가 각각 특정 부위의 형질 또는 생명현상과 일대일 대응된다는 유전자 결정론이 지나치게 생명현상을 단순화시키고 있으며 유전자의 기능과 생명현상이 인과적이기는 하지만 그 인과관계가 매우 복잡하고 중층적이어서 인간의 인식능력으로는 쉽게 파악되지 않는 관계임을

강조한다.

인간의 복잡한 형질이 유전자와 일대일 대응된다는 유전자 결정론이 옳다고 보기에는 인간의 유전자 수 3만 개는 턱없이 부족하다고 저자는 강조한다. 한 개의 유전자와 한 개의 형질이 정확히 대응하는 경우는 극히 드물다는 것이 생물학적 상식이다. 매트 리들리의 또 다른 저서 『게놈』에 "1998년 중반에 천식 유발인자는 5번 염색체에는 무려 8개의 후보가 있고 6, 12번에도 천식 유전자의 후보가 2개씩, 그리고 11, 13, 14번 염색체에도 그 후보를 발견하였다."라고 밝힌 바 있듯이 대부분의 경우에는 한 개의 유전자가 여러 형질의 발현에 관여하거나[多面發現, pleiotropy], 여러 개의 유전자가 하나의 형질의 발현에 관여[多因子發現, polygeny]하기도 한다. 이는 유전자 상호간에, 또는 각 유전자에 의해 생산된 단백질 상호 간에 다양한 영향의 주고받음이 있음을 말해주는 것이다. 유전자가 어떤 형질 발현의 한 원인일 수는 있으나 둘 사이의 직접적 인과관계를 상정하는 것은 논리적으로 받아들이기 어렵다는 말이다. 이런 점으로 볼 때, 유전자 공학이 발전하면 할수록 형질과 유전자 사이의 결정론적 일대일 대응론에 대한 믿음은 약화될 것이 분명하다. 그러나 매스컴에서는 특정 암을 유발하는 특정 변형유전자를 발견하면 암을 극복할 수 있다는 식으로 대중들의 희망을 부풀리고 있다.

『본성과 양육』에서 저자는 형질과 유전자 사이의 결정론적 일대일 대응론의 문제점을 다음과 같이 지적하고 있다.

예를 들어 침실에 전등이 켜지지 않는다고 가정해보자. 전구가 나갔을 수도 있고 퓨즈 때문일 수도 있고 스위치 고장일 수도 있고 심지어는 정전 때문일 수도 있다. 지난번에는 스위치 고장이었지만 이번에는 전구 때문이다. 스위치와의 연관성

이 반복되지 않았음을 확인한 후 당신은 화를 내며 그것이 잘못된 탐지였음을 인
정한다. 결국 문제는 스위치가 아니라 전구였다. 그러나 둘 다 때문일 수도 있다.
훨씬 복잡한 뇌에서는 잘못된 곳이 수천 곳에 이른다.

매트 리들리는 유전자가 많으면 많을수록 질병과 유전자의 연관성이 반복되
기는 더욱 어렵다고 말한다.

『본성과 양육』 저자 매트 리들리는 인간 존재를 본성이나 양육 어느 하나로
규정지으려는 이분법에 의문을 제기하며 인간의 행동이 본성과 양육 모두에 의
해 설명되어야 한다는 믿음을 피력한다. 유전자는 양육에 의존하고 양육은 유
전자에 의존한다는 것, 즉 유전자는 행동의 원인이자 결과라는 게 저자의 결론
이다.

동물행동학의 개념인 '각인'을 설명하면서 본성과 양육이 서로 배타적인 개
념이 아님을 설명한다. '각인'이란 어린 동물들이 처음으로 시각적·청각적·
촉각적 경험을 하게 된 대상에 관심을 집중시킨 다음 그것을 쫓아다니는 학습
의 한 형태를 말한다. 갓 태어난 새끼를 격리시켜 놓은 상태에서 특정한 사람과
접촉시키면 오리들은 그 사람을 부모로 각인한다. 심지어는 무생물에 대해서도
애착행동을 보이기도 한다. 각인은 조류, 특히 닭, 오리, 거위 들에서 집중적으
로 연구되었으나 이것과 비슷한 학습형태가 포유류, 어류, 곤충류에서도 명백
히 나타난다.

새끼 오리의 뇌는 어떻게 교수(사람)를 각인하는가? 이 문제는 아주 최근까지
완전한 미스터리였다. 그러나 몇 년 전부터 신비의 베일이 벗겨지면서 새로운
베일이 드러나기 시작했다. 최초의 베일은 뇌의 어느 부위가 관여하는가이다.
실험에 따르면, 새끼 새가 부모를 각인할 때 새끼 새의 기억이 최초로 가장 빠르
게 저장되는 곳은 IMHV라는 뇌 부위다. 이 부위에서도 오직 왼쪽 면에서만 그

모든 변화와 함께 각인이 이루어진다. 왼쪽 IMHV가 손상되면 새끼 새는 어미를 각인하지 못한다.

이 사례는 새끼 오리의 환경적 변수가 새끼 오리의 행동을 결정하는 것도 아니고, 새끼 오리의 유전적 변수가 새끼 오리의 행동을 결정하는 것이 아님을 보여준다. 이 사례가 말해주는 것은 유전자는 양육에 의존하고 양육은 유전자에 의존한다는 것, 즉 유전자는 행동의 원인이자 결과라는 것이다.

이 책은 유전자는 양육에 의존하고 양육은 유전자에 의존한다는 사실을 풍부한 사례들을 통해 역설한다.

1970년대 미국에서는 사춘기를 넘긴 최초의 야생아가 발견된다. 로스앤젤레스에서 발견된 13세의 소녀 제니는 거의 상상할 수 없는 공포 속에서 어린 시절을 보냈다. 학대받은 시각장애 어머니와 세상과의 인연을 끊은 편집적인 아버지 밑에서 제니는 어린이용 변기 의자에 묶이거나 우리 같은 침대에 감금된 채 독방에서 자랐다. 그녀는 대소변을 가리지 못했고 기형에 거의 완전한 벙어리였다.

그녀가 발견되었을 때 그녀에게 말을 가르치려 했지만 그녀는 기본적인 문법은 물론 어순을 결정하는 구문법조차 배우지를 못했다. 결국 제니는 평생 언어를 구사할 수 없었다. 이 사례는 언어 또한 단지 외부세계로부터 흡수하는 것이 아니라 어린 시기에 각인된다는 사실을 보여준다. 학자들은 각인이 이루어지는 시기를 결정적 시기(Critical Period)라고 한다. 인간은 태어나자마자 언어와 접하게 된다. 엄마가 아이에게 말하는 간단한 언어라든지 TV에서 흘러나오는 소리 등 끊임없이 언어를 접하게 된다. 인간은 일생동안 언어를 접하며 배우게 되지만 언어를 배울 수 있는 적절한 '시기'라는 것이 존재한다. 이 시기를 놓치면 언어를 배울 수 없다는 점에서 이 시기를 '결정적 시기(Critical Period)'라 할 수 있다. 하버드대학의 심리학자 에릭 레너버그는 언어학습능력의 결정적 시기는 사춘기에 갑자기 끝나 버린다고 한다. 이 결정적 시기를 놓치면 아무리 풍부한 언어 환경을 제공해도 피학습자는 언어를 배우지 못한다. 언어를 학습하게 하는 능력을 가진 유전자가 있다면 환경이 적절한 시기에 그 유전자의 스위치를 작동시켜주어야 한다는 것이다.

경험론자인 로크는 "인간의 마음이 아무 개념도 담겨 있지 않은 흰 종이와 같으며, 그 내용은 오로지 경험에 의해 채워진다."고 했다. 로크는 본성을 부정하고, 양육을 옹호한 셈이다. 한편 루소와 칸트는 '인간은 본성을 타고 난다.' 고 주장했다.

'환경이냐 유전자냐' 를 결정하는 해묵은 논쟁에 대해서 매트 리들리는 "유전자는 자궁 속에서 신체와 뇌의 구조를 지시하지만, 환경과 반응하면서 자신이 만든 것을, 거의 동시에 해체하거나, 재구성한다."라는 결론에 도달한다. 인간을 이해하기 위해서라면 이 책의 서문에 제시된 다음과 같은 구절의 의미를 깊이 있게 음미해야 할 것이다.

우리는 유전자가 꼭두각시의 주인처럼 우리 행동을 조종하는 세계가 아니라, 오히려 우리의 행동에 따라 꼭두각시처럼 움직이는 세계로 들어갈 것이다. 그 세계는 본능이 학습과 대립하지 않는 세계이고, 본성이 양육을 위해 설계되는 세계이다.

➜ 이 글의 논제 --

인간은 유전자의 소산인가, 환경의 소산인가?

1. 동물행동학에서의 '각인' 은 동물의 어떤 행동을 말하는가?

2. 결정적 시기(Critical Period)가 의미하는 바는 무엇인가?

사라져 가는 다양성, 어떻게 보존해야 할까?
–언어적 다양성과 다원화 사회

다니엘 네틀·수잔 로메인 지음, 김정화 옮김, 『사라져 가는 목소리들』, 이제이북스, 2003.

책으로 가는 길

　　박지원은 『연암집』에서 "저 까마귀처럼 깃털이 검은 것이 없다. 그러나 홀연 유금빛으로 아롱지고, 다시 석록빛으로 반짝인다. 햇살이 비치면 자줏빛이 되었다가, 어느새 비취빛이 된다. 그렇다면 내가 푸른 까마귀라고 말해도 괜찮고 붉은 까마귀라고 말해도 괜찮을 것이다. 까마귀는 본디 정해진 색깔이 없는데 내가 눈으로 먼저 정해버린다. 까마귀는 과연 검기는 검다. 그러나 누가 다시 이른바 푸르고 붉은 것이 그 색깔[色]가운데 깃든 빛깔[光]인 줄 알겠는가? 검은 것[黑]을 일러 어둡다[闇]고 하는 자는 단지 까마귀를 알지 못하는 것일 뿐만 아니라 검은 것도 알지 못하는 것이다. 어째서 그런가?" 라고 묻고 있다. 박지원은 왜 까마귀를 있는 그대로 볼 것이지 언어를 통해서 굴절된 까마귀를 보고 있느냐고 반문하고 있다.

　　우리는 사물을 있는 그대로 보지 않고 언어를 통해서 사물을 본다. 햇볕이 쨍

쨍한 대낮에 하늘의 태양을 보라. 태양의 색은 분명 붉은색과는 거리가 멀다. 그럼에도 불구하고 우리는 태양은 붉은 색이라는 선입견을 가지고 있다. 사실 '해'의 어원은 '희다'라는 뜻을 가진 옛말, '희다'의 어간 '히'다.

언어학자이자 인류학자인 에드워드 사피어는 『언어 Language』라는 책을 통해 "언어가 단지 의사소통하고 사고하는 것과 같은 구체적인 문제를 해결해 주는 부수적 수단이라고만 생각한다면 큰 착각이다. 사실상 현실 세계란, 상당 부분이 집단의 언어 습관 위에 무의식적으로 쌓아 올려지는 것이다. 어떤 두 언어도 동일한 사회적 현실을 나타낸다고 볼 수 있을 만큼 비슷하지 않다. 서로 다른 사회들이 살아가는 세상은, 다른 세상들이다. 같은 세상에 이름만 다르게 붙인 것이 아니다."라고 말하고 있다.

언어가 달라지면 세계관도 달라지고 사물을 인식하는 방식도 달라진다는 것이 사피어의 주장이다. 그러므로 언어적 다양성은 사물을 보는 인식의 다양성과도 통한다고 볼 수 있다. 하지만 오늘날 얼마나 많은 언어들이 사라지고 있는가.

환경보전에 대한 인식이 높아지면서 멸종 위기에 처한 동물과 식물에 대한 관심은 높아지고 있지만 수많은 언어들이 사멸의 위기에 놓였다는 사실에 사람들은 무감각하다. 언어학자들은 오늘날 세계적으로 5천에서 6천7백 개의 언어가 있는 것으로 추정되는데 현재의 추세대로라면, 그 가운데 절반 혹은 그 이상이 21세기에 사멸할 것이라 한다. 언어의 소멸이 어떤 문제를 야기할지에 대해 생각해보자.

2007학년도 서강대 수시모집 논술고사 예시 문제에서는 생물적 다양성과 언어적 다양성에 관련된 문제가 출제되었다. "제시문 (나)에서 예견된 '지적 재앙'이란 말이 어떤 함축을 담을 수 있는지를 제시문 (가)를 참고하여 논하라."라는 내용이었다.

제시문 (가)는 환경 분야의 고전으로 평가받고 있는 레이첼 카슨의 『침묵의 봄』에서 따온 구절이다.

(가) 원시적 농업시대에 곤충은 농부들에게 별로 고민거리가 아니었다. 곤충으로 인한 문제가 심각해진 것은 농업이 본격화되고 대규모 농지에 대한 작물 재배를 선호하면서부터 시작되었다. 이런 방식으로 농사를 짓게 되면 특정 곤충 개체의 수가 폭발적으로 증가할 수 있는 환경이 조성된다. 단일 작물 경작은 자연의 기본적 원칙이라기보다는 기술자들이 선호하는 방식이다. 자연은 자연계에 다양성을 선사했지만 인간은 이를 단순화하는 데 열성을 보이고 있다. 특정 영역 내의 생물에 대해 자연이 행사하는 내재적 견제(牽制)와 균형 체계를 흐트러뜨리려 애쓰는 것이다. 자연의 견제로 인해 각각의 생물들은 자신들에게 적합한 넓이의 주거지를 확보할 수 있었다. 하지만 단일 작물을 경작할 경우(예를 들어 밀과 다른 작물을 섞어 키우는 대신 밀만 재배하게 되는 경우)에는 다른 작물 때문에 널리 퍼져나갈 수 없게 된 해충이 급증하게 된다.

제시문 중의 "자연은 자연계에 다양성을 선사했지만 인간은 이를 단순화하는 데 열성을 보이고 있다."라는 구절을 눈여겨보라.

제시문 (나)는 제이 그리피스의 저서 『시계 밖의 시간』에서 따온 구절이다.

(나) 전 세계 6천여 언어 중 5~10%가 다음 세기 내에 사라질 것이라고 한 언어학자는 말한다. 알래스카토착어연구소 소장 M. 크라우스 같은 학자들은 오늘날 언어의 90%가 100년 내에 운명을 다할 것이라고 진단한다. 현존하는 언어의 20~50%는 더 이상 아이들에게 가르쳐지지 않고 있다. 약 20억 9천만 명(세계 인구의 1/3이 넘는다)이 일상적으로 영어에 노출되어 있으며, D. 크리스털을 비롯한 언어학자들은 수세기 내에 세계는 대체로 단일언어권이 될 것이라고 판단한다. 이것은 "지금까지 이 행성이 경험했던 것 중에서 가장 큰 지적 재앙"임이 틀림없다고 크리스털은 말한다. 또 다른 언어학자들은 영어의 지위가 중국어나 힌두어, 스페인어 혹은 아랍어에게 넘어갈 수 있다고 말하지만, 이들 역시 현재의 언어의 풍부함은 상실될 것이라는 데 동의한다. 설령 단일언어권은 아니라 할지라도 과부족 언어의 시대가 도래할 것이다.

언어의 다양성이 현저하게 줄어드는 현실이 '지적 재앙'이라고 제이 그리피스는 말하고 있다. 주어진 제시문만으로는 언어적 다양성의 감소가 어떤 점에서 지적 재앙인지에 대해서는 언급이 없다. 문제는 "제시문 (나)에서 예견된 '지적 재앙'이란 말이 어떤 함축을 담을 수 있는지를 제시문 (가)를 참고하여 논하라."라는 내용이었음을 상기할 때, 언어적 다양성의 감소를 생물학적 다양성의 감소와 연결 지어 논하라는 것이 논제의 핵심이다. 주의할 것은 논제는 언어적 다양성의 감소가 갖는 의미이지 생물학적 다양성의 감소가 갖는 의미를 논하는 것이 아니라는 점이다. 논술의 주된 가지는 언어적 다양성의 감소를 논하는 것이요, 생물학적 다양성의 감소는 곁가지임을 명심하면서 책 속으로 들어가 보자.

지구상에는 현재 수많은 생물 종(種)과 문화, 소수민족 언어의 대량 멸종 현상이 진행 중이다. 현재 벌어지고 있는 대량 멸종은 자연재앙 때문이 아니라 인간에 의해 저질러지고 있다는 특징을 지니고 있다. 멸종의 속도 또한 엄청나다. 인간이 존재하기 전의 생물 멸종 속도는 매년 100만 종 가운데 하나 정도였으나 현재는 그 1,000배에 달한다는 것이 과학자들의 분석이다. 사라지는 것은 자연뿐이 아니다. 언어와 문화 역시 시시각각 사멸의 위기를 겪고 있다.

『사라져 가는 목소리들』의 저자 다니엘 네틀은 언어의 소멸을 안타까운 심정으로 바라보고 있다. 그는 "각 언어마다 세계를 보는 자신만의 창이 있다. 모든 언어는 살아 있는 박물관이며, 언어가 스스로 일구어 낸 모든 문화의 기념비와도 같다."라며 언어가 사라지는 것은 인간이 세계를 바라보는 인식의 도구를 잃는 것이요, 살아 있는 박물관을 잃어버리는 것이라고 개탄하고 있다.

'그 많던 언어가 어디로 갔을까' 란 부제가 붙은 책은 소수 언어의 현황을 보여준다. 저자에 의하면 현재 지구상에 존재하는 언어는 5천에서 6천7백 개 정도이지만 언어 사멸의 추세가 계속될 경우, 21세기를 지나는 동안 최소한 절반, 많으면 90% 정도가 흔적도 없이 사라진다고 한다. 200년 전 제임스 쿡 선장이 오스트레일리아를 발견한 이후 지금까지 오스트레일리아 원주민들이 사용하던 250개 토착어가 대부분 사라졌으며, 미국의 서부 개척이 시작된 이래, 캘리포니아 지역에서 사용되던 100여 개의 토착어가 모두 소멸했다. 지난 5백 년 동안 세계의 언어 중 거의 절반이 사라졌다.

저자는 생물다양성이라는 맥락에서 언어 소멸의 문제를 살핀다.(저자의 시각은 '언어적 다양성의 감소를 생물학적 다양성의 감소와 연결 지어 논하라.' 라는 문제의 시각과 정확히 일치한다.) 언어적 다양성과 생물학적 다양성은 불가분의 관계에 있다는 것이다. 파푸아 뉴기니, 서부 아프리카, 인도네시아 등 세계 언어의 대부분을 사용하고 있는 열대지역은 지구상 전체 생물종의 50~90%가 살고 있는 곳이기도 하다. 따라서 언어가 소멸한다는 것은 생태계의 붕괴를 의미하는 것이기도 하다. "언어 다양성은 문화적 다양성의 척도이며 한 언어가 사멸하면 그 생활양식도 사라진다는 점에서 언어의 소멸은 문화 소멸의 징후"라고 말하고 있는 저자는 언어가 사라지면서 그 언어에 담긴 토착적 지식과 문화와 예술이 사라진다고 우려하고 있다. 책의 내용을 요약해보자.

해양 생물학자인 요하네스는 1894년에 태어난 서태평양 팔라우 어부를 인터뷰했는데 이 어부는 300개 이상의 서로 다른 어종의 이름을 알고 있었다. 이 어부는 수백 종의 물고기 이름과 서식지, 어로 관습, 어로 기술 등과 전 세계의 과학 문헌에 기재되어 있는 것의 몇 곱절이나 되는 어종들의 음력 산란 주기를 알고 있었다. 북극 지역에 거주하는 이누이트족은 어떤 종류의 얼음과 눈이 사람과 개, 또는 카약의 무게를 지탱할 수 있는지를 파악하기 위해 얼음과 눈의 강도에 따라 각기 다른 이름을 붙였다. 또한 필리핀의 민도로 섬에 만 2천 명 정도가 모여 사는 하우누족은 450종 이상의 동물과 천 5백 종의 식물을 구별할 수 있으며 그 중 1천 종 이상의 식물을 야생에서 채취하고 약 430종의 식물을 재배한다. 토지에 대해서도 10종의 기본 토질과 30종의 아종 토질을 구분하며 토양의 굳은 정도에 따라 네 가지의 다른 용어를 쓴다. 이들은 서로 다른 토질을 아홉 가지의 색깔로 구별하며, 땅의 지형을 다섯 가지로 분류할 뿐 아니라 땅이 경사진 정도를 세 가지 다른 방식으로 나타낸다.

토착민들의 이러한 지식 중 상당 부분은 수천 년 동안 이들의 언어 속에서 구전으로 전해져 왔으며 이들의 언어가 사라짐과 동시에 이러한 지식도 잊혀져 가고 있다. 불행하게도, 언어 속에 담긴 독특한 문화적 요소의 상당 부분이 언어의 사멸과 함께 사라지는 것이다.

다양한 언어가 포진하고 있는 지역인 아프리카 적도 인근 지역, 인도 남부와 동남아, 태평양 등 열대지역 언어가 급속하게 줄어들고 있는 것은 이 지역의 생물다양성이 감소하는 현상과 일치하고 있다고 저자는 말한다.

제레미 리프킨의 『바이오테크』라는 책을 보면 아시아에는 쌀의 변종이 14만 종이나 있었다고 한다. 그러나 다국적 기업들은 그중 다섯 내지 여섯 개 변종들에 대해서만 유전자를 조작해 그것들을 쌀을 주로 재배하는 지역에 집중 재배하는 모델로 강요했다. 아시아 국가에서는 이 대여섯 가지 변종 쌀들이 전체 논의 60~70%에서 재배된다고 한다. 다국적 기업에 의해서 유전자 조작된 종자들이 각국의 고유한 종자들을 몰아내고 있다. 농민들은 단지 유전자 조작된 종자가 수익성이 뛰어나다는 이유로 토착 종자를 포기한다.

자연계에 어떤 변화가 닥칠지는 아무도 모른다. 돈이 된다는 이유로 경제성이 뛰어난 단일작물로 재래종을 몰아내고 유전자 조작된 종자를 심었을 때, 자연적 재앙으로 인해 벼가 전멸될 수도 있다는 사실을 잊지 말아야 한다. 유전자의 다양성의 증대는 환경 변화에 유연한 대처능력의 증대와 같은 의미를 가진다.

『사라져 가는 목소리들』의 저자 다니엘 네틀은 선진국들이 개발도상국에 환경보존을 위해 더 이상의 개발을 중지할 것을 요구하는 것은 매우 불공평한 처사라고 지적한다. 가뜩이나 경제가 어려운 상황에서 생태계의 보존을 위해 경제적 불이익을 감당하라고 한다면 불공평하다는 것이다. 그들에게도 더 위생적인 환경과 편안한 삶을 선택할 권리가 있기 때문이다. 따라서 언어와 지역생태계를 보존하면서 원주민들이 경제적 혜택을 누리게 하기 위해서는 지역생태계의 자원을 통제할 권리를 원주민 자신에게 주어야 한다고 저자는 주장한다. 언어의 사용집단이 안정적으로 유지돼 가정과 사회에서 그 언어를 사용할 때라야 언어 보전이 가능하기 때문이다. 지금까지의 개발은 외부인에 의한, 외부인을 위한 것이었다고 한다.

➜ 이 글의 논제

언어적 다양성의 감소를 생물학적 다양성의 감소와 연결지어 논하라.

➜ 읽은 사람은 다 안다

1. 한 언어가 사라진다는 것은 무엇을 의미하는가?
2. 언어와 지역생태계를 보존하면서 원주민들이 경제적 혜택을 누리게 하기 위해서는
   어떻게 해야 한다고 저자는 주장하는지 말해보자.

토착적 지식이나 전통과학은 비합리적인가?

−동양의 과학

문중양 지음, 『우리역사 과학기행』, 동아시아, 2006.

앤드루 비티 · 폴 에얼릭 · 크리스틴 턴불 지음, 이주영 옮김, 『자연은 알고 있다』, 궁리, 2005.

책으로가는길

치즈는 위생적인 식품이라서 호텔의 레스토랑에서 먹을 수 있는 음식이지만 된장은 왠지 비위생적이어서 호텔같이 우아한 곳에서 먹기에는 부담스러운 음식이라고 하는 것이 대한민국 국민들의 일반적인 생각이 아닐까. 그러나 이제는 오히려 미생물의 발효에 의해 제조된 우리 된장의 우수성이 과학적으로 증명되고 있다. 된장의 주 발효균인 '바실러스 서브틸리스균'은 '프로바이오틱스(probiotics)'라 하여 유산균과 비피더스균처럼 건강에 유용한 역할을 하고 있음이 밝혀지고 있다. 그러나 여전히 된장은 세련되지 못한 음식이라는 것이 많은 사람들의 생각이다.

오페라의 아리아는 호텔에서 듣기 적당한 음악이지만 판소리 같은 전통음악은 호텔 같은 곳에서는 듣기 부적절한 음악이라는 생각의 이면에는 동양은 비과학적이고 비이성적인 반면 서양은 과학적이고 이성적이라는 이른바 '오리엔탈리즘' 적 사고가 은밀하게 반영되어 있는 것이 아닐까. 서양우월주의라고 풀이할 수 있는 오리엔탈리즘은 전통문화와 전통과학을 보는 눈에도 그대로 반영된다. 동양의 과학, 한국의 과학은 정교한 이론적 토대 위에 세워진 것이 아니라 어떤 신비적이고 주술적인 세계관에 바탕을 두고 있는 것이 아닌가 하는 것이 많은 사람들의 의구심이다. 이런 의구심에 대한 적절한 해명 없이 전통을 객관적으로 이해할 수는 없다.

책으로 푸는 논술

1999학년도 부산대 제2차 논술 모의고사에는 다음과 같은 문제가 출제 되었다.

현대사회에서 미신으로 취급되고 있는 우리 전통문화 가운데에도 합리성과 과학성을 갖추고 있는 예가 많다. 아래 제시문의 논지를 원용하여, 다른 예를 들면서 우리 전통문화에 대한 올바른 이해와 계승의 방향을 1,300(±100)자 정도로 논술하시오.(50점)

신생아가 태어났을 때 문간에 두르는 새끼줄을 금줄, 혹은 인줄, 검줄이라고 부른다. 빈부격차, 신분고하, 지방 차이를 막론하고 누구든지 출생과 더불어 금줄과 인연을 맺는다. "아들이요, 딸이요?" 하고 따져 물을 것도 없다. 대문에 내걸린 새끼줄이 말해준다. 빨간 고추가 걸리면 아들, 소나무 가지만 걸리면 딸이었으니 금줄은 그야말로 탄생의 상징과 기호였다. 금줄의 역할은 무엇보다 잡인 출입 금하기다. 아기가 보고 싶은 친인척일지라도 삼칠일(21일) 안에는 집안으로 들어가지 못한다. 산모는 삼칠일 동안 미역국을 먹으면서 조신하게 몸조리를 하였고, 삼칠일이 지나야 비로소 해방되었다. 금줄은 '닫힘과 열림'의 경계선이었고, 산모와 아기는 닫힌 성역 속에서 그 안전을 보장받았던 셈이다.

신생아가 태어났을 때 문간에 두르는 새끼줄을 바라보는 입장을 예를 들어 우리 사회가 전통문화를 어떻게 인식하고 있는가를 반성적으로 고찰해보고 전통문화에 대한 올바른 이해와 계승방안에 대해 논해보라는 문제다. 과연 우리는 전통문화를 어떤 식으로 받아들이고 있는지, 전술한 바와 같이 오리엔탈리즘의 시각에서 전통문화를 근거 없이 폄하하고 있는 것은 아닌지, 혹은 '우리 것은 좋은 것'이라는 국수주의적 시각에 빠져 필요 이상으로 우리 문화의 우수성을 확신하고 있는 것은 아닌지, 몇 권의 책을 통해 비판적으로 검토해보자.

책 속으로

'과학사'라고 할 때, 우리는 흔히 탈레스의 자연철학을 시작으로 해서 갈릴레이와 뉴턴 등의 근대과학을 거쳐 아인슈타인이나 하이젠베르크의 현대과학에 이르기까지의 서양의 과학사를 떠올리게 된다. 하지만 이러한 서양 중심의 과학사 인식은 세계 역사의 발전에 비추어 볼 때 중대한 문제가 있다. 우선 17세기 무렵까지 인류 문명에서 과학과 기술이 가장 발달했던 곳은 서양이 아니라, 오히려 중국을 중심으로 한 동아시아였다는 사실이다. 『수량화 혁명』의 저자 앨프리드 크로스비는 유럽이 근대 이전 시기에는 중동이나 아시아 국가보다 한참이나 뒤떨어져 있었다고 말한다. 그러면 어떻게 서양이 동양을 추월할 수 있었을까? 그 비결이 수량화 혁명이라는 것이 저자의 설명이다. 그에 따르면 실재라는 것을 수량화된 개념으로 정리하는 유럽인들의 사고방식이 중세 13, 14세기에 이미 시작됐으며 그것이 19세기 유럽 제국의 패권을 가져왔다고 말한다. 어찌했든 근대 이전까지만 해도 동양은 서양에 비해 훨씬 뛰어난 문물을 가졌던 것은 틀림이 없다. 특히 일찍부터 농경과 중앙집권적인 국가체제가 발달한 중국과 우리나라 등의 동아시아 국가들은 나름의 과학 기술 문명을 크게 발달시켜 왔다.

과학사학자인 박성래 교수는 『한국인의 과학정신』 등 일련의 저서를 통해 우리 역사와 전통 속에 살아있는 과학적 사유의 발자취를 추적해왔다. 그에 따르면 우리가 쓰는 음력은 원래 태양운동도 함께 감안한 '태음태양력'으로 서양의 양력보다 훨씬 과학적이라는 것이다. 또 피타고라스의 정리를 연상케 하는 '구고현법'이 이미 삼국시대에 존재했다고 한다. 유학자, 실학자들의 사상에서도 투철한 과학정신이 엿보인다.

직각을 이루는 두 변의 길이가 a, b이고 직각에 마주보는 대변의 길이가 c일 때 피타고라스의 정리에 의하면 $a^2+b^2=c^2$이다. 즉, 직각삼각형의 짧은 두 변을 길이로 하는 두 개의 정사각형 넓이를 합하면 긴 변을 길이로 하는 정사각형의 넓이와 같다. 우리나라에도 신라시대의 『주비산경』이라는 책에서 구(3), 고(4), 현(5)으로 하여 '구고현의 정리'라는 피타고라스 정리와 같은 것이 있었다. 구(勾)는 넓적다리, 고(股)는 정강이를 뜻하며 둘을 직각으로 한 후 엉덩이 아랫부분에서 발뒤꿈치까지가 현(弦)이다. 불국사의 백운교를 옆에서 보면 3 대 4 대 5의 직각삼각형으로 되어 있다. 구고현의 정리는 대규모 건축이나 토목공사에서 이용되었다.

그러나 이런 일부의 사례를 들어 한국인의 과학적 정신을 말하는 것은 어쩐지 궁색하다는 생각이 든다. 차라리 "전통과학과 근대과학은 패러다임이 다릅니다. 우리 과학 유산이 우수하냐 여부를 묻는 것은 수준 이하의 질문입니다. 시대가 어떤 과학을 원했는지, 그 시대의 과학적 원리는 무엇이었는지를 밝히는 것이 역사적으로 의미 있는 일이죠."라고 말하는 『우리역사 과학기행』의 저자 문중양 교수의 주장이 당당해 보인다. 서양의 과학을 보는 눈으로 동양의 과학을 보지 말아 말라는 주장이다. 우리의 전통과학도 서양만큼 합리적이라는 주장을 하면서 전통과학을 자랑거리로 생각하지 말라고 그는 말한다.

책에서 문중양 교수는 첨성대를 예로 든다. 첨성대는 신라 선덕여왕 때 만들어진 동양 최고의 천문대이며 우리 조상의 천문 관측 수준이 높았음을 알려주는 구조물이다. 하지만 그는 첨성대가 불교의 우주관인 '수미산(須彌山)'을 나타내거나 토속신앙의 제단(祭壇) 역할을 했다는 설(說)에 무게를 둔다. 첨성대는 '별[星]을 바라보는[瞻] 구조물[臺]'이라는 이름을 가졌지만 오늘날의 천문대와는 다르다는 것이다. 문중양 교수는 전통시대 '천문(天文)'의 뜻이 오늘날과는 달리 별을 관측하는 천문대가 아니라 하늘의 뜻을 물어보는 천문대였다고 설명한다.

근대과학의 개념과 범주를 통해서 과학을 이해하고, 그 이해를 바탕으로 전통과학을 바라보지 말라면서 문중양 교수는 "전통과학 패러다임과 서구 근대과학의 패러다임이 다르다는 것. 전통과학을 제대로 이해하려면 근대과학이라는 필터를 제거하고 특정시대의 사회문화적 배경을 들여다봐야 한다. 그러나 실제 현실을 그렇지 못하다. 대부분의 사람들은 전통과학에서 현대과학과 유사한 형태의 것만을 주목하고 찾으려 한다. 그리하여 현대과학과 유사한 자연지식이 많이 등장하는 시대를 전통과학이 발전했던 때로 이해하며, 그것과 다른 자연지식들은 반과학으로 여긴다."라고 말한다.

현대과학과 유사한 자연지식이 많이 등장하는 시대가 이른바 '조선의 르네상스'로 불리는 세종대왕 시절이다. 문중양 교수는 "세종대의 과학기술이 찬란했고 그 이후에 잘 계승되지 못했다는 이해는, 현대과학과 유사한 형태의 전문적인 자연지식들이 세종대에 방대하게 나타났으며 그것들이 이후에 소멸하는 듯 보이기 때문인 것이다. 그러나 그것이 세종대의 전반적인 모습은 아니었다. 세종대 유학자들의 자연에 대한 자연철학적 이해가 매우 초보적인 수준에 불과했다는 사실이 그것을 말해준다. 또한 세계적 수준의 독자적인 역법 『칠정산내편』과 세계최초의 계량적 강우량 측정기인 측우기 등은 비록 그 외형적인 모습이 현대과학과 유사한 형태이지만 그것의 구성요소인 문화적 배경은 현대과학과는 판이하게 달랐던 것이다.”라고 말한다.

선각적인 실학자로 분류되어 주목을 받았던 이익, 김석문, 홍대용, 최한기 등은 지구설이나 지동설, 그리고 태양 중심의 우주구조 등과 같이 서양과학이 알려준 지엽적인 사실들은 수용하고 주장했지만, 그러한 주장을 하게 된 논리적 기반은 서양과학과는 판이하게 달랐다고 저자는 말한다. 김석문은 태극(太極)과 이(理)의 원리를 기반으로 해서 지동설을 주장하고, 홍대용은 기(氣)의 전통적 메커니즘에 입각해서 지구가 움직인다고 주장했으며, 최한기는 기륜설(氣輪說)이라는 독특한 전통적 이론 체계를 기반으로 해서 만유인력과 그것에 바탕을 둔 뉴턴 천문학을 읽었다는 것이다. 그들은 서양과학을 수용한 것이 아니라 서양과학과는 논리적 기반이 판이하게 다른 전통과학의 논리적 기반을 바탕으로 해서 서양과학을 수용했다는 것이다.

신생아가 태어났을 때 문간에 새끼줄을 두르는 것은 ‘귀신’이 얼씬거리지 말라는 의미로 받아들인다면 전통문화는 미신에 불과하다. 그러나 그 ‘귀신’을 ‘병균’이라는 의미로 받아들인다면 새끼줄은 ‘방역’의 의미를 지니게 된다. 오늘날에도 가축의 전염병인 구제역이 심하게 번진 지역에서는 방역줄을 치고 사람들의 출입을 통제하는 이치와 비슷하다. 또한 금줄은 신생아가 태어났으니 이 집 앞에서 크게 소리치지 말라, 함부로 드나들지 말라, 떠들썩한 행위를 하지 말라는 일종의 ‘요청’으로 이해할 수도 있다. 금줄은 산모와 아이를 보호하려는 배려에서 비롯된 것이지, 귀신과 같은 초월적 존재를 터부시하는 미신에서 비롯된 것은 아니다.

배앓이 할 때 전통적인 치료방식은 아궁이의 그을음을 긁어 먹이는 것이었다고 한다. 훗날 현대의학은 그을음의 활성탄 성분이 설사를 멈추게 하는 지사제와 같은 구실을 한다는 사실을 규명했다. 아궁이의 그을음의 어떤 성분이 작용하여 배앓이를 없앴는가를 인과적으로 규명한다면 전통적인 ‘그을음 처방’도 분명 과학이라고 할 수 있다. 그러나 어떤 인과적 원인 규명 없이도 그을음이 배앓이 치료에 효험이 있었고, 오랜 시간 동안 그런 처방이 유효했다면 ‘그을음 처방’도 얼마든지 정당한 생활의 지혜라고 할 수 있다. 인과적 원인 규명이 없었다는 이유만으로 ‘그을음 처방’을 근거 없는 미신이라고 몰아붙이는 것도 정당한 태도는 아니다.

앤드류 비티와 폴 에얼릭의 『자연은 알고 있다』는 토착적 지식을 근거 없는 미신이라고 볼 수 없는 수많은 사례를 소개하고 있어 흥미롭다. 그중의 하나를 주목해보자.

천적보다 무서운 질병에 대항하기 위해서 개미들은 몸 안에 항생제 성분을 분비하는 기관을 발달시켜 왔다. 이 분비기관들은 개미의 뒷다리 바로 위에 있다. 이곳에서 분비되는 ‘메타플러린’이라는 화학물질이 박테리아나 진균류의 접근을 막아주는 강력한 살균물질이다. 비유해서 말하자면 개미의 분비기관들은 개미의 항생제 연구 개발에 약 600만 년 이상의 시간을 쏟아 부었다고 할 수 있다. 현대과학자들은 바로 이 개미의 분비기관을 연구하여 살균제로 특허를 낸다.

앤드류 비티는 여기에 흥미로운 에피소드를 덧붙인다. 개미의 항생물질 이야기가 오스트레일리아의 한 국영방송의 전파를 탔을 때의 일이다. 이 프로그램을 시청을 한 할머니가 개미항생제 연구를 한 과학자에게 전화를 걸었다고 한다. 그 할머니는 자신이 어렸을 때, 상처가 나면 그녀의 어머니는 깨끗한 천을 가지고 가서 개미집 위에 올려놓고 나뭇가지로 개미집을 들쑤셨다고 한다. 그 천이 개미들로 새까맣게 뒤덮이면 나뭇가지로 천을 들어 올려 개미들이 떨어져 나갈 때까지 흔든 후, 천으로 그녀의 상처를 감싸주었다고 한다. 깨끗하게 상처가 치료되었음은 물론이다.

개미가 분비하는 '메타플러린'이라는 항생제의 이름을 몰랐다고 해서 할머니의 토착적 지식을 미신이라고 단정 짓는 것은 섣부른 판단이다. 현대의학자들도 토착적 지식의 도움을 받는다고 한다. 구더기 치료법이 그 예다.

과거에 전쟁터에서 부상자들의 썩어가는 상처에 구더기들이 생기고 나면 상처가 깨끗해지는 것이 목격되기도 했다. 효과적인 치료법이 등장하기 전에는 전쟁터에서 상처를 드러낸 채 쓰러진 병사들이 구더기들 덕분에 비교적 좋은 상태를 유지하는 모습을 자주 볼 수 있었다. 이는 구더기들이 죽은 조직과 상처 표면을 갉아먹고 박테리아들이 성장할 수 없도록 항생물질을 내어 알칼리성 환경을 만들기 때문이라는 것이다. 바로 이런 민간지식을 이용해 오늘날 현대적인 첨단장비를 갖춘 병원에서도 상처에 치명적인 항생제 내성 박테리아가 침입하면, 의사들은 종종 최후수단으로 구더기 치료법을 쓰기도 한다고 책은 소개하고 있다.

오랜 세월 동안 경험을 통해 그 안전성이 입증된 토착적 치료방법이 있고, 현대과학에 바탕을 둔 첨단의 치료방법이지만 부작용을 야기할 위험이 있다면 과연 어떤 방식을 선택하는 것이 바람직하다고 할 수 있을까. 따지고 보면 양자택일을 강요하는 것, 자체가 문제가 될 수 있다. 토착적 지식을 미신이라고 몰아붙이지 말고 그것의 과학적 토대를 연구해야 하는 것이 과학자의 올바른 태도다. 아울러 과학이라고 해서 그것이 절대적이라고 생각하는 독선에서 벗어나 토착적 지식을 포용할 수 있는 보다 열린 태도가 필요하다고 하겠다.

➔ 이 글의 논제 --

토착적 지식이나 전통과학은 비합리적인 지식일까?

➔ 읽은 사람은 다 안다 --

1. 『수량화 혁명』의 저자 앨프리드 크로스비는 근대 이전 시기에는 중동이나 아시아 국가보다 한참이나 뒤떨어져 있었던 유럽이 동양을 추월할 수 있었던 비결은 무엇이라고 했는가?
2. 신생아가 태어났을 때 문간에 새끼줄을 두르는 것은 어떤 의미가 있는가?
3. 피타고라스의 정리와 거의 비슷한 개념으로 대규모 건축이나 토목공사에서 이용된 한국적 수학 개념은?

세계의 시민으로서 동물에 대해 가져야할 윤리는 어떤 것인가?

−인간중심주의와 세계윤리

피터 싱어 지음, 김성한 옮김, 『동물 해방』, 인간사랑, 1999.

책으로가는길

현재 중국은 수십 억에 달하는 많은 인구를 지탱하기 위해 공업화를 적극적으로 추진하고 있지만, 그 과정에서 발생하는 심각한 환경오염으로 국민의 건강이 위협받고 있으며, 대기오염으로 인한 산성비로 인해 토양오염이 가중되어 식량생산에 악영향을 미치고 있다.

중국의 환경문제는 중국의 문제로만 그치지 않는 데 문제의 심각성이 있다. 중국의 공업화는 인접국인 한국, 북한, 일본, 러시아의 환경에도 심각한 영향을 미치고 있으며, 넓게는 지구 생태계 전체에도 영향을 미치고 있다. 특히 중국 쑹화(松花)강 유역의 오염은 환경문제가 더 이상 한 나라의 문제가 아니라 국제적 문제임을 보여준다. 하얼빈에서 약 700킬로미터 떨어진 러시아 하바로프스크는 이미 비상사태를 선포했다. 수질 오염 문제가 해결되지 않을 경우 자칫 북만주뿐 아니라 연해주 일대의 생태계에 커다란 재앙이 될 가능성이 있기 때문이다.

이제 환경문제는 더 이상 한 국가의 문제가 아닌 국제적 협력이 필요한 문제
다. 환경문제뿐만 아니라 자원의 남용과 생물종의 멸종 등 오늘날 세계가 안고
있는 전 지구적 위기에 대한 문제는 온 세계가 공동으로 노력하고 해결해야 할
문제다. 한국가의 국민으로서가 아니라 세계 공동체의 일원으로서 가져야 할
윤리의식, 즉 '세계 윤리'가 필요한 시점이 바로 여기다.

오늘날 전 지구적 문제 중의 하나는 생물다양성의 감소다. 인간이 존재하기 전
의 생물 멸종 속도는 매년 100만종 가운데 하나 정도였으나 현재는 그 1,000배에
달한다는 것이 과학자들의 분석이다. 인간의 이익을 위해서는 다른 생명체들은
얼마든지 이용의 대상으로 삼을 수 있다는 인간중심적 태도가 세계 전역에 만
연되어 있는 것이 오늘의 현실이다. 이에 세계의 시민으로서 동물에 대한 인식
을 새롭게 할 수 있는 텍스트, 피터 싱어의 『동물 해방』을 들어 세계의 시민으로
서 가져야할 '세계윤리'에 대해 생각해보자.

2005학년도 동국대 수시모집 인문계 논술고사 문제는 '세계윤리'
의 필요성에 관한 문제가 출제되었다.

제시문 (가)는 피터 싱어(Peter Singer)의 '하노이 탑(the Tower of Hanoi)'을 중심
으로 세계 윤리의 전반적인 내용—세계 윤리의 필요성, 의미와 기본 방향, 주안점, 전
망 등—을 다룬 글이고, 제시문 (나)는 최치원(崔致遠)의 「난랑비서(鸞郎碑序)」를 해설
한 글이다. 제시문 (가)를 근거로 '세계 윤리(global ethic)'의 근본 취지를 밝히고, 제

시문 (나)의 풍류도(風流道)가 '세계 윤리'의 세계관 확립 및 전 지구적 문제 해결에 어떻게 기여할 수 있는가에 대해 자신의 견해를 논술하시오. (1,000자 안팎)

(가) 오늘날 지구는 총체적인 위기를 맞고 있다. 이와 같은 전 지구적 문제의 해결은 일부의 노력이나 사회 정책적 접근만으로는 해결이 불가하고, 전 지구적 기준을 지닌 세계 윤리의 실천만이 우리의 시급한 현실 문제를 해결할 수 있다.

세계 윤리에서 가장 중요한 것은 구체적인 실천 방안이다. 이와 관련하여 윤리학자인 싱어(Singer, P.)는 프랑스 수학자 루카(Lucas, E.)가 고안한 '하노이 탑(the Tower of Hanoi)'을 윤리적 세계에 적용하여 아래의 그림과 같은 탑의 모형을 제시하였다.

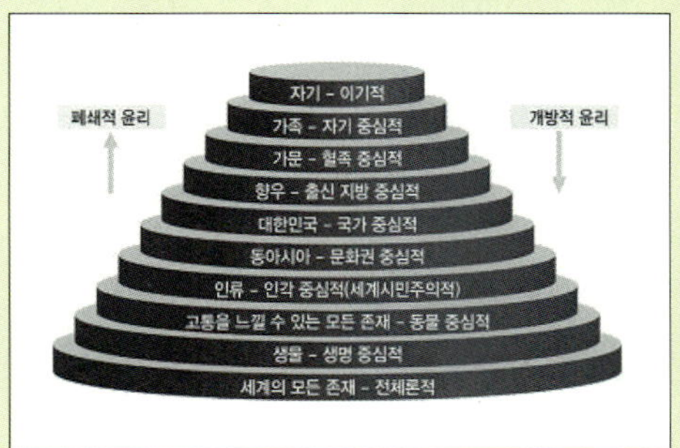

우리는 이 그림을 활용하여 원반의 개수에 따른 다양한 윤리관들을 정립해 볼 수 있다. 위층으로 올라갈수록 이웃의 범위가 좁아지는 것을 폐쇄적인 윤리라고 하면, 아래층으로 내려갈수록 이웃의 범위가 넓어지는 것은 개방적인 윤리라고 하겠다.

오늘날 대부분의 윤리들은 인간을 중심에 놓고 있는 인간 중심적 윤리이다. 여기서 한 층 더 나아가면, 동물 중심적·생명 중심적 윤리관과 만나게 된다. (중략) 그러나 가장 포괄적인 관점을 지닌 것은 역시 무생물까지를 포함하여 세계 내의 모든 존재를 고려하는 윤리이다. 세계 윤리는 바로 이러한 관점에 근거를 두어야 한다.

사람은 이기적인 본성과 함께 이타적인 본성도 지니지만, 사람의 이타적 본성은 대개 좁은 범위까지만 미친다. 그런데 윤리적 관점은 우리로 하여금 이 범위를 넓힐 것을 요구한다. 윤리적 원칙들은 무조건적이고 언제 어디서나 의무적으로 수행할 것을 요구하는 것으로, 정언적이고 보편적이다. 윤리적 원칙에는 강한 의무감이 있어야만 생물학적 본성을 극복할 수 있기 때문이다.

세계 윤리는 배려의 범위가 가장 넓혀진 윤리이다. 그러므로 세계 윤리는 현재뿐만 아니라 과거와 미래 세대까지를 포함한 모든 사람들을 배려하고, 더 나아가 이 지구상의 모든 생명체와 생태계 전체를 보전해야 할 책임을 우리에게 일깨우고 있다. (중략)

세계 윤리가 담고 있는 정신을 한마디로 표현하면, ‘인간과 자연과의 화해’라고 할 수 있다. 그런데 오늘날 세계 윤리가 단지 추상적인 구호에 그치지 않고 구체적으로 실천되기 위해서는 ‘종교와 종교 사이의 화해’가 무엇보다 중요하다.

–『고등학교 윤리와 사상』, 교육인적자원부, 2003.

(나) “우리나라에 현묘(玄妙)한 도(道)가 있으니 풍류(風流)라 한다. 그 교(敎)를 창설한 내력은 『선사(仙史)』에 상세히 실려 있거니와, 근본적으로 삼교(三敎: 유·불·도)를 이미 자체 내에 포함하고 있고, 모든 생명을 가까이 사귀어서 감화시킨다[接化群生]. 집에 들어와서는 효도하고 나가서는 나라에 충성하니, 그것은 노사구(魯司寇: 공자)의 가르침과 같고, 무위(無爲)로 일을 처리하고 말없이 가르침(敎)을 실행함은 주주사(周柱史: 노자)의 주장과 같으며, 모든 악(惡)을 행하지 않고 모든 선(善)을 받들어 실행함은 축건태자(竺乾太子: 석가)의 교화(敎化)와 같다.”

– 최치원(崔致遠), 「난랑비서(鸞郞碑序)」

최치원은, 한국인의 의식과 직결되어 있는 풍류도(風流道)가 생명 사랑의 불교 교훈, 사양(辭讓)으로써 타인을 배려하는 유교 교훈, 우주의 자연스런 변화에 순응하라는 도교 교훈을 포함하고 있다고 말한다. 공자(孔子)의 가르침은 “자기가 서고 싶으면 남을 먼저 세워주고, 자기가 도달하고 싶으면 남을 먼저 도달케 해준다.”는 충(忠)과 “자기가 하기 싫은 것은 남에게도 시키지 않는다.”는 서(恕)를 기본 취지로 한다. 노자(老子)의 가르침은 인간의 의지나 욕구와는 관계없이 존재하는 자연의 가치나 아름다움을 인정하고 귀하게 여기는 삶의 태도를 강조한다. 석가(釋迦)의 가르침은 ‘나’와 ‘자연 만물’이 보이지 않는 불가분의 끈으로 맺어져 있다는 ‘인연’과 이 세상 모든 생명에 대한 경외심을 북돋워주는 ‘자비’를 기본 취지로 한다. 풍류도는 이 삼교의 근본 취지를 포함하고 있다고 하므로, 이것은 모든 종교나 문화의 상호 포함성, 즉 모든 종교·문화의 조화(調和)와 상생(相生), 공존(共存)을 천명한 것이라 할 수 있다.

"모든 생명을 가까이 사귀어서 감화시키고 변화시키고 진화시킨다[接化群生]."는 것은 바로 만교귀일(萬敎歸一), 즉 모든 종교의 근본적인 근원은 하나임을 천명한 것으로서, 이것은 종교의 보편성에 기초하여 모든 종교(宗敎)의 화해를 주장한 것이라 할 수 있다. 모든 생명을 가까이 사귀어서 감화시키고 변화시키고 진화시키기 위해서는 존재하는 모든 것을 생명으로 대할 것이 요구되며, 이러한 요구는 인간으로부터 무생물에 이르기까지 생명의 영성(靈性)을 긍정하는 것을 기반으로 하고 있다.

이 문제의 논제는 결국 '세계 윤리의 근본적 취지를 전 지구적 위기와 그 해결과 함께 설명하고 있는가?' 로 압축할 수 있다. 세계 윤리는 과거와 현재, 그리고 미래 세대를 포함한 모든 사람들을 배려하는 윤리이며, 지구상의 모든 생명체와 생태계 전체를 보전해야 할 인간의 책임을 일깨우는 윤리이다. 제시문 (나)에서는 풍류도(風流道)의 세계관, 즉 무생물까지 배려하고, 모든 존재에 대해 생명의 영성(靈性)을 긍정함으로써 이러한 세계윤리에 이를 수 있다는 중요한 단서를 밝혀 놓았다.

책 속으로

피터 싱어는 세계화가 대세가 된 시대에 어떤 윤리를 세우고 실천할 것인가에 대해 끊임없이 고민하는 학자다. 그는 『세계화의 윤리』를 통해 오늘날 세계가 안고 있는 여러 난제들의 해결책은 오직 '공동체적 세계 윤리' 뿐이라고 역설한다. 『동물 해방』도 세계 윤리의 차원에서 집필된 책이다. 피터 싱어가 29세이던 1975년에 쓴 이 책은 동물들이 마치 공산품처럼 공장에서 대량생산되며 고통받는 처참한 사육환경을 고발하고 있다. 동물들이 처참한 사육환경을 묘사함으로써 이 책이 고발하고 비판하고 있는 것이 이른바 '인간중심주의' 다.

인간중심주의는 자연을 한낱 도구로 보는 세계관이다. 그러나 예전 사람들은 자연을 한낱 도구나 사물로 보지 않았다. 사물에는 반드시 어떤 정신성, 영성(靈性)이 깃들어 있었다고 믿었다. 동네 어귀에 있는 커다란 나무를 함부로 자르지 않았던 것도 나무에 깃들여 있는 신령스러운 기운을 해치면 마을에 '동티(건드리지 말아야 할 것을 잘못 건드려서 생기는 불행)' 가 난다고 생각했기 때문이었다.

사물에 영성이 깃들어 있다는 생각은 오늘날의 사고로 보면 미신이나 원시적 사고에 불과한지도 모른다. 그러나 사물을 자신의 욕망 충족의 수단으로 보는 인간중심주의와 사물의 질서를 오직 차가운 원인과 결과의 관계로서밖에 파악하지 않는 과학주의가 얼마나 큰 재앙을 몰고 왔는지를 생각해보자.

17세기에 데카르트는 동물기계론을 제창하여, 동물체를 태엽을 감은 기계와 같이 생각한 바 있다. 그는 동물은 고통을 느끼지 못한다고 보았다. "나는 생각한다. 고로 나는 존재한다."라는 말을 남긴 데카르트는 사유 능력이 없는 동물은 살아 있기는 하지만 기계나 마찬가지의 존재라고 생각했다. 그래서 동물을 상대로 실험을 하거나 도축할 때 동물이 내는 비명은 기계에서 나는 삐걱거림이나 다를 바 없다고 했다. 본능에 끌려 다니는 동물의 행동은 그저 생리적인 반응일 뿐이라고 생각한 것이다.

그러나 『동물 해방』의 저자 피터 싱어는 동물도 고통을 느낀다고 말한다. 먼저 행위 방식에서, 인간이 고통을 느낄 때 나타내는 몸짓을 동물들도 분명히 나타낸다. 가령 동물들은 아픔을 느낄 때 몸을 뒤튼다든가 안면이 일그러지며 이들이 고통을 못 견뎌 내는 고함소리나 신음소리 등은 인간에서도 전형적으로 나타나는 모습들이다. 또 동물과 인간은 신경체계가 유사하므로 동물들도 일정한 자극에 대하여 인간과 유사한 신경학적인 반응을 일으킨다. 가령 동물들은 긴장상태에서 혈압이 올라가고, 동공이 팽창하며, 땀을 흘리고, 맥박이 빨리 뛴다. 그런데 이처럼 인간과 유사한 반응을 일으키는 신경체계가 주관적으로는 동물들에게 상이한 느낌을 산출한다고 생각하는 것은 분명 합리적이지 못하다. 또 동물들의 신경체계는 우리와 유사한 진화 과정을 거쳤으며, 그들의 고통을 느낄 수 있는 능력은 분명 진화적인 이점이 있었을 것이므로 동물들도 고통을 느낀다고 할 수 있다.

동물도 인간과 같이 고통을 느끼는 존재이므로 동물의 이익을 인간의 이익처럼 고려해야 한다고 피터 싱어는 주장한다. 동물의 이익이 윤리적 차원에서 고려되어야 할 이유는 그들이 이성적으로 사고할 능력이 있는가, 대화를 할 능력이 있는가에 있지 않고 고통을 느낄 수 있는지의 유무에 달려 있다는 공리주의자 벤담의 말을 인용하면서, 동물들이 과거를 기리고 미래를 설계할 수 있는 능력이 없다는 것이나 공동체를 구성할 능력이 없다는 것은 그들의 이익이 고려되지 않아야 할 근거가 될 수 없다고 피터싱어는 말한다. 피터 싱어는, 인간이 평등하다는 기본적 원리가 인간의 지성과 능력이 동등하다는 것이 아니라, 이익에 대한 동등한 배려로 보고 있다. 그러므로 고통과 쾌락을 감지할 능력이 있는 존재라면 마땅히 그들의 이익이 고려되어야만 한다는 것이 피터 싱어의 견해다.

『동물 해방』에서 피터가 고발하는 동물들의 상황은 실로 섬뜩하다. 가령 축산업자는 송아지 축사를 항상 따뜻하게 해두는데, 이는 송아지의 열량 손실을 막는 동시에 땀을 흘리게 하여 더욱 갈증을 느껴 식사를 하게 만들기 위해서다. 또 운동량을 줄여야 빨리 살이 찌기 때문에 축산업자는 송아지가 어떤 운동도 할 수 없게 감금한다. 그렇게 해서 송아지는 하루 종일 먹는 일 이외에는 아무 짓도 하지 못하는 상태로 비육된다. 우리가 자주 마시는 우유를 생산하기 위해서 젖소는 임신 가능해진 그때부터 5~6년 뒤 햄버거나 개 사료가 되기 위해 도축장으로 끌려가는 그날까지 줄곧 강제로 임신하게 되고 또 출산 후에는 즉시 새끼를 박탈당한다.

피터 싱어가 『동물 해방』에서 인간중심주의를 통렬하게 고발함으로써 동물에 대한 인간들의 사고방식에 커다란 변화를 주었다. 동물을 인간의 행복을 위한 도구로서만 보아서는 안 된다는 생각, 동물에게도 스스로 존재할 권리가 있다는 생각이 그것이다. 그런 사고의 변화가 요즈음은 보다 구체성을 띄고 있다. 물고기를 실험동물로 이용하는 연구가 이루어지고 있는 것도 변화의 한 가지다. 어류는 포유류에 비해 고통을 기억하는 시간이 극히 짧은 것으로 알려져 있기 때문에 고통을 최소화하는 이른바 '3R' 원칙에 다가서려는 노력의 일환으로서 물고기를 실험에 이용하게 된 것이다.

3R 원칙은 영국의 과학자 러셀과 버크가 제시한, 동물실험에 국제적으로 통용되는 윤리다. 3R이란 동물실험이 아닌 다른 방법으로 대체(replacement)하고, 그것이 불가능할 경우 동물실험 횟수를 줄이고(reduction), 동물의 고통을 최소화하기 위해 기존 방법을 정제(refinement)해야 한다는 대안 원칙이다. 고등동물 대신 하등동물을 써서 동물이 지각할 수 있는 고통을 줄이거나, 통계적 기법이나 새로운 실험환경을 도입해 실험 횟수를 줄이는 방식, 세포·조직 연구로 대신하는 노력 등이 모두 3R 원칙에 따라 행하는 대안 연구다.

우리 속담에도 '동병상련(同病相憐)'이라는 말이 있다. 같은 병을 알아본 사람만이 그 병에 걸린 사람을 이해한다는 이야기다. 이때 고통받는 사람과 그를 지켜보는 사람을 이어주는 것은 고통에 대한 공감의 능력이다. 공감이란 타인의 처지와 감정을 내 것으로 받아들이는 데서 오는 감정이다. 그것은 타자의 처지와 감정을 자신의 것으로 일체화하는 데서 비롯되는 것이다.

타인의 기쁨과 고통을 내 것처럼 생각하는 공감의 정서는 단순히 개별적이거나 주관적인 것은 아니라고 생각한 이는 철학자 흄이었다. 그는 덕에 포함된 성질들은 즐거움을 주거나 유용한 것으로, 악덕에 속하는 성질들은 혐오감을 주거나 무용한 것으로 느껴지는데, 이 같은 구별은 인간들에게 대부분 동일하게 나타난다고 보았다. 쾌락과 고통에 대한 반응은 개별적이지만, 그 반응 능력인 도덕적 정서 자체는 인간에게 보편적이라고 보았다. 흄은 이러한 보편적인 인간의 도덕적 정서를 공감(sympathy)이라고 생각했다. 공감은 '자연이 인간에게 제공한 위대한 유사성'에 근거하고 있어서, 도덕성의 보편적 성향이나 원리로서 작용한다고 본 것이다. 나는 나이고 타인은 타인에 불과하다는 데서는 어떤 도덕이나 형제애도 생겨나지 않는다. 타인도 나와 같이 고통을 느낄 것이라는 데서 도덕과 형제애가 생겨난다. 타인과 내가 같을 것이라는 유사성에 대한 인간의 믿음이 도덕과 형제애의 바탕이 된다.

이 공감의 원리가 없다면 우리는 수천 년 전에 행해졌던 전제군주의 악덕에 대해서 도덕적 비난을 할 수 없고, 먼 나라에서 행해지는 독재자들의 횡포를 비판할 수 없다. 이렇게 볼 때, 흄에 있어서 공감은 인간 본성 안에 있는 가장 강력한 도덕적 인식 능력이며, 도덕적 구별이나 판단의 보편적 원리가 되는 것이다.

타인에 대한 공감, 특히 고통 받는 사람들에 대한 공감은 이타행동을 촉발시키는 경향이 있다. 2004년 12월 지진으로 인한 해일 '쓰나미'로 동남아시아 국가들이 많은 피해를 입었을 때 대한민국에서 가장 적극적으로 피해 국가를 돕겠다고 나선 지방자치 단체는 마산시였다. 예산이 많아서도 아니고, 다른 행정 구역보다 마산시가 종교 활동이 두드러져서도 아니다. 마산시 역시 2003년 태풍 '매미'로 큰 피해를 입었던 경험이 있었기 때문이다. 이미 아픔과 고통을 겪었기 때문에 동남아시아인들의 고통을 누구보다도 민감하게 마산시민들이 이해할 수 있었던 것이다.

불우한 이웃을 도와주는 시민의 행위에는 높은 수준의 윤리 의식만 있는 것이 아니다. 거기에는 불우한 이웃의 불행한 삶에 대한 공감이 있다. 공감이 있기에 사람들의 마음이 움직이는 것이며, 그 결과로 고통 받는 사람들에 대한 이타행동이 나오는 것이다.

종교는 인간의 공감능력을 극대화시킨다. '내 이웃을 내 몸과 같이 사랑하라'는 성경의 말씀도 결국 공감의 능력을 확대하라는 주문이고, 살생을 하지 말라는 불교의 불살계(不殺戒)는 자연계의 뭇생명들에게로 인간의 공감능력을 확대시킨 결과다. 그러나 실험실에서 죽는 동물의 수는 1년에 약 5억 마리로 추산된다. 1초당 약 16마리 꼴로 죽어가는 셈이다. 약품과 화장품 개발, 유해물질 독성검사, 스트레스 실험, 생활용품 안전검사 등을 위해 병원과 제약업체, 대학 실험실, 제조업체 등에서 수많은 동물들이 죽어간다.

타인의 아픔에 공감하는 능력이 있는 사람이면 마땅히 동물의 고통에도 공감한다. 인간의 고통과 동물의 고통은 다르므로 인간의 고통에는 연민을 느끼지만 동물의 고통에는 연민을 느끼지 않겠다는 태도가 피터 싱어가 말하는 '종차별주의(speciesism)' 다. 바로 이 '종차별주의(speciesism)' 가 초래한 것이 오늘날의 생태계 파괴로 집약되는 환경문제다. 생태계 파괴는 어떤 한 지역에 국한된 문제가 아니라 전 지구적으로 광범위하게 벌어지고 있는 문제다. 더 이상의 환경 파괴를 막고 건강한 생태계를 보전하기 위해서는 제도적 장치의 마련도

시급한 문제지만 종차별주의를 넘어서 인간과 동물, 더 나아가 식물에게까지
배려의 차원을 넓히는 인식의 전환 역시 필요하다고 하겠다.

➦ 이 글의 논제 --

세계의 시민으로서 동물에 대해 가져야 할 세계 윤리는 어떤 것인가?

➦ 읽은 사람은 다 안다 ---

1. 데카르트는 동물을 어떤 존재로 보았는가?

2. 피터 싱어는 어떤 점을 들어 동물의 이익도 인간의 이익처럼 고려의 대상이 되어
   야 한다고 생각했는가?

3. 동물 실험에서 3R이란 무엇인가?

동물에게도 권리가 있는가?
-인간과 동물의 본래적 지위

제인 구달 · 마크 베코프 지음, 최재천 · 이상임 옮김, 『제인 구달의 생명사랑 십계명』,
바다출판사, 2003.
김진석 지음, 『동물의 권리와 복지』, 건국대학교출판부, 2005.

책으로가는길

　　요즘은 집안에서 개나 고양이를 기르는 사람들이 많다. 개나 고양이가 함께 잠을 자고 함께 밥을 먹는 식구가 된 것이다. 어떤 개나 고양이는 어지간한 집의 아이들보다 호강을 하고 사는 것 같기도 하다. 이를 두고 세상이 거꾸로 돌아간다고 한탄하는 사람들도 있다. 또 조금만 귀찮거나 힘들어지면 기르던 개를 금세 내다버리는 사람들도 많다. 이미 우리나라에서도 유기견 문제의 심각성을 주장하는 사람들이 많아지고 있다. 반면에 사람도 먹고 살기 힘든데 기르던 개나 고양이를 내다버리는 게 왜 죄가 되느냐고 말하는 사람들도 있다.

　　우리말에 '짐승만도 못한' 혹은 '개만도 못한' 이라는 표현이 있다. 이런 표현은 인간은 당연히 짐승보다는 우월한 존재라는 생각을 드러내고 있는 것이다. 그러나 정말 그런가. 1993년에 진도에서 대구로 팔려간 진돗개 '백구' 가 7개월 동안 3,000킬로미터나 되는 먼 길을 돌아 다시 주인의 품으로 돌아왔던 일이 있었다. 쉽게 서로를 속이고 배신하는 인간들과는 달리 주인에 대한 변함없는 신의를 보여준 백구를 보며 얼마나 많은 사람들이 감동을 했던가.

요즘은 동물 보호 차원을 넘어서 동물의 권리를 주장하는 사람들도 많아지고 있다. 이런 사람들은 '애완동물'이라는 표현 대신 '반려동물'이라는 말을 쓴다. 단순히 즐거움을 줄 수 있는 귀여운 존재라는 의미가 아니라, 배우자나 가족처럼 인생의 반려자 역할을 해주는 동물이라는 뜻이다. 그러나 이렇게 적극적으로 동물에게 사랑을 쏟는 사람들을 비난하는 시선들도 만만치 않다. 애완동물이건 반려동물이건 동물들을 먹이고 기르는 데에 드는 비용을 춥고 배고픈 이들을 위해 써야 더 값진 것이 아니겠느냐, 사람이 사람들과 어울리며 살아야지 왜 짐승들에게 정을 주고 살아야 하느냐는 것이 주된 비난의 내용이다.

동물에 대한 사람들의 생각은 각자의 종교적인 혹은 정치적인 신념이나 개인적인 경험 등에 따라서도 다를 수밖에 없을 것이다. 직접 개나 고양이를 길러본 사람과 그렇지 않은 사람, 가축으로 소나 돼지를 기르는 사람과 소나 돼지는 슈퍼에서 포장된 고기로만 알고 있는 사람은 분명 동물에 대해서, 동물과 인간의 관계에 대해서 서로 다른 생각을 가질 수밖에 없을 것이다. 실험실에서는 쥐가 당연히 연구용으로 쓰이는 것이라고 막연히 알고 있는 사람과, 실험실에서 하루에도 몇 마리 혹은 몇 십 마리씩 죽어나가는 실험용 동물들을 접해야하는 사람 역시 생각이 다를 것이다.

동물은 인간이 지니는 것과 똑같은 권리를 가지고 있는가? 인간은 자신의 목적을 위하여 다른 동물을 이용할 수 있는 권리를 가지고 있는가? 이런 문제에 대해 서로 다양한 입장을 가지고 있기 때문에 어떤 이는 떠돌이 개를 보고도 아무 생각 없이 지나칠 수 있는 것이고, 또 어떤 이는 아낌없이 돈을 들여 떠돌이 개를 치료해주고, 돌봐주고, 입양해줄 사람을 찾기 위해 시간까지 투자할 수 있는 것이다. 과연 동물에게도 권리라는 것이 있는 것일까, 그렇다면 인간으로서 내가 가질 수 있는 권리와 동물의 권리가 같다고 할 수 있을까, 정말 동물에게도 권리가 있다면, 육식을 하거나 모피코트를 입거나 가죽으로 만든 제품을 사용하는 것 자체도 다 그만 두어야 하는 것일까? 그런 식으로 동물의 권리를 인정해주어야 한다면 지금껏 인간이 누려온 권리를 너무 많이 포기해야하는 것은 아닌가.

책으로 푸는 논술

2002학년도 이화여대 논술고사에서는 동물과 인간의 관계를 묻는 문제가 나왔다. 이 문제에서는 인간과 동물의 본래적 지위에 대해서 상반되는 입장을 보여주는 두 개의 제시문이 출제되었다. 상반된 입장의 두 제시문을 비판적으로 검토한 후에, 오늘날 우리 사회가 추구해야 하는 인간과 동물의 바람직한 관계에 대해 자신의 견해를 쓰는 문제였다.

(가) 동물이 본래적 가치를 갖는다는 생각을 거부하는 사람들이 있다. "인간만이 그런 가치를 갖는다."고 그들은 말한다. 과연 오직 인간만이 자율성, 이성 혹은 지성을 갖는다고 말해야 할 것인가? 이것들을 결여한 인간도 많은데, 그럼에도 우리는 이들이 본래적 가치를 지니는 존재라고 생각한다. 그렇다면 인간만이 호모 사피엔스라고 하는 '제대로 된 종(種)'에 속한다고 주장할 것인가? 이것은 명백한 종 차별주의이다. 어떤 근거에서 동물이 인간보다 본래적 가치를 덜 지닌다고 주장할 수 있는가? 자율성, 이성 혹은 지성이 결핍되었다는 이유로? 이런 이유가 성립하려면 이를 결여한 인간에 대

해서도 동일한 주장을 해야만 할 것이다.

그러나 지진아나 정신착란자가 당신이나 나보다 본래적 가치를 덜 갖는다는 말은 참이 아니다. 마찬가지로 삶의 경험적 주체로서 동물도 본래적 가치를 덜 갖는다고 말할 수 없다. 본래적 가치를 지니는 존재는 그것이 인간이건 동물이건 모두 동일한 정도의 가치를 지닌다. 이성은 우리로 하여금 동물도 동일한 본래적 가치와 존중받을 권리를 가진다는 것을 받아들이도록 요구한다. 동물 권리 운동은 인권 운동의 한 부분이다. 동물 권리의 합리적 근거를 마련해 주는 이론은 인권의 근거 또한 마련해 준다. 동물 권리 운동에서 고려되는 사항은 여성의 권리, 소수자의 권리, 노동자의 권리를 확보하기 위한 투쟁에서도 고려되는 사항이다.

위의 제시문 (가)는 미국의 철학자 레이건의 「동물 옹호론」에서 발췌한 내용이다. (가)는 동물도 인간과 같은 하나의 생명체로서, 동물 역시 인간과 동일한 본래적 가치를 지니고 있다고 주장한다. 그러나 아래의 제시문 (나)는 이와는 상반된 입장을 드러낸다. (나)는 독일 철학자 칸트의 「추측해본 인류 역사의 기원」의 일부분이다. (나)는 인간은 이성적인 존재라는 점에서 동물과는 확연히 다르다고 본다. 인간은 동물과 달리 이성을 이용하여 음식물에 대한 지식을 확장시켰으며 동물들처럼 한 가지 삶에 방식에 국한되지 않고 스스로 삶의 방식을 선택할 수 있는 존재가 되었다는 것이다. 그리고 인간은 동물과 마찬가지로 성적 본능을 가지고 있으나 동물과는 달리 그 본능을 상상력을 통해 더 지속시킬 수도 있고 증가시킬 수도 있다. 즉 인간은 본능적 충동을 이성을 통해 지배할 수 있는 존재라는 점에서도 동물과는 다르다고 주장한다. 또한 인간은 현재의 삶에 만족하는 게 아니라 미래에 대한 의식적인 기대를 갖는다는 점에서도 동물과 구별된다. 아래의 지문은 칸트가 말하는, 인간이 동물보다 우월하다고 볼 수 있는 이성의 또 다른 작용에 대해 설명하고 있는 부분이다.

(나) 인간을 동물보다 훨씬 우월하게 하는 이성의 마지막 진보는, 인간이 본래 자연의 목적이고, 이 점에서 지상의 어떤 동물도 자신과 견줄 수 없다는 점을 인간 스스로 파악했다는 데 있다. 인간이 처음 양에게 "네가 입고 있는 가죽은 자연이 너를 위해 준 것이 아니라 나를 위해 준 것이다."라고 말했을 때, 그리고 양으로부터 가죽을 벗겨 내어 자신의 몸에 걸쳤을 때, 인간은 다른 모든 동물보다 우위를 점한다는 천부의 특권을 깨닫게 되었다. 인간은 이제 더 이상 다른 동물을 자신과 같은 차원의 창조물로 여기지 않게 되었으며, 자신의 의도에 따라 사용할 수 있는 수단이나 도구 정도로 간주하게 되었다. 이러한 생각은 같은 인간에게는 적용될 수 없으며, 오히려 인간은 모두 자연의 혜택을 동등하게 누릴 권리가 있다는 믿음을 포함한다. 이러한 믿음으로 인간은 이성을 통하여 의지를 도덕적으로 제한하게 되었으며, 이러한 제한이야말로 인간 사회를 건설하는 데 필수적인 것이었다.

이 문제는 극단적으로 대립되는 내용을 보여주고 있으므로 양쪽의 입장을 어느 정도 비판적으로 검토할 필요가 있다. 그리고 제시문이 동물과 인간의 관계에 대해 철학적으로 논하고 있으므로, 동물과 인간의 관계, 인간과 동물의 본래적 지위에 대해 좀 더 근본적인 차원에서 생각해볼 것이 요구되는 문제이다.

책 속으로

『동물의 권리와 복지』의 저자 김진석은 동물의 권리에 대한 사람들의 일반적인 생각을 크게 셋으로 나누어 설명한다. 첫째는, 인간은 동물보다 우월하다는 입장이다. 이런 입장의 사람들은 동물은 근본적으로 인간의 재산이며 인간은 동물을 지배할 권한이 있는 존재라고 믿고 있으므로 동물의 권리라는 말 자체를 인정하지 않는다. 둘째는, 동물은 인간에게 매우 유익할 경우에만 이용되어야 한다는 입장이다. 이들은 동물을 죽이거나 이용할 필요가 있을 경우라 하더라도 최대한 인도적인 방법으로 다루어야 하며 애정을 가지고 동물을 대하는 것은 인간의 책임이라고 생각한다. 아마 두 번째 입장이 요즘의 사람들에게 가장 보편적으로 지지를 받을 수 있는 입장일 것이다. 불필요하게 동물을 죽인다거나 집에서 기르는 동물을 학대한다는 데에는 분명 반대하지만, 동물의 권리 혹은 복지라는 측면은 당연히 인간에 대한 것보다 우선해서는 안 된다는 입장이다.

셋째는, 동물도 인간과 똑같이 기본적인 권리를 가지고 있다는 입장이다. 그렇기 때문에 동물도 학대받지 않는 삶을 살아야 하며, 어떤 이유에서든지 인간은 동물을 지배하거나 착취할 권리를 가질 수 없다는 것이다. 즉 이런 입장의 동물권리운동가들은 인간과 동물 사이에 어떠한 중요한 차이도 인정하지 않는다. 그들은 동물도 인간이 누리는 것과 동등한 대접을 받을 권리가 있으며, 어떤 목적에서든지 연구나 산업에 동물을 이용하는 것은 잘못이라고 믿는다. 그렇기 때문에 급진적인 경우에는 동물원의 체제나 환경에도 이의를 제기하고, 애완동물을 기르는 것조차 반대하기도 한다.

저자는 동물에게 독성물질 투입을 통한 실험을 하는 독성학 전공자이다. 그러니 늘 동물을 이용하는 연구와 실험을 할 수밖에 없다. 저자는 자신의 손아귀에서 고통으로 몸부림치는 동물들을 보면서 동물의 생명 값과 인간인 자신의 생명 값의 차이가 과연 무엇일까를 생각하게 되었다고 한다. 그런 고민이 『동물의 권리와 복지』라는 책 속에 담겨 있다. 그러나 이 책은 동물의 권리와 복지를 무조건 옹호하자는 주장을 담은 책은 아니다. 저자는 이 책을 통해서 인간과 동물이 어떻게 다른가보다는 무엇이 어떻게 같은가를 찾아보려 노력하였다고 말한다. 그래서 인간 세상의 재산이면서 생태계에서는 인간의 동반자이기도 한 동물이 현재 어떻게 그 위치가 규정되고 있는지, 지금껏 동물의 권리와 복지에 대한 철학적, 윤리학적 배경과 논쟁에는 어떤 것들이 있었는지를 살펴보고, 인간의 동물이용에 따른 현실적인 문제들을 사례중심으로 이야기하고 있다. 저자는 책에서 자신의 주장을 강하게 드러낸다기보다는 동물의 권리와 복지에 대한 옹호와 반대를 있는 그대로 수록하고자 했다.

『동물의 권리와 복지』가 주로 이론적인 측면에서 동물의 권리와 위상을 객관적으로 다루려고 했다면, 『제인 구달의 생명사랑 십계명』은 뚜렷한 입장을 드러내면서 동물의 권리와 위상을 이야기한다. 『제인 구달의 생명사랑 십계명』은 이미 우리에게 '침팬지 어머니'로 알려진 침팬지 연구자 제인 구달이 역시 동물학자인 마크 베코프와 함께 쓴 책이다. 인간은 경이로운 동물계의 일원이며 자연의 일부라는 것, 그렇기 때문에 인간이 동물들을 마음대로 이용하고 학대할 권리는 전혀 없다는 것이 이 책의 주요한 입장이라고 할 수 있다.

제인 구달은 많은 사람들이 동물들의 진정한 본성을 알지 못하기 때문에 동물을 학대한다고 말한다. 인간은 엄연히 동물 사회의 일원이며, 인간은 본능적이고 감성적이며 지적인 면에서 다른 동물들과 매우 많이 닮았다는 점을 강조한다. 많은 동물들이 공포, 행복, 민망함, 분노, 질투, 사랑, 기쁨, 동정, 존경, 위안, 슬픔, 절망, 우정 등의 감정들을 인간과 똑같이 느끼고 있다는 것이다. 제인 구달은 『제인 구달의 생명사랑 십계명』에서 동물들이 느끼는 감정을 사례를 들어가면서 설명한다. 동물들도 동료들과 다투거나 헤어지면 인간과 유사한 분노와 침울함 등을 드러내고 서로 친밀한 관계와 그렇지 않은 관계들이 분명 존재함을 예를 들어 보여준다. 엄마가 죽거나 엄마와 떨어지는 경험을 할 때 동물들이 보이는 반응 역시 인간들과 다르지 않다고 한다.

그렇기 때문에 저자는 인간은 모든 생명을 존중해야한다는 주장을 한다. 그것은 개든 돼지든 침팬지든 종에 상관없이 생명이 있는 모든 것에 동일하게 적용된다. 그래서 제인 구달은 개고기를 먹는 한국 문화에 대해 이렇게 말한다.

미국이나 유럽 사람들은 돼지고기를 먹습니다. 돼지도 개만큼 영리하죠. 개처럼 사람들의 친구가 되기도 합니다. 저는 개를 먹는 것이 돼지를 먹는 것보다 나쁘다는 윤리적 근거는 없다고 생각합니다. 어떤 동물이건 우리가 동물을 먹는다면 가장 중요한 것은 동물들이 살아있는 동안 우리가 그들을 얼마나 잘 대해주며 얼마나 자비롭게 그들을 죽이는가 하는 것입니다.

제인 구달은 거미줄처럼 복잡하게 얽혀있는 생명의 그물 속에서 모든 동식물이 나름대로의 가치를 지니고 있음을 이야기한다. 그동안 서구 철학의 전통 내에서는 인간이 이성을 지녔기 때문에 '만물의 영장'이라는 자리를 자연스럽게 차지할 수 있었다. 제인 구달이 말하는 것처럼 우리는 흔히, 인간 다음에 유인원, 그 다음에 원숭이, 고래, 개, 그리고 쭉 내려가 곤충, 연체동물, 그리고 해면동물이 있다고 생각한다. 그러나 제인 구달은 이러한 사고방식에서 가장 잘 못된 것이 인간이 다른 동물들보다 우수하다는 믿음임을 지적한다. 그런 의미에서 동물을 연구할 때 그 동물에게 이름을 붙여주는 것이 적절하지 못하다고 보는 동물학 연구 내의 관행에도 이의를 제기한다. 동물에게 이름 대신 숫자를 붙여주는 것이 더 과학적이라는 생각에 동의할 수 없다는 것이다.

인류는 이미 오래전부터 육식 문화를 가지고 있었다. 그러나 제인 구달은 선사 인류의 육식문화와 현재 우리의 육식 문화는 매우 다르다고 설명한다. 선사의 인류들도 사냥을 통해 동물을 잡아먹었으나 그들은 반드시 필요한 만큼의 동물만을 죽였으며, 사냥하는 동물들을 모두 존경할 줄 알았다는 점이 현대의 우리와 다르다는 것이다. 실제로 사냥을 한 후에 원시 부족들이 벌이는 축제는 단순히 즐기는 것이 아니라 그들이 사냥한 동물의 영혼을 달래고 먹이가 되어 준 것에 대해 감사하는 의례였다는 인류학적인 연구결과들도 있다. 그러나 현대사회에 살고 있는 우리는 모든 생명에 대한 경외감을 잃었다는 것이 제인 구달의 주장이다.

실제로 우리는 더 많은 고기를 빨리 생산해 내기 위해 여러 방법들을 동원한다. 예를 들면, 닭들을 옴짝달싹 할 수 없게 만든 우리 안에 가두고 빨리 성장하게 하기 위해 늘 불을 밝혀둔다든가 호르몬 주사를 이용해 비정상적인 성장 속도를 만들어낸다. 제인 구달의 말처럼 인간이 동물을 삶의 동반자라고 받아들이기만 한다면 이런 식으로 동물을 이용할 수는 없을 것이다.

그러나 인간은 이성과 발달된 기술로 모든 생명체 위에 군림할 수 있다는 생각을 당연하게 받아들이고 있다. 기독교 교리에서도 이것을 당연시하고 있는데, 하나님은 사람에게 '바다의 고기와 궁중의 새와 육축과 온 땅과 땅에 기는 모든 것을 다스릴' 권리를 주었다고 보기 때문이다. 그러나 많은 히브리 학자들은 '다스린다'는 말이 히브리 원어의 잘못된 번역이라고 지적한다. 이 말은 원래 현명한 왕이 그 백성들을 잘 '지킨다'는 의미의 '다스림'을 뜻하므로 우리들이 받아들이고 있는 것처럼 위에서 군림하고 지배한다는 의미가 아니라는 것이다. 그렇다면 현재 우리는 이 지구의 생명체들을 잘 지키기는커녕 필요할 때마다 자연과 다른 생명체를 이용해먹기만 한 셈이다.

제인 구달은 인간이 동물의 권리를 인정하고 배려하기 위해서 해야 하는 구체적인 방안들을 제시하고 있는데 대표적으로 생체실험에 동물을 쓰지 않는 방법에 대해 자세하게 이야기한다. 동물학을 연구할 때 실제 동물이 아닌 대체방법을 쓰는 것은 덜 파괴적일 뿐 아니라 교육적으로도 도움이 되며 비용도 줄일 수 있다는 것이다. 실제로 생물학과 신입생을 대상으로 한 어느 실험에서도 쥐 모델로 공부한 학생과 실제 쥐를 해부한 학생의 시험 성적은 비슷했다고 한다. 동물을 해치지 않으면서 연구를 할 수 있는 방법은 여러 가지가 있는데, 예를 들어 동물의 부계(父系)에 관한 자료가 필요할 때는 털과 배설물에서 DNA를 추출할 수 있다는 것이다. 동물을 직접 잡아 피를 뽑을 필요 없이, 이 방법은 야생 침팬지 등의 동물들에게도 성공적으로 사용되고 있다고 한다.

『동물의 권리와 복지』의 저자 역시 동물이용연구가 없었더라도 생물의학적 발전은 이루어졌을 것이라고 주장하면서, 동물이 인간을 위해서 반드시 좋은 과학적 모델이라는 주장에 의심을 표한다. 왜냐하면 쥐, 개, 그리고 원숭이는 분명 사람이 아니며, 그리고 동물모델이 잘못 유도되어 심각한 결과를 가져올 수도 있다는 것이다. 덧붙여서, 동물이용연구에서 얻을 수 있는 특별한 이익은 가능한 것일 수 있고 그런 가능성을 희망하는 것이지만, 실험동물에 대한 고통과 위해는 즉각적이고 명백한 것이라는 점을 기억해야만 한다고 주장한다.

외국에서는 이미 동물이용연구의 대안법에 대한 연구가 진행 중이라고 한다. 대표적으로 러셀과 버크에 의해 소개된 3R(three R)를 들 수 있다. 3R은 실험과정에서 동물을 다른 실험방법으로 대체(replacement)하려는 것이고, 실험에 동원되는 동물 수의 감소(reduction)도 요구하는 것이며, 동물의 통증과 고통을 최소화하기 위한 기존 방법의 정제(refinement)에도 연구를 기울이고 있는 것이다.

하지만 제인 구달의 말처럼 동물의 권리를 인정하고 배려한다고 한들 동물을 이용하고 학대하는 세상이 과연 얼마나 달라질 수 있을지 의문이 드는 게 사실이다. 우리들이 가지는 회의에 대해 그는 이런 대답을 준비해 두었다.

거대한 다국적 기업들의 횡포, 사람들의 지나친 소비생활 습관, 부주의한 자연파괴, 동물과 인간에 대한 잔인한 행위들……. 그러나 희망을 버려서는 안 된다. 우리가 걱정하는 목소리를 내고 믿음을 지켜내기 위해 적절한 조처를 취한다면 세상은 틀림없이 달라질 것이다. 일단 충분한 수의 사람들이 위기를 인식하고 그들의 힘을 믿는다면 사람들은 놀라운 결과를 이뤄낼 수 있다.

결국 한 사람 한 사람의 목소리와 행동이 변화를 가져올 것이라고 굳게 믿어야 한다는 얘기다. 제인 구달은 우리들의 침묵과 무관심은 동물뿐 아니라 우리가 속한 환경까지도 결국 죽이고 말 것이라고 경고한다. 제인 구달이 말하는 대로 지금 당장 생명 사랑을 실천하기 어렵다면, 우선 동물의 권리에 대해, 동물과 인간의 관계에 대해 진지하게 생각을 해보자. 제인 구달은 그런 생각을 해보는 것 자체가 충분히 의미가 있다고 말하고 있으니까.

당신의 어머니, 아이, 그리고 사랑하는 사람이 죽어가고 있는데 침팬지나 개 한 마리를 희생시키는 동물 실험을 통해 치료될 수 있다고 가정해보자. 당신은 그 실험대상이 되는 동물의 고통에 대해 얼마나 생각할 것인가. 당신의 아이가 혼수상태에 빠졌고 당신의 개를 희생시켜야만 생명을 얻을 수 있다고 상상해보자. 그 개는 당신이 긴 간병시간 동안 가장 가까운 친구였던 개다. 이러한 선택이 위법이 아니라면 당신은 어떻게 하겠는가? 다른 사람들이 당신에 대해 어떻게 생각할까에 따라 당신의 선택이 달라질 것인가. 이 질문들에 대한 답은 결코 쉽지 않다. 그러나 당신이 어떻게 느끼고 어떻게 행동할까를 상상해보는 것, 그리고 더 중요한 것은 왜 그럴까를 생각해보는 것은 분명 가치가 있다.

동물의 권리와 인간의 권리에는 차등을 두어야 하는지 아닌지에 대해 구체적인 논거를 들어 자신의 입장을 밝히시오.

➜ 읽은 사람은 다 안다

1. 동물의 권리에 대한 제인 구달의 입장은 무엇인가?

2. 제인 구달은 한국의 개고기 문화에 대해 어떻게 말하고 있는가?

3. 제인 구달이 현재의 육식 문화를 비판하는 근거는 무엇인가?

4부

문학·예술·학문

왜 우리는 다른 문화를 배워야 하는가?

―문화 상대주의

이태주 지음, 『문명과 야만을 넘어서 문화읽기』, 프로네시스, 2006.

책으로 가는 길

벌써 20년도 더 전에 미국의 유명한 팝가수들이 아프리카의 기아 문제 해결을 돕기 위해 'We Are The World' 라는 노래를 발표했었다. 지금은 '지구촌' 이라는 말마저 이미 식상해질 대로 식상해진 표현이 되었지만, 당시만 해도 '우리는 하나' 라는 구호는 꽤 정치적인 의미를 띠는 것이었다. 거대한 행성 지구가 하나의 마을로 인식될 만큼 세계는 가까워진 것처럼 느껴진다. 그리고 '우리나라는 단일민족국가' 라는 말이 무색할 정도로 우리 역시 여러 다른 나라에서 이주해온 다양한 민족들과 섞여 살고 있다. 분명 세계와 세계인들은 물리적으로는 가까워진 것이 틀림없다. 그러나 물리적인 거리가 가까워졌다고 해서 서로 다른 문화를 이해하려는 마음까지 가까워진 것은 아니다.

현재 우리 경제에 큰 몫을 담당하고 있는 외국인 노동자들에 대한 차별과 편

견, 무관심은 우리가 다른 문화권에서 온 이들에 대해 얼마나 배타적인지를 단
적으로 보여준다. 다른 문화에 대해 관용을 베풀어야 한다고 쉽게 말하고 인종
차별에 분노를 느끼지만, 우리야말로 문화에 대해 얼마나 자기중심적인지 느끼
지 못하고 있다. 우리의 태도를 반성해보면서 자문화중심주의와 문화상대주의
에 대해 생각해보자.

2000학년도 서강대 3차 논술 모의고사에는 문화상대주의에 대한 문
제가 출제되었다. 제시문 (가)는 헤겔의 『역사철학강의』 중에서 발췌
한 것이고, (나)는 레비스트로스의 『슬픈 열대』 중에서 인용한 것이다. 두 제시
문은 다른 문화에 대해 서로 다른 입장을 보이고 있다. 문제는 두 제시문의 입장
을 요약한 후에 (나)의 관점으로 (가)의 내용을 비판하라는 것이다. 긴 제시문이
주어졌는데 일부만 보도록 하자.

(가) 아프리카의 경우에는 우리가 가지고 있는 모든 관념에 통하는 원리, 즉 일반성의
범주를 단념하지 않으면 안 되기 때문에 아프리카 특유의 성격을 파악하기는 어렵다.
아직도 무지몽매한 상태로부터 벗어나지 못한 아프리카인은 개인으로서의 자기와 자기
의 본질적 보편성을 구별하는 단계에까지는 이르지 못하고 있다. 그러므로 그들에게는
자기에 대립하는 타자, 자기보다는 훨씬 높은 존재인 듯한 절대적 본질에 관한 지식
등은 매우 결여되어 있다. 이미 말한 바와 같이 흑인은 전적으로 야만성과 분방함 그
대로의 자연인의 모습을 보여주고 있다. 그들을 정당하게 이해하기 위해서는 품위라든
가 인류라든가 혹은 일반적으로 감정이라고 불릴 수 있는 것은 모두 버리지 않으면

안 된다. 대체로 인간성의 영향이라고 볼 수 있는 것이 그들의 성격 안에서는 발견되지 않는다. 선교사의 각종 보고가 이를 잘 뒷받침해 준다.

위에 든 사례에서 분명하게 드러나는 사실을 요약하면, 한 마디로 흑인의 성격은 자제가 결여되어 있다고 할 수 있다. 그런데 이러한 상태는 교화시킬 수 없으며, 그럴 가능성도 없다. 사실 그들은 옛날부터 계속 오늘날 우리들이 보는 바와 같은 상태에 있었다. 흑인과 유럽을 결부시키고 있었던 것으로서 오늘날까지 계속되고 있는 유일한 본질적 관계는 노예라고 하는 관계이다.

제시문 (가)는 논제에서 아예 '편향된 관점이 들어있다.' 고 지적할 정도로 아프리카 흑인들의 문화에 대해 매우 배타적이다. (가)에서 헤겔은 아프리카 흑인들의 식인 풍습을 비난하고 있으며 흑인들은 '강인한 체력' 을 가지고 있지만 '윤리 의식이 극히 희박하다.' 라고 쓰고 있다. 또, 그들은 국가조직을 갖출 능력도 없으며 매우 폭력적이라고까지 말한다. 여기에서 그치지 않고 헤겔은 이런 이유로 유럽인들이 흑인들에 비해 월등히 우월하다고 결론 내리고 있다.

이에 비해 레비스트로스의 『슬픈 열대』 중의 일부인 (나)는 (가)와 같은 입장을 비판한다.

(나) 우리는 식인 풍습의 긍정적인 형태들—그 기원이 신비적이고도 주술적인 또는 종교적인 것들이 대부분 여기에 포함될 것이다—을 고찰해 볼 필요가 있다. 조상의 신체의 일부분이나 적의 시체의 살점을 먹음으로써 식인종은 죽은 자의 덕을 획득하려 하거나 또는 그들의 힘을 중화시키고자 한다. 이러한 의식은 종종 매우 비밀스럽게 거행된다. 그들은 먹고자 하는 그 음식물을 다른 음식물과 섞거나 또는 빻아서 가루로 만든 유기물 약간을 합해 먹는다. 식인 풍습의 요소가 보다 공개적으로 인정되었다고 할지라도, 그 풍습은 비도덕적이라는 근거를 들며 그러한 풍습을 저주하기도 하지만, 그러한 생각은 시체가 물질적으로 파괴되면 어떠한 육체적 부활이 위태로워진다는 생

각에 의거한 것이거나, 또는 영혼과 육체의 연결과 여기에 따르는 육체와 영혼의 이원론에 대한 확신에 의거한 것이라는 점을 인정해야만 한다. 이러한 확신들은 의식적인 식인 풍습의 의미로 시행되고 있는 것에 나타나는 것과 동일한 성격을 지니는 것이다. 그러므로 우리는 어느 편이 더 나은 것이라고 말할 수 있는 어떠한 정당한 이유도 지니고 있지 못하다. 뿐만 아니라 우리는 죽음의 신성함을 무시한다는 이유에서 식인종을 비난하지만, 이는 우리가 해부학 실습을 용인하고 있는 사실과 별반 다를 것이 없다. 그러나 무엇보다도, 만약 어떤 다른 사회의 관찰자가 우리를 조사하게 된다면, 우리와 관계된 어떤 사실이, 그에게는 우리가 비문명적이라고 여기는 식인 풍습과 비슷한 것으로 간주될 것이라는 점을 인식해야만 한다.

제시문 (나)에서 레비스트로스는 헤겔처럼 문화의 열등함과 우등함을 구분하는 시도 자체에 동의하지 않는다. 즉, 각 사회는 그 나름대로의 합리성에 의한 문화를 가진다는 것이다. 어떤 관점에서 말하느냐에 따라 야만이라 할 수도 있고 아닐 수도 있다는 입장이다. 우리 문화에서는 식인 풍습이 야만스러운 일일 수 있지만, 그들의 입장에서는 인체를 실험용이나 해부용으로 사용하는 것은 물론이고, 최근에 불법으로 이루어지는 장기매매 역시 야만스럽다고 볼 수 있을 것이다. 레비스트로스는 범죄를 저지른 사람들에 대한 처벌 방법을 예로 들면서, 감옥에 감금시켜 사회에서 아예 격리되도록 만드는 것보다는 범죄자를 처벌하는 동시에 사회에 다시 재기할 수 있도록 돕는 인디언들의 처벌방식이 훨씬 합리적이라고 설명한다. 레비스트로스의 입장을 우리가 잘 아는 대로 '문화상대주의' 적이라고 할 수 있을 것이다.

나와는 다른 문화를 어떻게 이해하고 받아들여야 하는지, 어떤 식으로 문화상대주의가 가능한지 책을 통해 알아보자.

『문명과 야만을 넘어서 문화읽기』는 문화인류학을 전공하는 저자가 남태평양의 피지섬에서 겪은 다른 문화에 대한 체험들을 바탕으로 하고 있다. 저자는 파푸아뉴기니를 방문했을 때 보게 된 '거꾸로 된 세계지도'로 이야기를 시작한다. 그곳에서 저자는 우리가 익히 보아오던 지도를 거꾸로 뒤집은 것 같은 세계지도를 처음 보았다고 한다.

'그들의 세계지도'에는 뉴기니와 호주가 중앙부 상단에 붉은 태양처럼, 세계의 머리처럼 높이 떠올라 있었다. 아메리카 대륙도 유럽도 그들의 머리, 세계의 태양을 떠받들고 있는 한낱 지체들이었다. 그때 나는 순간적으로 깨달았다. 그렇다! 세계지도는 위와 아래를 바꿀 수도 있고, 동서가 바뀌어 돌고 도는 것이며, 어디가 세계의 중심인가에 따라 주변도 달라질 수 있는 '마술과도 같은 것'이었다. 지도는 불변의 과학이라고 배워왔던 내게 거꾸로 된 지도는 그야말로 충격이었다.

우리는 세상을 있는 그대로 본다고 생각하지만, 실은 어떻게 보아야 하는지에 대해 우리는 이미 교육이 되어있는 상태이다. 무엇이 아름다움인지, 무엇이 도덕적인지, 무엇이 옳은 것인지에 대해 우리 나름의 판단기준을 가지고 세상을 보고 있다. 지도에 대해서도 마찬가지다. 지도란 정확한 축적을 바탕으로 과학적으로 제작한 것이기 때문에 매우 객관적인 것이라고 여겨왔다. 어느 나라가 지도의 위를 차지하고 어느 나라가 지도의 중앙을 차지할 것인지에 대해서 그것이 마치 불변의 진리인 것처럼 의심해 보지 않았다. 현재 우리가 흔히 보게 되는 세계지도에 대해 한 번도 의심해 보지 않았던 것은 그런 형태를 당연하게 받아들이는 서양 중심의 문화 속에 살고 있기 때문이다.

콜럼버스를 비롯한 서구의 개척자들이 도착했던 곳의 원주민(原住民)들에 대한 묘사는 이런 서구 중심적인 태도를 단적으로 보여준다. 서구의 개척자들은 원주민을 때로는 순진한 '자연의 아이들', '고귀한 야만인' 혹은 '비천한 야만인' 등으로 묘사하였다. 이들이 남긴 기록은 자신들의 입장에서 보기에, 미개하고 이국적인 사람들과 그들의 풍습을 묘사하는 데 집중되어 있다. 다른 문화와 생활방식에 대한 진지하고 객관적인 관심이 아니라 기이한 현상들을 수집하는 데에만 관심이 있었던 것이다.

특히 유럽인들은 아메리카 인디언을 가리켜 홍인종, 혹은 '얼굴이 붉은 사람들'이라고 불렀는데, '붉은 피부'라는 말에는 더럽고 불결하다는 나쁜 감정이 담겨있다고 저자는 설명한다. 뿐만 아니라 유럽인들은 인디언이 '무지하다, 우둔하다, 게으르다, 잘 둘러댄다, 더럽다'고 표현했다고 한다. 그런데 더욱 놀라운 것은 저자가 지적하는 것처럼, 이런 편견에 찬 형용사가 바로 지금 우리나라 사람들이 외국인 노동자와 유색인 이주자들을 폄하할 때 사용하고 있다는 점이다. 저자는 자기 문화를 중심으로 다른 문화를 함부로 평가하는 태도를 비판하면서, 그런 태도가 서구 유럽인들에게서만 찾아볼 수 있는 것이 아니며, 우리 역시 다른 문화에 대해 그러하다는 점을 꼬집고 있는 것이다.

저자는 이 책에서 자문화중심주의뿐만 아니라 문화상대주의가 가질 수 있는 문제점에 대해서도 설명한다. 문화는 다양하며 인간의 인식과 가치관 역시 문화에 따라 달라진다. 그리고 각각의 문화는 나름대로 고유한 가치를 지니고 있으므로 어떤 하나의 척도에 의해 문화의 우열을 가릴 수 없다는 것이 문화상대주의라고 저자는 설명한다. 문화상대주의와 대립되는 개념이라고 할 수 있는 자문화중심주의는 자기가 속한 문화를 중심으로 다른 문화를 판단하고 평가하려는 태도이다. 정도의 차이는 있지만 모든 사람들은 자문화중심주의를 조금씩 드러내기 마련이다. 하지만 저자가 말하는 대로, 문제는 대다수의 사람들이 자문화중심주의를 노골적으로 주장하면서 자신의 입장에 대해 성찰하거나 벗어나지 않으려는 완고함을 드러낸다는 점이다.

저자는 고산지대인 티베트의 장례풍습을 예로 들어 설명한다. 티베트에서 사람이 죽으면 시신을 토막 내고 쪼개어 바위나 돌 제단 위에 두어 새들이 쪼아 먹도록 하는 천장(天葬) 풍습이 있다. 티베트의 '죽은 자들의 벌판'에 가면 사방으로 인골이 굴러다니고 옷 조각이 나부끼며 새들이 먹다 남은 뼈와 잔해들을 볼 수 있다고 한다. 사람이 죽으면 생전의 모습을 최대한 간직할 수 있도록 씻기고 새 옷을 입혀 편안하게 관 속에 넣어 묻는 것이 당연한 우리로서는 정말 받아들이기 힘든 풍습이다. 최근에는 화장이 확산되고 있지만, 몇 년 전까지만 해도 우리는 시신을 화장한다는 것에 대해 큰 반감을 가지고 있었다. 장례풍습이 다른 것은 티베트와 우리의 환경 조건이 다르기 때문이다. 티베트는 고산지대이기 때문에 땔감을 구하기 어려워 화장이 힘들고, 땅은 늘 얼어있고 척박해서 땅에 묻기도 힘들며, 동굴에 안장하는 것은 부유한 이들에게나 가능한 일이다. 이런 환경에서 시신을 처리하는 가장 좋은 방법이 천장(天葬)인 셈이다. 그리고 천장은 죽은 자가 새에게 보시함으로써 생을 선행으로 마감할 수 있다는 종교적 신념을 드러내는 것이기도 하다.

이처럼 사람들은 자신이 태어난 세상을 어떻게 보고 느끼고 생각해야하는지를 그 문화를 통해 배운다. 즉, 모든 사람들은 자신이 나고 자란 문화의 산물인 셈인데, 사람들은 이런 사실을 잊고 살기 마련이다. 우물 안 개구리가 자신이 보고 있는 하늘이 세상의 전부라고 생각하는 것처럼 말이다. 그래서 사람들은 자신이 성장한 문화의 중요한 특징들에 대해 오히려 잘 의식하지 못할 수 있다. 설이나 추석 때만 되면, 수많은 사람들이 열 몇 시간을 고속도로에서 보내면서도 각자의 고향을 찾아 가는 풍경이나, 결혼식이 끝나고 나면 남자 쪽의 친척들에게만 폐백을 드리는 관습은, 다른 문화권의 사람들은 쉽게 이해할 수 없는 것이지만, 우리는 크게 의문을 가져보지 못한 점이기도 하다. 늘 그래왔고 주변의 다른 사람들도 그렇게 살고 있기 때문에 우리는 왜 그래야하는지, 그것이 무슨 의미인지에 대해 깊이 생각하지 않고 산다. 이와 관련해서, 한국문화인류학회에서 펴낸 『처음 만나는 문화인류학』에서는 자문화중심주의에 대해 이런 설명을 덧붙인다.

<blockquote>
자문화중심주의란 단지 자신의 문화에 우월감을 느끼면서 자신의 가치관과 세계관을 다른 문화 사람에게 강요하는 태도만 가리키는 것이 아니다. 넓은 의미에서는 자신의 문화에 대한 성찰이나 비판 없이 이를 당연시하는 태도나 자신의 문화의 여러 특질들의 존재에 대해 무관심을 공유하는 것도 포함된다.
</blockquote>

그렇다면 자문화중심주의를 버리고 문화상대주의적인 태도를 가져야 하는 것이 바람직한 것처럼 느껴진다. 지금껏 우리는 논술을 하면서 "문화상대주의로 나아가야 한다."는 말을 쉽게 해왔다. 그러나 『문명과 야만을 넘어서 문화읽기』의 저자는 문화상대주의를 다른 문화를 있는 그대로 인정하는 것이라고 단순하게 이해해서는 안 된다고 말한다. 각각의 문화는 자율적인 것이며 고유한 가치를 지니므로 그 문화의 구성원들 입장에서 문화를 이해해야한다는 것이 문화상대주의의 핵심이다. 그러나 이런 태도는 자칫 문화상대주의가 모든 도덕적인 판단을 넘어서는 초월적인 가치로 작용할 수 있는 위험이 있다.

모든 문화적 차이를 존중하고 다른 문화권 사람들의 삶은 그 자체로 의미가 있기 때문에, 어떠한 도덕적 비판이나 경제적 지원도 불필요하다는 식의 극단적인 태도는 올바른 문화상대주의가 아닌 것이다. 저자는 무슬림 여성들에게 가해지는 명예살인, 아프리카의 여성 할례, 식인 풍습 등을 예로 들면서 문화상대주의가 도덕상대주의나 문화적 회의주의로 나타나서는 안 된다고 강조한다. 이슬람 문화권에서는 집안에서 정해주는 남자와 결혼하지 않으려는 여성, 재혼을 하는 여성, 이슬람의 관습을 따르지 않고 서구 여성들처럼 교육을 받고 직업을 갖는 여성들을 집안의 남자들이 살해하는 관습이 현재에도 존재한다. 이런 상황을 두고, 명예살인은 이슬람의 문화이니 도덕적인 옳고 그름을 우리가 판단할 수 없다고 생각하는 것을 도덕상대주의라 할 수 있고, 모든 문화에는 옳은 것도 그른 것도 좋은 것도 나쁜 것도 없다는 식으로 뒷짐 지고 물러나는 태도를 문화적회의주의라고 할 수 있다. 저자는 이런 태도는 결코 문화적상대주의가 아니며 문화상대주의를 오용하거나 남용한 것일 뿐이라고 비판한다.

나는 문화인류학자로서 인도인의 지참금 문제로 인한 살인사건이나 일부 이슬람 세계에서의 명예살인을 그 문화, 역사, 종교적 관점에서 충분히 이해할 수 있다. 다른 문화의 기이한 관습을 해괴하다고 치부하지 않고 이해할 수 있는 방법과 태도는 중요하다. 가령 전통적인 가족제도와 혼인관계, 종교적 터부와 신념체계, 남성과 여성의 문화적 차이와 성역할, 계층과 위세경제, 환경과 역사적 특수성 등을 종합적으로 고려하여 이러한 '문제 있는 관습' 조차도 전체적이고 맥락적이며 원주민의 관점에서 이해하려고 노력한다. 하지만 그렇다고 해서 이러한 관습이 안고 있는 인권문제나 차별문제를 도외시하거나 이를 정당화하려는 것은 결코 아니다. 문화상대주의가 관용의 도구가 될 수는 있지만, 차별을 정당화하거나 빈곤과 비참, 반인륜과 인권 침해, 저개발 상태를 방치하는 윤리적 백치 상태를 정당화하는 수단이 될 수는 없다.

문화상대주의는 특정한 문화만을 옳다고 강요하거나 모든 문화에 똑같은 판단기준을 적용해서는 안 된다는 입장일 뿐, 문화의 고유성과 상대성에만 집착한 나머지 보편적인 윤리와 인권을 부정하는 태도가 아니다. 개별적인 문화는 다양하지만 모든 문화는 다른 문화들과 공유할 수 있는 보편적인 요소들이 있으며, 그것이 문화인류학을 연구하는 사람들의 기본 전제라고 저자는 말한다.

그렇다면 우리는 왜 굳이 다른 문화를 배우고 이해하려고 노력해야 하는 것일까? 이런 질문에 대해 저자는, 다른 문화에 대한 관심은 결국 우리의 모습을 들여다보게 해주기 때문이라고 대답한다. 문화라는 거울을 통해 자신과 타자의 모습을 견주어 바라보고, 가까이서 그리고 멀리서 우리 모습을 바라봄으로써 현실 문제의 근원을 생각할 수 있다는 것이다. 다른 문화에 대해 배우는 것은 여러 문화를 하나의 중심적이고 지배적인 문화로 통합시키고 동질화시키려는 것이 아니라, 서로의 차이에 대한 존중과 서로 다른 문화적 가치를 배우려는 것이다.

낯선 문화를 접하게 되었을 때, 우리는 지금껏 당연하게 여겼던 것들에 대해 의문을 품어보게 되고, 익숙했던 것들의 의미를 다시금 생각해 보게 된다. 문화인류학은 다른 문화 형태를 들여다봄으로써 상식이라고 생각했던 고정관념을 깨고, 우리 자신의 문화에 관한 너무나 당연한 믿음에 대해 재검토할 수 있게 해주기 때문에 중요하다. 그렇기 때문에 다른 문화에 대한 연구는 우리 문화에 대한 비평으로 이어질 수 있다. 이렇게 자신의 문화를 돌아보고 성찰하는 태도는 소위 '지구촌' 이라고 할 만큼 전 세계가 가까워진 요즘에 더욱 절실하다.

자문화중심주의와 문화상대주의의 차이에 대해 서술하고, 문화상대주의가 어떤 의미에서 현재 유효한지 논술하시오.

➡ 읽은 사람은 다 안다

1. 문화상대주의가 도덕상대주의와 문화적 회의주의와 어떻게 다른가?
2. 우리가 다른 문화를 배우고 이해하려고 노력해야 하는 이유는?

왜 우리는 생각을 해야 하는가?

—도구적 지식과 자기 성찰적 앎

로베르토 카사티·아킬레 바르치 지음, 이현경 옮김, 『논쟁의 대가들』, 열대림, 2005.

페르난도 사바테르 지음, 안성찬 옮김, 『청소년을 위한 이야기 윤리학』, 웅진닷컴, 2005.

책으로 가는 길

아무리 학교를 오래 다녀도, 아무리 열심히 공부를 해봐도 쉽게 알 수 없는 것들이 있다. 딱 떨어지는 명쾌한 답을 알 수 없는 채로, 왜……, 하지만 왜……, 그래도 왜……라는 생각들이 꼬리에 꼬리를 물게 되는 질문들이 떠오를 때가 있다. 가령 왜 학교에 다녀야 하는가, 왜 공부를 해야 할까, 대학에는 왜 꼭 가야하는 것일까, 또는 인생에서 성공을 한다는 것은 어떤 의미일까 하는 의문들뿐 아니라, 과연 내가 원하는 것은 무엇인가라는 것까지.

이런 질문들은 요즘처럼 꽃이 피기 시작하거나, 계절이 바뀌거나, 혹은 비가 추적추적 내리는 날이면 가끔씩 떠올라 우리를 괴롭게 만들기도 한다. 하지만 이런 질문들을 끝까지 물고 늘어져 답을 얻어내려고 고민을 한다는 것은 쉬운 일이 아니다. 물론 이런 질문들에는 정해진 답이 없을지도 모른다. 어쩌면 사람들은 이런 질문들에 각기 다른 대답을 가지고 있을지도 모른다. 세상 사람들이

모두 일치를 볼 수 있는 유일한 것은 세상 사람들의 생각이 결코 모두 일치할 수
는 없다는 사실뿐이라는 말처럼, 이런 질문들에 우리가 가지고 있는 대답이 다
다를 수밖에 없는 게 당연한 일이다.

그렇기 때문에, 우리는 답이 없을 것 같은 이런 골치 아픈 질문들을 끝까지 따
라가 볼 필요가 있다. 그 누구도 나의 질문에는 답을 줄 수 없다면 그 답은 오직
나만이 찾을 수 있는 것이기 때문이다. 그렇지 않으면, 내가 학교에 다니고 공부
를 하고 대학에 가고 성공과 행복을 추구하는 이유나 목적에 대한 답을 나 스스
로 찾지 않으면, 다른 사람의 목표를 따라 다른 사람의 인생을 살게 될지도 모르
기 때문이다. 물론 이런 질문들에 대한 답은 결코 쉽게 찾아지는 것이 아니다.
그리고 같은 질문에 대해서도 살면서 얼마든지 답이 달라질지도 모른다. 하지
만, 이런 질문에 대해 고민을 하며 사는 삶과 그렇지 않은 삶은 엄청난 차이를
보일 것이다. 내가 내 인생에 대해 고민하며 산다는 것은, 적당히 다른 사람들이
사는 대로 따라 가는 게 아니라, 정말 내가 원하고 나에게 적합한 삶을 살려고
노력한다는 뜻이 될 것이다.

2003학년도 고려대 논술고사에는 몇 가지 '앎' 에 대해 개념화하여
설명한 후에, 어떤 앎이 현대 사회에서 더 중요한 것인지 논하라는 문
제가 출제되었다. 네 개의 제시문에서 주요한 부분만을 발췌해서 읽어보자.

(가) 과학은 이 세상의 어떤 부분에 대한 믿을 만한 지식을 추구하고, 그런 지식을 이용해서 사회를 발전시키는 데에 크게 기여하였다. 과학의 핵심은 자연은 물론 자연에 대한 인간의 간섭을 주의 깊게 관찰하는 것이라고 할 수 있다. 티리언 퍼플의 색깔이 어떤 분자에서 비롯된 것이고, 어떻게 그 분자를 변형시켜서 더 밝은 자주색이나 파란색을 얻을 수 있을까를 알아내려는 노력이 바로 그런 관찰에 해당한다.

(나) 섹스투스에게서는 친절을 배웠다. 또 그로 인해 부성애로 다스려지는 가정의 전형을 알게 되었다. 자연에 순응하며 사는 사상을, 거만에 물들지 않은 근엄함을, 친구의 생각을 중히 여기고 그 희망을 따르는 마음씨를 배웠다. 그리고 무식한 무리들에 대해서도 관대해야 한다는 것을 배웠다.

(다) 子曰 由 誨女知之乎 知之爲知之 不知爲不知 是知也.
공자가 말하였다.
"유야! 네게 안다는 것을 가르쳐 주겠다. 아는 것을 안다고 하고, 알지 못하는 것을 알지 못한다고 하는 것이 곧 아는 것이다."

(라) 로마인들은 도로에 대해 잘 알고 있었다. 즉 도로를 어떻게 닦고 어디에서 어디로 연결해야 할지 그리고 그것들을 오래 유지하는 방법을 알고 있었다. 로마 도로의 영구성은 오늘날에도 감탄을 자아내기에 충분하다. 20세기를 넘어서까지 계속해서 사용해 왔는데도 수백 마일의 로마 도로는 여전히 건재하고 있으니 말이다. 예를 들어, 로마의 남쪽에서부터 나폴리와 브린디쉬까지 갈 수 있는 아피아 가도는 오늘날에도 많은 자동차들이 달리고 있을 정도로 견고하다.

잘 읽어보면 네 개의 제시문에 나타난 '앎'이 각기 어떻게 다른지 구별해내는 것은 어렵지 않을 것이다. (가)는 로알드 호프만(Roald Hoffmann)의 저서인 『같기도 하고 아니 같기도 하고』에서 뽑은 것으로, 여기서 말하는 '앎'은 과학적 지식을 가리킨다. (나)는 마르쿠스 아우렐리우스(Marcus Aurelius)의 『명상록』에서 뽑은 것으로, 여기에 나타난 '앎'은 삶의 지혜를 말한다. (다)는 공자의 사상을 담은 『논어』에서 뽑은 것인데, 여기에 말하는 '앎'은 자기 성찰적 앎이라 할 수 있다. (라)는 찰스 반 도렌(Charles van Doren)의 저서 『지식의 역사』의 일부분인데, 여기에서 말하는 '앎'은 도구 혹은 기술적인 지식이다. 학교에서 밝힌 출제 의도와 해설의 일부를 살펴보자.

네 개의 제시문은 이들 중에서도 중요한 것으로 여겨지는 대표적인 앎들을 예시적으로 보여주고 있다. 이를 개념화시켜 표현한다면 과학자의 앎, 이치에 따라 삶을 운영하는 실천적 지혜, 자기 자신에 대한 성찰적 앎, 그리고 앎을 활용하여 유용한 결과를 끌어오는 도구적 지식 등이 될 것이다. 그러나 이 여러 앎들을 비교하고, 이들이 현실 사회에 대해 갖는 의미를 검토함으로써 그들의 중요성을 저울질하는 능력이 있다면, 이는 보다 높은 차원의 앎이 될 것이다.

대학 측의 해설 중에서 언급되고 있는 '보다 높은 차원의 앎'이란 것이 바로 오늘 우리가 이야기하려고 하는 철학적 성찰을 가리킨다고 할 수 있다. (나)와 (다)에서 말하는 '앎'이, 때때로 떠올라서 우리를 괴롭게 만드는 질문들에 대한 답을 제시해주는 데에 더욱 가까울 것이다. 그렇다고 해서 '삶의 지혜'나 '자기 성찰적 앎'이라고 표현되는 것이 '과학적 지식'이나 '도구 혹은 기술적 지식'보다 우월하다는 것이 아니다. 다만, 철학이나 윤리학은 형이상학적이고 추상적인 학문으로만 그치는 것이 아니라, 과학과 기술은 물론이거니와 모든 학문의 기본 전제가 되고 나아갈 방향을 제시해주는 역할을 한다는 점에서 더욱 중요하다는 것이다.

우리는 흔히 철학 혹은 윤리학이라고 하면 '골치 아프다, 우리의 삶과 동떨어져 있다' 고 생각하게 된다. 철학이나 윤리학이 골치 아프다는 건 사실일지도 모른다. 철학이나 윤리학은 내 삶의 문제에 대해 고민하도록 만들며 더욱이 스스로 해답을 찾도록 유도하는 학문이니 머리가 아플 수밖에 없다. 같은 의미에서 철학이나 윤리학이 우리의 삶과는 동떨어져 있다고 생각하는 것은 틀렸다. 철학이나 윤리학이야말로 우리 삶의 구석구석에 관련되어 있으니까 말이다.

『청소년을 위한 이야기 윤리학』에서 저자는 딱 잘라 이렇게 말한다.

"나는 윤리학이 어떤 쟁점에 대해 대답해줄 수 있다고 믿지 않는다. 오히려 윤리학은 토론이 시작되도록 도와주어야 한다."
"이 책의 목표는 '올바르게' 생각하는 시민을 만들어내는 데 있는 것이 아니라 스스로 생각하는 사람들의 정신적 성장을 돕는 데 있다."

즉, 저자가 말하는 윤리학이란 어떤 정해진 답을 가르쳐 주거나 정답이라고 생각되는 곳으로 끌어들이는 학문이 아니라는 얘기다. 어쩌면 이는 모든 철학의 목표이자 이유일 것이다. '비판적이면서도 자유로운 마인드를 키워주는 생각의 기술' 이라는 부제가 저자의 이런 생각을 단적으로 드러내 준다.

윤리학은 인간의 삶에 대한 보편적 지식을 제공하는 '학문' 이 아니라 문제를 공유하는 인간들 사이의 진지한 '대화' 라는 것이 저자의 입장이다. 대화란 자유로운 개인들 사이에서 이루어지는 것으로, 행동의 강요나 지식의 일방적인 전달이 아니다. 우리는 이런 대화를 통해 우리 삶의 문제에 대해 스스로 올바른 판단을 내릴 수 있어야 한다는 것이다. 우리가 삶의 문제에 대해 고민하고 올바른 판단에 이르려고 노력하는 것은 결국 더 나은 삶을 살려고 하기 때문이다. 때문에 저자는 윤리학을 '더 나은 삶을 살려는 이성적 시도'라고 표현한다.

윤리학의 핵심은 인간의 삶이 가치가 있다는 것, 심지어 삶의 노고조차 가치가 있다는 것을 역설하는 데 있다.
(중략) "인간이 어떻게 하면 가장 멋진 삶을 살 수 있는가?" 내게는 이 물음이야말로 다른 어떤 물음보다 근본적으로 중요하다고 생각된다. 얼핏 보기에 훨씬 중요해 보이는 다음과 같은 물음보다도 말이다. "삶에 의미가 있는가? 삶에 가치가 있는 것일까? 죽음 후에도 삶이 있는가?" 삶에는 의미가 있다. 그것도 단 하나의 의미만 있다. 인생은 계속 나아가는 것이다. 인생은 (스포츠 경기에서처럼) 슬로 모션으로 재생할 수 없다. 우리는 인생의 게임을 반복할 수 없고 새로 고칠 수도 없다. 따라서 우리는 우리가 무엇을 원하는지에 대해 곰곰이 생각해야 하고 우리가 행하는 것에 대해 주의를 기울여야 한다.

윤리학이 말할 수 있는 것은 자유와 자기 책임 안에서 스스로 추구하고 곰곰이 생각하라는 것뿐이라고 저자는 설명한다. 저자가 강조하는 것은 스스로의 선택, 자유에 기반을 둔 선택이다. 다른 생물이나 무생물과는 달리 우리 인간은 어떻게 살고 싶은지에 대해 어느 정도는 스스로 생각해서 선택할 수 있다. 우리는 우리에게 좋다고 여겨지는 것, 다시 말해 우리에게 적합하다고 생각되는 것을 결정할 수 있다는 얘기다. 물론 인간은 생각을 통해 선택할 수 있기 때문에 잘못을 범할 수도 있다. 그렇기 때문에 우리는 자신이 행하고 있는 일에 주의를 기울여 스스로 올바르게 행동할 수 있도록 해주는 삶의 지혜를 얻으려 노력해야 한다. 저자는 이러한 삶의 지혜 혹은 삶의 기술을 윤리학이라고 부르는 것이다.

동물들은 지금의 모습으로 살도록 자연이 프로그래밍 해놓았다고 할 수 있다.

그렇기 때문에 사자가 노루를 잡아먹는다고 사자를 나무랄 수는 없는 것이다. 동물들에게 다른 선택의 가능성이란 없기 때문이다. 그러나 인간은 좀 더 넓게 자신의 선택에 따라 행동할 수 있다. 물론 인간도 생물학적으로도 그렇고, 교육이나 사회 제도에 의해 훈육된 대로 어느 정도 프로그래밍 되어 있다고 할 수 있다. 그러나 인간은 그런 프로그램에 궁극적으로 미리 정해져 있지 않은 것을 선택할 수 있다. 인간은 ‘나는 원한다.’ 와 ‘나는 원하지 않는다.’ 를 말할 수 있다. 흔히 ‘어쩔 수 없는 상황이었다.’ 고 표현하는 경우에도 우리에게는 선택할 수 있는 몇 가지 길이 있는 것이다.

　우리가 살면서 맞닥뜨리는 여러 상황에서 어떻게 행동해야하는지, 어떻게 하는 것이 옳은지를 판단하는 것은 우리 각자의 몫일 뿐이다. 저자는 “자유의 문제에 관한 한 어느 누구도 나를 대신할 수는 없다.”라고 말한다. 스스로 자유롭게 판단하고 선택하는 일을 저자는 ‘창조적 책임’ 이라고 부른다. 그리고 그 누구도 창조적 책임으로부터 나를 벗어나게 해주진 못한다고 덧붙인다. 오직 윤리적인 성찰만이 창조적 책임에 대한 길을 제시해 줄 수 있다는 것이다.

　저자는 우리가 어떤 행동을 결정할 때 흔히 따르게 되는 근거를 명령, 관습, 기분으로 나누어 설명한다. 이렇게 혹은 저렇게 행동하라는 누군가의 말에 따라 행동의 동기가 정해졌다면, 혹은 그 말을 따르지 않았을 때 생길 처벌이나 대가를 염두에 두고 행동했다면 이때의 동기를 명령이라고 한다. 또, 깊은 생각 없이 습관적으로 똑같은 행동을 반복하거나 특정한 상황에서는 이렇게 행동하는 것이 다른 사람들과 대립하지 않아 편하다고 생각한다면 이때의 행동의 동기는 관습이라고 할 수 있다. 그리고 지나다가 길가의 돌멩이를 발로 찬다든가 하는 것처럼 아무런 동기가 없어 보이고 그냥 그렇게 하고 싶어서 혹은 재미삼아 이유 없이 하는 것처럼 이루어지는 행동의 동기는 기분이라고 설명한다.

　저자가 이렇게 행동의 동기를 나누어 설명하는 것은, 이 셋 중의 하나를 따라야 한다는 것이 아니라, 행동의 동기가 무엇이었든지 '왜' 라는 질문을 하라는 것이다. 왜 나는 그 명령에 복종해야하는 것일까? 왜 나는 항상 사람들이 하는 대로 관습적인 것만을 행해야 하는 것일까? 혹은 왜 그 상황에서 그런 기분이 들었으며 꼭 그 기분에 따라야만 했던 것일까? 저자는 우리가 '거역하기 힘든 상황' 이었기 때문에 어쩔 수 없었다고 말하는 것은 생각 없이 한 자신의 행동에 대한 책임에서 벗어나려 할 때나 쓰는 변명일 뿐이라고 한다. 저자는 이런 경우를 '상황의 노예' 라고 부른다. '거역하기 어려운 것' 이 있어서 어쩔 수 없었다고 말하는 것은 자유에 대한 두려움을 지닌 사람들이 꾸며낸 미신에 불과하다는 것이다.

　저자는 이렇게 사는 것은 우리를 '나쁜 종말' 로 이끈다고 하면서 '나쁜 종말' 이 무엇인지 이렇게 설명한다. "'나쁜 종말' 은 감옥에 간다거나 벼락을 맞는다는 뜻이 아니고(이런 일은 보통 영화에서 일어난다), 그들이 대개 스스로에게 해를 끼쳐 너와 내가 그토록 원하는 멋진 삶을 결코 살지 못한다는 것이다." 결국 『청소년을 위한 이야기 윤리학』을 통틀어 저자가 말하고 싶어 하는 것은, 자유의지에서 비롯된 주체적 행동과 판단에 대한 요구이다. 우리는 이성을 가진 존재들이기 때문에 우리를 지금까지보다 더 나은 사람이 되게 만들 수 있는 능력이 있으며, 선한 것과 악한 것을 구분할 수 있는 능력도 있다는 것이다. 그렇기 때문에 저자는 자신에 대한 믿음을 가지라고 말한다. 스스로의 자유의지를 믿으라는 것이다. 명령이나 관습, 상과 벌 등 밖에서부터 우리를 조종하려하는 모든 것으로부터 우리 자신을 자유롭게 만들라는 것이다. 인생을 어떻게 살아야할지 어떤 가치를 추구해야 할지 자신에게 가장 적합한 선택은 무엇인지까지도 스스로 찾아내야 하며 스스로가 가장 잘 알 수 있다는 얘기다.

철학이나 윤리학이 우리에게 요구하는 것이, 모든 선택과 판단을 그 누구에게
도 맡기지 말고 자신의 자유의지에 따라 혼자 결정해야 한다는 것이라면, 철학
이나 윤리학이 머리 아프고 어려운 학문임에는 틀림없는 것 같다. 그렇다면 앞
에서 잠깐 언급한 대로 윤리나 철학이 우리의 삶과 동떨어진 것이 아니라는 점
을 확인해보자. 철학적 사고가 얼마나 우리 삶과 얼마나 밀접하게 관련이 있는
지를 여러 가지 에피소드로 보여주는 책이『논쟁의 대가들』이다.

이 책은 정체성의 문제를 비롯해서, 우리가 사는 현실에 우연성이란 없는지
모든 일에 필연성이나 법칙성이 과연 존재하는 것인지, 이 세계의 시간과 공간
의 문제는 어떻게 얽혀있는지, 언어와 실재 사이의 형이상학적인 문제들이 우
리 생활 속에 어떻게 드러나는지, 언어의 모호한 특성이나 논리적인 역설들의
대표적인 예는 어떤 것인지 등을 서른아홉 가지의 일상적 사건 등을 통해 보여
준다. 이런 철학적 문제들을 담고 있는 이야기는 쉽고 재미있게 읽을 수 있지만
그 안에 숨겨진 주제만큼은 가볍지 않다.『논쟁의 대가들』역시, 여러 이야기들
을 통해서 철학적인 교훈을 주려는 것이 아니라, '스스로' 철학적 문제들에 대
해 생각하도록 만든다. 일상의 보편적인 상황에는 들어맞았던 관념들이 조금
새롭거나 달라진 상황에는 적용할 수 없을 때 '관념적 긴장' 이라는 것이 생긴
다. 그리고 철학은 바로 이 '관념적 긴장' 에서 탄생한다.『논쟁의 대가들』은 우
리의 일상에서 발생할 수 있는 '관념적 긴장' 을 통해서 스스로 사고의 지평이
열리는 경험을 가능하게 해준다. 혼자 읽고 생각하는 것도 재미있지만, 여럿이
읽고 동일한 상황에 대해 서로 어떻게 다른 해결점들을 제시하는지 이야기를
나눠가며 책을 읽는 것도 재미있을 것이다.

버나드 쇼는 "사람들이 네게 해주었으면 하고 바라는 것을 다른 어떤 사람에
게도 행하지 말라. 취향은 가지각색이니까."라고 말한 적이 있다고 한다. 이 말

은 취향의 문제뿐 아니라 논쟁이나 토론을 할 때, 가장 염두에 두어야 할 것이다. 모든 사람은 취향뿐 아니라 사고에 있어서도 각자의 독특함을 지니고 있다고 할 수 있다. 『청소년을 위한 이야기 윤리학』의 저자는 "인간의 권리 중에서 가장 첫 번째의 것은 다른 사람의 복사물이 아니라 유일한 존재가 되는 것"이라고 말한다. 어떤 사람의 존재를 다른 이들과는 다른 유일한 존재가 되도록 만들어 주는 것은 무엇보다도 그 사람만의 주체적 사고와 판단일 것이다. 다른 사람의 생각을 아무런 고민 없이 따라 가고, 다른 사람들이 추구하는 인생의 목표와 행복을 내 것이라 여기고 받아들이는 사람은 인간의 권리를 포기하는 것이나 다름없다. 나를 유일한 존재로서 가치를 지니게 하고, 나에게 가장 좋은 선택을 하게하고, 나만의 인생 목표와 행복의 길을 찾게 해주는 것이 바로 철학적, 윤리적 앎이다. 머리 아프게 느껴지지만, 나와는 상관없는 것처럼 여겨지지만, 윤리나 철학에 대해 고민을 해야 하는 이유가 여기에 있다.

➜ 이 글의 논제 --

과학이나 기술적인 지식보다 철학이나 윤리학적인 앎이 더 선행되어야 하는 이유에 대해 논술하시오.

➜ 읽은 사람은 다 안다 --

1. 『청소년을 위한 이야기 윤리학』의 저자가 정의하는 윤리학에 대해 설명해 보자.
2. 왜 우리는 자유 의지에 따라 주체적인 판단과 행동을 해야 하는지 이유를 말해보자.

무한복제시대, 원본의 의미는 무엇인가?
─디지털 시대의 복제

백욱인 지음, 『디지털이 세상을 바꾼다』, 문학과지성사, 1998.

책으로 가는 길

「패션 70’s」라는 드라마가 있었다. 극중에서 장봉실 여사는 아주 유명한 패션 디자이너이다. ‘더미’라는 주인공이 친구의 실수를 덮어주기 위해 장봉실이 만든 옷을 같은 모양, 같은 옷감으로 똑같이 만들어낸다. 그러나 사실을 알게 된 장봉실 여사는 더미가 만든 옷은 가짜일 뿐이라고 말한다. 원래의 디자인 그대로, 똑같은 옷감으로 만든 분명 같은 옷인데, 뭐가 다르다는 것일까. 장봉실 여사는 이렇게 대답한다. "여긴, 마음이 없으니까. 장봉실의 혼이 담겨져 있지 않으니까. 세상엔 많은 모작(模作)들이 있지. 가짜들이 판을 치는 세상이니까. 선 하나 틀리지 않고 원작을 베긴다고 해도 거긴 절대로 흉내 낼 수 없는 게 있어. 옷에 대한 나의 생각, 예술에 대한 나의 생각, 옷을 입을 사람에 대한 나의 생각, (중략) 나는 이 모든 걸 표현하는 옷을 만들었지만 넌 원숭이처럼 그저 바느질만 했을 뿐이야."

인간까지 복제해낼 수 있다는 요즘, 그깟 옷 한 벌쯤 똑같이 만들어내는 것이 무슨 대수일까. 하지만 장봉실 여사는 더미가 옷을 똑같이 만들어냈다는 사실은 인정하지만 그건 '가짜' 일 뿐이라고 했다. 옷이라면 똑같은 옷이 하루에도 수십 벌, 수백 벌씩은 생산되어 나올 것이다. 그 많은 같은 옷들 중에서 무엇이 진짜고 무엇이 가짜란 말인가. 장봉실 여사의 말대로 세상에는 많은 모작(模作)들이 있지만, 원작을 베낀 그 가짜들이 진짜 흉내 낼 수 없는 것은 무엇일까.

일찍이 독일의 유명한 학자인 벤야민은 장봉실 여사가 말하는 '가짜가 절대로 흉내 낼 수 없는 것' 을 아우라(Aura)라고 이름 붙였다. 세상에 단 하나로만 존재하는 '진짜' 가 가질 수 있는 특유한 분위기를 아우라(Aura)라고 설명한다. 하지만, 사람들은 똑같은 옷을 입고, 똑같은 신발을 신고, 똑같은 핸드폰을 들고 다니는데, 세상에 단 하나뿐인 '진짜' 라는 것이 과연 무슨 의미가 있을까.

책
으
로
푸
는
논
술

2002학년도 이화여대 논술 모의시험에서는 이와 관련된 문제가 출제 되었다. 문제는 다음과 같다.

현대 사회는 무한 복제에 의한 상품의 대량 생산이라는 특성을 갖는다. 오늘날의 무한 복제는 단순한 인쇄물에서 생명체에 이르기까지 광범위하게 진행되면서 인간의 경험까지도 복제, 반복, 확대시키는 양상을 보이고 있다. 이 같은 현대의 사회적 상황을 개인의 실존 문제와 대비할 때, 다음 이야기가 함축하고 있는 인생의 의미를 자신의 입장에서 논술하시오.

논제는 딱딱하지만 제시문이 들려주는 우화는 재미있다. 세상의 모든 권력과 부를 손에 쥔 어느 왕이 궁정의 요리사를 불렀다. 왕은 50여 년 전 선왕(先王)이 이웃나라와 전쟁을 할 당시, 피난을 다니다가 어느 허름한 오두막에 들어가 산딸기 오믈렛을 먹은 적이 있다고 했다. 왕은 50여 년이 지난 지금까지도 그 맛을 잊지 못하므로 그때 먹었던 것과 똑같은 맛을 내는 산딸기 오믈렛을 대령하라고 명령한다. 만약 그때의 산딸기 오믈렛과 같은 맛을 내지 못할 경우 요리사의 목을 치겠다고 협박까지 한다. 그 말을 듣던 궁정 요리사는 다음과 같이 대답하였다.

"폐하! 정 그러시다면 형리를 곧장 불러 주십시오. 물론 저는 산딸기 오믈렛의 요리법을 잘 알고 있고 하찮은 채소에서 고상한 향신료에 이르기까지 모든 재료와 양념을 훤히 알고 있습니다. 그리고 그 오믈렛을 만들 때 어떻게 저어야 제 맛이 나는지도 잘 알고 있습니다. 하지만 폐하! 저는 죽지 않으면 안 됩니다. 이 모든 것에도 불구하고 제가 만든 오믈렛은 폐하의 입맛에 맞지 않을 것입니다. 왜냐하면 폐하께서 그 당시 드셨던 모든 재료와 양념을 제가 무슨 수로 마련하겠습니까. 전쟁의 위험, 쫓기는 자의 절박함, 부엌의 따뜻한 온기, 휴식의 달콤함, 낯선 곳에서 보내는 시간, 어찌 될지 모르는 어두운 미래, 이 모든 분위기는 제가 도저히 마련하지 못하겠습니다."

위에서 장봉실 여사가 더미의 옷이 아무리 자신의 옷과 똑같다고 해도 자신이 만든 것과 같을 수는 없다고 한 말과 요리사의 대답은 정말 유사하지 않는가. 기술의 발달로 우리는 원하는 물건은 무엇이든지 똑같이 만들어낼 수 있게 되었다. 현대 과학은 복제 양 돌리, 복제 개 스너피까지 만들어냈다. 하지만 「패션 70's」의 장봉실 여사와 위의 요리사는 절대 똑같이 만들어낼 수 없는 것이 있다고 말하고 있다. 위의 논제는 모든 것을 똑같이 반복해내고 복제시키는 이런 상

황을 개인의 실존 문제와 관련지어보면서 인생의 의미에 대한 자신의 입장을
논술하라는 것이다.

　제시문에서 왕은 자신이 가장 맛있게 먹었던 산딸기 오믈렛의 바로 그 맛을
솜씨 좋은 요리사의 요리법을 통해 되살려낼 수 있을 것이라고 생각한다. 왕은
특정한 기술과 설명 가능한 방법만 있으면 원하는 대상은 무엇이든 만들어 낼
수 있다는 과학적인 맹신을 단적으로 보여주고 있는 것인지도 모른다. 물론 대
량 생산 기술 덕분에 우리는 좀 더 풍요롭고 좀 더 편리한 삶을 살고 있다. 게다
가 과학과 기술의 발달로 질병이나 식량의 문제까지도 해결할 수 있는 길을 찾
고 있다. 그러나 그런 기술이나 과학적 방법과는 무관하게 삶의 다양한 경험과
느낌, 특정한 순간의 분위기, 다시는 돌이킬 수 없는 혹은 다시는 똑같이 만들어
낼 수 없는 유일무이한 삶의 순간들도 분명히 있다. 장봉실 여사의 혼이 담긴 옷
이나, 왕이 50여 년 전에 먹었던 산딸기 오믈렛처럼.

책 속으로

　　　　미켈란젤로의 다비드상을 본 일이 있는가. 미켈란젤로의 다비드상
은 '세상에서 가장 유명한 벌거벗은 남자' 라는 말을 듣는다. 왜냐하
면 다비드상이야말로 수없이 복제되어 여기저기서 볼 수 있기 때문이다. 다비
드의 진품은 아카데미아 미술관에 소장되어 있으며, 청동으로 제작된 다른 작
품은 미켈란젤로 광장에 있다고 한다. 그리고 실물 크기의 복제품은 런던이나
일본, 캘리포니아 그리고 라스베이거스에서도 볼 수 있다. 최근에는 다양한 마
케팅 전략 덕분에 다비드를 연상시키는 그림이 들어간 스카프나 넥타이, 티셔

츠, 앞치마는 물론 장난감이나 냉장고용 자석까지 등장했다고 한다. 한때는 사람들이 거의 숭배의 감정으로 감상하던 다비드상은 이런 조악한 복제품들 덕분에, 다양한 문구 캐릭터로 여기저기 등장하는 해리 포터와 동급이 된 셈이다.

인간 복제를 코앞에 두고 있는 지금, 예술작품을 똑같이 만들어내는 것이 무슨 대수일까 싶다. 우리는 원하면 언제든지 고흐의 그림을 손에 넣을 수 있다. 지금 당장이라도 인터넷 검색만 하면 고흐의 그림을 볼 수도 있고, 좀 더 욕심을 낸다면 사진처럼 선명하게 인쇄를 할 수도 있다. 그럼에도 불구하고, 사람들은 고흐의 '진짜' 그림을 보기 위해 암스테르담의 빈센트 반 고흐 미술관을 찾아가고, 모네의 '진짜' 그림을 보기 위해 파리의 오르세 미술관이나 뉴욕의 메트로폴리탄 미술관에 간다. 하지만 암스테르담, 파리나 뉴욕에 가본 적 없는 사람들도 고흐를 좋아하고 모네의 그림을 보면서 예술적 감흥을 느낀다. 그렇다면 그런 사람들이 '가짜' 그림을 보면서 느끼는 예술적 감흥도 가짜라고 해야 하나.

이런 상황을 생각해보자. 수학여행을 가서 단체 사진을 찍었다. 서른 명의 반 친구들은 똑같은 사진을 각각 한 장씩 갖게 된다. 그럼 서른 장의 사진 중 어떤 것이 '진짜'일까? 더 나아가서, 디지털 카메라로 사진을 찍은 뒤, 그 사진을 친구들의 미니홈피에 올려주었다면, 누구의 미니홈피에 있는 사진이 원본이고 다른 것은 복제본인지를 구분할 수 있을까? 모든 것이 디지털화된 시대에는 더 이상 진짜와 가짜의 구분이 모호해지고, 그런 구분 자체가 별 의미를 가질 수 없다. 원본과 복제본 사이에 아무런 차이가 없기 때문에, 단 하나만이 존재하는 '진짜'의 독특한 의미와 분위기 역시 의미가 없다. 그래서 백욱인은 『디지털이 세상을 바꾼다』에서 0과 1의 정보로 구성된 디지털 산물은 그것이 디지털 그림이든, 음향이든, 텍스트든 원본과 복제본 사이에 아무런 차이도 없다고 말한다. 원본과 복제를 뚜렷하게 구분하는 것이 가능하고, 원본이 복제본보다 우월한 위치에 있다는 것을 인정할 때는 원본만이 가질 수 있는 '아우라' 가 중요했다. 그러나 디지털 복제가 일상화된 요즘은, 아우라의 상실이 아니라 아우라의 중요성마저도 사라져버렸다.

『디지털이 세상을 바꾼다』는 네트워크 시대의 디지털 문화에 대해 전반적인 이야기를 다루고 있다. 서문에서 저자는 자신의 책을 이렇게 소개한다.

> 여기에 모아놓은 글들은 네트워크 시대의 문화와 디지털 문화에 관한 것들이다. 이 글들이 '남과 함께' 라는 공동체 윤리와 '남과는 달리' 라는 창조성이 함께 만나는 새로운 디지털 문화에 대해 생각해보는 계기가 될 수 있기를 기대해본다. 그래서 '남보다 먼저' 라는 구시대의 생존법칙을 과감하게 벗어던지고 '남과 함께' 더불어 정보를 나누면서 '남과는 다른' 자신만의 창의성을 마음대로 펼칠 수 있는 디지털 세상이 되기를 바란다.

그렇다면 네트워크를 통해 만들어지는 디지털 문화 속에서 아우라는 정말 사라져버린 것일까. 고흐의 '해바라기' 는 수없이 많지만, 내 방에 걸려있는 고흐의 '해바라기' 는 단 하나뿐이다. 아침저녁으로 바라보게 되는 그 그림이 내게 주는 감흥은 진품에 좀 더 가까운, 좀 더 크고, 좀 더 색상이 화려한 다른 '해바라기' 가 주는 감흥과 비교할 수 없는 것이다. 뿐만 아니라, 저 멀리 암스테르담에 있는 고흐의 진짜 그림보다도 내 가까이에 있는 복제화가 내게는 더욱 의미가 있다. 똑같은 사진이 여러 친구들의 미니홈피에 게시되어 있지만, 내 미니홈피에 게시된 사진과 다른 친구의 홈페이지에 게시되어 있는 사진은 그 의미가 다를 수밖에 없다. 즉 디지털화 시대의 복제품들은 모두 각각의 독특한 의미와 분위기를 지닐 수 있다는 것이다. 「패션 70's」에서 더미가 만든 옷이 장봉실 여사의 옷과 결코 같을 수 없는 것은, 밤새 혼자서 땀 흘리며 바느질한 더미의 노력과 정성이 배어있기 때문이다. 그것은 장봉실 여사의 혼이 담긴 옷과는 절대 같아질 수 없는, 또 다른 독특한 의미와 분위기를 지니게 된 것이다. 백욱인은 『디지털이 세상을 바꾼다』에서 이렇게 설명하고 있다.

> 사진 원판이나 사진 작품, 혹은 현실의 특정 측면을 끌어내어 재구성한 대량 복제의 팝 아트 등에서는 복제품 자체가 나름의 아우라를 지니게 된다. 그리고 디지털 아우라는 디지털 복제를 통해 이루어진다는 특징을 갖는다. 아날로그 시대의 기계 복제는 미술 작품에서 아우라를 앗아가는 기제로 작용하였지만 디지털 복제는 디지털 아우라를 만드는 기본 요소이다. (중략) 사람들은 단순히 진정성을 지닌 예술 작품뿐만 아니라 일상의 상품과 사물에서도 소외된 아우라, 혹은 진정성이 결여된 반쪽 아우라, 혹은 일상의 새로운 아우라를 만들면서 살고 있다. 단순하고 쓰레기 같은 모조 미술품, 키치의 반진정성이 역겨울 수도 있겠지만 그 또한 특별한 시공간의 아우라를 지니고 있음을 부인하기는 힘들다.

디지털 시대에는 진짜와 가짜의 구분이 모호해지고, 가짜들 역시 각각의 의미를 지닌다고 한다면, 이제 원본이 더 우월하고 복제본은 열등하다는 위계가 깨어지게 된다. 이는 인간의 실존 문제와 연관 지어 생각해 볼 때 아주 중요한 성찰을 제공한다. 고흐의 '해바라기'가 수없이 복제되었지만 그 그림이 걸린 자리와 그 그림을 바라보는 사람에 따라 다양한 의미와 분위기를 지닐 수 있다면, 하나하나가 다 '진짜'인 인간에 대한 성찰은 더욱 중요해진다.

디지털 복제 시대에 수많은 복제가 가능해졌고, 그것들이 개별적인 의미를 지닌다고는 하지만, 뒤집어 생각해보면, 다양한 개별적인 의미들이 만들어진다는 것은 결국 동일한 의미와 분위기를 다시 만들어내는 것은 불가능하다는 뜻이 된다. 궁정 요리사가 아무리 훌륭한 산딸기 오믈렛을 만들어낸다고 해도 그것이 50여 년 전에 왕이 어느 오두막에서 먹었던 그 맛을 재현해낼 수 없는 것처럼 말이다. 고흐의 그림이 내 방에 와서 걸리고, 베토벤의 음악이 내 핸드폰 속으로 들어와서 새로운 의미와 분위기를 획득했지만, 그것은 결코 고흐나 베토벤이 작품을 만들었을 당시의 의미와 분위기를 만들어내지는 못한다는 얘기다. 물론 원래의 의미와 분위기가 새로 획득된 의미와 분위기 사이에는 어떤 것이 더 우월하고 열등한가를 구별하는 것이 의미가 없다고 해도 말이다.

이렇게 생각한다면, 엄청난 속도로 달려 나가는 과학과 기술의 발전이 우리가 원하는 것은 무엇이든지 다 만들어 줄 수 있을 것이라는 믿음에 제동을 걸 수 있다. 아무리 과학과 기술이 진보한다고 해도 인간의 어떤 경험이나 감정을 그대로 재현해내는 것은 불가능하다. 인간이 인간마저도 똑같이 복제해낼 수 있을 것이라는 기대나 욕망에만 빠져 있다면, 우리 삶의 어떤 순간이나 대상이 가지는 중요한 의미와 독특한 분위기를 잊어버릴 수도 있다.

➔ 이 글의 논제

모든 것을 똑같이 만들어내는 무한복제, 대량생산 시대에 인간의 경험은 어떤 의미를 지닐 수 있는지 논술하시오.

➔ 읽은 사람은 다 안다

1. 벤야민이 말한 '아우라'는 무슨 뜻인지 설명하시오.

2. 디지털 복제 시대에는 왜 원본과 복제본 사이의 구별이 무의미한가?

3. 나의 경험 중에서 과학이나 기술적 방법으로 똑같이 재현해낼 수 없는 것은 무엇 인지 생각해보자.

이미지는 현실을 은폐하는가?

-가상적 현실

다니엘 부어스틴 지음, 정태철 옮김, 『이미지와 환상』, 사계절, 2004.

책으로가는길

　예전에는 지갑이나 다이어리 속에 누구나 한 장쯤은 자신의 이미지 사진을 가지고 있었다. 요즘은 그 이미지 사진이 카메라폰의 사진첩 속으로 들어와 있을 것이다. 포토샵 덕분에 여드름 자국으로 얼룩덜룩해진 얼굴을 깨끗하게 만들 수도 있고, 가무잡잡한 피부를 훨씬 밝게 만들 수도 있다. 그렇다면 그 사진은 정말 나의 모습인가, 아니면 진짜 내 모습을 감추고 변질시킨 것인가, 그것도 아니라면 진짜 나의 모습과는 무관한 것인가.

　이런 이미지 사진뿐 아니라, 영화, 텔레비전, 광고, 거리의 전광판, 그리고 각자의 개인 홈페이지가 만들어내는 이미지까지, 이제 우리는 이미지가 없는 생활을 상상할 수 없게 되었다. 우리 생활은 이미지를 통하지 않고서는 아무것도 드러내지 못하고 아무것도 인식할 수 없을 것만 같다. 마음에 드는 사람을 만났을 때, 우리는 흔히, '느낌이 좋다' 거나 혹은 '그 사람 스타일이 좋다' 라는 말을 한다. 그런 말 역시 우리가 이미지로 그 사람을 판단하고 있다는 것을 드러내준다.

　이미지를 통한 인식은 사적인 생활에만 해당되는 게 아니다. 다니엘 부어스틴은 이미지가 우리의 모든 생활을 지배하고 있다고 말하면서 정치적인 활동을 할 때에도 마찬가지라고 말한다. 즉 우리가 대통령 후보에 대해 가장 중요하게 생각하는 것은 그 사람이 어떤 대중적인 이미지를 가졌는가 하는 점이다. 어떤 후보자에게 투표를 할 것인지 결정할 때 중요하게 작용하는 것은, 내가 생각하는 대통령의 이미지는 어떤 것이며, 그런 이미지를 보여주고 있는 후보가 누구인가 하는 점이다. 이런 의미에서 부어스틴은 '이미지는 우리의 경험을 강력하게 지배하는 단순하고 직접적인 언어' 라고 말했다.

　이렇게 보면 이미지가 정말 우리의 생활을 지배하고 있다고 말할 수 있을 정도로 이미지는 우리 삶과 깊숙이 관련되어 있는 것처럼 보인다. 그러나 우리는 이미지에 대해 얼마나 알고 있을까. 이미지는 과연 무엇인가, 이미지는 현실을 그대로 보여주는 것인가, 현실을 은폐하고 변질시키는 것인가, 아니면 현실과 전혀 무관한 것인가. 누가 묻는다면 뭐라고 대답할 수 있을까?

　　　　2003학년도 연세대 인문계 논술문제는 이미지에 대한 세 가지 관점을 제시해주고, 그 중에서 혹은 또 다른 관점에서 자신의 입장을 논하라는 것이었다. 이 문제는 이미지에 대한 세 가지 관점과 각각의 관점을 보여주는 세 편의 글을 제시했다. 첫 번째 제시문은 이미지는 심오한 현실을 표현한다는 관점으로, 겸재가 금강산이라는 심오한 현실을 어떻게 진경산수화로 그려냈는지 설명하고 있다.

두 번째 제시문은 이미지는 심오한 현실을 은폐하고 변질시킨다는 관점으로 광고의 한 장면을 설명하면서 이미지의 허구를 드러내는 글이다.

세 번째 제시문은 이미지는 심오한 현실과는 관계가 없다는 관점을 보여주기 위해 르네 마그리트의 그림을 보여주고 있다. 파이프 하나를 그려놓은 이 그림의 아래쪽에는 "이것은 파이프가 아니다."라는 글귀가 적혀있다.

이 문제는 우리에게 이미지에 대해 어떤 생각을 가지고 있는지를 묻고 있다. 이미지의 홍수라는 말이 무색할 정도로 우리는 이미 이미지 없는 삶을 상상할 수 없게 되었다. 그럼에도 불구하고, 아니 그렇게 이미지와 너무나 가깝게 있기 때문에 오히려 더 이미지가 현실과 어떤 관련을 맺고 있는지에 대해 생각해 본 적이 없었을 것이다. 이미지가 현실과 어떤 관련을 맺고 있는지, 이미지에 대해 어떤 태도를 가져야 올바른 것인지, 지금 생각해보자.

'행복한 가족의 모습' 하면 어떤 게 떠오르는가. 우리가 광고나 드라마를 통해서 얻게 된 행복한 가족의 모습이란, 까르르 웃으며 파란 풀밭을 뛰어가는 아이들과 그 모습을 바라보는 젊은 부부의 미소 띤 얼굴이다. 이런 행복한 가족의 이미지가 사실인지 환상인지를 가리는 것보다 더 중요한 것은, 그런 이미지가 모든 사람들에게 똑같이 각인되어 있으며, 이미 실체로 작용하고 있다는 점이다. 이런 측면에서 다니엘 부어스틴은 『이미지와 환상』에서 "사실이든 환상이든, 이미지는 실체가 되었다. 이미지의 목적은 현실을 압도하는 것이다."라고 말했다.

막연하게 이미지는 가짜라고 생각했는데, 그 가짜가 현실을 압도한다는 게 믿어지는가. 믿어지지 않는다면, 아무거나 광고를 몇 가지 떠올려 보자. 자동차 광고는 그 차를 타기만 하면 '자유본능' 을 갖게 되고 금방이라도 사랑에 빠질 수 있을 것이라고 말한다. 냉장고 광고는 여자라서 행복하려면 그 냉장고가 있어야 할 것처럼 느끼게 만든다. 그리고 권상우처럼 단단하고 군살 없는 몸을 만들려면 권상우가 마시는 음료를 나도 먹어야 할 것만 같다. 이들 광고 중 어떤 것도 자동차를, 냉장고를, 음료수를 사라고 직접 권하지는 않는다.

요즘의 광고는 소비자에게 물건을 사라고 직접적으로 말하지 않는다. 말로 설득하는 대신에 이미지를 이용한 최면술적인 방법을 쓴다. 살균 세탁했느냐고 반복해서 물어보는 세탁기 광고가 있었는데, 그 광고가 이런 방법의 대표적인 모습이다. 그 광고 역시 자기 회사 제품을 사라고 직접 말하지 않는다. 다만 흰색 화면을 배경으로 살균 세탁했느냐고 계속 물어봄으로써 반드시 살균 세탁을 해야만 광고 속에 등장하는 예쁜 모델처럼 청결하고 위생적인 생활을 할 수 있을 것 같은 생각을 심어준다. 이제 광고는 상품을 팔지 않는다. 상품 대신 그 상품의 이미지를 만들어내고, 소비자는 그 상품의 이미지를 산다. 우리가 송혜교가 광고하는 립스틱을 살 때, 그것은 송혜교의 매력적인 입술이라는 이미지를 사는 것이고, 마이클 조던이 광고하는 운동화를 살 때, 그것은 하늘을 날듯이 뛰어오르는 조던의 이미지를 사는 것이다.

다니엘 부어스틴의 『이미지와 환상』은 바로 이 '이미지'가 만들어내는 환상과 현실 사이의 관계를 통해서 미국의 사회 문화적인 현상들을 비판하고 있는 책이다. 이미지에 압도되어 이미지가 현실이 되고 현실이 이미지가 되는 상황에서 살고 있기는 우리도 마찬가지라는 점에서, 부어스틴이 들고 있는 미국의 사례에도 귀 기울여 볼 만하다. 부어스틴은 이 책에서 이미지란 있는 그대로를 자연스럽게 보여주는 게 아니라 조작되고 만들어진 것이며 따라서 진짜가 아니라 가짜라고 단언한다. 그런데도 이 가짜 이미지가 오히려 진짜 현실을 압도하며, 사람들은 이 가짜 이미지를 따르고 더욱 신뢰한다는 점이 미국의 병리적 현상의 주요 원인이라고 지적한다.

그렇다면 부어스틴의 설명을 따라가면서 이미지의 특징이 무엇인지 대표적인 논의를 들어보자. 우선 부어스틴은 이미지가 인공적이라고 말한다. 이미지는 계획된 것이다. 왜냐하면 이미지는 어떤 목적을 가지고 어떤 인상을 주기 위해 특별하게 만들어진 것이기 때문이다. 우리가 이미지는 인공적이라고 말을 할 때, 우리는 눈으로 보는 이미지와 그 이미지를 가진 실체가 차이를 지닌다는 사실을 알고 있다. 마이클 조던이 광고하는 운동화를 신는다고 해서 조던처럼 멋지게 달릴 수 있는 것은 아니라는 사실을 알고 있다는 말이다. 하지만, 그럼에도 불구하고 마이클 조던의 운동화를 갖고 싶은 마음, 그것은 우리가 눈에 보이는 이미지를 실체보다 더 좋아한다는 것을 의미한다. 이런 식으로, 만들어진 이미지가 실체를 압도하여 현실보다 더 큰 힘을 발휘하는 경우는 매우 많다.

공적인 이미지를 만들어내는 대표격이라고 할 수 있는 기업 광고를 보자. 기업 광고는 특정한 상품을 팔기 위해서가 아니라 그야말로 기업의 이미지를 홍보하기 위해서 만들어진다. 즉, 기업의 이미지를 공적으로 드러내 보이기 위해서 무언가가 이미지에 가해진다. 그래서 부어스틴의 표현에 의하면, 이미지는 언제나 멋지게 다듬어지고, 수정되고, 개선되고, 개조되고, 향상되어서(완전히 원모습을 버릴 수는 없지만) 원래 자연적인 제 모습과는 매우 달라질 수 있다.

'고객이 OK할 때까지' 혹은 '또 하나의 가족'이라는 슬로건을 내건 기업 광고들은 자신들이 내세우고 싶어 하는 이미지를 만들어냈다. 이미지라는 것이 만들어진 것임을 사람들은 이미 알고 있음에도 어느 순간엔가 사람들은 이미지를 현실과 일치하는 것으로 생각하기 시작한다. 부어스틴도 이런 기업 이미지가 회사의 현실을 그대로 반영한 것이라고 사람들이 믿게 된다고 말한다. 그래서 한번 이미지가 자리 잡으면 그 이미지는 통상 실제 현실보다 더 중요해지고 해당 기업의 모든 활동은 그 이미지에 대한 증거로 보이게 된다. 특정 상품을 파는 것이 아님에도 기업들이 기업 이미지 광고에 열을 올리는 이유는 바로 이 때문이다.

이미지를 수동적으로 받아들이게 되는 사람들에게 기업이 만들어낸 이미지는 곧 그 기업의 실체와 동일하게 된다. 기업의 본모습과는 무관하게 이미지를 통해 접하게 되는 기업은 내가 OK할 때까지 노력하는 기업, 나의 또 다른 가족이 되어줄 기업으로 인식되는 것이다. 결국 기업의 이미지 광고는 그 기업의 장기적인 이익을 약속한다고 할 수 있다. 같은 상품을 놓고 어떤 것을 사야할지 망설일 때, 우리는 기업의 이미지나 기업의 브랜드 네임에 좌우될 수밖에 없다. 때문에 이미지 생산자(주로 기업들)들은 광고된 이미지에 부합하는 좋은 제품을 만들려고 노력하기 보다는 만들어진 이미지에 회사의 겉모습만을 맞추려고 노력한다. 기업 이미지를 보는 사람들, 즉 미래의 소비자나 고객들도 역시 그 광고된 이미지와 회사의 실체가 같다고 생각하는 데 익숙해진다. 이런 의미에서 이미지는 수동적인 관계를 만들어낸다고 할 수 있다.

게다가 부어스틴이 지적하고 있는 것처럼, 기업의 이미지를 유지하고 발전시키려는 진정한 노력은 회사 전체에 의해 이루어지는 것이 아니라 대개 이미지 제작을 담당하는 홍보전문가나 광고 제작자들에 의해 이루어진다. 이미지는 근본적으로 수동적이기 때문에 회사의 활동과는 별 상관이 없을 수도 있다. 부어스틴이 인용한 말에서처럼, 이미지 만들기란 성격을 만드는 것이 아니라 평판을 만드는 것이다.

이미지가 만들어지는 것임에는 틀림없지만, 사람들이 모두 바보가 아닌 다음에야 이미지가 어느 정도 믿을 만해야 믿을 게 아닌가. 그렇다. 여기에 이미지의 또 다른 특징이 숨어있다. 이미지는 믿을 만한 것이어야 한다. 이미지는 사람들이 믿지 않는다면 전혀 그 목적을 달성할 수 없기 때문이다. 이미지는 그것이 이미지화하는 기관이나 사람을 대표할 수 있어야 한다. 이미지가 실제 대상을 압도할 만큼 생생하게 만들어져서 대중적인 인기를 얻으려면 그 이미지는 상식을 뛰어넘어서는 안 된다. 사람들의 보편적인 상식에 근거해야 한다는 얘기다. 가장 효과적인 이미지를 만들기 위한 첫 번째 단계는 사람들을 믿게 만드는 것이다. 그래서 광고에서 가장 많이 쓰는 방법이 제품을 직접 쓰고 있는 사람들의 말을 인용하거나 전문가의 의견을 삽입하는 것이다. 누구누구에게 물어보면 알 수 있다는 식으로 신뢰성을 얻을 수 있는 이미지를 만들어내는 것이다.

또 하나, 부어스틴은 이미지는 구체적이고 단순해야 한다고 지적한다. 성공적인 이미지를 만들기 위해서는 그 좋은 자질 중 하나 또는 몇 가지를 추려서 선명하고 집중적인 이미지로 묘사해야 한다는 것이다. 즉 온갖 좋다는 애기를 다 끌어들여서 말하는 것이 아니라 정말로 내세우고 싶은 것만을 단순하게 드러내야 한다. 그래서 이미지는 나타내려는 대상보다 더 간단해야 한다. 교복 광고를 하나 생각해 보자. 이 교복은 어떤 소재로 만들어져 있고, 색깔은 다른 회사 제품과 비교해서 어떻고, 더위와 추위에 얼마나 강하고, 하루 종일 앉아서 공부하기에 편하고 등, 교복 광고가 내세울 수 있는 제품 자체의 특징이나 장점을 구구절절 늘어놓을 필요가 없다. 다만 정말 내세우고 싶은 하나의 특징을 이미지로 만들어 내면 된다. 신화와 문근영의 한 마디, '다리가 길어 보이는 학생복' 이라는 말 한 마디면 충분하다.

부어스틴이 중요하게 지적하고 있는 이미지의 특징 중 하나가 순간성이다. 이미지는 영속적이지 않다. 끊임없이 새로운 이미지들이 쏟아져 나오고 우리는 새로운 이미지를 계속 소비하면서 또다시 새로운 이미지들을 필요로 한다. 즉 이미지의 순간성이 소비와 관련되면서 자본주의의 속성을 띠게 되고 그것이 결국 우리 사회의 문제를 드러낸다고 부어스틴은 비판한다. 아무리 효과적이고 재미있게 만들어진 이미지라 해도 짧은 시간 안에 진부해지기 마련이다. 그래서 같은 광고가 1편, 2편 시리즈로 제작되고 우리는 그 다음 편을 기다리게 되지 않는가. 이효리와 조명애가 평양에서 어떻게 처음 알게 되고 어떻게 친하게 되는지 우리는 자꾸 새로운 광고를 기다리게 된다. 어쩌면 이미지뿐만 아니라 우리가 살고 있는 시대를 특징짓는 것이 바로 이 순간성일지도 모른다.

실제로 이미지는 우리가 정체성을 형성하는 데에도 큰 영향을 미친다. 우리는 끊임없이 내가 다른 사람들에게 어떻게 '보이는지'를 신경 쓴다. 내가 진짜 어떤 사람인지가 중요한 게 아니라 내가 남에게 어떻게 '보이는가' 하는 것이 더 중요해진다. 사람들은 이미지로 상대를 판단한다. 그 사람이 어떤 사람인지를 알아내려고 하는 것보다 그가 어떻게 보이는지 그 사람의 이미지로 판단하는 것이 간편하고 손쉬운 방법이기 때문이다. 되도록이면 거친 말도 하지 않으려 하고, 옷도 유행에 뒤지지 않게 입으려고 하며, 남들에게는 듣기 싫은 말을 하지 않고 항상 웃으면서 대하려고 노력하는 나의 모습은 내가 만들어낸 나의 이미지이다. 그렇다면 그 이미지는 정말 나의 모습을 그대로 드러내는 것일까, 혹은 진정한 나의 모습을 은폐하고 변형시켜 드러낸 것일까, 아니면 나의 모습과는 전혀 관계가 없는 것일까. 다시 처음의 질문으로 돌아왔다. 이미지란 무엇인가.

➔ 이 글의 논제

이미지는 현실을 표현하는 것인가, 현실을 은폐하고 변질시키는 것인가, 혹은 현실의 모습과는 무관한 것인가. 이미지에 대한 자신의 생각을 정리해 보자.

➔ 읽은 사람은 다 안다

1. 부어스틴이 정의한 이미지란 어떤 것인가?

2. 이미지가 만들어내는 수동적인 관계를 기업 이미지 광고의 예를 들어 설명해 보자.

3. 제품의 특징을 구구절절 늘어놓는 대신 단순한 이미지 하나로 만들어낸 광고의 예를 들어 보자.

상상력과 환상은 쓸모 없는 것인가?
−신화·문학의 힘

조셉 캠벨·빌 모이어스 지음, 이윤기 옮김, 『신화의 힘』, 이끌리오, 2002.

책으로 가는 길

　하루하루 큰 변화가 없는, 판에 박힌 듯한 생활 속에서 사람들은 변화를 꿈꾼다. "열심히 일한 당신 떠나라."라는 광고가 일상에서의 탈출을 종용하지 않더라도 단조로운 일상으로부터 누구나 한번쯤은 벗어남을 꿈꾸어 본다. 해안도로를 달리는 멋진 드라이브, 남국의 태양이 이글거리는 열대의 해안에서 선글라스를 끼고 즐기는 낮잠, 창문을 열어 푸른 숲의 공기를 마음껏 호흡하는 펜션에서의 아침……. 어쩐지 그곳에 있으면 5월의 나무에 수액이 오르듯 기분이 한층 즐거워 질 것 같은 느낌이다. 일상의 피로로 얼룩졌던 몸이 활력을 되찾을 것만 같다.

　그러나 현실은 무겁기만 하다. 일상은 우리에게 늘 무엇인가를 강요한다. 싱크대에 쌓인 그릇들은 주부들에게 설거지를 강요하고, 책상 위에 놓인 책들은 학생들에게 학습해줄 것을 강요하고, 책상 위에 놓인 서류들은 회사원들에게 처리해줄 것을 강요하고, 우편물들은 집배원들에게 배달해줄 것을 강요하고, 매장에 놓인 물건들은 세일즈맨에게 판매해줄 것을 강요할 것이다. 그러한 강요가 마음에 내키지 않는다면 의무를 이행하지 않으면 그만이다. 그러나 거기에는 혹독한 대가가 따른다. 게으른 자, 성실하지 못한 자, 자신의 의무를 다하지 않는 자라는 오명이 씌워지기도 하고 당신 앞으로 해고통지서가 날아들 수도 있다. 울며 겨자 먹기 식으로 좋든 싫든 우리는 일상을 견뎌낼 수밖에 없다.

"삶은 원래 고통스러운 거야. 고통스러운 삶을 견뎌내는 힘이 없다면 나는 패자가 될 수밖에 없어. 낙오자가 되지 않으려면, 도태되지 않으려면 꿋꿋이 이겨내는 힘을 길러야 해." 어떨 때는 스스로에게 변명도 해보지만 여전히 삶은 고달프고 그럴수록 탈출에 대한 희망은 버릴 수 없는 것이 된다. 의무의 이행을 강요하는 현실의 압박과 내 스스로에게 휴식과 즐거움을 안겨주고 싶다는 탈출의 욕구를 어떻게 조화시킬 수 있을까. 내심 고민해보지만 답은 뾰족하지가 않다.

인간의 본질을 유희, 즉 놀이로 본 네덜란드의 민속학자인 J. 호이징하는 『호모 루덴스』라는 책에서 "인간의 유희적 본성이 문화적으로 표현된 것이 축제이며, 이 축제적인 상황에서 벌어지는 놀이는 비일상적이고 비생산적인 것이지만 일상과 생산을 위해서는 필수불가결한 일"이라고 말하고 있다. 비일상적인 놀이가 일상을 위해 필수불가결한 것이라고 호이징하는 말하고 있다. 서양에도 "All work and no play makes Jack a dull boy."라는 속담이 있다. 오직 일만하고 놀지 않으면 멍청이가 된다는 뜻이다. 바꿔 말하면 일할 때는 일하고 놀 때는 놀라는 뜻이다.

놀이에도 규칙은 있다. 그러나 일상적인 노동의 현장에서의 논리와 놀이의 논리는 사뭇 다르다. 놀이의 논리가 즐거움이라면 생산의 논리는 효율성과 생산성이다. 효율성과 생산성의 증진을 위해서는 엄격한 논리가 요구되지만 이런 논리는 오히려 놀이의 즐거움을 반감시킨다.

소꿉놀이를 보라. 네가 엄마가 되고 내가 아빠가 되기 위해서는 상상력이 필요하다. 놀이가 요구하는 상상력은 일상적 현실을 벗어난 논리다. 곰이 사람이 되고, 나무가 백조가 되게 하는 상상력은 문학과 신화의 뿌리가 된다.

책으로 푸는 논술

　　　　　2005학년도 이화여대 논술문제는 환상과 신화와 축제와 같은 비일상적인 것들이 현대사회 안에서 지니는 의미를 논하라는 것이었다. 문제는 다음과 같다.

제시문 (가)는 환상문학의 의의에 대해서 논하고 있다.

판타지 소설과 같은 환상문학이 현실에 존재하지 않는 것에 대한 열망에 대해 말한다는 것이다. 그리고 환상문학은 거부나 전복을 통해서 급진적인 문화 변형의 가능성을 확립하려 한다고 말하고 있다. 제시문 (나)는 신화의 의의에 대해서 논하고 있다.

신화가 문화에 건강성과 창조성을 부여하고, 신화가 문화를 하나로 통일하고 완결시키는 통합성을 지닌다는 것이다. 제시문 (다)는 축제가 일상의 거짓과 위선을 폭로하는 긍정적 기능을 한다고 말하고 있다.

축제는 엄숙성 밑에 가려진 두려움과 허약함과 거짓과 위선의 요소들을 벗겨내는 기능을 했다는 것이다. 봉산탈춤에서 말뚝이는 양반을 개잘량이라는 '양자에 개다리소반이라는 '반' 자를 쓰는 '양반'이라고 희화화한다. 평상시 같으면 어림도 없는 일이다. 오직 탈춤이라는 놀이의 '비일상성'을 통해서 양반에 대한 풍자가 가능했던 것이다.

겉으로는 도덕이니 윤리니 미주알고주알 따지는 양반들이지만 박지원의 한문소설 『양반전』에서 보듯이 조선후기 양반들의 백성들에 대한 횡포는 이만저만이 아니었다. 그들의 이중성과 위선을 고스란히 참아내기란 쉬운 일이 아니었을 것이다. 힘없는 민중들이지만 그들 또한 마음속에 억눌린 것들을 쏟아내고 싶은 배설의 욕구는 있었을 것이다. 이 배설 욕구의 통로가 되어준 것이 탈춤이나 산대놀이와 같은 가면극이었다. 이러한 놀이를 통해서 민중들은 그들의 가슴 속 깊이 억눌린 양반들에 대한 분노를 풍자와 해학을 통해 마음껏 웃으며 배출할 수 있었다.

제시문 (라)는 소설의 가치를 폄하하는 내용을 담고 있다.

(라) 소설에는 세 가지 의혹된 바가 있다. 헛것을 내세우고 빈 것을 천착하며, 귀신을 논하고 꿈을 말하였으니 지은 사람이 첫 번째 의혹이요, 허황된 것을 감싸고 비루한 것을 고취시켰으니 논평한 사람이 두 번째 의혹이요, 귀중한 시간을 허비하고 경전(經典)을 등한시했으니 탐독하는 사람이 세 번째 의혹이다. 소설을 지은 것도 옳지 못한 일인데 무슨 심정으로 평론까지 붙여 놓았단 말인가? 평론한 것도 옳지 못한 것인데 『삼국지』 또는 『수호전』을 속집(續集)까지 만든 자가 있었으니, 그 비루함을 더욱 논할 나위가 없다. 슬프다! 더욱 심한 자는 음란한 더러운 일을 늘어놓고 괴벽한 설을 부연하여 보는 사람의 눈을 기쁘게 하기에 힘쓰면서 부끄러워할 줄을 모른다. 내가 일찍이 보건대, 소설들 서목(書目) 중에 연의(演義)를 개척한 것도 있는데, 비록 펼쳐 보지는 않았지만 그 명목만 보아도 너무 괴상하다.

결국 문제는 '헛것을 내세우고 빈 것을 천착하는 소설'에 대해 환상과 신화가 가지고 있는 '비일상성'의 관점에서 당신의 의견을 개진하라는 것이다.

없는 것을 있게 만드는 것이 상상력이다. 아이들은 뭉게구름에서 호랑이와 토끼의 형상을 읽는다. 존재하는 구름에서 존재하지 않는 호랑이와 토끼를 만들어내는 것이 상상력이다. 일상은 존재하는 것의 영역이다. 그러나 환상은 존재하지 않는 것이 존재하는 상상력의 영역이다.

『신화의 힘』의 저자 조셉 캠벨은 말한다.

자동차는 벌써 신화가 되었어요. 이미 우리의 꿈이 되었으니까요. 이제 비행기도 우리의 상상력을 섬기는 존재가 되었어요. 가령 비행기가 나는 것은 이 세상에서 놓여나고자 하는 인간의 상상력의 산물입니다. 새가 상징하는 것도 바로 이것이지요.

조셉 캠벨은 신화는 인간의 꿈이 구현된 것으로 본다. 단군신화에서 웅녀가 곰으로부터 인간으로 변모한 것 또한 삶의 질적인 변환을 소망하는 인간의 꿈이 구현된 결과다. 춘향전에서 이도령과 성춘향의 결합, 심청전에서 심봉사의 개안(開眼), 모두 현실에서는 달성되기 힘든 것이다. 그러나 현실에서 달성되기 힘들다 해서 인간은 꿈을 포기하지 않는다. 도저히 물리적인 힘으로 실현이 불가능하다고 생각하면 인간은 상상력을 통해 새로운 현실을 만들어 낸다. 바로 상상력을 통해 만들어진 현실이 곧 환상이다.

우리는 그날 일어난 일이나 그 시각에 우리를 괴롭히는 문제에만 겨우 관심을 갖고 살아갑니다. 예전에는 대학의 캠퍼스하면 일종의 철저하게 열린 사회였지요. 그래서 내면적 삶이, 우리가 전통적으로 물려받은 분들, 말하자면 인류의 위대한 유산으로 불릴 수 있는 분들인 플라톤, 공자, 석가, 괴테 등 우리 삶의 중심과 관련된 영원한 가치를 좇으라고 한 분들에 대한 관심과 상충되지 않았어요. 나이를 먹어 나날의 삶에 대한 관심에 심드렁해지면, 사람은 내면적 삶에 눈을 돌리게 됩니다. 그 내면적인 삶이라는 게 어디에 있는지, 무엇인지 모르고 있다면 그것 참 곤란한 일이지요.

(중략) 우리는 바로 신화라는 것에서 우리로서는 도저히 손에서 놓아버리고 싶지 않은 전통의 느낌, 깊고 풍부하고 삶을 싱싱하게 하는 정보가 솟아난다는 느낌을 받게 됩니다.

조셉 캠벨은 현대인들이 지나치게 일상적인 일들에만 매달려 있다는 것을 지적하면서, 자신의 내면적 삶에 눈을 돌려야 하며, 신화는 내면적 삶의 지표를 제시해주고 있다고 말하고 있다. 아닌 게 아니라 우리는 일상적인 것에 매달려 있다. 어떻게 하면 성적을 올릴까, 어떻게 하면 좋은 직장을 얻고, 어떻게 하면 더 좋은 지위에 오를까를 고민한다. 이 일상에 대한 관심으로부터 자신의 내면으로 눈을 돌리라는 것이 조셉 캠벨의 충고다.

자신의 내면으로 눈을 돌리라는 것은 어떤 의미일까. ‘어떻게 하면 성적을 올릴까?’ 하는 고민은 일상적이고 외부적인 것이라고 한다면 ‘진정으로 성장한다는 것은 어떤 의미를 지니는가?’라고 묻는 것은 성장의 본질을 묻는 지극히 내면적인 물음이다. 신화는 그 내면적인 물음에 지침을 준다.

성경은 예수의 신화를 기록한 책이고, 불경은 석가모니의 신화를 기록한 책이다. 그 책들이 말하고 있는 것은 어떻게 살아야 하는가, 진정한 행복과 평화는 어떻게 가능한가를 말해준다. 그러나 동정녀 마리아에게서 예수가 태어났다는 사실, 곰이 변하여 웅녀가 되었다는 사실을 보라. 신화는 일상의 논리로서는 설명되지 않는다. 그렇다고 해서 신화를 ‘사이비 진술’로만 치부할 수는 없다. 처녀의 몸에서 예수가 태어났다는 것은 육체의 삶의 시작을 의미하지 않고 영적인 태어남을 상징한다는 것이 조셉 캠벨의 설명이다. 그것은 가슴에서 우러나오는 삶을 살기 시작한다는 뜻이라고 조셉 캠벨을 덧붙인다. 또한, 조셉 캠벨은 신화가 고통의 의미를 가르친다고 말한다.

> 살면서 고통을 당하지 않을 수 있다고 하는 신화는 읽어본 적이 없어요. 신화는 우리에게, 어떻게 하면 그 고통을 직면하고, 이겨내고, 다른 것으로 변용시킬 수 있는가를 가르칩니다. 그러나 고통이 없는 인생, 고통이 있어서는 안 되는 인생에 대해서는 말하고 있지 않아요.

곰이 웅녀가 되기까지의 시련, 오이디푸스가 자신의 고향 이타카로 돌아가기까지의 시련, 주몽이 고구려를 세우기까지의 시련……. 한 인간이 고통과 대면하여 그것을 어떻게 초극하는가를 웅장하게 보여준다.

> 축제 때는 용인되었던 모든 기호들이 변조되고 뒤집어지고 파괴되며, 쾌락 속에서 혼미스러우면서도 즐겁게 신과 인간, 신과 나 사이의 짝지음이 가능해지는 것이다.

『축제와 문명』의 저자 장 뒤비뇨는 말한다. '축제 때는 용인되었던 모든 기호들이 변조되고 뒤집어지고 파괴' 된다는 구절을 학교 축제의 예를 들어 주목해 보자. 학교 축제에서 선생님들을 풍자하는 연극을 연출했다고 하자. 그 연극에서 선생님이 학생역할을 맡고 학생이 선생님의 역할을 맡았다고 하면 연극의 상연장은 완전히 웃음바다가 될 것이다. 교사의 권위는 연극을 통해 풍자와 해학의 대상으로 전락한다. 바로 이것이 뒤비뇨가 말하는 '모든 기호들이 변조되고 뒤집어지고 파괴' 되는 과정이다. 그러나 그 파괴는 파괴로 끝나지 않는다. 축제를 통하여 우리의 일상은 다시금 활력을 얻고 현실을 객관적으로 성찰하게 되는 것이다. 축제의 비일상성은 이렇게 우리의 일상에 반성적인 활력을 불어넣는다.

➡ **이 글의 논제** ---

효율성과 생산성이 중시되는 과학기술의 시대에 상상력은 우리의 삶에 어떤 긍정적 의미를 지니는지 논술하시오.

➡ **읽은 사람은 다 안다** ---

1. "판사가 법정으로 들어오면 사람들은 모두 일어서게 됩니다. 사람들은 판사를 보고 일어서는 게 아니라, 판사가 입고 있는 법복(法服), 판사가 맡고 있는 역할에 경의를 표하기 위해서 일어섭니다."라고 조셉 캠벨은 말하고 있다. 조셉 캠벨은 우리가 일어서서 경의를 표하는 대상은 판사가 아니라 무엇이라고 말하고 있는가?
2. 조셉 캠벨이 말하고 있는 신화의 교육적 기능은 무엇인가?

우리의 예술, 어떻게 바라보아야 하는가?
- '미'와 '예술'의 기준

오주석 지음, 『오주석의 한국의 美 특강』, 솔, 2003.

책으로 가는 길

소위 '문화생활' 중에서 우리가 가장 많이 하는 것은 무엇일까. 아마 영화 보는 일이 가장 흔히 하는 일일 테고, 그 다음에는 책을 읽거나 좋아하는 가수의 콘서트에 가는 일 정도가 될 것이다. 가장 낯설고 제일 안하게 되는 일이 그림을 보러 가는 일이 아닐까. 수행평가 점수를 채우기 위해서 혹은 과제로 전시회 티켓이나 안내 자료를 제출하기 위해서는 몇 번 미술관에 가보았을지 모르지만, 자발적으로 요즘 어떤 전시가 열리는지 미술전에 대한 정보를 검색하는 일은 거의 안 하게 된다.

그림을 보러 다닌다든지, 유명한 화가의 화집을 본다든지 하는 일에도 익숙하지 않다. 그래서 우리는 미술이나 그림이야말로 우리와는 가장 동떨어진 예술 분야가 아닐까 생각하기 쉽다. 정말 그럴까? 우리가 가지고 있는 수첩이나 일기장, 가끔 사게 되는 그림엽서들이나 카드, 혹은 달력에 있는 것들이 다 그림이 아닌가. 웬만한 카페들에는 한두 점씩 걸려있는 것들도 그림이 아닌가. 또, 공공 기관이나 큰 공원에 가면 볼 수 있는 조각들 역시 미술이 아닌가.

그림을 비롯한 미술 분야는 우리 생활 깊숙이 들어와 있지만 우리가 보지 못 하고 있을 뿐이다. 그림을 어떻게 왜 봐야 하는지, 그것이 왜 필요한지에 대해 우리가 전혀 관심을 기울이고 있지 않기 때문에 아예 우리 생활과 관련이 없는 것처럼 느껴질 뿐이다. 음악도 자주 들어야 내가 어떤 음악을 좋아하는지 어떤 가수를 좋아하는지 알 수 있듯이 미술관에도 내 발로 찾아들어가 봐야 내가 그 림 보는 걸 좋아하는지 아닌지 알 수 있게 된다. 그렇다고 꼭 미술관에 찾아 가 서 진품을 봐야하는 것은 아니다. 서점에 가서 화집을 찬찬히 들여다보는 시간 을 갖는 것만으로도 충분하다.

그렇다면 왜 굳이 그런 노력을 해가면서 미술에 접근해야 할까. 그건 우리가 살면서 누릴 수 있는 인생의 여러 기쁨 중의 하나이기 때문이다. 미술사가 고(故) 오주석은 『오주석의 한국의 美 특강』에서 예술을 통해 얻을 수 있는 기쁨을 이 렇게 표현한다. "어디 전시회에 가서 진짜 좋은 작품을 보고 왔다든지, 기막히 게 훌륭한 음악회에 갔다 온 날은, 얼굴이 환해지고 마음에 기쁨이 넘쳐 올라서 어떤 경우는 일주일 내내 그 당시를 회상하는 것만으로도 기분이 좋아집니다. 심지어는 그 감동이 오래 남아서 십 년, 이십 년 후에도 그때를 돌이켜 생각해 보면 마음이 찌릿찌릿한 경우까지 있습니다."

2008학년도 서울대 논술 예시문항(2차)에서는 그림 두 점을 비교하고 감상하라는 문제가 나왔다. (가), (나)의 제시문은 옛 문인들이 그림을 어떻게 감상하고 어떻게 그려야하는지에 대한 내용이다. 논제 1은 두 제시문이 그림을 창작하고 감상하는 데 있어서 중요하게 생각하는 요소가 무엇인지 서술하라는 것이었다.

(가) 매화 또한 초목의 일종이나 가장 그려내기 어렵다. 대개 그 가지와 줄기가 굴곡져 용과 뱀이 뒤엉킨 모습처럼 된 것은 매화의 참 모습이 아니다. 풍기는 분위기가 왕성하고 향기롭게 흘러넘침이 마치 달빛이 밝게 비치고 눈발이 흩날리는 것 같음을 헤아려 깨닫고 마음으로 터득하는 것이 매화의 참 모습이므로 가지나 잎의 처리는 논할 게 못 된다.

옛날에 내 친구 이자야(李子野)가 등불 아래 벽에 비치어 나타난 매화 그림자를 그린 적이 있는데, 그 형상이 부은 듯 부풀어 오르고 울퉁불퉁한 모습이어서 매화인 줄 알지 못하겠으나, 풍기는 분위기만은 제법 옮겨내었으므로 매화가 범상치 않은 화훼임을 알았다. (중략) 본질적인 특성[神]은 매화에 있는 것이지만 운치를 느끼는 것은 나에게 달려 있는 것이다. 단순히 대상물로서 대상을 바라본다면, 매화와 나는 아닌 게 아니라 과연 서로 다르다. 그러나 상리(常理)로서 대상을 바라본다면 나와 매화는 같지 않은 것도 아니다. 나는 그것을 논리적으로 이해할 줄만 알았지, 그 운치 있는 분위기를 파악하지 못했던 것이다. 그러나 내가 온통 티끌과 먼지로 뒤덮인 세상에서 그 마음속은 더럽혀지지 않도록 한다면, 상쾌한 정신과 빼어난 맑음으로 충만한 매화에게서 나의 운치를 북돋울 수 있을 것이다. 그리고 그 운치를 이미 터득했다면 그것은 본질적 이해에 도달했다고 할 수 있다. 본질적 이해에 도달한 자는 매화에 대해서 붓을 잡는 일을 기다리지 아니하고도 바로 해 낼 수 있는 것이거늘, 하물며 그 가지와 잎을 따지겠는가?

— 권헌(權憲),「묵매기 (墨梅記)」

(나) 소동파의 시에 "그림을 그리되 겉모습만 같게 하면 된다고 하니, 이런 소견들은 어린 아이와 다를 것이 없다. 시를 짓는 데 앞에 보이는 경치만 읊는 것도, 시의 본뜻을 알고 짓는 이가 아니다."라고 하였다. 후세에 화가들이 이 시를 종지(宗旨)로 삼고 진하지 않은 먹물로 그림을 거칠게 그리니, 이는 물체의 본질과 어긋나게 된 것이다. 지금 만약 "그림을 그리되 겉모습은 같지 않게 해도 되고, 시를 짓되 앞에 보이는 경치를 읊지 않아도 된다."고 한다면, 이치에 맞는 말이라 할 수 있겠는가? 우리 집에 동파가 그린 묵죽이 한 폭이 있는데, 가지와 잎이 모두 산 대나무와 꼭 같으니, 이것이 소위 틀림없는 사진(寫眞)이란 것이다. 정신이란 모습 속에 있는 것인데, 모습이 이미 같게 되지 않는다면 정신을 제대로 전해낼 수 있겠는가?

동파가 이렇게 시를 읊은 것은 대개 "겉모습은 비슷하게 되어도 정신이 나타나지 않으면 비록 이 물체가 있다 할지라도 광채가 없다."는 것을 말한 것이다. 나도 말하기를 "그림이란 정신이 나타나야 하는데, 겉모습부터 같지 않게 되었다면 어찌 같다 할 수 있겠으며, 또 광채가 있어야 하는데 딴 물건처럼 되었다면 어찌 이 물건이라 할 수 있겠는가?"라고 한다.

– 이익 (李翼), 「논화형사(論畫形似)」, 『성호사설(星湖僿說)』 권5

　　두 제시문은 얼핏 대조적인 입장을 보이는 것 같지만 실은 미술작품에 대한 기본적인 관점은 같다. 다만 대상을 형상화할 때의 태도가 다를 뿐이다. 즉, (가)와 (나)는 그림의 감상과 창작에는 대상에 대한 본질을 파악하는 것, 혹은 그것을 제대로 드러내는 것이 중요하다고 말하고 있다. 다만 (가)는 대상의 본질이 잘 드러난다면 그림으로 형상화된 대상이 실제에 얼마나 가까운지는 중요하지 않다는 것이고, (나)는 대상을 실물에 가깝게 그리는 것에서부터 대상의 본질이 드러날 수 있다고 강조하고 있다. 논제 1은 이런 요점을 잘 파악하여 두 제시문의 내용을 관련지어 정리하면 된다.

　　논제 1은 비교적 쉽게 할 수 있으나 논제 2는 조금 낯선 유형일 수도 있다. 논

제 2는 안견의 「몽유도원도」와 정선의 「인왕제색도」 보여주고, 논제 1의 논의
를 바탕으로 두 그림을 비교하고 감상하라는 것이다. 논술문제의 제시문 중 하
나가 그림이었던 문제는 있었으나 그림 자체에 대해 논하라는 문제는 처음이라
조금 당황스러울 수도 있다. 그러나 안견의 「몽유도원도」가 안평대군의 꿈 이
야기를 듣고 그린 그림이며, 정선의 「인왕제색도」는 비가 그친 후의 인왕산을
그린 것이라는 간략한 지식만 알고 있어도 충분하다. 게다가 두 그림은 미술 교
과서뿐 아니라 국사 교과서에서도 자주 접했던 익숙한 그림이다. 논제 1이 그림
의 감상과 창작에 대한 이론적인 논의였다면, 논제 2는 이에 대한 실제적인 적
용과 관련된다.

『오주석의 한국의 美 특강』은 우리나라의 옛 그림들에 어떻게 접근
해야하는지를 아주 쉽고 자세하게 가르쳐준다. 사실 우리나라의 옛 그
림이 서양의 유명한 화가들의 그림보다 더 낯설고 어렵게 느껴지는 게 사실이
다. 그러나 이 책의 설명을 따라가다 보면 우리나라의 옛 그림들에 얼마나 재미
있는 이야기들이 담겨있으며 얼마나 우리에게 친숙한지 느낄 수 있다. 우리 그
림에 대한 애착과 사명감이 남달랐던 저자는 우리의 옛 그림을 널리 알리고자
강연을 많이 다녔다고 한다.

이 책은 저자의 강연 중 일부 원고를 책으로 내기 위해 수정하여 엮은 것이다.
말로 설명하기 위해 준비한 것을 글로 옮겨놓은 것이기 때문에 더 쉽게 읽히고
더 금세 이해가 된다. 책에는 필요한 경우, 강연 당시의 저자의 몸동작이나 청중

들의 반응까지 작게 기록해놓았기 때문에 마치 다른 사람들과 반응을 나누면서 강의를 듣는 것 같은 기분을 느낄 수 있다. 하나의 그림을 자세히 설명할 때는 저자가 설명하고자 하는 일부분을 확대해서 여러 번 싣고 있어서 그림 감상에 대한 새로운 경험을 할 수 있다.

이 책은 우리가 미술관에 전시된 옛 그림을 볼 때 어느 정도 떨어져서 봐야하는지 구체적인 방법부터 가르쳐주고 있다. 저자는 동양화든 서양화든 회화 작품 크기의 대각선을 그었을 때, 대략 그 대각선만큼 떨어져서 보는 게 적당하다고 말한다. 혹 좀 더 느긋하게 그림을 볼 수 있다면 대각선 길이의 1에서 1.5배 정도까지는 떨어져서 봐도 좋다고 한다. 옛 그림 중에는 지금의 공책 크기만큼 작은 것들도 있는데 그런 경우에는 물론 바짝 다가서서 봐야한다. 저자는 작품의 크기에 따라서 작가가 표현한 세부사항들을 자세히 볼 수 있도록 '본능적으로 거리를 맞추면서 감상하는 것' 이 중요하다고 강조한다.

그리고 우리나라의 옛 그림을 볼 때 중요한 것은 그림에 시선을 줄 때의 방향이다. 요즘 그림들은 대부분이 가로가 길다. 그러나 우리 옛날 그림들은 족자든 병풍이든 세로가 길다. 이런 상황을 저자는 세로쓰기에서 가로쓰기로 바뀌게 된 상황과 관련지어 설명한다. 즉 지금 우리는 가로쓰기를 하고 있기 때문에 사물을 볼 때 왼쪽 위부터 봤다가 오른쪽 아래로 스쳐 내려가듯 보게 된다. 그런데 우리 조상들은 한문도 세로로 썼고, 한글도 내리닫이로 써왔다. 그렇기 때문에 우리 옛 그림들은 병풍이건 두루마리건 오른쪽에서부터 시작해서 왼쪽으로 이어지면서 가로로 길다. 그렇기 때문에 우리 조상들에게는 모든 그림에서도 오른쪽 위에서부터 왼쪽 아래로 시선이 가는 방향이 자연스러웠다는 것이다.

따라서 우리가 옛 그림을 볼 때는 그런 시선의 방향을 따라 가야 한다. 만약 우리 옛 그림을 현재의 시선 방향에 따라 왼쪽 위에서부터 오른쪽 아래로 향하는 식으로 본다면, 그림 위에 X자가 그려지게 된다는 얘기다. 조상들은 오른쪽 위에서 왼쪽 아래를 향하는 방향으로 그림 구도를 잡았는데 우리가 왼쪽 위부터 오른쪽 아래로 향하는 식으로 그림을 본다면 당연히 그림의 구도와 우리의 시선은 X자로 교차하고 만다. 저자가 예로 들고 있는 김홍도의 '무동'을 서양식으로 왼쪽 위에서 오른쪽 아래로 보면, 정작 그림에서 주인공이 되고 있는 춤추는 소년은 아예 시야를 벗어나버린다. 그러나 우리 식으로 옛 그림을 보게 되면 시선이 오른쪽 위에서부터 왼쪽 아래로 내려가면서 춤추는 소년이 시선의 중심에 놓이게 되고 가장 오래 시선이 머물 수 있게 된다.

이런 방식은 그림을 감상할 때뿐만 아니라 고궁이나 사찰 등을 볼 때도 마찬가지라고 한다. 우리 조상들이 만든 여러 문화재는 반드시 오른편에서 왼편으로 훑어보는 것이 옛 분들의 시선 흐름과 맞아떨어지고, 그래야 올바른 감상이 가능하다는 것이다. 그런데 현재 우리나라의 미술관과 박물관에 들어갔을 때 동선(動線)이 왼쪽으로 움직이도록 되어 있다는 점이 문제라고 저자는 지적한다. 그렇게 왼쪽으로 돌아가며 그림을 보게 되면 우리 옛 그림을 왼쪽에서 오른쪽으로 거슬러가며 거꾸로 보도록 유도하는 셈이 된다. 옛 병풍들의 경우는 오른쪽에서부터 왼쪽으로 1폭, 2폭, 3폭……의 순서대로 보아야 하는데 이런 방식이라면 병풍도 마지막부터 보게 될 수밖에 없다. 그림을 직접 볼 때뿐 아니라 옛 그림을 책으로 묶어놓았을 때도 이런 문제가 발생한다. 요즘의 책은 책의 왼쪽을 묶는 좌철(左綴) 방식으로 되어 있어서 책을 왼쪽으로 넘겨 봐야하는데 이런 경우 두루마리고 병풍이고 모두 끝에서부터 거꾸로 보게 된다는 것이다. 적어도 우리 옛 그림을 전시하거나 책으로 묶어내는 경우에는 이런 부분에 대한 고려가 절실하다.

마지막으로 그림을 감상하는 또 다른 방법은 찬찬히 오래 들여다보는 것이다.

아마 이것은 모든 그림을 감상할 때 필요한 자세일 것이다. 영국 BBC 방송의 TV 시리즈 「웬디 수녀와 함께 떠나는 미술여행」의 진행자이며 그 내용을 책으로도 쓴 웬디 수녀는 그림을 제대로 감상하기 위해서는 두 가지만 있으면 된다고 말한다. 시간과 의자. 그림을 차근차근 오래 들여다 볼 수 있는 시간과, 오래 서 있으면 힘들기 때문에 그림 앞에 의자를 놓고 앉아서 볼 수 있다면 더 바랄 것이 없다고 했다.

『오주석의 한국의 美 특강』의 저자는 자신이 큐레이터로 있던 때의 일화를 소개한다. 안견의 「몽유도원도」는 안타깝게도 일본 텐리 대학교 도서관에 소장되어 있다. 그 작품을 소장한 대학에서는 작품의 보존 문제를 이유로 일본인 학자들이 보자고 요청해도 개인에게는 절대 보여주지 않는다고 한다. 어렵게 그 작품이 우리나라에 전시되었던 적이 있는데 그때 한 일본인 교수가 「몽유도원도」를 꼬박 다섯 시간 동안 서서 보았다고 한다. 입을 헤 벌리고 히죽거리며 좋아하기도 하고 심각하게 생각에 잠기기도 하면서 그 일본인 교수는 그림 앞에서 다섯 시간 동안이나 머물렀다는 것이다. 물론 그 일본인 교수는 미술 전공자이기 때문에 그런 것이 가능했겠지만, 저자는 그 정도는 아니더라도 누구든 그림을 제대로 보려면 시간을 들여야 한다는 점을 강조하고 싶었던 것이다. 적어도 많은 학생들이 학교에 과제를 제출하기 위한 목적으로 미술관에 들어와서 그림의 제목과 작가 이름만 열심히 적어 가지고 가는 것은 절대 '그림을 보았다'고 할 수 없다는 얘기다.

시간을 들여 천천히 보라는 것은 거기에 마음을 집중하라는 뜻이다. 그림을 감상한다는 것은 한 사람이 자신의 마음을 담아 그려낸 그림을, 또 다른 한 사람의 마음으로 읽어내는 작업이다. 그러므로 옛 그림을 진짜로 잘 보려면 옛 사람의 마음으로 보아야 한다고 저자는 강조한다. 저자는 그림을 감상하는 사람들의 태도를 몇 가지로 나누어 이렇게 설명한다.

아는 것은 이것(강사, 자신의 머리를 톡톡 침)만 쓰는 겁니다. 바로 '이건 김홍도의 풍속화로군' 하고 넘어가는 분입니다. 그러나 좋아하는 분은 '야, 이거 재미있는데' 하고 작품 자체에 반응을 보입니다. 한 수 높지요. 가슴까지 썼습니다. 하지만 즐거워야 한다는 것은 무엇입니까? 예술품을 체험하는 동안 완전히 반해서 온몸이 부르르 떨리는데, 이런 반응이란 기실은 우리 내면의 영혼의 울림인 것입니다.

저자가 그림을 통해 사람들이 궁극적으로 온몸의 떨림, 영혼의 울림에까지 이르기를 바라는 것은 물론이다. 예술 작품은 어려운 것이 아니며, 특별한 지식이 없어도 마음을 기울여 찬찬히 대하는 사람에게는 누구에게나 그 속내를 내보인다고 한다. 저자는 김홍도의 「씨름」 한 점을 예로 들어 그 안에 얼마나 많은 이야기들이 담겨있는지 하나하나 찾아내어 설명해준다.

우선 「씨름」 속에 형상화되어 있는 사람들의 차림, 표정, 자세 등을 구도에 따라 찬찬히 설명해준다. 구경하고 있는 사람들의 표정이나 자세를 바탕으로 씨름이 진행된 지 꽤 시간이 흐른 상황의 모습이라는 것을 추론해 내며, 누가 단순한 구경꾼이고 누가 다음 선수로 나가려고 준비하고 있는 후보 선수인지를 그들이 앉은 자세나 앞에 내려놓은 갓이나 신발의 모양을 보고 가려낸다. 그리고 가운데서 맞붙어 씨름하고 있는 사람들이 결국에는 왼쪽으로 넘어질 것인지 오른쪽으로 넘어질 것인지도 구경하고 있는 사람들의 반응을 보고 알아맞힌다.

「씨름」의 오른쪽 위에는 조그맣게 아이들이 그려져 있는데 이 아이들은 어른들의 등 너머로 씨름을 구경하고 있다. 이 부분에서는 "요즘 같으면 어린애들이 앞자리에서 왔다 갔다 하다가 어른들에게 야단이나 맞을 터인데, 옛적에는 꼬맹이들까지 어른 뒤에 얌전하게 자리한 것이, 참 예의범절이 반듯했구나." 하면서 그 시절의 풍속까지 읽어낸다. 그리고 서양 그림은 무조건 앞에 있는 것은 진하게 그리고 뒤에 있는 것은 흐리게 그리지만 우리의 그림은 그렇지 않으며, 뒷사람이 흐려서 잘 안보이게 될까봐 오히려 더 진하게 그렸다는 차이점도 설명한다. 그 결과 뒤에 그려진 인물들도 잘 보일 뿐 아니라 작은 단위의 화면에 통일감까지 생겼다고 평가한다.

또한 그림에서는 샅바가 없는 씨름을 하고 있는데 이는 '바씨름'이라고 하여 지금은 사라졌지만 옛날 한양과 경기도 일대에서 이루어졌다고 한다. 즉 이런 세부를 통해 그림의 배경이 어느 지방이었는지 알 수 있으며 몇몇 사람들이 손에 부채를 들고 있는 것으로 보아 모내기를 끝내고 난 단오 무렵일 것이라고 시기까지 추정한다. 그리고 이 그림은 고급 화선지가 아니라 일반 장지에 그린 그림으로 당시 일반 서민들을 위해 빨리, 값싸게 그려낸 그림일 것이며 그렇기 때문에 그림에서 옷차림이 더 허술한 사람이 이기는 것으로 묘사했을 것이라고 본다. 저자는 이런 그림 읽기를 통해 이 많은 이야기들이 그림을 자세히 들여다보면 알아낼 수 있는 것이라는 점을 보여주고자 한다.

저자는 또 다른 김홍도의 그림들 「주상관매도」, 「마상청앵도」 등의 예를 통해서도 자세하게 그림을 감상하는 법을 알려준다. 그림의 구도와 인물의 시선을 통해 화가 역시 그림 속 인물에 감정이입하고 있다는 것을 알아내고, 양반은 상체를 길게 다리를 짧게 그리고 종은 다리를 길게 그리는 것을 통해 요즘과는 다른 풍속을 설명해준다. 예전에는 상체가 길어야 점잖고 학자다운 '장자(長者)의 풍(風)'이 있다고 여겼으며 여기저기 뛰어다니며 일하기 좋으라고 종들을 그릴 때나 다리를 길게 그렸다는 것이다.

저자는 옛 그림을 공부하다보니 조선이라는 나라가 얼마나 자부심을 가질 만한 역사를 가진 시기였는지 알게 되었다고 한다. 동학농민전쟁 역시 조선 자체를 바꾸자는 것이 아니라 영조, 정조 때의 훌륭한 정치를 돌려달라고 주장하는 것이었다면서 조선은 문화와 도덕이 튼실한 나라였다고 주장한다. 저자는 우리 문화와 역사에 대한 자부심이 있어야 우리의 예술에 대해서도 애정을 가질 수 있고 그래야 우리 예술 작품을 제대로 이해하고 감상하게 된다는 것이다.

사실 세상에 예술이며 문화만큼 울타리가 높은 것은 없습니다. 예술에 국경이 없는 것이 아니라, 오히려 예술의 국경이야말로 지구상에서 가장 높습니다. 여러분, 우리나라의 문화재는 우리 조상들께서 만든 것이고, 우리 조상들의 삶과 얼을 담고 있는 것이고 우리가 마땅히 사랑하고 연구해야 할 대상입니다. 또 우리가 세계로 들고 나가서 이것을 자랑하고 선전해야 합니다. 이런 일들은 모두 우리 자신이 맡아서 해야만 하는 것입니다.

솔직히 우리 것이기 때문에, 우리 선조들이 이루어놓은 것이기 때문에 반드시 사랑해야한다는 얘기는 받아들이기 힘들지도 모른다. 우리 옛것이기 때문에 무조건 자부심을 갖는다는 것은 어려울지라도, 최소한 우리가 가지고 있는 문화유산이 무엇인지, 그것이 왜 중요하다고 하는지에 대해서는 알아야 한다. 우리의 옛 그림들을 좋아하느냐 좋아하지 않느냐의 개인적인 선호도는 나중의 문제이고, 일단 우리가 우리 옛 그림들에 대한 지식은커녕 관심도 없었다는 사실은 분명 반성의 여지가 있는 부분이다. 관심과 이해, 지식을 통해 생겨나는 애정이 진짜일 수 있다. 무조건적인 애정은 자신의 문화에 대한 맹목에 그칠 수 있기 때문이다. 저자는 자기 역사와 문화에 대한 자부심은 새로운 미래를 설계하는 자신감으로 이어지는 것이라고 본다. 특히 문화는 정치, 제도, 경제 등 사회 전반에 걸쳐 건강한 시대를 이룰 때에야 아름답게 꽃 피울 수 있다는 점을 강조한다. 저자는 사회와는 동떨어진 문화 자체만을 보는 게 아니라 사회의 총체적인 결과물로써의 아름다운 문화를 만들어내야 한다고 말하는 것이다.

➜ 이 글의 논제 --

우리의 옛 그림을 제대로 이해하고 감상한다는 것이 현재의 우리 삶과 어떤 관련이 있는지 논술하시오.

➜ 읽은 사람은 다 안다 --

1. 옛 그림을 감상하는 세 가지 방법은 무엇인가?
2. 그림을 감상할 때 머리, 가슴, 영혼으로 반응한다는 것은 각기 어떻게 다른지 설명
   해보자.

과학 기술이 발달하면 문학은 사라질까?

−첨단 과학 시대의 문학

박이문 지음, 『이카루스의 날개』, 민음사, 2003.
박이문 지음, 『문학과 언어의 꿈』, 민음사, 2003.

책으로 가는 길

우리는 어떤 대상을 둘로 나누는 구분법에 익숙하다. 모든 존재를 생물과 무생물로 나누고, 생물을 동물과 식물로 나누고, 인간을 여자와 남자로 나눈다. 그리고 우리도 고등학교에서 문과와 이과로 나누어져 있다. 무엇이든 둘로 나누어 인식하려는 이분법은 우리가 어떤 대상을 인지할 때 많은 도움을 주지만, 어떤 측면에서는 오히려 우리의 인식을 편견으로 이끌기도 한다. 우리도 모르는 사이에 그 두 가지의 구분 사이에는 어떤 위계가 생기고, 그 둘은 대립적인 것으로 인식되기도 하기 때문이다.

예를 들어 우리는 모든 생물을 동물과 식물로 나눌 수 있다고 생각하지만, 동충하초와 같이 동물과 식물의 중간 형태를 보이는 것들도 있다. 더구나 우리가 여자와 남자로 나뉘고, 문과와 이과로 나뉜다고 해서 어느 한쪽이 다른 쪽보다 우월하거나 열등한 것은 아니며, 그 둘이 전혀 무관하게 대립적으로 존재하는 것도 아니다.

　학문의 영역 사이는 어떨까. 흔히 우리는 과학적 탐구 능력과 예술적 소질을 별개의 것으로 여긴다. 과학은 객관적이고 논리적이어서 이성과 관련되어 있고, 예술은 주관적이고 정서적이어서 감성과 관련된 것이라고 간주한다. 이렇게 보면 과학과 예술은 서로 대립적으로 존재하는 별개의 영역이 된다.

　그러나 과학과 예술이 전혀 별개의 영역이라면, 그래서 서로 만나기 어려운 경계를 지니고 있는 것이라면, 오늘날의 과학과 예술의 관계는 어떻게 설명해야 할까. 현재 우리는 과학 기술의 발달에 힘입어 미디어 아트라는 새로운 예술 분야와 만나고 있고, 우리의 상상 속에서만 등장했던 인조인간이나 로봇, 심지어 복제인간의 출현까지 기대하고 있다. 첨단 과학기술 시대라고 일컬어지는 오늘날의 상황은, 지금까지 대립적인 것으로만 파악해 왔던 과학과 예술의 관계를 다시 생각해 보도록 한다.

책으로 푸는 논술

　　2002학년도 이화여대 수시모집 인문계열 문제는 제시문에서 저자가 문학을 비판하는 근거를 찾아 그것이 타당하다고 생각하는지, 그리고 문학과 과학을 조화롭게 볼 수는 없는지에 대한 자신의 입장과 이유를 설명하라는 것이었다. 제시문은 문학과 과학의 관계를 대립적으로 파악하고 있었다. 제시문의 일부를 인용해보자.

"결국 문학은 그 실용적 가치에도 불구하고 기본적으로 사물의 본질에 의거한 것이 아니기 때문에 현대 정보 사회에서는 제대로 된 학문적 영역으로 인정받기 어렵다는 것입니다. 문학 예찬론자들은 문학이 시대와 장소를 초월하는 인간의 보편성을 섬세하게 보여준다고들 합니다. 그러나 문학은 결국 '말의 연구'일 뿐이라는 겁니다. 기본적으로 문학은 야만의 시대에 속하는 저열한 정신활동일 뿐이지요.

진정한 진리탐구는 문학이 아니라 이성적이며 과학적인 학문, 즉 자연과학에 의해 가능한 것이라 생각합니다. 인간적 가치를 강조하는 문학은 결국 가치와 상황의 변화에 따라 그 보편성과 절대성이 붕괴될 수도 있지만, 관찰과 실험을 통해 구한 사실에 근거한 과학은 시대와 상황이 변하더라도 그 보편성과 절대성을 잃어버리지는 않는다는 겁니다. 말하자면, 과학은 말이 아니라 사실에 근거하고 진리는 말이 아니라 사물에서 구해야 하기 때문이지요."

제시문은 과학과 문학이 서로 공존하거나 상호보완적일 수 있기는커녕 대립적이며, 심지어 과학에 비해 문학은 열등한 분야일 뿐이라고 보는 입장이다. 문학은 사물의 본질에 근거한 것이 아니라 '말의 연구'일 뿐인 저열한 정신활동이라는 것이다. 반면에 과학은 관찰과 실험에 근거한 사실을 바탕으로 하기 때문에 시대와 상황이 변해도 그 보편성과 절대성을 잃지 않는다고 한다.

제시문에서처럼 문학과 과학을 배치되는 것으로 이해하는 것은 일반적인 통념이다. 그러나 이 문제는 그런 통념에서 벗어나 문학과 과학을 조화롭게 볼 수는 없는지 묻고 있으며 그에 대한 타당한 이유까지 제시하라고 요구하고 있다.

박이문은 『이카루스의 날개』와 『문학과 언어의 꿈』 등의 저서를 통해 예술과 과학, 문학과 과학의 상호적인 관계에 대한 고찰을 보여준다. 우선 예술과 과학의 관계에 대한 문제에는 세 가지 측면이 있다고 제시한다. 첫째, 날로 발전하는 과학 지식과 과학 기술을 어떻게 예술의 향상을 위해서 유용하게 사용할 수 있는가의 기술적 문제, 둘째, 상반되거나 아니면 이질적인 것처럼 보이는 과학과 예술을 어떻게 문화적으로 조화시키느냐의 사회학적 문제, 셋째, 예술과 과학이 도대체 개념적으로 양립하고 상호 관계를 맺을 수 있는가의 철학적 문제를 제기하고 있다. 우리가 다루려는 논제는 이 세 번째 측면과 관련이 있다.

우선 저자는 과학과 예술은 이미 오래전부터 서로 영향을 미쳐왔다는 사실을 보여준다. 르네상스의 그림에서 처음으로 사용된 원근법은 그 당시의 망원경의 발명과 더불어 발견된 원근법의 과학적 이론을 전제한 것이며, 졸라가 예술에서 자연주의를 제창하며 과학자가 실험하듯 실험소설을 썼던 것은 당시의 세계관을 지배하기 시작했던 과학적 사상 때문이었다. 그리고 달리, 클레, 미로, 샤갈 등의 미술 작품들은 프로이트의 정신 분석학에서 결정적 영감을 얻었음에 틀림없다. 과학이 예술에 영향을 미치는 것과 마찬가지로 예술이 과학에 미치는 영향의 경우도 들 수 있는데 대표적으로, 공상과학 소설은 당시의 과학 지식에서 영감을 얻기 마련이다.

사람들은 첨단 과학 기술 시대에의 문학뿐 아니라 예술의 존재 이유에 대해 회의적인 태도를 취한다. 과학자나 과학 기술이 차지하고 있는 사회적 중요성에 비추어 작가나 예술작품의 비중이 상대적으로 축소되어 보이기 때문이다.

그러나 저자는 하이테크 아트의 출현을 예로 들어 예술이 과학과 상충하거나 경쟁하지 않고 공존할 수 있는 것은 물론이거니와 예술이 과학을 바탕으로 더욱 활발해질 수 있음을 입증한다. 예술가들은 과학자들의 능력으로는 볼 수도 표상할 수도 없는 진리를 발견하고 드러낼 수 있기 때문에, 예술이 과학과 갈등 없이 또 하나의 인지 양식으로 존재할 수 있다고 저자는 설명한다.

즉, 예술과 과학은 서로 다른 역할을 한다는 것이다. 예술이 보여주는 것은, 과학이 보여주는 것처럼 객관적 사물 현상에 대한 진리를 찾아내는 데에 있지 않다. 다만 그러한 것을 새롭게 바라 볼 수 있는 새로운 틀이나 관점, 즉 과학이 보여주는 것과는 다른 새로운 패러다임을 보여준다. 무지개라는 현상을 보고 워즈워스(Wordsworth, William)는 「무지개」라는 시를 썼다. 그는 이 시를 통해 무지개라는 자연현상과의 교감을 노래하며 그 속에서 삶의 의미와 신에 대한 믿음까지도 새롭게 깨달았다고 고백한다. 이 시를 통해 우리는 무지개라는 자연 현상이 어떤 과정을 통해 생성되는지에 대한 지식을 얻을 수는 없다. 그러나 무지개라는 자연현상이 우리의 삶과 무관한 객관적인 대상이 아니라는 것을 깨달을 수 있고, 그를 통해 삶의 의미를 발견하고, 종교적인 신앙을 확인할 수도 있으며 자연물과의 상호 교감을 통해 정서적인 즐거움도 누릴 수 있다.

예술이 사물 현상에 대한 지식이나 정보 제공과 같은 인지적 기능을 하지 못하는 것은 사실이다. 예술이 보여주는 세계는 과학이 보여주는 객관적 사실로서의 세계가 아니라 하나의 상상적이고 주관적인 세계이기 때문이다. 이러한 예술적 세계를 통해서 우리는 사물이나 객관적인 상황을 새로운 시각으로 생각해볼 수 있으며, 그를 통해 사물 현상과 세계에 대한 새로운 진리를 발견할 수 있다. 즉 예술은 과학만으로는 인식할 수 없는 새로운 측면을 우리에게 열어 보여준다고 할 수 있다.

그러므로 예술은 과학과 배타적 관계를 이루고 있는 게 아니라, 과학과는 다르지만 역시 과학과 마찬가지로 어떤 종류의 진리를 추구하는 작업이며 예술작품은 바로 그러한 노력의 결실이다. 『문학과 언어의 꿈』은 예술과 과학의 관계, 그 중에서도 특히 문학과 과학의 관계에 대해 주목하고 있다. 과학만으로는 안 되는 일을 문학이 어떻게 보완해주고 있는지 살펴보자.

우리들은 흔히 인간의 지적 욕구는 과학에 의해 가장 만족스럽게 충족될 수 있고 과학 이외의 다른 양식에 의한 지적 탐구는 무의미하다고 여기기도 한다. 그렇지만 과학은 인간의 지적 욕구를 완전히 충족시킬 수 없다. 여기에는 두 가지 이유가 있다.

첫째, 인간이 알고자하는 지적 탐구 대상의 영역은 과학의 지적 대상의 영역보다 그 폭이 훨씬 넓기 때문이다. 과학의 지적 탐구 대상은 지각적으로 경험할 수 있는 자연현상으로 제한된다. 그러나 지각할 수 있는 대상으로서 자연이 존재의 전부는 아니며 인간의 인식은 지각에만 의존하지 않는다. 우리의 지각이 도달할 수 없는 초월적인 무의식이나 영적인 세계, 도덕적이며 미적인 경험으로 표출되는 가치의 세계 역시 우리의 무한한 지적 호기심을 자극하는 진리 탐구의 대상이다.

둘째, 무엇인가를 인식한다는 것은 언어를 떠나서는 있을 수 없다. 진리를 인식하기 위해서는 필연적으로 언어로 서술되어야 한다. 그러나 어떤 서술도 그 대상과 정확하게 일치할 수는 없다. 한 대상과 그에 대해 언어로 서술해놓은 것이 서로 완벽하게 일치할 수는 없다. 따라서 한 가지의 어떠한 서술도 그 대상을 완전하게 전달할 수 없고, 똑같은 대상에 대해 무한히 다양한 서술이 가능하며 또한 그런 다양한 서술이 필요하다. 그러므로 무지개라는 자연 현상에 대해서는 과학이 제공하는 객관적인 지식뿐 아니라, 워즈워스처럼 시를 통해 그 현상을 서술할 수도 있고, 음악이나 미술을 통해 새로운 언어로 서술될 필요도 있는 것이다. 그래야 하나의 현상에 대한 다양한 측면의 인식이 가능할 수 있다. 무지개에 대한 과학적 정보만이 중요한 것이 아니고, 무지개에 대한 음악적 형상화만이 다른 모든 표현들보다 우월한 것도 아니다. 이런 점에서 문학을 비롯한 다양한 예술은 과학만으로는 만족될 수 없는 인간의 근본적인 욕구의 한 측면인 정서적인 욕구를 채워준다.

인간 생활에 과학적 지식이 아무리 중요한 의미를 갖더라도 그것은 인간의 지적 갈등을 완전히 해갈시키지는 못한다. 인간은 과학이 아닌 다른 방식에 의한 지적인 만족도 원하기 때문이다.『문학과 언어의 꿈』에서 박이문은 다양한 예술 양식 중에서도 언어를 표현 매체로 삼고 있는 문학, 특히 소설이 이러한 인간의 정신적 욕구를 채우는 데 가장 적절하다고 말한다. 문학은 구체적 사물이나 현상에 대한 경험을 총체적으로 기록할 수 있다. 뿐만 아니라 우리에게 익숙한 시간과 공간 속에 위치시킬 수 없으며, 우리의 오감(五感)으로 쉽게 파악할 수 없는 대상이나 경험도 문학적 상상을 통해 드러내 보일 수 있다. 문학을 통해서 우리는 외적으로 표출되지 않는 도덕적 갈등과 심리적 드라마, 미적 감동과 그것에 대한 반성, 그리고 사회적, 도덕적, 종교적, 철학적, 실존적 문제를 반성하거나 비판하면서, 새로운 세계와 가치를 구상하고 창조해낼 수 있다. 저자는 이러한 모든 것을 하나의 통일된 전체로서 가장 총체적으로 인식하여 표상할 수 있는 것은 오직 문학이며, 특히 장편 소설의 형식을 갖춘 문학이라고 말하고 있다.

그리고 더 나아가 어떤 측면에서는 문학이 과학을 능가할 수 있는 기능을 담당할 수 있다고까지 설명한다. 하루가 다르게 눈부신 발전을 보이는 첨단 과학 기술은 우리가 편안하게 살 수 있는 수단을 제공하지만 목적을 설정할 수 없으며, 현상이나 대상을 분석하지만 종합할 수는 없다는 것이다. 과학이 편리한 물질을 생산하고 교환하게 하지만, 그것이 인간의 삶에 어떤 의미를 지니는지까지는 설명해주지 못하며, 더욱이 과학은 참과 거짓, 선과 악의 가치 구별에 도움을 주지 못한다. 그러므로 새로운 발명과 문명의 이기를 어떻게 이용해야 하는지 알려주고, 그것이 전체적인 우리의 삶 속에서 어떤 의미를 가질 수 있는지 도와줄 수 있는 분야가 필요한 것이다. 그리고 그런 역할을 예술이, 특히 문학이 가장 잘 해낼 수 있다는 것이 저자의 주장이다.

이를 잘 이해하기 위해서는 문학을 연구한다는 것이 어떤 의미인지 자세히 살펴볼 필요가 있다. 하나의 문학작품의 의미를 파악하는 것은 낱말들 하나하나의 의미에 대한 이해 이상을 의미한다. 한 낱말, 한 구절의 의미는 그것들의 어원, 사회적 또는 역사적인 맥락, 그리고 그것들이 한 작품 속에서 차지하고 있는 위치를 떠나서는 완전히 파악될 수 없다. 따라서 한 작품의 역사적 배경, 작가의 의도, 작품의 구조 등이 조사되고 분석되어야 한다. 때로는 한 작가의 생애가 조사되고 작품이 위치해 있는 문학사가 연구되고, 작품이 씌어졌던 시대의 언어의 의미가 연구되는 일들이 필요하기도 하다. 문학은 이런 작업을 통해 우리들이 인간에 대한 경험을 넓히고 사물에 대한 감수성을 세련 시키고 언어에 대한 감각을 가다듬을 수 있게 해준다. 그리고 종교적, 철학적, 윤리적 문제에 시야를 넓혀 더욱 깊은 정신적 세계를 배우도록 이끌기도 한다. 즉 우리는 이와 같은 문학적 경험을 통해서 인간과 사회에 대한 깊이 있는 이해에 도달할 수 있다.

예를 들어, 한 작품을 작가의 심리나 사상을 표현한 것으로 본다면, 그 작품은 작가의 심리나 사상을 인식하는 좋은 자료가 될 수 있다. 한 작품을 그 작가가 살고 있던 사회나 문화의 반영으로 볼 때 그의 작품은 그 사회와 문화를 연구하는 데 좋은 자료가 될 수도 있다. 그러므로 우리는 문학작품을 통해 심리학, 사회학, 사상사 등을 접할 수 있는 것이다. 이렇게 본다면 문학 연구가는 경우에 따라서 심리학자, 사회학자, 사상사가 등의 기능까지 한다고 볼 수 있다.

과학이나 기술처럼 손에 잡히고 눈에 보이는 것들에 의해서 세상이 움직이고 있는 듯이 보이지만, 사실 우리의 삶은 그런 물질적인 것들에 의해서만 좌우되는 것은 아니다. 비중이 상대적으로 미약해져 감에도 불구하고 예술 작품과 작가는 아직 소멸하지 않았고 문학작품은 계속 생산되고, 소비되고 있다. 그리고 첨단 과학 기술 사회에서 아무 쓸모없어 보이는 문학이 과학 지식이나 과학 기술 그리고 그 밖의 활동으로도 채울 수 없는 무엇인가의 요청을 충당하고 있는 것은 분명한 사실이다.

➜ **이 글의 논제** --

하루가 다르게 발전하는 첨단 과학 기술의 시대에 아직도 문학을 논한다는 것은 너무나 시대에 뒤떨어지는 일이 아닌가 싶다. 그러나 박이문은 『이카루스의 날개』와 『문학과 언어의 꿈』에서 문학이 가진 의미와 기능에 대해 설명하고 있다. 첨단 과학 기술 시대에 문학이 반드시 필요한 이유에 대해 논하라.

➜ **읽은 사람은 다 안다** ---

1. 졸라가 당시의 세계관을 받아들여 자연주의를 제창하면서 실험소설을 썼듯이 프로이트의 정신분석에 영향을 받은 예술가들의 예를 드시오.
2. 저자는 과학이 인간의 지적 욕구를 완전히 충족시킬 수 없다고 했다. 그 이유는 무엇인가?
3. 저자는 문학이 과학을 능가하는 기능을 담당할 수도 있다고 했다. 어떤 측면에서 그러한가?

우리말 어떻게 지켜야 하는가?
―우리말의 정체성

최경봉 지음, 『우리말의 탄생』, 책과함께, 2005.
이진원 지음, 『우리말에 대한 예의』, 서해문집, 2005.

책
으
로 가
는
길

　　'얼짱' 이라는 말은 사전에 오를 자격이 있을까? 실제로 얼마 전에
국립국어원과 금성출판사 사이에 이 문제를 두고 논쟁이 벌어졌다.
금성출판사는 2004년판 『훈민정음국어사전』에 '얼짱' 을 표제어로 올렸다. 『훈
민정음국어사전』에서는 '얼짱' 을 이렇게 설명하고 있다. "얼짱〔명〕〈속〉 어떤
집단이나 사이버 공간에서 얼굴이 가장 예쁘거나 잘 생긴 사람" 그러나 국립국
어원에서는 "유행어 사전과 같은 특별한 목적의 사전이 아니라면 단어로서의
안정적 자격을 확보한 단어라야 사전에 오르는 것" 이라고 주장했다. 일시적으
로 사용되다 없어질 말은 사전에 오를 자격이 없으므로, 외모 지상주의 열풍이
가라앉으면 자연스럽게 사라질 '얼짱' 이라는 말은 사전에 올릴 수 없다는 것이
다. 게다가 '얼짱' 은 '얼굴' 과 속어인 '짱' 을 결합한 말인데, 이것이 우리말에
서는 쓰이지 않는 조어 방식이라는 사실도 사전에 올려서는 안 되는 이유 중의

하나로 밝히고 있다. ‘얼짱’ 은 ‘얼굴’ 이라는 더 이상 쪼갤 수 없는 하나의 형태소를 쪼개어 다른 말과 결합시키고 있기 때문이다.

반면에 금성출판사의 입장은, ‘얼짱’ 의 조어 방식이 분명 우리말의 조어 규칙에 어긋나는 것이며 바람직하지 않은 방식이라는 것은 인정하지만, ‘얼짱’ 이라는 말은 일시적인 유행어가 아니기 때문에 사전에 올려야 한다고 주장한다. 4, 5년 전부터 쓰이기 시작한 ‘얼짱’ 이라는 말이 이제 일상적인 표현이 된 것은 사실이다. 금성출판사는 ‘사전이 언어 현실을 빠르게 반영하는 것이 미덕인 시대’ 임을 강조한다. 그런 이유로 『훈민정음국어사전』에는 ‘얼짱’ 외에 ‘짝퉁’, ‘남친’, ‘여친’, ‘초딩’, ‘고삐리’ 같은 속어도 표제어로 실려 있다.

‘얼짱’ 을 사전에 올려야 한다는 입장이나 올려서는 안 된다고 하는 입장이나 다들 어느 정도 수긍이 간다. 변화하는 시대를 반영하는 언어의 흐름을 먼저 고려할 것인가, 아니면 아무리 언어가 사회를 따라 변화한다 할지라도 언어가 지켜야할 규칙을 먼저 고려해야 할 것인가에 따라 입장이 나뉠 수밖에 없다. 인터넷 언어라고 하는 말들도 마찬가지다. 채팅 용어라고 해서 처음에는 인터넷 상에서만 쓰이던 줄임말이나 신조어들이 문자 메시지는 물론이거니와 손으로 필기를 하는 경우에도, 심지어 말을 할 때도 자연스럽게 쓰이게 되었다. 이런 상황을 두고 어떤 이들은 언어는 사회의 변화를 반영하는 것이니 당연한 현상이라고 하고, 어떤 이들은 심각한 우리말의 오염이라며 개탄하기도 한다.

이런 상황이 정말 언어의 파괴나 오염인 것인가, 국어시간에 배운 대로 우리말은 우리 민족의 얼을 반영하는 것이니 일시적인 유행어를 사용하는 것은 곧 스스로 민족의 혼을 더럽히는 일이 될 것인가, 말이란 의사소통이 일차적인 목적이니 굳이 어렵게 따지고 들 필요가 없는 것인가, 남들이 다 쓰는 통신어 하나 제대로 구사하지 않으면서 나 혼자만 우리말의 문법을 따지고 드는 일은 어쩐지 쑥스러운 일이지 않은가, 그렇다고 통신어의 남용이니 외래어의 무분별한 사용이니 하는 비판이 틀린 것만은 아니지 않나 싶기도 하다. 과연 '우리말' 이라는 것이 어떤 의미이며 그것에 중대한 의미를 부여해야 한다면, 어떤 의미를, 왜 부여해야 하는지 생각해보자.

책으로 푸는 논술

2006학년도 동국대 수시모집 논술고사에서는 우리말과 글의 정체성에 대한 문제가 출제되었다. 제시문 (가)와 (나)를 읽고, 오늘날 세계화, 정보화 속에서 우리의 말과 글이 정체성을 확보하기 위하여 중요하다고 생각하는 실천 방안 하나를 들어 논술하라는 것이 문제였다. 제시문의 일부를 살펴보자.

(가) 세종대왕님! 말과 글도 어쩌면 공기나 물과 같아서 당연히 누리며 살아갈 때에는 별로 그 가치와 소중함을 느끼지 못하나 봅니다. 그래서 공기나 물의 오염에 대해서는 민감하면서도 말과 글의 오염과 훼손에 대해서는 무심합니다. 공기나 물이 인간의 생존과 직결되어 있듯 말과 글은 민족의 얼과 직결되어 있음을 미처 알지 못하는 백성들의 무지몽매함을 너그러이 헤아려 주십시오.
최근 외솔 최현배 님의 친필 방명록이 발견되었습니다. 그 중 글 한 대목이 서늘하게 가슴에 와 닿습니다. "한글이 목숨이다." 우리들이 한글을 "왜? 무엇 때문에?" 굳건히 지켜야 하는지를 일깨워주는 쟁쟁한 울림장이 아닌가 합니다. 559돌 한글날을 맞이하여 다시 한 번 대왕님의 커다란 업적을 기리며 어리석은 백성들 가운데 이날 하루만이라도 한글은 한국인 개개인의 목숨이자, 겨레의 목숨 그 자체임을 깨닫게 되기를 간절히 소망하면서 저의 글을 맺습니다. 안녕히 계십시오.

(조주현 「세종대왕님 전상서」, 강원일보, 2005. 10. 8일자)

(나) 요사이 우리 사회는 터진 봇물처럼 마구 흘러드는 외래 문명에 정신을 차리지 못할 지경이다. 세계화가 미국이라는 한 나라의 주도 아래 이루어지고 있다. 일본은 얼마 전 영어를 아예 공용어로 채택하는 안을 검토한 바 있다. 문화 인류학자들은 이번 세기가 끝나기 전에 대부분의 언어들이 이 지구상에서 자취를 감출 것이라고 예측한다. 언어를 잃는다는 것은 곧 그 언어로 세운 문화도 사라진다는 것을 의미한다. 우리가 그토록 긍지를 갖고 있는 우리말의 운명은 과연 어떻게 될 것인가.
(중략) 영어는 배워서 나쁠 것 없고 국제 경쟁력을 키우는 차원에서 반드시 배워야 한다. 하지만 영어보다 더 중요한 것은 우리말이다. 우리말을 제대로 세우지 않고 영어를 들여오는 일은 우리 개구리들을 돌보지 않은 채 황소개구리를 들여온 우를 또다시 범하는 것이다. 영어를 자유롭게 구사하는 일은 새 시대를 살아가는 필수 조건이다. 하지만 우리말을 바로 세우는 일에도 소홀해서는 절대 안 된다. 황소개구리의 황소울음 같은 소리에 익숙해져 참개구리의 소리를 잊어서는 안 되는 것처럼.

(최재천 「황소개구리와 우리말」)

제시문의 내용 자체는 전혀 어려운 것이 아니다. 게다가 제시문 (나)는 고등학교 국어(상) 교과서에 실려 있는 최재천의 「황소개구리와 우리말」의 일부분이다. 두 개의 제시문 모두 말은 민족 주체성의 근본이고 민족의 정체성을 대변하는 것이라는 입장을 드러내고 있다. 그리고 우리말이야말로 세계 어느 곳에서도 찾아보기 힘든 자랑스러운 유산이라는 공통된 자부심을 전제로 하고 있다. 학교 측에서 밝힌 출제 의도는 다음과 같다.

이 글의 논제는 제시문 (가)를 통하여 한글의 우수성과, 그 우수한 한글을 잘 지켜가지 못하는 국어 현실 상황을 확인하고, 제시문 (나)를 통해 세계 언어가 처한 현실을 바로 파악하여, 국어 현실의 문제점과 그 극복 방안에 대한 수험생들의 견해를 묻기 위한 것이었다.

본 문항은 세계화 정보화 시대에 우리는 우리의 말과 글의 정체성을 확보하기 위해 어떤 노력이 필요하며 그 실천 방향은 무엇인지 짚어봄으로써 외적으로는 국가 경쟁력을 키우고, 내적으로는 말글의 우수성을 인식하는 계기를 마련하여, 우리의 훌륭한 문화유산인 우리말을 세계화 정보화 시대 속에서 바람직한 방향으로 가꾸고 발전시킬 수 있는 방안에 대하여 구체적으로 모색하는 시간을 갖자는 데 출제의도가 있다.

요즘 우리말은 외국어나 외래어의 무분별한 사용 때문에, 채팅어의 남발로 인해, 국적 불명의 표현들이 난무하고 있어서 정체성의 혼란을 겪고 있는 게 사실이다. 세계화나 정보화도 중요하고 국가 경쟁력도 무시할 수는 없지만, 우리말의 체계를 뒤흔드는 언어 사용에는 분명 문제가 있다. 시대의 변화를 거스르지 않으면서 바람직한 방향으로 우리말을 가꾸어 나갈 수 있는 방안을 모색해보자는 것이 이 문제가 원하는 점이다.

책 속으로

아래의 인용문을 읽어보자. 현재 우리의 현실과 너무나 닮아 있다.

1926년 7월 7일(수) 맑다. 무덥다. 4학년 조선어 시험 답안을 보다가 화가 난다. 이 과정에 대하여는 너무들 성의가 없다. 온 세상 사람들이 거의 다 추세(趨勢)로 사니 학생들만 나무랄 것도 없지마는, 화는 아니 날 수 없다. 어제도 조선어 시간에 2학년 누구가 "조선어도 시험 보나요" 하기에 한바탕 야단을 쳤었다. 그러고 나서 생각하면 우스운 일이지마는 그런 말을 듣는 때에는 과연 그저 있을 수 없다. 진실로 무엇을 배우는 셈인지 무엇을 위하여 사는지 모르겠다.

위의 글은 가람 이병기 선생이 쓰신 글(『가람일기 1』, 신구문화사, 1974.)이다. 인용문에 나온 대로 1926년에 쓰인 일기지만 2006년 우리 모습과 다르지 않다. 요즘 우리도 영어 시험은 당연하게 여기면서 국어 시험에는 소홀하지 않은가. 더구나 대학에서도 국어국문학이 인기가 없어진지는 이미 오래되었다. 그뿐인가. 영어사전은 열심히 찾아보지만 국어사전을 찾아보는 일은 거의 없다. 국어사전은 초등학교 때나 쓰는 것으로 알고 있는 이들이 대부분이다. 교열기자 이진원이 쓴 『우리말에 대한 예의』는 우리가 우리말을 얼마나 소홀하게 여기고 있는지 다음과 같이 꼬집고 있다.

그놈의 '직업병' 때문에, 한참 이야기하던 상대방의 틀린 말을 그냥 지나치지 못하고 끝내 고쳐주면 대개 '글자 한 자 갖고 뭘 그러느냐.' 하는 반응을 보인다. 그러나 그런 그들도 영어 단어를 외울 때 '철자 하나 틀린 것 갖고 뭘 그러느냐.'고 하는 소리는 하지 않는다. 이건 영어 사대주의인가, 아니면 오자 불감증인가. 그것도 아니면 우리말과 글에 대한 지나친 자신감? 하지만 '그까짓 글자 한 자' 때문에 운명이 바뀌는 일은 우리 주변에서도 얼마든지 있다.

이진원은 『우리말에 대한 예의』에서 '그까짓 글자 한 자' 때문에 소송에 휘말려 억대의 손해를 본 회사 이야기나 '그까짓 글자 한 자' 때문에 의미가 완전히 달라져 버린 글에 대한 이야기의 실제 예들을 들어 설명하고 있다. 사람들은 흔히 아주 사소한 잘못이라고 대수롭지 않게 여기고 말지만, 저자는 틀린 말을 고치고 문장을 다듬어 문맥을 바로 잡아 다시 쓰는 것은, '우리말에 대한 예의'라고 주장한다. 세계에서도 드물게 고유한 말과 글을 함께 가지고 있는 우리는 그 말과 글을 정확하게 쓰는 데 힘을 기울여야 할 의무가 있다는 것이다. 저자는 한 글날만 되면 사람들이 말하는 '한글 파괴' 라는 표현이 얼마나 어처구니없는 실수인지를 지적한다. 정체불명의 언어 표현이 등장해서 혼란스럽다면 그것은 '한국어 파괴' 라고 할 수는 있어도 '한글 파괴' 라고는 할 수 없다는 것이다. 이는 문자를 가리키는 '한글' 과 말을 가리키는 '한국어' 를 혼동하기 때문에 생긴 상황이다. '안냐셈' 이나 '없어염' 같은 말을 한글 파괴와는 전혀 상관없으며, '아햏햏' 이나 '뿳꿇뚱꾀' 같은 온갖 이상한 표현이 등장한다면 그건 되레 어떤 소리라도 글로 적을 수 있는 한글의 우수성을 증명하는 것이라는 게 저자의 주장이다.

저자는 우리들이 흔하게 하는 '우리말이 영어보다 어렵다' 는 말은 자신이 '생각이 없는 사람' 이라는 광고가 될 뿐이라고 일침을 가한다. 우리가 외국어 공부에 들이는 노력의 반에 반만큼이라도 우리말과 글 사용에 신경을 쓴다면 우리말을 어렵다고 느낄 까닭이 없을 것이다. 단적인 예로 여러 사람들이 지적을 하는데도 불구하고 우리가 일상적으로 잘못 쓰고 있는 '저희 나라' 라는 표현이나 '틀리다' 와 '다르다' 를 구별하지 못하는 것 등을 들 수 있다. 저자는 '저희 나라' 라는 표현은 망발에 가깝다면서, 자기 나라를 낮추어서 도대체 누구에게 겸손해지려는 것인지, 누가 어떤 권리로 감히 '나라' 를 낮춰 말할 수 있다는 것인지 되묻는다.

저자가 우리말의 규칙을 엄격하게 지킬 것을 주장하지만 그렇다고 사회의 흐름에 따라 말 역시 바뀔 수밖에 없다는 사실을 인정하지 않는 것은 아니다. 예를 들어 누나의 남편을 매형(妹兄)이라는 말 대신 자형(姊兄)이라고 해야 옳다는 주장에 대해 반대의견을 편다. 매형(妹兄)의 매(妹)는 손아래 누이를 뜻하는 것이니 누나의 남편을 부를 때는 자형(姊兄)이라고 하는 것이 옳다. 그러나 이것은 글자 자체에만 지나치게 집착해서 저지른 오류라는 것이다. 사실은 자형(姊兄)과 매형(妹兄)은 동의어인데다가 우리나라 전체를 두고 봐도 자형보다는 매형이라는 말이 더 많이 쓰이고 있기 때문이라는 것이다. 이렇게 세월에 따라 말뜻도 변한다는 사실을 인정해야할 때가 있다는 사실을 저자는 잊지 않는다. 그렇지만 이런 주장과 동시에, '다니는 사람이 없으면 길도 없어지는 법'이라면서, 잘 쓰지 않는 우리의 귀중한 말들이 외래어나 외국어 표현에 밀려 사라질까봐 걱정도 하고 있다. 세월에 따라 말도 달라지는 것은 어쩔 수 없는 일이지만, 조상들이 물려준 귀중한 재산인 우리말을 잘 몰라서 못 쓰거나, 잘못 알아서 틀리게 쓰는 일은 없어야 한다는 얘기다.

우리가 지금 누리고 있는 모든 문화유산이 다 그렇듯이 그것을 아끼고 지키려고 노력한 사람들이 없었다면 우리는 이미 많은 유산들을 잃어버렸을지도 모른다. 오랜 세월 동안 우리말을 보존하려고 애써왔던 사람들의 이야기를 역사적으로 서술한 책이 최경봉의 『우리말의 탄생』이다. 이 책은 최초로 우리말 사전이 만들어지기까지의 50년 동안의 길고 험난했던 모든 과정을 집중 조명하고 있다. 이 책에는 '일제 강점기부터 해방 직후에 걸친 민족사의 격동기에 오로지 우리말 사전 편찬에 인생을 건 사람들의 좌절과 고통, 그리고 완성의 기쁨'이 담겨있다.

1894년 우리나라는 한글을 공식문자화하고, 한글로 기록된 우리말 표현을 국가 공문서의 표준으로 사용하였다. 이후에 만들어진 근대 학교에서는 한글 교과서를 사용했으며, 새로운 지식은 한글로 된 책으로 출판되어 유통되었다고 한다. 그리고 1929년에는 조선어사전편찬위원회가 결성되었다. 한글을 지켜나가기 위한 여러 방법들 중에서 사전을 만드는 일의 의미를 저자는 이렇게 밝히고 있다.

한 언어공동체에 자신들의 언어만을 위한 사전이 있다는 것은 공동체가 합의한 규범에 의해 그 언어가 통제되고 있음을 의미한다. 또한 규범에 의한 언어의 통제는 그 언어를 통해 많은 양의 지식이 소통되고 있으며, 이에 따라 체계적이고 일관된 언어 교육이 필요해졌음을 의미한다.

한글이 널리 쓰이게 되면서 철자의 통일, 우리말 속에 축적되어온 방대한 어휘의 수집과 정리, 표준이 되는 공식 언어의 지정 등 많은 과제들이 생겨나게 되었고, 이는 자연스럽게 우리말 사전의 필요로 이어졌을 것이다. 즉, 사전을 통해 우리말에 대한 규범화 작업이 필요할 만큼 한글이 공식 문자화되면서 우리말의 위상이 높아졌다는 의미일 것이다. 긴요하게 사전편찬이 필요했던 시대의 상황이 그러했다면, 요즘 우리가 국어사전을 거의 펼쳐보지 않고 산다는 것은 우리말의 위상은커녕 우리말이 얼마나 푸대접을 받고 있는지 단적으로 말해주는 것이 아닐까.

사람들은 한글이 매우 우수한 글자 체계로 형성되었으며 세계 어디에서도 찾아보기 힘들 정도로 과학적인 글자라는 얘기는 이미 다 알고 있다. 그러나 현실적으로 이제는 한글의 우수성을 말하는 것만으로는 한글에 대한 관심과 사랑을 이끌어내기는 어렵다. 모든 것이 경제논리에 포섭되어 가고 있는 상황에서 우리말에 관심을 갖기보다는 외국어를 하나라도 더 배우는 것이 소위 '경쟁력' 있는 삶을 살게 해주기 때문이다. 말에는 민족의 혼이 담겨있으므로 우리의 말과 글은 곧 우리 민족의 정체성을 드러내는 것이라는 얘기도 교과서에서 너무나 많이 들은 이야기일 뿐 그 말의 의미를 깊이 느끼지는 못하고 있는 게 사실이다. 그러나 고(故) 이희승 선생이 『국어대사전』 초판 머리말에 쓰신 다음과 같은 말은 변하지 않는 진리임에는 틀림없다.

한 민족의 언어는 그 민족의 사상, 감정의 투영이니, 다른 말을 빌려서 표현한다면, 그 민족의 정신 생활의 총화와 물질 생활의 전부가 반영된 상징이라 하겠다. 그러므로 언어는 민족의 생활 전부, 즉 문화 자체가 담겨있는 그릇이라 할 수 있고, 사전은 그러한 언어가 담겨 있는 또한 그릇이 되는 것이다.

그렇기 때문에 분단 60년이 되는 2005년에, 남북한이 그동안 갈라져 따로따로 살던 말을 한 곳에 모아 사전을 만들기로 했던 것이다. 그 결의는 2005년 2월 20일에 『겨레말큰사전』 공동편찬위원회의 결성으로 이어졌다. 분단에서 비롯된 언어의 이질화를 극복하기 위해 '통일사전'을 만들고, 남북한과 해외동포의 삶 속에서 만들어진 말을 우리 모두의 것으로 만들기 위한 '민족어사전' 편찬 사업을 시작한 것이다. 이처럼, 하나의 민족이며 하나의 역사를 공유하고 있는 사람들임을 확인시켜주고 단단하게 묶어줄 수 있는 것 중에 언어만한 것은 없다. 따라서 남과 북의 말과 글을 정리해서 공통의 규범이 될 사전을 만든다는 것은 통일을 준비하는 첫걸음이 될 것이다. 그리고 남과 북의 말과 글을 통일시켜 줄 『겨레말큰사전』은 우리말을 새롭게 탄생시키는 일이 될 것이다. 『우리말의 탄생』의 저자는, 근대에 우리말 사전의 탄생과 함께 우리말이 재탄생되었다면, 통일사전이면서 민족어사전이 될 『겨레말큰사전』으로 인해 우리말은 제3의 탄생을 하게 될 것이라고 말한다.

시대의 흐름에 따라 문법에 어긋나는 새로운 말들이 만들어지고, 외래어나 외국어가 더욱 많아지는 것은 거스를 수 없는 상황일 것이다. 그러나 그런 상황에서 변해 가야할 부분과 반드시 지켜 나가야할 부분을 구분하는 것은 우리말에 대한 주체성과 긍지에서 시작해야 한다. 우리말에 대한 애정과 지식이 없다면, 빠르게 변해가는 세계 속에서 우리말이 얻어낼 수 있는 새로운 가능성을 모색할 수도 없다는 것은, 매우 진부하지만 결코 잊지 말아야할 사실이다.

➜ **이 글의 논제** --

정체불명의 새로운 말들이 생겨나고 외래어와 외국어가 쏟아져 들어오는 상황에서 우리말과 글을 지켜 나가야하는 이유는 무엇이고 어떻게 지켜나갈 수 있을지 구체적인 방안을 논술하시오.

➜ **읽은 사람은 다 안다** --------------------------------------

1. '한글 파괴'라는 말이 왜 잘못된 표현인지 쓰시오.

2. 하나의 언어 공동체에 사전이 있다는 것은 어떤 의미인지 쓰시오.

3. 『겨레말큰사전』의 의미에 대해 쓰시오.

대중음악과 예술음악의 구분은 가능한가?
─고급예술과 대중예술

최유준 지음, 『예술음악과 대중음악, 그 허구적 이분법을 넘어서』, 책세상, 2004.

책으로가는길

세상에 그 어떤 음악도 없다고 상상해보자. 지금 내 귀에 꽂혀 있는 이어폰에서도 음악이 흘러나오지 않으며, 라디오를 켜도 음악이란 나오지 않고, 전화가 와도 멜로디가 없는 신호음만이 울린다고 생각해보자. 학교에서도 수업의 시작과 끝을 알리는 종소리도 음악이 아니고, 지하철을 갈아탈 때 나오는 음악조차 없으며, 아침에 잠을 깨우는 자명종 소리마저 음악이 아니라면……

굳이 음악을 찾아 듣는 사람이 아니라고 해도 우리는 이미 수많은 음악 속에 둘러싸여 살고 있는 셈이다. 그렇다면 음악이야 말로 모든 예술 장르들 중 우리에게 가장 친숙한 예술인 것이다. 그런데 여기서 잠깐, '음악' 이나 '예술' 이라는 말에 의문을 제기할 사람이 있을지도 모르겠다. 물론, 이효리나 동방신기의 노래가 음악인 것만은 분명하지만, 과연 '진짜 음악' 혹은 '예술로서의 음악'

이라고 할 수 있을까라는 생각에 고개를 갸우뚱 할 사람도 있을 것이다. 혹은, 지하철에서 갈아타는 역을 안내할 때 흘러나오는 비발디나 모차르트의 음악이 분명 클래식이긴 하지만, 그 음악을 들으며 '예술음악' 을 감상했다고 말할 사람이 있을까 하는 의문을 제기할 수도 있을 것이다.

소위 '대중음악' 을 하는 가수들이 새 앨범을 들고 나왔을 때 빼놓지 않고 하는 일이 예술성과 대중성에 대한 언급이다. 팬 여러분들을 위해 대중적인 측면을 중심으로 했지만 예술성도 고려했다거나, 진정한 뮤지션은 대중을 따라 가는 게 아니라 선도해야 하니 예술성에 중점을 두었다거나 하는 말들을 흔히 한다. 이런 말들을 들으면 대중성과 예술성이라는 것이 뚜렷하게 구분할 수 있는 것처럼 느껴진다. 뿐만 아니라 이런 말들은 대중성과 예술성은 양립할 수 없는 것이라는 전제하에 이루어지는 것이기도 하다. 그러나 정말 그런가, 대중성과 예술성을 어떻게 구분할 수 있을 것이며 두 가지가 양립 불가능한 것이라면, 왜 소위 '대중 가수' 라는 사람들이 굳이 예술성까지 고려하려고 노력하는 것일까.

이런 의문들에 대한 답은, 우선 우리가 흔히 쓰는 예술성과 대중성, 예술음악과 대중음악이라는 개념에 대한 정의가 이루어져야 가능할 것이다. 무엇을 대중음악이라고 하고 무엇을 예술음악이라고 할 것인지, 혹은 별 생각 없이 통용되고 있지만 대중음악과 예술음악의 구분이 과연 가능한 것인지 하는 물음까지도 생각해 보아야 할 것이다.

2005학년도 성균관대 논술고사에서는 대중음악이 갖는 사회, 문화
적인 영향에 대해서 상반된 입장을 보이는 제시문이 출제 되었다. 이를
통해서 대중음악을 비롯해서 대중문화와 문화 산업에 대한 입장을 정리해 볼
것을 요구하는 문제였다.

(제시문 1) As Horkheimer and Adorno stressed, the essential characteristic
of the culture industry is repetition. Adorno illustrates this by contrasting
'popular' and 'serious' music. As early as his 1936 essay 'On Jazz',
Adorno had argued that an essential characteristic of popular music was
its standardization. 'On Popular Music', written in 1941, repeats this point.
"The whole structure of popular music is standardized, even where the
attempt is made to circumvent standardization. Standardization extends
from the most general features to the most specific ones." Standardization
implies the interchangeability, the substitutability of parts.
By contrast, 'serious music' is a 'concrete totality' for Adorno, whereby
"every detail derives its musical sense from the concrete totality of the
piece." This is a dialectical relationship, whereby the totality is constituted
of the organic interrelation of the particulars. In the case of serious music,
interchangeability is not possible; if a detail is omitted, "all is lost."

호르크하이머와 아도르노가 강조했듯이, 문화 산업의 본질적인 특징은 반복이다. 아도
르노는 '대중적인' 음악과 '순수한' 음악을 대조시키면서 이를 설명한다. 초기에 해당
하는 1936년 그의 에세이 '재즈에 대하여'에서 아도르노는 대중적 음악의 본질적인
특징이 그것의 표준화라고 주장했다. 1941년에 씌어진 '대중적인 음악에 대하여'에서

는 이러한 점을 반복한다. "대중적인 음악의 전체적인 구조는 표준화되어 있다. 표준화를 피하려는 시도가 있는 곳에서조차 그러하다. 표준화는 가장 일반적인 작품에서부터 가장 특별한 작품에까지 확장되어 있다." 표준화는 부분들의 대체 가능성, 교환가능성을 포함한다.

반대로 '순수음악'은 아노르노에게 '구체적인 전체성'을 의미한다. "모든 세부적인 것들이 작품의 구체적인 전체성으로부터 음악적 감각을 끌어낸다." 이것은 변증법적인 관계이다. 이에 따라 전체성은 특수한 것들의 유기적인 상호관계로 구성된다. 순수음악의 경우에, 교환가능성은 불가능하다. 만약 세부적인 것이 생략된다면, "모든 것이 사라진다."

(제시문 1)은 대중음악과 순수음악을 대비시키면서 그 차이를 반복에 의한 표준화에서 찾고 있다. 즉 대중음악은 일정하게 정형화된 틀이 반복해서 나타나기 때문에 얼마든지 대체가 가능하지만 순수음악은 작은 부분 하나라도 생략되거나 바뀌면 전체가 달라진다는 것이다. (제시문 1)은 이런 전제 하에서, 대중음악의 표준화는 이를 향유하는 청중의 표준화를 낳는다고 연결짓는다. 따라서 대중문화와 청중은 얼마든지 대체가 가능한 부속물들 중의 하나가 됨으로써 후기 자본주의 하에서 급격한 의미 상실을 겪는다는 결론으로 이어진다.

(제시문 2) This approach was developed within the study of subcultures. The emphasis here rests upon the use of popular music in a subordinate or minority group's resistance to the values and attitudes of a 'parent' culture. A specific form of popular music will be chosen as one of the elements that reflects a set of central values with which the subcultural group identifies. The choice is not then made arbitrarily or casually. The music is meaningful. Willis's analysis of the culture of bikers illustrates this. Classic 1950s rock music is significant, for as a historically unified corpus of music, it is readily opposed to the temporary popular music, and thus the biker is separated from the consumer of pop music. Classic rock'n'roll (for example by Elvis Presley and Buddy Holly) is expressive of masculine values. Finally, the driving rhythms are expressive of a life of movement (and thus the music provides an imaginary soundtrack to bike-riding itself).

이러한 접근은 하위문화의 연구와 함께 발전되었다. 여기에서 강조점은 '부모' 문화의 가치와 태도에 대한 하위 그룹 혹은 소수자 그룹의 저항에 있어서 대중음악을 이용하는 것에 있다. 특정한 형식의 대중음악은 하위문화 그룹이 정체성을 확인할 수 있는 일련의 중심적인 가치를 반영하는 요소들 중의 하나로 선택될 것이다. 그 선택은 임의적으로 혹은 아무렇게나 이루어지는 것이 아니다. 그 음악은 의미를 지닌다. 윌리스는 오토바이족 문화에 대한 분석에서 이를 설명한다. 1950년대 고전적인 록 음악은 의미가 있는데, 역사적으로 음악의 통합체로써, 그것은 일시적인 대중음악과 쉽게 대비된다. 그래서 오토바이족은 대중음악의 소비자로부터 구별된다. 고전적인 로큰롤(예를 들면 엘비스 프레슬리와 버디 홀리에 의한)은 남성적인 가치에 대한 표현이다. 결국 원기왕성한 리듬은 활기찬 삶을 나타낸다. (그래서 음악은 오토바이를 타는 것 자체에 상상적인 사운드트랙을 제공한다.)

(제시문 2)는 하위문화라고 불리는 대중문화의 저항적인 측면을 강조한다. 고전적인 로큰롤 음악을 예로 들면서 그 음악이 부모 세대의 문화와 가치에 대한 저항의 표현이었다는 점을 설명한다. 이런 관점은 위의 (제시문 1)과는 대조적인 입장이다. 아래의 (제시문 3)은 최근에 이루어지고 있는 음악에 있어서의 크로스오버 현상에 대해 설명하고 있다.

(제시문 3) 클래식과 대중음악은 그 동안 서로의 영역을 침범하지 않고자 노력해 왔다. 그러나 20세기의 후반부에 들면서 이러한 장벽은 깨어질 수밖에 없었다. 그 단초가

2005학년도 성균관대 논술고사는 대중문화 중에서도 특히 대중음악에 대한 상반되는 견해를 드러내는 제시문을 주고 자신의 입장을 정리하라는 것이었다. 특히 고전음악과 대중음악 연주회에 참석한 사람들을 연령, 교육수준, 거주 지역, 성별에 따라 통계를 낸 도표를 따로 제시하면서 제시문의 입장 중 하나를 택하여 자료를 해석하라는 요구도 하고 있다. (제시문 3)의 크로스오버 음악은 최근의 현상에 대한 시각과 해석능력을 필요로 하는 부분이어서 그야말로 비판적이고 종합적인 자료 해석 능력과 논리력을 측정할 수 있도록 의도하였다.

책 속으로

이런 상황을 가정해보면서 얘기를 시작해 보자. 무대 위에는 마흔이 넘은 남자가 신바람을 내면서 혼자서 저녁 식사를 준비하고 있다. 이 남자는 결혼도 하지 않고 혼자서 두 여동생과 막내 남동생을 뒷바라지 해왔다. 두 여동생은 결혼을 했고 막내 남동생은 가출을 해서 소식을 모르는 상태다.

하지만 오늘은 이 남자의 생일이라 그는 동생들이 모두 찾아와 줄 것이라 잔뜩 기대를 하며 음식을 준비하고 있다. 이것이 음악극의 무대 위에서 벌어지는 상황이라면 이 남자가 흥얼거릴 대사에 어떤 곡조를 붙이겠는가. 그렇다면 이 음악극은 어떤 장르가 될 것인가, 오페라? 창극? 뮤지컬?

『예술음악과 대중 음악, 그 허구적 이분법을 넘어서』의 저자 최유준은 이런 상황을 제시하면서 음악 장르에 대해 가지고 있는 우리의 편견을 깨뜨리고자 한다. 위의 상황은 창작 뮤지컬 '사랑은 비를 타고'의 첫 장면이라고 한다. 실제로 뮤지컬에서는 첫 장면의 이 상황이 빠른 리듬의 카바레풍의 반주로 제시되었다고 한다. 여러분이 상상한 곡조는 어떤 것이었는가. 카바레풍의 곡조가 천박하다고 느껴지는가. 저자는 묻는다. "비가 주룩주룩 내리는 서울 시내 어느 좁은 아파트에서 사랑하는 이들과 함께 먹을 저녁상을 차리면서 부를 수 있는 노래, 그것은 어떤 선율이어야 하며 어떤 반주로 뒷받침되어야 할까."

우리는 흔히 '클래식'이라고 부르는 고전음악을 예술음악이라고 여기고 이 외의 음악들은 보통 대중음악의 범주에 넣는다. 이런 구분은 단순히 다름을 드러내는 것이 아니라 은연중에 위계를 지닌 구분법이 되었다. 클래식은 좀 고급한 음악으로 대중음악은 예술성이 좀 떨어지는 하위의 장르로 여기지 않는가. 혹은 고전음악에 대해 관심을 갖거나 지식을 구하려는 사람들을 좀 특별한 취미를 가졌거나 뭔가 있어 보이고 싶어 하는 이들의 허세 정도로 여기지는 않는가. 위의 책의 저자는 이러한 태도를 '고급문화에 대한 하위문화의 저항이 아니라 오히려 예술음악과 대중음악의 비합리적 이분법'을 비판 없이 받아들이는 것이라고 지적한다.

우리가 보통 '음악 평론가'라고 할 때는 서구 근대 예술음악, 쉽게 말해 클래식만을 전공하고 비평하는 이들을 가리킨다. 그리고 클래식 이외의 음악을 평론하는 사람들을 가리킬 때는 '대중음악 평론가' 처럼 특정 장르의 명칭을 붙이기 마련이다. 결국 '음악' 이라 함은 서구의 클래식을 가리키는 것이고, 그 이외의 것들을 가리킬 때는 특별한 명칭이 또 필요한 셈이다. '국악' 이라는 이름만 해도 그렇지 않은가. 그냥 '음악' 은 서구 음악에 내어주고 정작 우리 음악을 가리킬 때는 '국악' 이라는 이름을 새로 만들어 쓰고 있지 않은가.

저자는 음악과 음악 구분에 대한 우리 사회의 비합리적인 구별에 대해 비판하면서 일례로 우리나라 대학에 있는 실용음악과의 현실을 이야기한다. 우리나라의 음악 대학은 서구 고전 음악, 즉 클래식 음악 연구에만 국한 되어 있다. 간혹 4년제 대학에 실용음악과가 만들어지기도 하지만 그런 경우라 해도 실용음악과는 음악 대학에 소속되어 있지 않다. 비교적 일찍 4년제 대학에 실용음악과를 개설한 동덕여대의 경우에도 실용음악과는 음악 대학이 아닌 공연예술 대학에 소속되어 있으며 경희대의 경우 실용음악과에 해당하는 포스트모던 음악 전공이 음악 대학이 아닌 예술 디자인 대학에 속해있다고 한다. 이런 상황은, 산업디자인학과나 시각디자인학과, 응용미술학과 등이 미술대학에 속해있는 상황과 비교해볼 때 특이한 현상임에 틀림없다.

물론 우리 사회에서도 대중음악과 대중음악인들에 대한 인식이 예전과는 많이 달라지기는 했다. 그러나 이것은 저자가 지적하는 대로, 대중음악가가 클래식 음악가 부럽지 않은 부와 명예를 얻을 수 있도록 사회적 조건이 충분히 마련되었기 때문이다. 즉, 음악 자체에 대한 인식의 변화가 아니라 경제 논리에 따른 변화일 뿐이다.

실용음악과의 상황이 이러한 것은 실용음악은 곧 대중음악이라는 생각을 전제로 하고 있기 때문이다. 그러나 실용음악이란 말 그대로 실생활에 쓰이는 음악이라는 뜻이다. 그렇다면 대중음악만이 실생활에 쓰이고 예술음악이라 생각되는 클래식은 실생활에 쓰이지 않는 것인가. 이에 대해 저자는 다음과 같이 설명한다.

<blockquote>

사실상 모던 재즈는 무대에서 연주되기 위한 음악으로, 비실용적인 측면이 훨씬 강하다. 록 음악, 특히 헤비메탈 음악은 어떤가. 그처럼 시끄러운 음악을 어떤 실용적 맥락에서 쓸 수 있을까. 반면에 하이든이나 모차르트 음악은 실용적인 맥락에서 잘 쓰인다. 레스토랑이나 그 밖의 격식을 차리는 행사장에 가보라. 어디선가 은은하게 들려오는 그들의 음악이 그곳의 분위기를 고급스럽게 유지시키는 데에 잘 기능하고 있을 것이다. 일부 예술 지상주의자들에게 숭배의 대상인 바그너조차 그 실용성에 있어서 타의 추종을 불허한다. 한국의 예식장에서 거의 빠짐없이 바그너의 결혼 행진곡이 울려 퍼지니 말이다.

</blockquote>

즉 저자가 말하고자 하는 바는, 실용음악이란 우리가 지금껏 가지고 있는 예술음악과 대중음악이라는 이분법을 넘어서야만 탐구가 가능한 분야라는 점이다. 방송 프로그램에서 쓰이는 음악만 생각해봐도 알 수 있지 않은가. 방송의 성격과 주제에 따라 클래식과 우리의 전통 음악을 포함한 이 세상의 온갖 음악이 모두 배경음악으로 쓰이고 있다. 뿐만 아니라 우리는 일상의 여러 상황들에서 정말 다양한 음악들을 접하고 있다. 버스나 지하철 안에서, 쇼핑몰을 거닐 때, 식당이나 카페에서, 노래방에서 접하는 음악은 이미 예술음악과 대중음악의 경계를 넘어서 실용적으로 쓰이고 있다. 어찌 보면, 어떤 상황에서 음악이 쓰이느냐에 따라 실용적이지 않은 음악이 있을까 하는 생각도 든다.

이런 식으로 실용음악에 대한 새로운 개념을 정립한 저자는 이와 대립적인 입장에 대해 '자율음악론'이라는 명칭을 부여한다. 즉, "음악 현상은 음악의 자율성 혹은 음악 내적 논리에 입각해 해석해야 한다는 입장, 따라서 작가와 음악 작품에 초점을 맞추는 분석과 토론이야말로 음악 담론이 우선적으로 행해야 할 일이라는 입장, 음악의 사회적 기능에 대해 대립적인 태도를 취하며 저항할 때에만 예술로서의 가치를 갖는다는 입장, 궁극적으로 음악과 예술이 탐구하는 진실에 관심을 갖는 입장들을 넓게 아울러 자율음악론이라고 부르자."라고 주장한다.

저자는 예술음악과 대중음악이라는 이분법을 대체할 만한 새로운 범주로 자율음악론과 실용음악론을 소개한 것이다. 그러나 자율음악론과 실용음악론은 음악적 장르에 대한 구별로 이분화 되는 것이 아니다. 이 이분법은 음악을 바라보는 관점과 입장의 차이에 근거한 것으로, 어떤 음악 장르에도 편견 없이 적용될 수 있다는 것이 저자의 입장이다.

예컨대 대중음악 계열이라고 해도 재즈나 록 음악을 지향하는 이들 가운데는 자율음악적인 입장을 갖는 경우가 상대적으로 많다. 반면 금난새의 청소년 음악회 같은 공연은 실용음악적인 시도라 할 수 있다. 국악 역시 정악과 속악이라는 시대착오적 구분법으로 보지 않고 지금 제시하는 새로운 이분법으로 보면 더 풍부한 담론의 가능성이 열릴 것이다. 가령 종묘제례악은 실용음악이었던 음악 현상이 전통과의 단절 속에서 자율음악처럼 다루어지는 경우다. 굿 음악 역시 본질상 실용음악이지만 국악 학자들이나 종족 음악학자들은 이를 종종 자율음악처럼 다루려 한다. 산조는 굿 음악이라는 실용음악에서 벗어나 자율음악을 추구하는 근대적 연주자의 지향을 보여준다. 풍물놀이는 실용음악을 지향하는 반면 사물놀이는 자율 음악을 지향한다.

자자가 말하는 것처럼 근대 이후 노동의 분화가 일어나기 전까지 실용음악론과 자율음악론의 관점에서 봤을 때, 음악 활동은 형식적으로 구분될 수 없었다.

명절 때 동네 공터에서 벌어지던 강강술래는 일종의 오락인 동시에 제의적 행위였으며, 예술적(음악적) 행위이기도 했다. 따라서 음악에 대한 관점과 입장의 차이에 의해서 어떤 음악이 실용음악이 될 수도 있고 자율음악이 될 수도 있다는 것이지 둘 사이의 뚜렷한 경계나 위계질서가 존재한다는 것은 아니다. 정작 저자가 원하는 것은 이런 식의 구분에 앞서 보편적 음악에 대한 이해가 있어야 한다는 것이다.

　음악을 학문적으로 연구할 때는 종족 음악학적 범주나 생산 메커니즘을 고려한 음악사회학적 범주로 더욱 세분화될 필요가 있지만, 이런 식의 장르 구별 역시 보편적 음악 이해의 전제 속에서 가능하다는 것이다. 그리고 아직은 우리 사회가 이런 보편적 음악에 대한 이해가 부족하다는 점을 지적한다. (예술)음악 평론가, 대중음악 평론가, 국악 평론가라는 구분법을 버리고 모두 음악 평론가라고 불릴 수 있어야 한다는 것이다. 순수미술 평론가, 민중미술 평론가, 한국미술 평론가라는 구분 없이 미술 평론가라는 하나의 이름으로 불리듯이, 본격문학 평론가, 대중문학 평론가, 국문학 평론가라는 구분 없이 문학 평론가라는 하나의 이름으로 불리듯이, 예술영화 평론가, 상업영화 평론가, 방화 평론가로 구분하지 않고 영화 평론가라고 불리듯이, 음악에 있어서도 음악 평론가라는 한 가지 이름이면 족하다는 것이다. 이런 상식이 음악계에도 받아들여질 때 음악 장르 사이에 공공연하게 퍼져있는 위계 역시 사라지게 될 것임은 당연하다.

　피아니스트 박종훈은 요즘 클래식과 재즈와의 접목을 통한 크로스오버 음악을 선보이고 있다. 그에게 어떻게 해서 다른 장르의 음악을 하나로 만드는 작업을 시작하게 되었느냐고 어떤 기자가 물었다. "음악은 원래 하나였다. 하나였던 음악을 이리저리 쪼개어 나눈 것은 사람들이었다. 여러 개의 음악을 하나로 만드는 것이 아니라 원래 하나였던 음악으로 돌아가는 것이 내 작업일 뿐이다."라

고 박종훈은 대답했다. 이 책에서 저자가 말하는 보편 음악은 피아니스트 박종
훈이 말하고 있는 '원래 하나였던 음악'이다. 원래 하나였던 음악을 나누고 고
급과 저급, 예술과 대중 등의 가치를 부여하고 대립시켜 음악 사이의 소통을 막
아버린 것은 사람들이 한 일이다. 음악들 사이의 자유로운 소통의 장을 마련해
놓는 것이 우리가 진정한 음악을 만날 수 있는 길이고 음악을 통한 다양한 기쁨
을 누릴 수 있는 방법이 될 것이다.

➜ 이 글의 논제 --

예술음악과 대중음악이라는 구분법이 어떤 측면에서 문제가 있는지 논하시오.

➜ 읽은 사람은 다 안다 --

1. 저자가 말하는 실용음악론은 어떤 점에서 예술음악과 대중음악의 이분법을 넘어서
   는가?
2. 음악 장르에 대한 비합리적인 구분법에서 벗어나기 위해 가장 먼저 이루어져야 할
   것은 무엇인가?

[도움말]

1부 삶·실존

1. 이 세상은 우리들의 필요를 위해서는 풍요롭지만 탐욕을 위해서는 궁핍한 곳이다.
2. 에너지를 과다하게 소비했고 자연파괴를 가속화했을 뿐 아니라, 인간의 자유와 자율적 능력을 빼앗고 사회적 불공정을 확대했다고 생각하고 있다.
3. 기술적·조직적 복잡성과 그 속에 내재한 불확실성의 요소 때문에 매우 위험 기술일 수밖에 없다.

1. 자급자족적인 삶, 자본주의 사회에서처럼 경쟁적이지 않은 삶(독립적인 삶), 여유로운 삶, 기술에 의존하지 않는 삶.
2. 채식이 생명체들에게 가장 적게 피해를 주고, 가장 많은 생명체들에게 행복을 주기 때문이다.

1. 장래의 위험성에도 아랑곳없이 성장의 가치를 절대시하는 태도를 말한다.
2. 서양의 발전시스템을 채택하지 않은 국가들을 서양의 발전시스템으로 전환시키기 위한

것이었다.

3. 경제성장만을 추구할 것이 아니라 경제 이외의 가치, 경제활동 이외의 인간 활동, 시장
   이외의 모든 즐거움, 행동, 문화 등을 발전시키자는 개념이다.

ISSUE 4 기술발전이 인간을 행복하게 했는가?

1. 기술은 특정집단의 이익만을 증가시키지 않고 모든 사람에게 골고루 그 혜택을 돌려줄
   수 있어야 하며, 기술은 자원을 남용하지 않으면서 생태계를 건강하게 할 수 있어야 한
   다고 생각했기 때문에.
2. 건강, 아름다움, 영속성이라는 목표.

ISSUE 5 인간은 끊임없이 소비하는가?

1. 쇼핑은 현대 소비 사회에서 현명하게 살아남기 위한 기술이며, 자기 표현이고, 유행을
   따르는 것 역시 문화에 참여하는 한 방식이기 때문이다.
2. 인터넷 쇼핑몰의 사용 후기를 읽어본다, 주변 사람들에게 도움을 청한다. 먼저 구매해
   야할 물건들의 우선 순위를 정한다, 지출할 수 있는 가격의 범위를 정해놓는다 등 각자
   의 생각을 말해본다.

ISSUE 6 소유의 욕망을 어떻게 다스릴 것인가?

1. 본래부터 한 물건도 없다는 뜻으로, 본질적으로 내 소유란 있을 수 없다는 불교의 소유
   관을 말해준다.

2. 난초에 대한 집착이 번뇌의 원인임을 자각하고 소유의 욕망을 버리는 것이 마음의 평
   안을 얻는 길이라는 사실을 깨달았다.

 폭력에 어떻게 맞서야 하는가?

1. 상대를 믿고 존중하는 마음
2. 가두 연설하기, 서명 활동, 항의 포스터를 붙이거나 깃발 내걸기, 전단이나 팸플릿을 배
   포하기, 대중들 앞에서 당면한 문제에 대한 퍼포먼스하기, 항의 대상인 건물 앞에서 현
   수막을 들고 서있기, 항의 전화나 편지 보내기, 처우 개선 등을 요구하는 단식하기
3. 일본군 ‘위안부’로 끌려갔던 할머니들의 수요집회, 민가협 어머니들의 목요집회, 새만
   금 살리기 위한 삼보일배, 지율스님의 단식, 촛불시위 등

 분노, 참아야 하는가? 터뜨려야 하는가?

1. 누군가 잘못을 저지르고도 미처 깨우치지 못하고 있을 때, 그것을 바로잡기 위해서 내
   는 화, 공익을 위하고 공중을 위한 분노를 말한다.
2. 발분망식(發憤忘食). ‘분함을 이기지 못해 밥 먹는 것도 잊어버린다.’는 뜻이다. 저자는
   이 말을, 이를 갈면서 가혹하게 일에 매달림으로써 반드시 무엇인가를 성취해내겠다고
   각오를 다지는 것이라고 설명했다.
3. 우리의 마음을 고통스럽게 하는 모든 것들을 ‘화’라고 할 수 있다. 그러므로 화를 다스
   려야만 우리는 행복해질 수 있다.

2부 정보기술 · 사회 · 역사

1. 정보시대의 특성은 '정(情)'이다. 문자 그대로 풀이하면 정(情)을 알리는 것(報)이 정보(情報)다.
2. 정보란 누군가 한 사람이 독점적으로 소유해야할 것이 아니라 나누어야 하는 것이 그 속성임을 강조하는 것이다. 따라서 정보사회에 필요한 것은 무한 경쟁이 아니라 상호 협조라는 점을 설명한다.
3. 음양이론, 짚신이나 젓가락, 떡 돌림 문화, 김치 패러다임 등

1. 그 기술에 관련된 사회집단들의 정치적 · 경제적 힘이라고 본다.
2. 기술결정론
3. 정보의 불균형이 소득기회의 불균형으로 이어질 수도 있다는 점.

1. 극단적인 처벌로 또다른 범죄가 일어나지 않게 해야 한다. 피해자의 가족들의 입장을 고려하면 살인범을 처형하는 것이 정의를 실현하는 것이다. 사형제도가 없어지면 범죄 발생률이 높아질 것이다.
2. 과거에 사형제도가 정치적으로 악용되어 왔다는 점과, 대부분의 수사가 직감과 자백에 의해 이루어지는 관행 때문에 오판의 가능성이 높다는 점.
3. 미국의 사형폐지 운동가이면서 영화 〈데드 맨 워킹〉의 원작자이다.

1. 어떤 사실을 역사로 기록할 것인지, 어떤 사건을 중요하게 다루고, 어떻게 해석할 것인지를 결정하는 것은 역사가의 선택이기 때문이다.
2. 역사란 본질적으로 현재의 눈을 통해서 그리고 현재의 문제들에 비추어 과거를 바라보는 것이고, 역사가의 중요한 임무는 기록하는 것이 아니라 해석하는 것이기 때문이다.
3. 현재를 제대로 이해하려면 과거와의 관련성 속에서 현재를 읽어낼 수 있어야 하며, 현재에 대해 제대로 알아야 과거를 제대로 이해할 수 있기 때문이다.

1. 정신 승리법이라고 이름붙인 것인데, 자신을 가장 못난 사람이라고 치부함으로써 자신의 패배를 인정하는 것이다. 즉 엉뚱한 자기 합리화를 통해서 상황을 자기 편한 대로 해석하고 넘어가는 방식이다.
2. 우리가 관심을 갖지 않으면 그런 정보들은 우리의 인식 변화에 아무런 영향을 끼치지 못하기 때문이다. 즉 나를 둘러싼 주변 상황에 대해 적극적으로 관심을 갖고 성찰해야만 역사의식이나 현실 인식이 생기는 것이다.
3. 개인의 삶은 그가 처한 역사적인 현실과 무관하게 존재할 수가 없기 때문이다.

1. 국익이 재산권과 정치적 자유의 보장이라는 보편적 가치보다 우월할 수는 없다.
2. 일본 제국주의와의 싸움과 근대화라는 목표에 오르기 위한 사다리.

ISSUE 15 우리 사회에서 가족은 어떤 역할을 하는가?

1. 엄마, 아빠, 자녀 등으로 정해진 가족 구성원으로 이루어진 가족만을 행복과 연결시키면서, 그렇게 구성되지 않은 훨씬 더 많은 가족 형태를 소외시키기 때문이다.
2. 매는 권력관계에서 가능한 것이며, 그런 식의 폭력은 훈계하고 설복하는 일 대신에 좀 더 쉽고 빠르게 문제를 해결하려는 것뿐이다. 즉 사랑으로 극복하지 못하는 상황을 폭력이 해결해 줄 수는 없다는 것이다.

ISSUE 16 나는 어떻게 늙고 싶은가 ?

1. 경제적인 측면에서 더 이상 생산 능력이 없는 고령의 비활동 인구를 폐품 취급하는 소비 사회의 비인간적인 측면을 드러나지 않도록 하기 때문이다.
2. 쇠퇴나 퇴보라는 말은 사회문화적인 측면에서만 정의될 수 있는 말이기 때문이다. 우리 사회가 노인을 생산력이나 노동력의 잣대로만 평가하기 때문에 노년을 쇠퇴나 퇴보와 연결짓는 것이다. 따라서 노년은 생물학적인 현상이 아니라 문화적인 현상이다.

ISSUE 17 21세기의 바람직한 여성관은 무엇인가?

1. 여자가 비 올 때 머리를 빗으면 큰일을 치를 때 비를 만난다, 우물을 팔 때 여자가 들여다보면 물이 나오지 않는다, 여자가 남자의 어깨를 짚으면 복이 나간다, 암탉이 울면 집안이 망한다 등.
2. 나이 드는 일에 대해서 여자와 남자에 대한 가치가 달라지는 것, 여자 아이와 남자 아이의 물건의 색깔이 구분되어 있는 것, 여자의 이름과 남자의 이름의 의미 차이 등.
3. 여자들이 책임감이 부족해서 쉽게 직장을 그만 두는 것이 아니라, 가사노동과 육아 등의 집안 일이 모두 여자들이 몫으로 남아 있기 때문에 여자들은 직장일과 집안일을 동

시에 감당해야 한다. 그리고 출산휴가 등이 보장되어 있지 않거나 아이를 맡아 키워줄
사람이 없는 경우 여자들은 직장을 그만 둘 수밖에 없는 것이다.

 개인의 자살은 사회에 어떤 영향을 미치는가?

1. 자기중심적 자살, 아노미적 자살, 이타적 자살(의무적 자살과 부가적 자살)에 대한 설명
   을 찾아보세요.
2. 자살은 살인의 일종으로 다른 사람을 죽여서는 안 되는 이유와 같다. 그리고 자살은 남
   아있는 주위 사람들에게 매우 큰 영향을 미치게 된다.
3. 모든 죽음은 절대 돌이킬 수 없는 것이므로 단순하게 생각해서는 안 된다는 것.

 환자의 고통에 의사는 어떠한 책임이 있는가?

1. 스트레스와 과다한 업무 부담이 많고 다른 종목에 비해 높은 수익성이 보장되지 않기
   때문에.
2. 환자가 과거에 무엇이었으며, 오늘은 어떤 존재이며, 내일은 어떤 존재로 살아갈 것인
   가에 대한 정보 모두를 말한다.
3. 한 인간이 느끼는 고통도 문화적 요인에 좌우될 수 있기 때문이다.

3부 환경 · 과학

 유기체적 세계관은 현대의 생태적 위기를 해결할 수 있을까?

1. 기계의 운동에는 반드시 어떤 원인이 전제가 되듯이 자연 또한 반드시 어떤 원인에 의

해 작동되는 시스템이라고 이해하고 있는 자연관이다.

2. 지구상에 나타난 전체 생명을 하나하나의 개별적 생명체들로 구분하지 않고 그 자체를 하나의 전일적(全一的)실체로 인정한다는 데 있다고 말한다.

3. 온생명에서 자신을 제외한 나머지 부분을 개체생명에 대한 '보생명(co-life)' 이라고 부른다.

ISSUE 21 기술 발전이 어떻게 우리의 삶을 변화시키는가?

1. 쉽게 접근할 수 없었던 멀리 있는 공간을 가까이에 가져왔고, 그러기 위해서 이쪽 공간과 저쪽 공간을 이어주던 사이공간을 없애버렸다.

2. 시간의 통일, 풍경과 여행자의 관계, 상품 소비자의 관계, 여행중의 독서, 여행객들 사이의 친밀한 관계의 변화 등

3. 경제적 계급의 차이

ISSUE 22 과학적 진리는 객관적인가?

1. 과학과 사이비과학을 나누는 기준으로 아인슈타인의 이론처럼 반증될 수 있는 가능성을 지녀야 참과학이라고 할 수 있다.

2. 연구성과의 객관성을 검증하기보다는 그것이 가져다주는 경제적 효과에만 주목하고 있다.

3. 적극적으로 자신의 연구 성과를 홍보해야 연구에 대한 투자가 나설 것이라는 판단 때문이다.

ISSUE 23 과학에서 이상화된 모델이 의미하는 바는 무엇인가?

1. 현실에는 무수히 많은 변수들이 존재하기 때문이다.

2. 현실을 정확하게 반영하지 않는다 할지라도 미래를 이상화 방식으로 어느 정도 미래를
   예측할 수 있기 때문에 이상화방식을 채택한다.

1. 각인이란 어린 동물들이 처음으로 시각적 · 청각적 · 촉각적 경험을 하게 된 대상에 관심
   을 집중시킨 다음 그것을 쫓아다니는 학습의 한 형태를 말한다.
2. 인간은 일생동안 언어를 접하며 배우게 되지만 언어를 배울 수 있는 적절한 '시기'라
   는 것이 존재한다. 이 시기를 놓치면 언어를 배울 수 없다는 점에서 이 시기를 '결정적
   시기(Critical Period)'라 할 수 있다

1. 그 언어에 담긴 토착적 지식과 문화와 예술이 사라진다는 것을 의미한다.
2. 지역생태계의 자원을 통제할 권리를 원주민 자신에게 주어야 한다.

1. 수량화, 즉 실재라는 것을 수량화된 개념으로 정리하는 유럽인들의 사고방식이다.
2. 신생아가 태어났으니 이 집 앞에서 크게 소리치지 말라, 함부로 드나들지 말라. 떠들썩
   한 행위를 하지 말라는 뜻이다.
3. 구고현법

1. 데카르트는 동물체를 태엽을 감은 기계와 같이 생각하여, 동물은 고통을 느끼지 못한다고 보았다.
2. 동물도 인간과 같이 고통을 느끼는 존재라는 점.
3. 동물실험이 아닌 다른 방법으로 대체(replacement)하고, 그것이 불가능할 경우 동물실험 횟수를 줄이고(reduction), 동물의 고통을 최소화(refinement)해야 한다는 대안 원칙이다.

1. 인간은 경이로운 동물계의 일원이며 자연의 일부이다. 그러므로 인간이 동물들을 마음대로 이용하고 학대할 권리는 없다는 것이다.
2. 개를 먹는 것이 돼지를 먹는 것보다 나쁘다는 윤리적 근거는 없다. 중요한 것은 어떤 동물이건 그 동물이 살아있는 동안 우리가 그 동물을 얼마나 잘 대해주었으며 죽이는 과정 또한 자비로워야 한다는 것이다.
3. 선사시대부터 육식문화는 있어왔으나, 그때에는 필요한 만큼의 동물만을 죽였으며 사냥한 동물에 대해서도 존경하는 마음으로 다뤘다. 그러나 현대의 육식문화는 단지 더 많은 고기를 만들어내기 위해 잔인하고 인위적인 방법을 사용하기 때문이다.

4부 문학·예술·학문

1. 문화상대주의는 개별 문화의 차이를 인정하고 특정 문화만을 고집해서는 안 된다는 입

장일 뿐, 문화의 고유성과 상대성에만 집착한 나머지 보편적인 윤리와 인권을 부정하는
태도와는 다르다.

2. 다른 문화에 대한 관심은 결국 우리의 모습을 들여다보게 해주기 때문이다.

ISSUE 30 왜 우리는 생각을 해야 하는가?

1. 윤리학은 어떤 문제에 대해 정답을 주는 것이 아니라 토론을 시작할 수 있도록 하고 스
   스로 문제에 대해 생각할 수 있는 힘을 길러준다. 따라서 윤리학은 우리가 더 나은 삶을
   살 수 있도록 해주는 삶의 지혜 혹은 삶의 기술이라고 할 수 있다.

2. 우리에게는 우리를 더 나은 사람이 되도록 만들어주는 이성이 있다. 그 이성을 통해 우
   리는 우리의 자유의지대로 각자가 원하는 삶을 살 수 있는 선택을 할 수 있으며, 그렇
   게 하는 것이 우리를 고유한 가치를 지닌 인간으로 존재할 수 있게 해준다.

ISSUE 31 무한복제시대, 원본의 의미는 무엇인가?

1. 세상에 단 하나로만 존재하는 '진짜'가 가질 수 있는 특유한 분위기

2. 0과 1의 정보로 구성된 디지털 산물은 원본과 복제본 사이에 아무런 차이도 없기 때문
   이다.

3. 각자 자신의 경험을 말해보세요.

ISSUE 32 이미지는 현실을 은폐하는가?

1. 이미지란 있는 그대로를 자연스럽게 보여주는 게 아니라 조작되고 만들어진 것이며 따
   라서 진짜가 아니라 가짜이다.

2. 기업이 만들어내는 이미지 광고는 그 이미지가 한번 자리 잡으면 사람들은 그 이미지
   와 기업을 동일한 것으로 받아들이게 된다. 뿐만 아니라 기업도 자신들이 내세운 이미
   지에 회사의 겉모습을 맞추려고 노력하게 된다.
3. 각자 생각해 보세요.
(몸이 가벼워지는 시간(17茶), 어려울 때 힘이 되는 친구(삼성화재) 등)

ISSUE 33 상상력과 환상은 쓸모 없는 것인가?

1. 신화적 인격
2. 특정한 상황에서 어떻게 살아야 할 것인가를 가르쳐주는 신화의 기능.

ISSUE 34 우리의 예술 어떻게 바라보아야 하는가?

1. 첫째, 그림의 대각선 길이의 1 내지 1.5배 정도 떨어져서 본다. 둘째, 그림의 오른쪽 위
   에서 왼쪽 아래로 쓰다듬는 듯이 본다. 셋째, 시간을 들여 찬찬히 봐야 한다.
2. 머리를 이용한 감상은 작품에 대한 지식을 얻는 것에 만족하는 것이고, 가슴으로 반응
   하는 것은 작품 자체에 흥미를 보이는 것이다. 진정 즐거움을 느낄 수 있는 것은 예술
   작품을 보는 동안 온몸의 전율을 느낄 정도의 영혼의 울림이 있을 때에 가능하다.

ISSUE 35 기술이 발달하면 문학은 사라질까?

1. 달리, 클레, 미로, 샤갈 등
2. 첫째는 인간이 알고자하는 지적 탐구 대상의 영역은 과학적으로 알 수 있는 지적 대상
   의 영역보다 훨씬 넓기 때문이다.

둘째는 무엇인가를 인식한다는 것은 언어를 떠나서는 있을 수 없기 때문이다. 즉 진리를 인식하기 위해서는 필연적으로 언어로 서술되어야만 한다.

3. 첨단 과학기술은 우리 생활을 편하게 만들어 주는 수단을 제공하지만 그것이 우리의 삶에 어떤 의미를 지니는지 설명해줄 수는 없으며, 현상이나 대상을 분석하지만 종합할 수는 없다. 이렇듯이 과학은 가치판단에 도움을 줄 수 없기 때문에 과학의 결과물인 새로운 발명과 문명의 이기를 어떻게 이용해야하며 그것이 어떤 의미를 지니는지를 알게 해주는 역할을 문학이 해야 한다.

ISSUE 36 우리말 어떻게 지켜야 하는가?

1. 한글은 글자를 가리키는 것이고 한국어는 말을 가리킨다. 따라서 국적불명의 말들이 들어와 쓰이고 있는 현재의 상황은 '한글 파괴'가 아니라 '한국어 파괴'라고 해야 옳다.
2. 한 언어공동체에 사전이 있다는 것은 공동체가 합의한 규범에 의해 그 언어가 통제되고 있으며, 규범에 의한 언어 통제가 필요할 만큼 그 언어를 통해 많은 양의 지식이 소통되고 있다는 뜻이다.
3. 언어만큼, 남과 북이 하나의 민족이며 하나의 역사를 공유하고 있는 사람들임을 확인시켜주고 단단하게 묶어줄 수 있는 것은 없다. 따라서 서로의 말과 글을 정리해서 공통의 규범이 될 사전을 만든다는 것은 통일을 준비하는 첫걸음이 될 것이다.

ISSUE 37 대중음악과 예술음악의 구분은 가능한가?

1. 실생활에 쓰이는 음악은 장르에 상관없이 모두 실용음악이라고 보기 때문이다.
2. 장르로 나누어 놓지 않은 음악 자체에 대한 이해가 필요하다.

책꽂이 속에 숨어 있는 논술

| 펴낸날 | 초판 1쇄 2006년 10월 30일 |
| | 초판 3쇄 2012년 4월 17일 |

지은이	김보일, 구번일
펴낸이	심만수
펴낸곳	(주)살림출판사
출판등록	1989년 11월 1일 제9-210호

경기도 파주시 문발동 522-1

전화 031)955-1350   팩스 031)955-1355
http://www.sallimbooks.com
book@sallimbooks.com

ISBN   978-89-522-0571-5   43100

※ 값은 뒤표지에 있습니다.
※ 잘못 만들어진 책은 구입하신 서점에서 바꾸어 드립니다.
※ 저자와의 협의에 의해 인지를 생략합니다.